元宇宙文化产业丛书

丛书主编 陈少峰 于小涵 周博文

元宇宙文化产业发展报告(2023)

陈少峰 宋 菲 周博文 主编

李 微 鲍晓宁 执行主编

浙江工商大学出版社
ZHEJIANG GONGSHANG UNIVERSITY PRESS

·杭州·

图书在版编目（CIP）数据

元宇宙文化产业发展报告. 2023 / 陈少峰, 宋菲,
周博文主编. — 杭州：浙江工商大学出版社, 2023.12
（元宇宙文化产业丛书 / 陈少峰, 于小涵, 周博文 主编）
ISBN 978-7-5178-5809-6

Ⅰ. ①元… Ⅱ. ①陈… ②宋… ③周… Ⅲ. ①信息经
济 – 文化产业 – 研究报告 – 中国 – 2023 Ⅳ. ①F49

中国国家版本馆 CIP 数据核字（2023）第 227068 号

元宇宙文化产业发展报告（2023）
YUANYUZHOU WENHUA CHANYE FAZHAN BAOGAO(2023)

陈少峰　宋　菲　周博文 主编

李　微　鲍晓宁 执行主编

策划编辑	任晓燕
责任编辑	熊静文
责任校对	沈黎鹏
封面设计	朱嘉怡
责任印制	包建辉
出版发行	浙江工商大学出版社
	（杭州市教工路198号　邮政编码310012）
	（E-mail：zjgsupress@163.com）
	（网址：http://www.zjgsupress.com）
	电话：0571-88904980, 88831806（传真）
排　　版	杭州朝曦图文设计有限公司
印　　刷	杭州高腾印务有限公司
开　　本	710mm×1000mm　1/16
印　　张	26.75
字　　数	354千
版 印 次	2023年12月第1版　2023年12月第1次印刷
书　　号	ISBN 978-7-5178-5809-6
定　　价	82.00元

本书系研究阐释党的十九届五中全会精神国家社科基金重大课题项目"文化产业数字化战略实施路径和协同机制研究"（项目编号：21ZDA082）的阶段性成果。

本书编委会

参编者：（按姓氏笔画排序）

于小涵　王依林　田　郭　朱梦雪

刘树森　许永坤　李　晶　李　微

李文燕　李婉春　邱晓丽　宋　菲

张云飞　张佳倩　陈少峰　周博文

赵　易　顾　焱　黄　文　崔宏将

祭立怀　鲍晓宁

主持单位：

石家庄学院中国元宇宙文化产业研究中心

河北传媒学院信息技术与文化管理学院

浙江工商大学中国互联网文化产业研究院

中国文化产业促进会元宇宙文化产业分会

厦门城市职业学院中国微电影研究中心

目　录

第一章　全球元宇宙文化产业发展概况

随着 5G、增强现实（AR）、虚拟现实（VR）、混合现实（MR）、Web3.0、区块链、大数据等信息技术的不断发展，多领域共同推动文化产业发展进入元宇宙时代。根据相关研究，美国、英国和中国的 Z 世代和千禧一代中，72% 的人认为当今的创造力依赖于技术，92% 的人认为技术开辟了一个全新的世界，数字工具将激活一个全新的创意世界，并超越物理世界的限制。根据全球市场研究公司 Emergen Research 的数据，全球元宇宙市场将从 2020 年的 477 亿美元增长到 2028 年的 8290 亿美元。元宇宙技术被较早地应用在文化产业领域，通过数字技术将物理世界与虚拟世界联系起来，形成了数字孪生意义上的虚实融合，并结合了文化产业娱乐性与创新性的特点，改变了文化产业传统的生产模式、消费形式以及表象形式，形成了新的产业形态，如 NFT（Non-Fungible Token，非同质化代币）文化产业以及虚拟数字人产业等。

第一节　全球元宇宙文化产业发展历程

元宇宙聚合了数字文化产业中的重要技术，对未来经济增长、社会需求以及数字文化产业发展具有重要意义，因此全球各个国家根据自身文化产业特征，开始出台相关政策，为未来元宇宙文化产业发展赢得先机。韩国政府大力推进元宇宙产业建设，重视数字经济与文化产业发展，打造完善的元宇宙政策体系。日本依托内容产业发展元宇宙，重视 VR 技术，将其应用到动画、漫画、游戏等文化项目中。美国作为元宇宙文化产业领域的开拓者，底层技术领先，政府对其发展高度重视，将其全面布局到娱乐、游戏、教育等文化产业相关领域。

元宇宙文化产业发展共分为 5 个阶段：萌芽阶段、探索阶段、初级阶段、中级阶段以及高级阶段（虚实共生）。当前正处于元宇宙文化产业发展的初级阶段。

一、萌芽阶段：相关概念的提出（2003 年前）

萌芽阶段的元宇宙文化产业更多是以文学、艺术、宗教等传统的产业形式为主，技术的应用比较少。文化产业发展的思想脉络最早可以追溯到本雅明《机械复制时代的艺术作品》中的"文化工业"思想。1947 年阿多诺和霍克海默在《启蒙辩证法》中提出了带有批判色彩、单数的"文化产业"（culture industry），依托数字技术逐渐发展到复数的"文化产业"（culture industries），认为文化产业具有传播知识和观念的积极意义。1990 年，由于数字技术和互联网的发展，文化产业形成了创意产业、文旅产业融合的概念。进入互联网时期，继短视频、手游、直播带货、虚拟人成为数字文化产业的新风向标之后，元宇宙文化产业逐渐形成。

元宇宙概念的提出最早源于 1992 年美国著名科幻作家尼尔·史蒂芬森的科幻小说《雪崩》（*Snow Crash*）。书中提到了"超元域"概念，作者认为处在现实世界中的人，在元宇宙中都有一个"网络分身"。现实世界中的人可以用元宇宙中的"网络分身"在三维虚拟空间进行娱乐活动，由此为元宇宙发展初步构造了空间场所。1996年挪威作家乔斯坦·贾德的畅销小说《苏菲的世界》提倡人们站在宇宙上看地球,开发出新的视角。当时由于受到计算机和3D技术的影响,人们对以未来科技为主题的作品需求愈加强烈,促使这类科技题材的文学作品不断涌现。

在游戏领域,元宇宙文化产业的发展应用较早。1979年出现了第一个文字交互界面,该界面可实现多用户联系,建立实时开放式社交合作世界。多人文字历险网络游戏由此诞生。1986年,Habitat创造了第一个2D图形界面的多人游戏环境,首次使用了虚拟化身(Avatar)。这也是第一个投入市场的大型多人在线角色扮演游戏。1994年,*Web World*实现技术突破,成为第一个轴测图界面的多人社交游戏,用户能够在游戏中实时聊天、旅行、改造游戏世界,UGC(用户生产内容)游戏模式得以开启。1995年,世界公司(Worlds Incorporated)成立,开发了首个3D界面大型多人在线游戏。该游戏强调开放性世界而非固定的游戏剧本;其游戏产品不断升级,突出展现了不断升级的技术环境。

元宇宙文化产业在虚拟人领域的应用也开始兴起,突出表现在过程的写实化、交互的多元性上。1982年在CG和AI技术的驱动下动画作品《超时空要塞》诞生,作品中的女主角凭借优美歌声以及纯真的人设走红,此后制作方将女主角包装成歌手,由此全球首位虚拟偶像诞生。[1]同样在CG技术和动作、面部捕捉技术的发展下,美国好莱坞影视产业实现了创新变革,如1999年美国电影《黑客帝国》完整地呈现了一个由电子与网络技术构筑的虚拟世界。该电影作品认为,人们所处的现实世界可能会被名为"矩阵"的计算机人工智能控制。

---

[1] 国泰君安证券:《元宇宙应用或加速,虚拟人需求望提升——元宇宙系列报告之二》,2022年1月16日,http://max.book118.com/html/2022/0115/6152212145004113.shtm,2023年2月12日。

二、探索阶段：初始应用于不同文化产业领域（2003—2020 年）

探索阶段的元宇宙更多应用于不同文化产业领域，主要体现在 NFT 交易、VR 文旅、虚拟演唱会、虚拟形象设计、游戏道具和角色的生产以及培训教育等方面。例如，从游戏行业的发展来看，元宇宙游戏的早期应用首先集中在游戏中的 3D 人物形象、社交等方面，其次体现在技术上，包括 NFT、数字货币、区块链等。2003 年美国互联网公司林登实验室（Linden Lab）推出了基于 Open3D 的《第二人生》（Second Life）。这个游戏打造了第一个现象级的虚拟世界，拥有强大的世界编辑功能和发达的虚拟经济系统，吸引了大量企业与教育机构。用户能在其中社交、购物、建造、经商。在推特（Twitter）诞生之前，一些文化企业如 BBC、路透社、CNN 等将其作为发布信息的主要平台，国际商业机器公司也在游戏中通过购买土地建立销售中心，瑞典等国家甚至在游戏中建立了自己的大使馆。

2004 年，大卫·巴斯佐兹基和艾瑞克·卡塞尔创办 DynaBlocks，随后改名为罗布乐思（Roblox），它是世界上最大的多人在线创作游戏平台。根据罗布乐思官方数据，截至 2019 年，已有超过 500 万名青少年开发者使用罗布乐思开发的 3D、VR 等数字内容，吸引的月活跃玩家数量超 1 亿。

2007 年，在 VOCALOID 语音合成技术的运用下，日本虚拟歌手初音未来诞生，成为全球首个为公众所熟知的 2D 虚拟偶像。随后延伸到相关领域，2016 年日本虚拟主播绊爱诞生，美国研发出超写实关键意见领袖（KOL）偶像 Lil Miquela。伴随 AI 技术在虚拟人领域的不断实践，交互场域中也出现了具有交互能力的虚拟人，并从游戏领域孵化出偶像虚拟人群体。如 2018 年美国就曾通过《英雄联盟》游戏 IP 打造 KDA 女团偶像虚拟人群体。2019 年视觉特效公司数字王国的软件研发主管道格·罗伯（Doug Roble）在 TED 演讲中完美呈现其 1∶1 虚拟化身 Digi Doug，Digi Doug 高度还原道格·罗伯外貌形象并完成实时动作捕捉。①

2009年,伴随着数字技术的迭代升级,影视行业中由数字技术加持创作的作品受到消费者的欢迎,如《安德的游戏》《头号玩家》《西部世界》《阿凡达》等影视作品中都出现了虚拟人角色。

2018年,在文旅产业方面,各国纷纷基于技术手段打造沉浸式多维度体验,如英国伦敦Zip-Now公司研发建立了世界上第一个虚拟现实滑索。消费者在伦敦塔上通过VR头显体验3D版本的阿联酋最长的滑索杰贝尔·贾伊斯飞行(The Jebel Jais Flight),体验更刺激的异地滑索。

三、初级阶段:技术基础设施建设带来产业内容升级(2020年后)

初级阶段的发展主要体现在文化产业领域内各行业进行元宇宙布局。2021年是元宇宙文化产业发展元年,各文化产业相关企业规模性布局技术基础设施建设、虚拟世界的建设以及技术平台的搭建,实现产业内容升级迭代。新冠疫情的暴发深刻地改变了人们生活和工作的方式,短时间内推动了网上购物以及线上文化产品消费,文化企业的元宇宙化转型得到短期加速。

2020年4月,美国歌手特拉维斯·斯科特在人气射击生存游戏《堡垒之夜》中举办了一场线上虚拟演唱会,演唱会全程使用XR技术。这也是视频娱乐领域较早的创新形式,观众也感受到与众不同的娱乐体验。

2020年,Wave VR公司作为虚拟音乐会举办商,与经纪公司、唱片公司以及独立艺人合作,举办以虚拟化身为特色的虚拟演唱会,打造名为ONE-WAVE的系列虚拟节目,将文化经纪服务与数字技术更好地融合应用。②

---

① 中国人工智能产业发展联盟总体组、中关村数智人工智能产业联盟数字人工作委员会:《2020年虚拟数字人发展白皮书》,2021年1月26日,https://www.decin.com/p-2587736618.html,2023年2月16日。

② 邢杰、赵国栋、徐远重等:《元宇宙通证——通向未来的护照》,中译出版社2021年版,第30页。

2021年3月，美国罗布乐思公司首次将"元宇宙"写入招股说明书中，引发社会各界的关注。罗布乐思公司拥有元宇宙技术背景下多门类品牌的营销渠道，生产内容以虚拟社交为主，传递品牌文化，增加客户与品牌黏性。例如，2021年5月，Gucci与罗布乐思在意大利佛罗伦萨联合推出沉浸式虚拟展览"古驰花园"（Gucci Garden），同时推出数字空间Gucci Town，用户可以在线上体验游览、购物、游戏等活动。2022年耐克利用罗布乐思社交属性打造虚拟展览，创造沉浸式3D空间NIKELAND吸引核心客户。

2021年8月，脸书（Facebook）基于VR技术的应用，推出会议软件虚拟会议室（Horizon Workrooms），用户可以使用自己的虚拟身份与他人在线上某一空间协作办公。在这一过程中，用户将获得沉浸式会议办公体验。同年10月，美国Facebook首席执行官马克·扎克伯格宣布，Facebook更名为Meta。该公司由一家社交媒体公司转变成元宇宙公司，引发资本界和金融界的关注，同时也形成了热度较高的"元宇宙"讨论。

2021年，韩国教育部颁布"创意科学教室计划"，致力于将人工智能（AI）、AR、VR等技术用于科学教室建设，满足学校个性化教育需求。同时政府打造"Gather.town"元宇宙教育平台，该平台旨在融合多种技术手段，搭建智能教育空间，实现教育行业的转型升级。"Gather.town"元宇宙教育平台提供了多种虚拟教学场景，如课堂空间、项目空间、自由空间、出席空间等模块。2021年5月，韩国举办"2021首尔鼓节"，此次演出活动线上部分结合元宇宙平台ZEPETO，吸引线上观众参与；演员能够在活动中与粉丝见面以及拍照等。这丰富了用户的参与路径，同时通过线上平台的营销提升了此次活动的整体经济效益。①2021年11月，韩国首尔市政府发布《元宇宙首尔五年计划》，致力于在经济、文化、旅游、教育等方面打造元宇宙行政服务生态体系。

---

① 常笑笑：《韩国数字化表演艺术的新实践与新探索——以元宇宙（Metaverse）的运用为例》，《大众文艺》2021年第21期，第225—226页。

根据 2023 年 2 月韩国《亚洲日报》登载的韩国特许厅(专利局)专利数量信息,近 10 年来,美国、韩国、日本、中国等国家对"元宇宙"相关专利的申请量增长 16.1%。可见在全球范围内各个国家都在积极布局元宇宙产业。

未来元宇宙文化产业的发展还会经历中级阶段。这个阶段将有大范围的规模性产业内容爆发,其间还会形成各种应用平台以及文化产业领域新业态。元宇宙文化产业发展最后进入高级阶段即繁荣时期,形成虚实共生的文化服务业,以及在技术加持下的新型文化产品。(如图 1-1 所示)

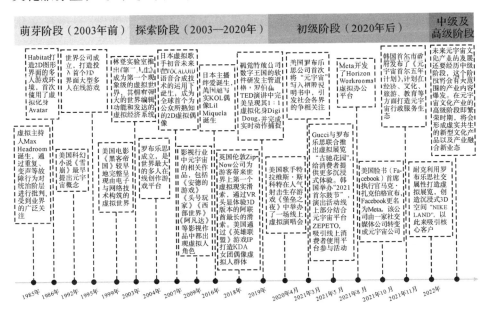

图 1-1　全球元宇宙文化产业发展历程(**本研究绘制**)

7

第二节　全球元宇宙文化产业发展特征

一、上游：聚集优质IP元宇宙内容资源，打造"虚实融生"生态圈

元宇宙文化产业链上游主要指文化IP内容的研发与创作，表现在文化产品生产的前期筹备阶段，即文化创意人才将创意落在书面或模型的阶段。[①]

Meta公司首席执行官马克·扎克伯格说过："你可以把元宇宙看作一个具身性的互联网。在这里，你不再浏览内容，而是在内容中。同时元宇宙是一个互联网集群，是聚集AR、VR、MR等多元化技术，通过用户实现内容创造、多元社交互动、多维度在线游戏的虚拟货币支付的网络体系。"[②]元宇宙文化产业发展中用户的角色是相当重要的，随着互联网技术的发展，用户的体验也在不断升级。从最初的Web1.0时代——大众实现文化内容生产的读取阶段，逐渐发展到Web2.0时代——大众可以通过多路径参与文化内容创作，拥有一定的自主权利，但并没有成为内容的主宰者，形成与媒介融合的趋势，最后发展到元宇宙文化产业Web3.0时代——进入"去中心化"概念下以区块链技术和分布式储存为核心的用户主导性更强的网络时代，不断促使文化内容的生产者、服务者和消费者进行一体化整合，依托元宇宙技术支持最终实现文化内容"自由读写＋自由创作＋自己拥有"的多重权利。例如元

[①] 张蕾、黄昌勇：《元宇宙文化产业生态圈之构建》，《同济大学学报》（社会科学版）2022年第5期，第32—42页。

[②] Kyle Chayka, "Facebook Wants Us to Live in the Metaverse", *The New Yorkers*, vol.8（2021）, pp.1-35.

宇宙领域全球最大的多人在线游戏创作平台罗布乐思。该平台开发创新发展模式,通过降低创作门槛,提供丰富的素材资源和自由创作空间,不断吸引创作者和消费者加入,极大地促进了UGC内容社区的繁荣,不断改变人们的消费、社交、娱乐、学习和工作方式,实现多人社交,打造联合创作的经济平台。

元宇宙文化产业发展的上游更加注重文化内容的生产,在赋予多权利的背景下,文化IP内容创作者就拥有了更加多元化、普遍化的创作环境。首先,元宇宙世界中构筑多元化虚拟空间信息流量比较大,能够不断吸引高知名度、高美誉度、高价值、高关注度的优质IP资源。例如文旅产业通过构建元宇宙境域样态的特色旅游景观、建筑等文化旅游资源,利用元宇宙无限空间的延展性,吸引用户创作,不断为文旅IP内容补充细节信息,丰富消费者体验,强化IP符号认知。其次,现实生活中明星IP通过虚实融合技术,满足粉丝多元化情感需求,提升IP的情绪价值。最后,增加内容IP的附加经济价值,在虚拟世界中实现对文化IP的定价,顺畅IP价值流通,进一步实现元宇宙领域内文化内容IP的虚实融生。

二、中游:数字社区沉浸式社交,搭建临场感更强的虚拟交互式平台

元宇宙文化产业链的中游主要指文化内容产品的生产制作与营销阶段,即文化产业创意原材料经过加工转化为成品的生产和传播阶段。在互联网社交媒体的广泛应用环境中,线上社交成为元宇宙的突破口之一,也成为元宇宙文化产业发展的重要场景平台,使得众多文化企业开始加快布局数字社区。与传统社交平台相比,数字社区将使消费者具有更强的临场感,解决传统社交受制于App自由度低、缺乏真实感的问题,数字社区将成为元宇宙文化产业发展过程中的重要空间场所。近些年,全球的知名文化企业如百度、网易、Meta等纷纷加快布局数字社区业务,但由于相关技术基础设施尚

未成熟，行业仍处于早期发展阶段。美国数字社区建设由于具有头部企业先发优势，以及云计算、AI、开发引擎、芯片等技术优势，并且在AR、VR领域布局较早，发展速度相比其他国家更快，其优质产品和服务更容易获得用户的认可。

数字社区中的社交形式具有强沉浸感、高自由度等优势，能够不断促进文化内容娱乐、品牌营销、用户社交、电商等场景的变革，为用户提供全新的体验，扩大受众范围，进一步提升自身品牌的商业价值。例如，在文化内容娱乐方面，可以举办各种演唱会、交流会、展览、演出等多样化的娱乐活动，为用户提供更加沉浸式的感官体验。在品牌营销方面，可以宣传推广品牌方打造的品牌虚拟形象，提升品牌丰富的文化内涵，与用户长时间互动，加速用户转化效率。用户在数字社区中进行社交活动，可自行创建独具特色的虚拟数字人，并在虚拟空间中与其他用户进行沉浸式社交，能够为社区吸引更多用户。在数字社区电商方面，借助区块链技术，赋予商品独特的标识，商品确权上链后信息不能变更，且链上所有交易点可有效跟踪，降低货物鉴别成本，在保护产品价值的同时增加销售渠道，也为用户消费提供安全保障。

三、下游：满足感官多维度体验，沉浸式体验消费升级

文化产业链的下游主要指文化内容产品的消费和再生产阶段。元宇宙文化消费场景的交互性、沉浸感较强，可通过网络实现组织与公众间的实时反馈，允许用户近距离研究及二次创作文化产品，甚至是已消失的文物。同时，在部分文化产品的消费领域允许消费者通过虚拟化身与文化艺术活动的表演者（真人）或NPC（数字人）实现互动，用户沉浸式消费体验相较于传统的消费形式有比较大的变化。元宇宙文化产业致力于打造沉浸式文化项目，实现游戏、文旅、演出等多行业的融合发展，例如线下剧本杀游戏行业发展将改变传统的体验模式，通过融入元宇宙技术满足消费者的视觉、听觉、

触觉、嗅觉、味觉等多维度的沉浸式体验需要。随着信息技术的发展、大数据技术的加持,元宇宙文化产业将为内容生产者提供更为精准的用户画像,为用户提供更精准、更个性化、更高满足感的服务。

元宇宙文化产业在文化产品的再生产层面也有一定的变化,其中比较有代表性的是NFT艺术品"无聊猿"(Yuga Labs)。该系列艺术品受到了全球知名NFT收藏家及社会名人的追捧,形成了独特的"无聊猿"社群文化。持有者拥有该产品的使用和销售权利,可以不断设计创造新的内容产品卖给新的消费者,实现产品价值的升级。

第三节　全球元宇宙义化产业发展格局

一、各国积极推进政策的制定,建立元宇宙环境的秩序标准

美国是较早关注元宇宙的国家,率先提出"元宇宙"的概念,但目前出台的政策文件偏少,主要关注网络数据安全以及加密货币安全。2021年美国政府颁布《政府对人工智能数据的所有权和监督法案》,要求对联邦人工智能系统所涉及的数据,特别是面部识别数据进行监管,建立人工智能工作组,确保用户数据安全和隐私保护。美国政府工作的重心在于加强元宇宙产业数据信息环境安全以及消费者隐私保护,同时不断完善加密货币牌照化管理,有效遏制了数字货币乱象。从市场角度分析,美国企业也在不断助推元宇宙产业发展,目的是营造更良性的市场环境。例如Meta积极与美国政府政策制定者进行洽谈,协助创建元宇宙产业版图,共同建立元宇宙虚拟世界

的准则。①

欧洲地区对元宇宙文化产业的发展更多秉持相对谨慎的态度，区域内更多的是美国互联网企业，缺少本土互联网头部企业。个别欧洲政府颁布《人工智能法案》《数字服务法案》等政策文件用于监管互联网企业，防止龙头数字文化企业赚取垄断效益，同时能够更好地保护消费者隐私和降低市场风险，保持欧洲文化产业市场竞争的活力。

日本致力于实现文化产业发展路径的规范化，扶持元宇宙相关技术发展，打造产业优势。2021年7月，日本经济产业省颁布《关于虚拟空间行业未来可能性与课题的调查报告》，将元宇宙定义为："在一个特定的虚拟空间内，各领域的生产者向消费者提供各种服务和内容。"现阶段这些服务和内容更多应用在文化产业领域，日本希望将元宇宙文化产业消费普及，降低VR设备和体验消费的价格，注重VR内容生产，更好地为消费者提供服务。未来，政府会在虚拟世界法律和跨平台跨国家法律完善方面投入更多精力，同时也会制定元宇宙文化行业运行标准和指导方针。日本政府更广泛地普及了元宇宙理念，为今后元宇宙文化产业发展打下基础。

韩国元宇宙产业发展相较于其他国家热度更高，目前已经形成由用户群体和平台搭建者营造的元宇宙热潮，初步形成由政府引领、民间主导、各大企业开拓、偶像工业驱动的元宇宙文化产业。例如，2021年5月，韩国科学技术信息通信部联合国内500多家头部企业和机构发起成立"元宇宙联盟"（Metaverse Alliance），各企业和机构合作进行文化实践以及技术分享，联合开发元宇宙项目。2021年11月，韩国元宇宙产业协会成立，该协会致力于在民间与政策支持者之间搭建交流桥梁，合力发展韩国元宇宙产业。②

---

① 中国电子信息产业发展研究院、江苏省通信学会：《元宇宙产业链生态白皮书》，2022年9月25日，https://www.sohu.com/a/587881745_120884466，2023年2月26日。

② 王佩：《韩国计划在2026年成为元宇宙大国》，2022年1月25日，https://www.donews.com/news/detail/3/3192315.html，2023年2月26日。

　　韩国首尔是较早布局元宇宙产业的城市,政府较早公布关于建立公共服务平台的规划文件,并将其作为未来城市规划"首尔愿景2030"的重要组成部分。《环球》杂志报道,2020年底韩国科学技术信息通信部公布《沉浸式经济发展策略》,目标是将韩国打造成全球第五大经济国家,并致力于在经济、教育和旅游等领域提供服务。2022年韩国政府公布将培养4万名专业人员和创建220家专门从事元宇宙技术的公司,目标是在2026年使韩国成为全球第五大元宇宙市场。在元宇宙教育方面,韩国在元宇宙平台上为外国人建立线上韩语学院。政府还将在未来5年内为每所学校提供高达55亿韩元的财政支持,以培养新一代复合型人才,并帮助建立2所融合研究生院。2022年韩国科学技术信息通信部发布了元宇宙应用参与者(包括用户和开发者)的核心道德准则和指导方针,进一步指出元宇宙指导方针的3个核心价值观——真诚的认同、安全的体验和可持续的繁荣,并确定了8项原则——真实性、自主性、互惠性、尊重隐私、公平、数据保护、包容性和对未来负责,来支持其核心价值观。虽然该方针没有法律约束力,但科学技术信息通信部鼓励元宇宙参与者参考。各国元宇宙文化产业相关政策如表1-1所示。

表1-1　全球不同国家元宇宙文化产业相关政策

序号	时间	发布国家/地区	政策法规	要点
1	2021年10月	美国	《政府对人工智能数据的所有权和监督法案》	要求对联邦人工智能系统所涉及的数据特别是面部识别数据进行监管,建立人工智能工作组,确保用户数据安全和隐私保护
2	2020年12月	欧洲	《数字服务法案》《数字市场法案》	为包括社交媒体、在线市场和其他在线平台在内的所有数字服务提出了一套新规则,旨在促进整个集团的竞争,同时保护用户,加大虚拟世界监管力度,维护市场秩序
3	2021年7月	日本	《关于虚拟空间行业未来可能性与课题的调查报告》	着重防范和解决虚拟空间内法律问题,并对跨国、跨平台业务法律适用等加以完善,制定行业标准和指导方针

续 表

序号	时间	发布国家/地区	政策法规	要点
4	2020年12月	韩国	《沉浸式经济发展策略》	内容目标是将韩国打造为全球第五大经济国家,在经济、教育和旅游等领域提供服务
5	2021年11月	韩国	《元宇宙首尔五年计划》	致力于建成首个元宇宙城市,打造元宇宙政府平台“Metaverse Seoul”,重建历史旅游资源,将逐步实现市民和企业服务虚拟化,如举办虚拟跨年仪式
6	2021年11月	韩国	《旅游产业复苏及再跃进方案》	利用元宇宙平台,构建融合韩国主要数字景点、人气影视剧取景地等的“韩国旅游宇宙平台”,并推进元宇宙等虚拟旅游与实际访客智慧旅游的双轨体系
7	2022年1月	韩国	《元宇宙新产业领先战略》	制订元宇宙产业发展的长期路线,目标是在2026年成为全球第五大元宇宙市场。创建“元宇宙学院”,帮助全球元宇宙初创企业进入韩国市场并与当地公司搭桥。在旅游、艺术领域应用元宇宙技术

数据来源:龚才春《中国元宇宙白皮书》,2022年1月26日。

二、大力推进基础设施平台以及终端建设,促进技术升级,为产业发展奠定基础

元宇宙的核心支撑力依托于六大技术,主要包括区块链技术(Blockchain)、交互技术(Interactivity)、电子游戏技术(Game)、网络及运算技术(Network)、人工智能技术(AI)、物联网技术(Internet of Things)。其中区块链技术是基础部分,元宇宙相关产业必须做到去中心化,实现用户的虚拟资产在不同子社区的自由流转功能,才能形成一定的经济规模。在元宇宙硬件接口领域,根据国海证券研究所数据,VR/AR行业在技术的不断提升下,规模将不断扩大。2021年全球VR头显设备出货量达到1110万台,硬件参数、内

容等不断完善,预计到2025年全球VR头显设备有望达到1.05亿台。①美国作为元宇宙产业的开拓者,硬件入口、操作系统、后端基建以及底层技术优势较明显,产业布局相对全面。例如Meta和微软的XR头显设备占据硬件接入口市场的半壁江山,在云计算领域,谷歌、国际商业机器、亚马逊等企业更是位于全球市场前列,亚马逊云在线托管了90%以上的大型游戏公司。在底层技术领域,以Unity、Epic游戏为代表的游戏引擎企业,为元宇宙文化产业发展提供了强大的创作工具。如2021年11月,Unity宣布以16.25亿美元收购动画公司维塔数码。该公司曾为《阿凡达》《指环王》《金刚》等影片制作特效视觉。在影视行业应用领域,2021年12月,美国华纳兄弟与Epic游戏合作推出电影《黑客帝国:觉醒》。可见全球影视娱乐产业多家企业积极升级技术手段,不断提升产品质量,满足多元化市场需求。②

韩国早在2018年推出亚洲最大的元宇宙平台ZEPRTO,该平台可供用户根据个人真实情况建立虚拟形象,并在虚拟线上空间体验线下真实生活,很多韩国艺术家通过ZEPRTO平台举办演唱会,以及发布个人原创内容。ZEPRTO也成为艺术家与全球粉丝沟通的桥梁,成为文化品牌新营销空间,同时有利于提升韩国音乐在全球市场的地位。例如韩国游戏开发商Com2uS,其布局主要是对区块链公司FactBlock的战略投资。Com2uS积极与国内外Web3顶级专家团队进行业务交流,利用自有的区块链主网XPLA和NFT交易所,推动与不同行业企业的合作。2018年以来,韩国企业区块链公司FactBlock每年会举办区块链会议"韩国区块链周"。该会议汇集了全球区块链相关专家,会议上专家进行学术交流以及开展区块链技术发展动向方面的讨论。2023年1月5日,韩国LG电子与Oorbit、PIXELYNX(一家构建集

① 国海证券:《VR/AR产业专题报告:软硬驱动,未来将至》,2023年1月5日,https://www.docin.com/P-4065153429.html,2023年2月28日。

② 魏炜、焦娟、马静静等:《元宇宙2022:蓄积的力量》,2022年1月7日,http://stock.finance.sina.com.cn/stock/go.php/vReport_Show/kind/search/rptid/694856608540/index.phtml,2023年2月28日。

成音乐、游戏和 Web3 生态系统的公司）合作，将元宇宙技术引入电视显影，将元宇宙直接带入观众的客厅电视，为消费者带来多元体验。

2021年5月，日本航空集团 ANA Holdings 和 JP 游戏推出"天鲸"数字技术平台。该平台打造多个数字世界，为消费者提供购物、旅行以及交互式文化旅游的全新体验。该平台设有天空购物中心、天空公园等场景，并与澳大利亚、加拿大、菲律宾和新加坡等国家的技术公司进行合作，构建全球化用户平台。2021 年日本 VR 开发商 Hassilas 公司创设完成元宇宙平台 Mechaverse，用户无须注册即可直接在浏览器上登录；同时商户还可以在该平台举办新品发布会等活动，参会者观会时可获得 3D 模型体验和视频介绍；该平台也可提供虚拟演唱会、虚拟音乐会、虚拟体育场等场景，元宇宙场景内容比较丰富。

三、元宇宙文化产业应用领域发力较早，多维度并行发展

全球元宇宙文化产业的应用领域主要涉及 10 个类型，分别是游戏、社交、影视、设计、NFT、文旅演艺、虚拟数字人、教育培训、电商直播以及会议会展等方面，如图 1-2 所示。

图1-2　全球元宇宙文化产业的主要应用领域(**本研究绘制**)

社交与游戏层面以美国Meta为代表,目前该公司在元宇宙产业发展领域已经形成了比较全面的布局。2014年Facebook收购Oculus全面布局硬件入口,近些年先后推出6款VR硬件产品,从Oculus DK1到Oculus Quest2 VR一体机。Oculus Quest2凭借高性价比迅速占领VR消费市场。该公司在VR领域不断投入,扎克伯格认为当VR活跃用户数达到1000万时,VR生态才能迎来爆发。在内容场景建设上,Meta重视VR游戏的开发,不断收购游戏开发商和影视内容制作商,不断布局VR产业版图。其中VR游戏 *Beat Saber* 和 *Population:one* 在Oculus的受众反响都较好。2021年12月,MetaVR社交平台Horizon Worlds正式开放,主要用于线上虚拟社交活动。2023年1月,Meta公司开始在其虚拟现实社交平台Horizon Worlds上测试会员专属空间,允许人们为特定群体设计专属世界,并表示专属空间适合图书俱乐部和游戏战队等小规模群体。2021年10月,Meta推出新工具Presence Platform,注重虚实结合产品研发,将机器感知与人工智能相结合,打造更智能的MR应用的虚拟平台。同时美国罗布乐思、Steam等游戏公司不断推出新的虚拟游戏体验产品。日本的索尼公司也在游戏领域不断推出新产品。索尼依托日本ACG(动画Animation、漫画Comic、游戏Game的缩写)产业以及自身拥有的丰富影视 IP 资源，旗下 PlayStation VR 产品在全球销量排名前三。2020 年 7 月，索尼携手游戏引擎企业 Epic 游戏开展内容合作，致力于推进内容生态数字化发展，并在游戏、音乐、影视领域持续开发新产品、新服务，扩展元宇宙文化产业领域不同门类业务版图。2023 年 1 月，韩国乐天集团子公司在美国拉斯维加斯推出元宇宙平台 Lotte Metaverse。该平台是一个基于超现实内容的沉浸式和真实性元宇宙平台，将现实生活中的人与虚拟图形结合，让用户在元宇宙中体验现实生活中的真实互动；同时该平台致力于营造出虚拟世界购物、娱乐和社区体验的真实感和沉浸感。

虚拟数字人近些年在各国的热度都较高，发展速度也较快。虚拟数字人因其性格特色、人设定位、安全性高等受到很多用户的喜爱。AYAYI、柳夜熙等超写实 KOL 的出现，进一步推动了虚拟偶像团体的出圈。2021 年 11 月，美国歌手贾斯汀·比伯与虚拟音乐会公司 Wave VR 进行合作，举办了一场 30 分钟的元宇宙演唱会，引发了业界关注。随着虚拟数字人消费热度的攀升，虚拟数字人在文化旅游、新闻媒体、电商直播、教育等领域中的应用场景将更为多元。

在教育培训以及会议会展方面，2021 年 Meta 基于 VR 技术的应用推出了会议软件 Horizon Workrooms，打造全新的沉浸式会议体验以及线上办公平台，让用户可以在虚拟空间实现多人协作会议活动，大大提高了办公效率。美国斯坦福大学开设元宇宙相关课程，课程内容涉及虚拟世界的评估和认知，以及虚拟空间的互动，学生可以对虚拟世界进行全面了解。韩国首尔市政府搭建的"Gather.town"元宇宙教育平台，支持虚拟数字化个性定制的 2D 元宇宙平台，采用像素风格人物形象为师生打造虚拟化身，满足不同的教学需求。日本东京大学开设元宇宙工程学系，受众群体从初中到职场人群全面覆盖，并组织开设一系列元宇宙课程。

NFT 是基于区块链技术的、用于标识数字资产的加密货币令牌，目前在元宇宙领域的形态主要以收藏品为主，还包括音频、视频、图片等内容。其中最有代表性的就是无聊猿游艇俱乐部（Bored Ape Yacht Club，BYAC），它提供了1万个猿猴图像收藏品，作为NFT出售。该收藏品的母公司Yuga Labs成立于2021年2月，是目前最有影响力的Web3公司之一。BYAC受到了较多收藏家的追捧，形成了一定的社区文化。近几年该公司推出了众多BAYC衍生IP及ApeCoin代币，构建了完善的无聊猿生态框架，覆盖了4万多个用户，成为目前最大的NFT公司。2023年1月，Web3初创公司Virtualness将与菲律宾篮协合作推出NFT平台，致力于打造一个围绕数字藏品的球迷社区，并为篮球迷提供更好的Web3.0数字体验和奖励。未来NFT应用领域还将进一步扩展到文化旅游、数字体育、音乐、文学、电商等产业。[①]

四、各国龙头企业共建产业联盟，共筑元宇宙产业生态圈

元宇宙文化产业的发展受到全球各个国家的广泛关注，近些年各国纷纷开始布局，形成政府与企业合力推动的态势。在中国政府的助推下，长三角元宇宙联盟、广州元宇宙创新联盟相继成立。2022年9月，中国信通院牵头组建"虚拟现实与元宇宙产业联盟"。该联盟吸引200多家企业加入，产业内容涉及虚拟人、基础设施、沉浸影音等元宇宙生态圈中的多个关键环节，致力于协同上下游推进元宇宙发展。韩国企业三星也积极为元宇宙打造资本基础，所推出的元宇宙基金大受欢迎。2022年元宇宙游戏运营商Animoca Brands拟推出规模高达20亿美元的元宇宙基金，并将这支计划中的基金描述为"全球Web3.0业务的良好切入点"。2021年11月，英伟达、罗布乐思等科技巨头企业高管围绕"元宇宙愿景"举行大型讨论会。近几年国内互联网企业抢先布局元宇宙文化产业，不断通过并购、入股等方式完善产业链体系，形成以龙头企业为核心、版图不断扩展的生态圈。2022年12月，中关村中韩

---

① 中信证券研究部：《Yuga Labs：估值40亿美金的NFT艺术品商》，2022年5月13日，https://www.doc88.com/p-39039696686607.html，2023年2月16日。

元宇宙产业合作论坛在北京和首尔同时举行。2022年11月，中日韩元宇宙合作论坛在北京和东京同时举办。中日韩比邻而居，在数字技术领域各有优势，积极推动国际元宇宙技术合作进一步升级，为构建产业生态圈贡献力量。

第四节　全球元宇宙文化产业发展趋势

一、完善元宇宙文化产业基础设施布局，重视技术手段应用

技术不断迭代升级为元宇宙文化产业带来发展契机。物联网、互联网、5G/6G网络等通信技术设施奠定了元宇宙文化产业发展的基础，为文化产业发展搭建了实现虚实融合的载体平台。互联网云计算、区块链技术、人工智能技术为创新发展数字化文化服务、更好地依托现实世界生成虚拟世界提供了条件。大数据、计算机中心等算力基础设施建设有助于元宇宙文化产业内容的再创造，利于实现虚实融合发展。元宇宙领域文化产业发展需要多人同时在线使用互联网，现今的计算能力以及带宽等技术因素还无法支持更高水平的开发，在技术层面的发展仍要依托各国的科技突破。美国作为元宇宙产业的开拓者，侧重基础设施建设以及功能性平台建设，在硬件入口、后端设施建设、人工智能以及底层架构等方面具有较强的竞争力。在元宇宙境域下，全球各个国家都在文化产业的基础设施建设方面积极布局，充分发挥政府职能优势，提升产业发展格局。例如元宇宙文化产业的发展需要人工智能技术的支持，在游戏领域，人工智能技术可以有效减少游戏测试管理人员发现故障的时间，提升用户的体验感。在文化内容制作领域，人工智能技术被不断应用于计算机语言、视觉处理等方面，全自动生成建筑场景、音视频等内容。未来产业发展中人工智能技术将会占据重要地位，解决教育、设

计、社交、会展等多个文化产业领域中的问题。根据IDC数据,2021年全球AR/VR总投资规模接近146.7亿美元,并有望在2026年增至747.3亿美元。文化产业领域内的多个行业需要运用AR/VR/MR/XR等技术作为产品生产的基础,未来随着技术的不断升级、技术应用的不断融合,全球文化产业的产品质量会进一步提高。

二、元宇宙文化产业赋能"人＋物＋场",实现文化内容消费体验多元化

在元宇宙场域下,文化产业发展需要多要素,主要是"人""物""场"三要素。首先是"人"。元宇宙空间中需要用户流量资源,现实生活中人通过虚拟人身份在元宇宙平台上进行各种生产创造。虚拟偶像、虚拟主持人、虚拟主播等多元化的形象,也在不断改变品牌与用户之间的沟通形式。未来各个国家的文化产业还将不断推出具有代表性的虚拟人形象。其次是"物"。"物"更多的是元宇宙文化产业领域中人与场所的纽带,是人们实现虚拟货物交易的基础。例如在元宇宙空间中,NFT产品可满足消费者多元化产品需求,并且能够为消费者打造更多的体验渠道,通过AR/VR/MR/XR以及"脑机接口"等技术实现超现实世界的视觉、听觉、味觉等多感官交互体验,将科幻转化为现实。同时去中心化的发展趋势也将使商家、品牌、用户之间的交流更加便捷,进一步推动文化旅游、游戏、影视等多个文化产业领域的发展。最后是"场"。"场"主要是元宇宙文化产业发展的场所环境,是全球各个国家积极开发的资源平台。目前全球各个国家在元宇宙领域中搭建的平台多数向消费者免费开放,鼓励用户自由设计与建设空间,如美国的Decentraland平台以及中国的元宇宙希壤平台。

三、元宇宙塑造虚实空间，催生新的文化产业业态

5G、AR、AI等多类型技术的发展，将不断完善元宇宙虚拟空间的建设，进一步改变文化产业传统的商业模式，并在元宇宙所涉及的各个行业中不断催生新的文化产业业态，满足用户多元化的需求。例如，受新冠疫情影响，教育领域变化较大，从线下教学场景发展为线上线下融合教学场景，再转变成以线上教育为主教育场景。教育资源线上化能够更好地保障教育质量和资源分配的公平性，增加学生在空间和时间上的自由度。沉浸式教学场景的建设就是在虚拟教育空间利用XR技术将更多难以实现的教育想法具象化，教育内容的生产输出从PGC（专业团队生产内容）/UGC转向AIGC（人工智能生产内容），创造出更多元的拓展学习空间，丰富了教学内容。元宇宙文化产业教育行业不断打造虚拟教室、沉浸式实验室等线上教学场景，以及高度多元化的交互学习方式，更好地激发学生的学习热情，助力师生共同创作，产生更好的教育效果，进一步升级线下传统教育场景。例如韩国的Hodoo Labs公司以消除教育差距为目标，推出了学习软件Hodoo English，将300多名角色和约4300种情况嫁接到虚拟现实场景的英语会话中。使用者在5个市区、30多个假想村庄中游历，培养英语能力。同时公司引进学习软件Hodoo Campus，学生可以参加不同村庄举行的读书节目、编程节目、美术节目等。

在文旅层面，文化旅游近些年受新冠疫情冲击较大，依托元宇宙新技术，文旅行业也面临新的业态变革，比较凸显的就是人景融合方面的变革。越来越多的景区开始布局元宇宙技术，以"人景＋交互"的沉浸式体验方式为主，增强产品和服务给人们带来的体验感、互动性。例如，2022年韩国首尔市政府设立多个"虚拟旅游特区"，通过虚拟空间重现韩国已经消失的珍贵历史文化资源，同时消费者还可以在元宇宙空间中体验"首尔花灯节"等具

有代表性的节庆活动。美国迪士尼的游乐项目也在元宇宙领域里不断迭代升级。迪士尼计划创造元宇宙主题乐园,实现现实乐园与虚拟世界的融合。[1]

四、依托元宇宙场域下的社交方式,形成"虚拟世界＋社交网络"的空间结构

Z世代逐渐成为市场主角,市场形势将被重新定义,元宇宙虚拟世界中的社交就成为市场发展的重要元素。元宇宙社交环境下将形成新的社交形式——"兴趣化＋场景化"。2022年麦肯锡咨询公司对亚洲、欧洲和美国的3000多名消费者进行调查,60%的消费者接受并期待将日常活动转移至虚拟世界中,80%的线上消费者倾向在元宇宙世界中消费,其中最期待的活动有社交、娱乐、游戏等类型。在元宇宙社交环境中,为了更好地满足Z世代消费者的需求,需要搭建更加年轻化的社交平台,为他们提供沉浸式的"社交临场感",减少现实身份带来的负面影响;打破时空界限,让用户能够使用虚拟化身,获得线上第二身份,与陌生人社交;依托VR/AR/MR等先进技术连接线上传播场景,为用户提供在元宇宙社交场域中的沉浸式社交体验。例如日本社交网站巨头GREE认为,用户的虚拟世界体验感不仅仅来源于3D画面,还可以从"个人房间""宠物"和"虚拟形象"等方面获得,将GREE平台与日常生活相互融合,有利于用户建立更好的人际交往关系,并长期停留在虚拟世界中。[2]

五、去中心化促使文化内容生产更高效,需不断加大产品内容监管力度

随着文化数字化过程的发展,文化传承与创新生产的主体行为将在元

---

[1] 陆睿:《韩国"元宇宙首尔"计划瞄准市政服务》,《经济参考报》2021年12月14日,第2版。

[2] 王儒西、向安玲:《2020—2021年元宇宙发展研究报告》,2021年9月16日,https://wen-ku.baidu.com/view/b95b1a3075c66137ee06eff9aef8941ea76e4bb6.html?fr=sogou&_wkts_=1701505932959,2023年2月28日。

宇宙的场域下突破传统模式。未来文化生产创造将获得更高的自由度和参与度，用户可以参与内容生产的全过程，并拥有多重权利。元宇宙的去中心化为用户提供了更加便捷的共享资源以及多元化的社群空间，更有利于用户实现高质量文化内容生产。元宇宙空间是各种社会关系的集合，数字产品、虚拟资产等价值需要转化成货币系统、经济秩序，社会规范在发挥作用的过程中只要存在争议就需要中心化组织审议、监管。在这个虚拟数字空间，要中心化监管保障组织、流程有序发展，就需要各个国家政府在政策顶层设计过程中做到提前布局，形成数字化智慧模式。

元宇宙的概念相对较新，政府对元宇宙文化产业相关产品的监管体系建设不完善，需要针对不同元宇宙细分领域构建适配的监管制度体系。例如数字身份认证中，就需要信用体系的建设、监管制度的完善，以及数字版权权属治理体系的建设。同时全球大环境对人才的需求较大，健全人才培养体系，能够在未来更好地解决IP版权保护、高质量人才匮乏以及立法监管机制不健全等问题，防止元宇宙领域可能出现的欺诈、数据安全侵犯、隐私泄露、头部平台垄断等问题。例如2018年美国联邦贸易委员会对Facebook数据泄露事件处以50亿美元的罚款。随后美国和欧洲国家政府积极制定数据安全以及用户隐私方面的政策规范。

为了能更好地促进元宇宙文化产业的可持续健康发展，更好地将元宇宙内在能量发挥出来，各个国家需要积极构建元宇宙领域政策体系。元宇宙文化产业内容涉及NFT、区块链等技术，需要智能合约。智能合约被美国政府认为可能违反相关的数据保护法律，因此政府在推动产业发展过程中比较慎重。韩国和日本政府也在积极制定相关政策推动产业发展。促进元宇宙产业发展，还需要不断完善元宇宙文化产业领域内的监管体系，避免产业发展中出现更严重的问题。

（李婉春　河北传媒学院）

第二章 我国元宇宙文化产业发展概况

近年来,在国家政策的支持下,各地方政府积极发展当地元宇宙文化产业,通过政策支持与资金扶持双管齐下的方式,为元宇宙文化产业的发展提供了肥沃的土壤与良好的环境。在这样的背景下,我国元宇宙文化产业整体呈现出以下发展特征:在政策层面,政策目标日益明确,扶持力度逐渐增强,主要包含发展计划型政策、发展建议型政策、扶持计划型政策等;在技术层面,技术革新性特征日益显著,技术发展逐渐倾向于实现虚拟与现实世界间的交互,更注重突破现实与虚拟间的壁垒;在应用层面,场景化特色突出,主要体现为传统应用场景升级、场景生态多方共创与场景连接普遍化;在平台层面,以外部政府检察机构与行业内部伦理审查机构的高度合作为前提,元宇宙文化产业平台日益展现出高度自治的特征。综合来看,随着各层面发展特征的不断深化,元宇宙文化产业将呈现出以下三大发展趋势:一是内容侧将呈现创作升级、计算升级、智能升级的发展趋势;二是需求侧将呈现体验升级、治理升级、社会责任意识升级的发展趋势;三是监管侧将更重视加强政策引导、维护市场公平和建立健全相关法律体系。

第一节　我国元宇宙文化产业发展政策

2022年10月16日，习近平在中国共产党第二十次全国代表大会上做报告，将"繁荣发展文化事业和文化产业"作为报告第八部分"增进文化自信自强，铸就社会主义文化新辉煌"的重要内容。报告对未来我国文化建设做出了系统阐述，对繁荣发展文化事业和文化产业提出了明确要求，为文化产业的研究工作指明了方向。深入学习贯彻党的二十大精神成为学界当前的一个新热点。为此，中国电视艺术家协会、中国文化产业协会、中国文化产业管理专业委员会等组织举办了各类专题研讨会。"中国式现代化"的文化意蕴体现在5个方面：一是引领人类文明进步，推动人口规模巨大的现代化；二是实施文化强国战略，推动全体人民精神共同富裕的现代化；三是促进文化发展繁荣，推动物质文明和精神文明协调发展的现代化；四是创新生态文明思想，推动人与自然和谐共生的现代化；五是坚守传统文化价值，助力走和平发展道路的现代化。党的二十大报告指出，高质量发展是全面建设社会主义现代化国家的首要任务。文化是推动高质量发展的重要支点。文化产业的高质量发展是实现中国式文化现代化、铸就社会主义文化新辉煌的任务主线。在这一主线下，我们必须牢牢把握以人民为中心的文化建设立场，依托元宇宙发展趋势，以高质量文化产品供给增强人民获得感、幸福感，以效能提升保障公共文化服务有品质、有温度，稳步推进以融合为抓手的文化发展新格局。在国家政策的引导下，2022年间各地方政府均颁布了有关元宇宙发展的政策通知，具体情况如表2-1所示。

表2-1　我国不同地区元宇宙文化产业相关政策

发布地区	相关政策	要点
北京市	《关于加快北京城市副中心元宇宙创新引领发展若干措施的通知》(通政办发〔2022〕4号)	全面优化产业布局。提升元宇宙产业空间承载能力,打造"1+N"的产业创新集聚区。在文化旅游区、台湖演艺小镇、张家湾古镇、宋庄艺术区、运河商务区等区域,打造与应用场景高度融合、形成元宇宙示范的主题园区
	《北京城市副中心元宇宙创新发展行动计划(2022—2024年)》	元宇宙+文旅场景。发挥元宇宙虚实融合、双向贯通特点,加强文化IP资源创造性转化和创新性开发,在城市副中心范围内,推动建设多元化文旅沉浸式体验场景加强元宇宙品牌打造。实施区域品牌提升计划,打造文旅体验场景、城市建设场景、虚拟生活场景、智慧消费场景等特色品牌
上海市	《上海市培育"元宇宙"新赛道行动方案(2022—2025年)》	主要目标:产业发展生态持续完善推动建设各具特色的元宇宙产业园区,打造一批创新服务平台,加快元宇宙产业人才育引,优化生态环境支持企业在社交消费、教育医疗、文体娱乐、政务管理等领域开展符合法律规定的元宇宙场景内容搭建和生产
	《徐汇区关于支持元宇宙发展的若干意见》	对于在徐汇区引进举办具有重大影响力的元宇宙峰会、论坛、展会、创新创业大赛、开发者大会等的企业,经认定,可按照不高于实际投入30%的比例,给予最高100万元的资金支持
	《虹口区促进元宇宙产业发展的试行办法(草案)》	重点支持但不限于虚拟数字人、PUGC(专业用户生产内容)/OGC(职业生产内容)/MCN(多频道网络)、开放游戏/UGC游戏平台、3D显示、数字孪生、数字沙盘仿真、AR/VR/MR、NFT/NFR等数字内容产业
浙江省	《浙江省元宇宙产业发展行动计划(2023—2025年)》	目标:应用示范效应显著。在电商、文娱、教育、会展、医疗、工业、政务、旅游等领域推广10个以上行业标杆产品和服务,打造50个以上创新示范应用场景推动"元文娱"融合发展。推动元宇宙与浙江特色文化元素创新融合发展,探索游戏、电影等"元"系社交新模式,打造融合型、分享型和沉浸型数字内容与服务。加快开发AR实景导览、VR解说、景观全息呈现等沉浸型旅游产品,培育云演艺、云文博、云展览等在线文旅新业态,支持文化、旅游等领域元宇宙科创项目建设,打造一批元宇宙秀场、元宇宙网红打卡点等地标性景观
	《杭州余杭区未来科技城XR产业发展计划》	开放一批场景,加速行业应用落地。每年推出一批政务服务、智慧教育、智慧医疗等应用场景。2022年重点推动区内4A级景区及山城合作旅游景区的数字文旅场景开放,支持XR企业优先入驻政府采购名录库

续　表

发布地区	相关政策	要点
浙江省	《西湖区关于打造元宇宙产业高地的扶持意见》	扩大影响力，推进元宇宙场景应用，例如制造业"元宇宙"、文旅"元宇宙"、教育"元宇宙"、医疗"元宇宙"、会展"元宇宙"、商业"元宇宙"、数字艺术品交易"元宇宙"……元宇宙通过AR、VR、云计算、5G和区块链等技术重新定义了人与空间的关系。目前，在西湖区已经有许多元宇宙场景落地
江苏省	《江宁高新区关于加快发展元宇宙产业的若干政策》	第二条：全力扶持元宇宙企业场景应用 重点围绕制造业、文旅、教育、医疗健康、数字治理等领域开放一批应用场景，支持建设一批元宇宙领域的新技术、新产品、新模式、新应用、新业态试点及示范标杆，支持入园企业优先参与搭建工业数字孪生、智慧文旅、智慧医疗、虚拟办公、UGC内容创作、三维仿真、数字艺术等多样化元宇宙适用场景建设，并向全区重点宣传推广
	《太湖湾科创带引领区元宇宙生态产业发展规划》	滨湖将打造元宇宙核心产业区、元宇宙创新孵化园、元宇宙先进智造地，提升资源配置质效，构建元宇宙空间布局；以聚焦数字影视、数字文旅、智改数转、社会治理等场景，发挥区域特色优势，打造元宇宙典型场景
河南省	《河南省元宇宙产业发展行动计划（2022—2025年）》	发展文旅元宇宙。推动景区、博物馆、文化馆、主题公园、艺术中心等深度运用扩展现实等技术，在虚拟世界中建设数字孪生体。建立线下主题场景与线上开放世界相结合的文旅新形态，充分发挥元宇宙沉浸式体验优势，结合虚拟世界打造丰富多彩的线下实景文旅项目
陕西省	《咸阳高新区建设"元宇宙产业先行区"行动方案》	提出按照"一个目标、三个发展路径、五个应用场景"的"一三五"发展思路，优先布局元宇宙发展新赛道，加速"数字产业化、产业数字化"，推动数字经济更好赋能高质量发展 确立一个目标，打造西北第一家"大秦元宇宙"产业先行区 在"元文旅"方面，着力建设"O世代"年轻力中心（大秦元宇宙智能综合体），引入知名文化IP和NPC，布局游戏会展、创意办公、智慧酒店、主题餐饮等业态，以声光电等高科技技术，构建面向年轻人的网络聚焦、场景互动、创新创意等吃住游玩于一体的大秦元宇宙智能综合体，打造沉浸式网红街区。在商业综合体、体育馆、图书馆、音乐厅、博物馆、公园等规划建设过程中，深度运用VR、AR、人工智能、物联网、大数据等前沿技术，打造文旅服务新场景的新尝试，开启高新区元宇宙产业发展新时代

发布地区	相关政策	要点
山东省	《济南市促进元宇宙产业创新发展行动计划(2022—2025年)》	打造元宇宙应用示范:元宇宙＋文化旅游。依托济南国家动漫游戏产业基地,研发制作具有高沉浸感、社交、娱乐等特性的元宇宙游戏,推动济南市游戏产业向元宇宙方向创新升级。大力推进文化数字化,运用数字人讲解、增强现实导览等技术,围绕历史文化风貌区、游乐园等地标性建筑和景点,拓展全景旅游等新模式。支持剧院、图书馆、博物馆等文化场馆深化运用数字智能技术,加快推动全息影像、增强现实、数字影音、5G+8K等技术与图书阅读、文物展示等领域深度融合,打造沉浸式体验场景。促进虚拟演艺赛事发展,引导全息投影、体感交互等技术与赛事、演唱会、音乐会等结合,打造沉浸式"云现场"
	《青岛市市南区关于促进元宇宙产业高质量发展的若干政策措施》	以场景应用打造行业示范。结合城市更新三年行动,积极推进产城发展,重点围绕文旅、教育、医疗、商贸、数字治理等领域,每年开放并发布一批应用场景,支持建设一批元宇宙领域的新技术、新产品、新模式、新应用、新业态试点及示范标杆 支持建设数字化商业街区。鼓励核心街区、商业综合体引入元宇宙元素,实现城市街区和商业设施的元宇宙化,根据每个项目实际投入(大于200万元)的20%给予最高300万元的一次性补贴(政府、国有平台公司投资项目除外)
辽宁省	《和平区元宇宙产业创新发展行动计划》	力争到2024年,在产业集群、应用场景、创新平台、优秀人才、金融助力、会展平台六大方面形成市场化运营机制,构建元宇宙产业发展的"产学研用政金"一体化新模式,搭建元宇宙产业创新生态体系,营造"创新链、研发链、人才链、平台链、投资链、产业链"融合发展的浓厚氛围,加快元宇宙产业向集群化方向发展
湖北省	《武汉市促进元宇宙产业创新发展实施方案(2022—2025年)》	探索消费领域应用。推动元宇宙与消费领域(2C)融合,通过开放场景、揭榜挂帅等方式,迅速推出一批"元宇宙＋"的武汉特色IP项目,打造旅游元宇宙、文娱元宇宙、教育元宇宙、科普元宇宙、电商元宇宙、社交元宇宙等试点示范项目15个以上,形成旗帜效应 建设展示交流平台。谋划建设城市元宇宙概念馆、展示体验中心或主题公园,集合元宇宙产品技术类、娱乐类体验项目,按照"网红打卡地"的理念营造整体氛围,打造爆款潮流基地。支持建设企业级元宇宙展示厅或线下体验店,策划举办元宇宙相关活动、会议、赛事等,支持组建成立元宇宙研究院,推动成立元宇宙产业创新联盟

发布地区	相关政策	要点
湖北省	《汉阳区关于加快元宇宙创新发展扶持政策（试行）征求意见稿》	推动应用场景落地。重点围绕汉阳"1+6"现代产业体系，在制造业、文旅、教育、医疗健康、数字治理等领域开放一批应用场景，支持建设一批元宇宙领域的新技术、新产品、新模式、新应用、新业态试点及示范标杆，支持元宇宙企业优先参与搭建工业数字孪生、智慧文旅、智慧医疗、虚拟办公等多样化元宇宙适用场景，并向全区重点宣传推广
广东省	《广州市黄埔区　广州开发区促进元宇宙创新发展办法》	鼓励应用示范。鼓励企业推动元宇宙技术与实体经济和社会民生的深度融合，探索工业元宇宙、数字岭南风情、数字创意、数字文旅、数字艺术品交易、人才交流等具有黄埔特色的元宇宙标志性场景
	《广州南沙新区（自贸区南沙片区）推动元宇宙生态发展的九条措施》	从技术攻关支持、创新平台资助、产业集聚扶持、研发投入补助、应用场景构建、创新生态建设、人才引进补贴、科技金融支撑、知识产权促进9个方面对南沙元宇宙产业发展给予全方位支持
	《南沙元宇宙产业集聚区先导示范区入驻实施方案》（征求意见稿）	聚集区先导示范区企业准入条件： 拟入驻企业主营业务应属于以下元宇宙产业领域范围：基于5G高速沉浸式互联网虚实相融的研发和应用的下一代信息技术企业及周边外延产业；VR、AR、MR、XR、沉浸式视觉、区块链、虚实互动、虚拟人、智能语音交互、3D数字资产等人机交互技术，沉浸式数字内容生产及元宇宙产业应用等；与元宇宙产业相关的技术研发、技术服务、产业升级服务、产业运营服务、活动服务、人才服务、金融服务
	《关于支持元宇宙产业发展十方面税收措施的通告》	通告涵盖10个方面，共23条税收政策和服务举措，给予元宇宙企业从落地起步到成长发展的全周期支持。与发展元宇宙有关的产业行业，可对照合作区企业所得税15%税率优惠政策9大类150项优惠目录，申报享受税收优惠；对于符合优惠目录规定的企业，新增境外直接投资取得的所得税可申报享受免征企业所得税优惠政策

发布地区	相关政策	要点
重庆市	《重庆市渝北区元宇宙产业创新发展行动计划（2022—2024）》	发展思路：立足渝北实际，抢抓数字经济和元宇宙发展新机遇，打造"元宇宙先导试验区"和"元宇宙生态产业园"，构建元宇宙治理与产业发展体系 总体目标：力争到2024年，在工业、交通、文旅、商贸、教育、医疗、会展、政务等领域构建形式多样的元宇宙新模式、新服务、新业态，使元宇宙技术研发和应用推广取得明显进展 推进元宇宙示范应用：推动标志性场景建设。支持企业探索元宇宙新技术、新应用和新业态，加快推进元宇宙相关技术与政府治理、民生服务、产业发展的深度融合。支持区市民服务中心等开放元宇宙政务服务应用场景；支持中央公园商圈、中央公园等开放元宇宙商业应用场景；支持统景国际温泉度假区、铜锣山矿山公园等开放元宇宙文体旅等应用场景；支持仙桃数据谷等开放元宇宙汽车智能化应用场景；支持创新经济走廊等开放元宇宙工业应用场景。支持向元宇宙示范企业开放应用场景，积极打造一批元宇宙典型示范应用
四川省	《成都市培育元宇宙产业行动方案（2022—2025年）》（征求意见稿）	开展元宇宙应用场景融合行动：共创"元文旅"场景。活化武侯祠、杜甫草堂、金沙遗址、宽窄巷子等内容IP，推动景区、文博场所、主题乐园、特色街区等深度运用XR、MR等技术，开发线下主题场景与线上开放世界相结合的文旅新形态。鼓励开发数字原生内容，扩大数字藏品规模，拓展"元文旅"经济发展新路径
福建省	《厦门市元宇宙产业发展三年行动计划（2022—2024年）》	应用场景构建行动：地标性场景建设。依托鼓浪屿、沙坡尾、筼筜湖等厦门地标及金鸡百花奖等城市名片，支持科研院所和企业打造具有厦门市特色元素的元宇宙应用场景，打造一批会展、旅游、体育、商业领域的特色场景示范案例 通用性平台建设。积极推动科研院所和企业联合打造元宇宙应用平台，推动三维数字空间、虚拟数字人和NFT数字资产在城市管理、民生服务等领域的开发应用，遴选一批优秀元宇宙应用方案，形成可复制推广的示范案例
西藏自治区	《西藏元宇宙建设方案》	向社会公众组织数字经济体验活动，组织数字音乐节、数字集市、数字文创体验等特色活动，让广大公众走进实际应用场景，体验数字经济的前沿创新和发展成果；让数字经济"可见、可感、可触摸"，助力拉萨加快建设数字经济标杆城市

第二节 我国元宇宙文化产业发展特征

近年来,在国家的积极引导与大力支持下,我国元宇宙文化产业发展总体呈现出一定的特征。其中,在政策端,主要呈现出地方积极响应国家政策要求、重视对元宇宙文化产业相关企业的扶持等发展特征;在技术端,虚拟人技术、区块链技术等均得到了飞速发展,整体具有较强的革新性;在应用端,随着各地方政府对应用场景化建设重视度的提高,我国元宇宙文化产业即将迎来应用端场景化实现的热潮;在平台端,因元宇宙自身技术的特殊性,我国元宇宙文化产业整体呈现出以自治性为主导的特征,迫切需要更为完善、可靠的监管体系。

一、政策端:地方积极响应国家政策,政策目标明确、扶持力度增强

2021年文化和旅游部发布了《"十四五"文化产业发展规划》(以下简称《规划》),提出要"高举中国特色社会主义伟大旗帜,深入贯彻党的十九大和十九届二中、三中、四中、五中全会精神,坚持以马克思列宁主义、毛泽东思想、邓小平理论、'三个代表'重要思想、科学发展观、习近平新时代中国特色社会主义思想为指导,紧紧围绕统筹推进'五位一体'的总体布局和协调推进'四个全面'战略布局,坚持稳中求进工作总基调,立足新发展阶段,贯彻新发展理念,构建新发展格局",强调文化产业的发展要以推动高质量发展为主题,以深化供给侧结构性改革为主线,以文化创意、科技创新、产业融合催生新发展动能,提升产业链现代化水平和创新链效能。这一政策为各地发展元宇宙文化产业指明了一条以建立健全生态化元宇宙文化产业生态系统为整体向导的发展之路,凸显了元宇宙文化产业在发展过程中要充分发挥

"文化创意、科技创新、产业融合"三位一体的发展动力机制,催生元宇宙文化产业新的发展动能,积极提升元宇宙文化产业创新链效能。《规划》同时提出了文化产业近几年内的整体发展目标:"到2025年,文化产业体系和市场体系更加健全,文化产业结构布局不断优化,文化供给质量明显提升,文化消费更加活跃,文化产业规模持续壮大,文化及相关产业增加值占国内生产总值比重进一步提高,文化产业发展的综合效益显著提升,对国民经济增长的支撑和带动作用得到充分发挥。"据此,各地在落实元宇宙文化产业发展政策时,要注重产业结构优化升级,使产业整体实力和竞争力稳步提升;要推进供给侧质量升级,积极推动适应人民群众文化消费需求的文化产品、文化创意、文化IP、文化服务问世;建设一批具有显著示范效应和带动作用的元宇宙文化产业功能区、文化产业中心城市、区域文化产业带;进一步优化元宇宙文化产业发展整体大环境,使文化市场主体规模持续扩大,使产业结构日趋合理,使整体元宇宙文化产业市场环境更加健康有序,以吸引更多高质量人才的加入。

2022年以来,在国家政策的积极推动下,各地方政府积极响应国家政策的要求,纷纷推出结合各地实际情况、具有地方特色的元宇宙相关产业发展政策。各地政策基本可分为以下三种类型:

第一,发展计划、规划型。2022年间,全国多地发布了具有积极引导作用的发展计划、规划型政策。此类政策内容涉及元宇宙文化产业发展纲领、发展目标、发展内容、原则要求等,为当地元宇宙文化产业发展提供了全方位的引导。北京市于2022年8月发布《北京城市副中心元宇宙创新发展行动计划(2022—2024年)》,详细列举了元宇宙行业发展的指导思想、基本原则、主要目标、重点任务和组织实施办法内容。其中,在元宇宙文化产业方面突出强调了要加强元宇宙品牌打造:"实施区域品牌提升计划,打造文旅体验场景、城市建设场景、虚拟生活场景、智慧消费场景等特色品牌。用好中关村论坛和全球数字经济大会等国际会议平台,做好品牌推介。积极举办或承办元宇宙论坛或峰会、展览展示，通过发布研究报告、举办产学研用对接活动等促进多方合作。探索建立虚拟营销空间，打造包括虚拟人、虚拟发布会、虚拟直播、虚拟产品等多种技术的整合营销创业策划、制作执行服务平台，助力品牌与消费者建立全新连接，助力副中心区域品牌推广。"

第二，发展意见、建议型。除了较为普遍的发展计划、规划型政策以外，部分地方政府选择征集与元宇宙发展相关的意见、建议。这些地方政府大多面向社会大众征集有关元宇宙文化产业扶持、发展示范区入驻方案等的意见与建议。如广东省于2022年8月发布《南沙元宇宙产业集聚区先导示范区入驻实施方案》（征求意见稿），针对元宇宙产业聚集区先导示范区的入驻政策征集行业意见。该公告一经发布便引起当地文化企业的关注与积极响应，政府征集了针对入驻要求、扶持政策等方面的意见，很好地倾听了行业发展诉求，为今后先导区的建设提供了积极有效的引导。行业发展相关意见类公告往往针对行业发展中存在的问题做出有效引导，以进一步促进元宇宙文化产业的发展与进步。又如上海市2022年10月发布的《徐汇区关于支持元宇宙发展的若干意见》，针对元宇宙文化产业的发展状况提出下一步发展要聚焦VR、AR、数字孪生、人工智能、区块链、物联网等元宇宙底层支撑技术，助力企业等创新主体开展研发攻关，推动企业加快建设5G/6G、GPU、交互、云化、物联网等元宇宙后端基础设施，鼓励企业研发生产虚拟主机、VR、AR、MR、脑机交互等元宇宙终端设备，支持企业在社交消费、教育医疗、文体娱乐、政务管理等领域开展符合法律规定的元宇宙场景内容搭建和生产。

第三，扶持政策型。部分城市积极响应国家的号召，推出了扶持当地元宇宙文化产业发展的相关政策。政策内容覆盖元宇宙文化产业园区的建立、元宇宙文化产业人才引进的福利以及针对各类型企业的扶持标准和内容。以江苏省2022年5月发布的《江宁高新区关于加快发展元宇宙产业的若干政策》为例，该文件详细说明了江宁高新区未来几年为激励元宇宙相关产业发展所采取的扶持政策。政策内容涉及元宇宙相关项目的落地发展、元宇宙场景应用的实施、元宇宙企业平台的搭建、元宇宙人才汇集政策的确立,以及元宇宙生态发展平台的构建。重点强调发展智慧文旅、数字治理等行业,提出要扶持建设数字化商业街区,鼓励园内核心街区、商业综合体引入元宇宙元素,实现城市街区和商业设施的AR化,根据每个项目实际投入的30%给予最高500万元的一次性补贴。并鼓励企业在园区建设元宇宙体验区,对于在园区内建设元宇宙场景应用和用户沉浸式体验中心(展厅)的企业,按照面积100—300平方米、300平方米以上的中心(展厅),分别给予企业不高于30万元、50万元的一次性补贴。

二、技术端:革新性特征显著

从技术层面看,元宇宙文化产业的整体发展依托于底层技术的不断深入发展。基于不同的技术平台,元宇宙文化产业呈现出两方面的发展特征:一方面,基于AI技术的发展和互联网的高度普及,在文化产业领域内诞生了虚拟人、数字人等存在于数字世界的"人",随着技术的发展,元宇宙平台甚至逐渐呈现出"虚实结合""人机结合"的特征;另一方面,基于区块链、NFT等技术的成熟,元宇宙平台呈现出经济价值创造立体化、三维化的整体趋势。综合来看,随着元宇宙平台下经济体系、生产体系、社会关系体系的"虚实共治",元宇宙文化产业平台逐渐实现了用户自主编辑、自主创造内容和自主积累数字资产等功能。元宇宙文化产业的发展带有极强的技术革新性,其中最具有代表性的是融合创新的出现。融合创新是一种通过系统集成化策略实现的非线性创新,即元宇宙融入不同领域的过程中产生的广泛且持续的创新效应。从经济角度来说,元宇宙文化产业具有促进虚实世界融合的赋能机制,能有效助力打破文化产业数字经济与实体经济的边界,促进两种经济形态融合,并从中衍生出一系列的技术创新、模式创新和产业创新内容;从资源角度来说,元宇宙中拥有海量的数字资源,包括数据资源、视觉资源和场景资源等。元宇宙的发展为文化产业数字资源与实体资源融合创造了新契机,推动不同资源组合的优势叠加与协同创新。[①]

随着元宇宙文化产业的不断发展,技术端逐渐倾向于实现虚拟与现实世界间的交互,更注重突破现实与虚拟间的壁垒,虚拟人技术的快速发展就是最好的佐证。近年来,虚拟人技术进一步增强了元宇宙文化产业应用领域的视觉效果,强化了体验感,拓展了用户的参与方式,提高了用户参与度。许多地方纷纷推出了AI向导、虚拟人走秀等项目。除此之外,元宇宙文化产业技术端的革新主要集中在以下4个方面:(1)场景技术。三维建模技术主要应用于产品展示、文旅场景化模拟、文创产品塑造等领域,具有较高的社会价值,有较强的可复制性。(2)交互技术。通过虚拟人智能语言技术实现智能产品、智能语音向导、智能索引等,与用户关联度极高,重视提高用户参与度。(3)感知技术。通过情感计算等技术实现拟人化情绪处理、多维表达等,应用于审美机制较完善、治愈效益较强的文创产业设计,重视满足用户的情感需求等。(4)行为技术。将动作捕捉技术应用于电脑游戏制作、虚拟偶像设计、传感式设备设计等领域。

三、应用端:场景化特色突出

元宇宙文化产业的发展要重视塑造场景化的高级形态,即将"镜像世界""拟像世界"与"现实世界"进行无缝对接,以进一步实现"数字的物化和虚拟的现实化",将数字化和VR技术完全融入现实世界。其中,场景化是指元宇宙根据用户的不同需求提供差异化的场景体验。空间和体验等元素的融入,进一步丰富了元宇宙文化产业应用场景的形式和内涵。从某种程度上来说,场景化是驱动元宇宙文化产业发展的关键内生动力。

---

① 左鹏飞:《元宇宙的主要特征、发展态势及风险研判》,《社会科学辑刊》2023年第1期,第195—202页。

　　具体来说,元宇宙的应用场景化主要体现在三方面:第一,传统应用场景的升级。元宇宙通过虚实融合进一步激发场景创新、释放场景潜能,有力推动了传统应用场景的重构与升级,使线上与线下趋向更加真实地融合。第二,场景生态的多方共创。元宇宙的场景生态不是由某个用户或企业单独打造的,而是由所有参与者共同创建的。第三,场景连接的多样化。元宇宙的场景连接主要包括两方面内容:一方面是虚拟世界与现实世界的互联、互通与互动;另一方面是元宇宙作为无限场景的集合,需要实现内部不同应用场景之间的连接。近年来,全国各地颁布的有关元宇宙发展的相关政策中,均有对文化产业场景化建构的说明与强调。北京市颁布的《北京城市副中心元宇宙创新发展行动计划(2022—2024年)》着重强调要加快建设"元宇宙＋文旅场景"平台,"发挥元宇宙虚实融合、双向贯通特点,加强文化IP资源创造性转化和创新性开发,在城市副中心范围内,推动一批智慧酒店建设,打造一批沉浸式体验场景。打造元宇宙主题乐园,构建吃住游玩为一体的实数融合新生活方式中心,建设数字文旅示范场景。依托城市绿心歌剧院、图书馆、博物馆三大建筑,全面融入数字智能技术,推动全息影像、增强现实、数字影音、5G＋8K等技术与艺术演绎、图书阅读、文物展示等领域深度融合,打造沉浸式体验场景"。江苏省颁布的《江宁高新区关于加快发展元宇宙产业的若干政策》提出,要"全力扶持元宇宙企业场景应用","重点围绕制造业、文旅、教育、医疗健康、数字治理等领域开放一批应用场景,支持建设一批元宇宙领域的新技术、新产品、新模式、新应用、新业态试点及示范标杆,支持入园企业优先参与搭建工业数字孪生、智慧文旅、智慧医疗、虚拟办公、UGC(用户创造内容)内容创作、三维仿真、数字艺术等多样化元宇宙适用场景建设,并向全区重点宣传推广。每年在智慧城市建设、数字招商平台搭建等方面开放一批应用场景与园内企业对接落地"。福建省发布的《厦门市元宇宙产业发展三年行动计划(2022—2024年)》强调要加快应用场景构建行动:"地标性场景建设。依托鼓浪屿、沙坡尾、筼筜湖等厦门地标及金鸡百花奖、马拉松等城市名片，支持科研院所和企业打造具有我市特色元素的元宇宙应用场景，打造一批会展、旅游、体育、商业领域的特色场景示范案例。……通用性平台建设。积极推动科研院所和企业联合打造元宇宙应用平台，推动三维数字空间、虚拟数字人和NFT数字资产在城市管理、民生服务等领域的开发应用，遴选一批优秀元宇宙应用方案，形成可复制推广的示范案例。"

四、平台端：自治性占据主导地位

从行业平台层面看，元宇宙文化产业平台与传统行业平台相比，有着极强的自治性。首先，这种自治性体现在其作为一种可编程的新型基础设施，是数字经济时代的重要产业组织形态。因其独特的技术特征，元宇宙文化产业平台以数字生态为根本指向，旨在呈现一种全新的平台生态。元宇宙文化产业平台不仅是一种拥有网络集合和数字生态意义的新型平台，也是一种新型价值创造载体。一方面，元宇宙能够有效打破时空的限制，实时开展大规模供需对接活动，推动文化产业资源更高效地配置与整合；另一方面，在开源和区块链技术的支持下，文化产业平台所具有的共创性、共生性等数字生态特征，可以推动不同领域形成多元主体协同共创的新型产业生态体系。

其次，这种自治性还体现在其作为一个去中心化的组织系统，在理想的元宇宙中，各类主体可以摆脱现实世界经济和身份的限制、法律法规和道德伦理的约束以及中心权力的管控，从而获得高度的平等性和自主性。在元宇宙中，相关平台仅提供基础的开发架构，而不提供具体的产品内容，因此需要用户利用开源代码开展社会共建、边界开拓、产品塑造、协议制定等具体活动。这就使元宇宙平台和以往的互联网平台产生了差异性：用户在一定程度上获得了开发者的地位。用户不但可以自主控制数据的生产活动，而且拥有资源开发、内容管理、规则制定和收益分配的权限。此外，作为元宇宙文化产业底层技术的区块链技术，会在应用逐渐普遍化的同时强化元宇宙高度自治和去中心化的特质。区块链技术通过确证数据的公开性、不可篡改性、可靠性，为元宇宙带来了"去中心化身份控制机制"（DID）：一方面，基于链上协议生成的NFT保障了用户在无须第三方认证和维护的情况下，就可以实现对不可拆分、不可复制、具有唯一性的数据资产的绝对、排他的占有权利；另一方面，通过智能合约这一元宇宙主要决策执行机制，元宇宙用户还可以在没有第三方监督和强制的情况下，开展具有自主性的交易活动，从而保障复杂组织体的顺利运转。

最后，这种自治性还体现在元宇宙文化产业监督机制的组织架构上。要打造元宇宙文化产业良好的生态环境，重在监管。为了及时弥补虚拟人技术方面的制度空白和漏洞，完善公平、开放、透明的虚拟人市场竞争规则，平等保护各类市场主体合法权益，元宇宙文化产业内部必须建立行之有效的自治化监管体系。在行业内部，与传统的监督机制相区别，元宇宙文化产业的监督机制更依赖于内部伦理审查机构。元宇宙文化产业平台作为一个自主性极强的平台，其伦理审查必然构成了行业审查体系的重中之重。相比行业外部的监管机构而言，在元宇宙内部设立相关伦理审查机构对于及时发现、全面预防和有效应对相关伦理风险具有积极意义。在职能上，文化产业内部的伦理审查机构以符合不同类型元宇宙特质的基础伦理准则为根本，以审查元宇宙平台的管理规则、技术应用规范、交易规则、社区自治规则等技术和秩序规范是否契合基本伦理要求为导向，呈现出高度自治的特征。除此之外，行业内部监管与其他监管机构的协同合作也构成了平台自治的基本保障。元宇宙文化产业构建了以政府为核心的多元参与监管模式，呈现出创新监管方式的整体趋势，通过使用区块链、人工智能等新技术提升监管能力，全面增强虚拟人行业监管效能以实现高度自治。由此，在行业外部政府检察机构与内部伦理审查机构高度合作的前提下，元宇宙文化产业平台发展展现出高度自治的特征。

第三节　我国元宇宙文化产业发展趋势

　　近年来,我国元宇宙文化产业发展呈现出多视角、多路径,多层次、多领域,高数字化的整体发展趋势。一是多视角、多路径的发展趋势。与以往单调的发展路径不同,元宇宙文化产业在内容上逐步实现高质量发展,其内容涉及非遗文化产业、时尚产业、影视文化产业、文旅产业等多个领域。二是多层次、多领域的发展趋势。2022年8月发布的《"十四五"文化发展规划》提出了推动文化产业高质量发展的重要任务。不同层次不同区域间文化产业的高质量发展必将成为大势所趋。三是伴随着元宇宙相关技术的革新发展,文化产业领域逐渐呈现出高数字化的发展趋势。元宇宙文化产业高数字化发展既体现在文化产业高质量发展的内涵、现状及发展策略上,又体现在科技创新赋能、艺术乡建、新文创等与文化产业高质量发展相关的领域上。这些领域通过数字技术与科技创新的方式助推文化产业高质量发展。综合来看,我国元宇宙文化产业发展将呈现三大发展趋势:一是内容侧将呈现创作升级、计算升级、智能升级的发展趋势;二是需求侧将呈现体验升级、治理升级、社会责任意识升级的发展趋势;三是监管侧将更重视加强政策引导、维护市场公平和建立健全相关法律体系。

一、内容侧:创作升级、计算升级、智能升级

　　随着元宇宙技术及文化产业的不断发展,未来元宇宙文化产业的内容生产将呈现三大趋势,分别是创作升级、计算升级与智能升级。一是在创作升级层面,随着数字技术的发展,数字内容创作的智能化水平也在不断提升,创作市场将由利基市场转向大众市场。二是在计算升级层面,围绕智能

(异构)计算的"云—边—端"协同模式将成为元宇宙计算升级的主要趋势,尤其在更新、更多的数字技术出现后,元宇宙计算能力与思维将会随之迭代。三是在智能升级层面,元宇宙文化产业将是一个复杂系统,不仅表现为超高并发的数据体量,而且由于信息维度的升级,信息复杂度也将呈指数级上升,远远超出人脑计算极限。如何高效处理高并发且复杂度极高的信息资源,使其处理的结果能够进一步指导文化产业,满足治理和科研的发展需要,快速响应需求变化,将成为元宇宙智能技术发展的关键驱动力。

除此之外,元宇宙文化产业的内容功能逐渐呈现出从娱乐转向实用的趋势。从实际应用情况来看,现有的元宇宙文化产业应用场景多为试验性和局部性的前期探索,实用性不强,因此当前元宇宙应用的代表性案例多发生在游戏、娱乐等领域。未来一段时期,伴随元宇宙文化产业的各类场景从封闭走向开放、从实验室走向现实应用,其功能应用会相应地不断增多,实用性也将日益增强。例如,从文化产业的教育方面来看,元宇宙文化产业中海量的学习资源、沉浸式的学习环境以及多元交互的学习方式,为抓取学生注意力、提升学习效率提供了全新模式。由此可以预见,随着技术成熟度的不断提高,未来元宇宙文化产业有望在多个领域发挥巨大作用,成为赋能现实经济社会发展的重要手段。为了适应经济社会发展的需要,元宇宙文化产业的内容创作生产将逐渐从用户转向机器。内容创作生产是推动元宇宙文化产业发展的重要一环。伴随计算机网络的快速普及,普通用户也可以利用数字工具进行文化产业内容生产,网络内容生产从PGC模式逐步转向UGC模式。在元宇宙文化产业发展过程中,基于开源和分布式的数字生态整体架构,人与机器、机器与机器将实现高度互动,内容生产模式也随之发生改变,由UGC模式转向AIGC模式。在人工智能生产内容过程中,用户或者创造者将通过内容和数据的所有权来获得收益。

二、需求侧：体验升级、治理升级、社会责任意识升级

随着元宇宙应用的不断推进，元宇宙文化产业需求侧同样会迎来文化产业体验升级、治理升级和社会责任意识升级三大趋势。在文化产业体验升级方面，随着信息技术的迭代，五感（视觉、听觉、触觉、味觉、嗅觉）将被逐一数字化，信息维度也在逐步增加，使得数字内容不断逼近现实的感官体验，更具有真实沉浸感。在文化产业治理升级方面，依托元宇宙技术内涵来构建城市治理新范式，这将改变城市规划、建设、管理和服务的底层逻辑，为城市治理注入新活力。通过打通并融合包括城市信息模型（CIM）、各大公共服务系统、城市物联感知等多源数据，打造城市数字复刻体，实现全域感知、精准映射、虚实交互和全局洞察。在文化产业责任意识升级方面，从技术角度看，元宇宙文明将是人类文明新的发展形态，但技术发展要坚守伦理道德的底线。在新的文明发展阶段，需要提出新的技术伦理，探索技术、个人、社会三者之间的平衡。这不仅要求技术本身可用、可靠、可知、可控，还要求技术的应用能促进社会进步，为人类发展谋求福祉。需求侧这一变化将带来文化产业信息展现形式从二维向三维的转化。在需求升级与技术升级的合力作用下，信息展现形式从二维平面转向三维空间成为一种趋势，这一趋势与元宇宙的出发点——数字分身在虚拟三维空间中开展活动相一致。从需求来看，随着视觉展现形式的不断升级，人们已经不再满足于文字、图片和视频等二维信息的交互方式，开始追求文化产业更具可视性、更立体化和更有想象力的信息交互场景。从供给来看，伴随新一代信息技术的快速演变与迭代，支撑虚拟空间和现实空间连接的技术日益成熟，这为元宇宙文化产业场景的落地打牢技术基础。

三、监管侧：加强政策引导、维护市场公平、建设法律体系

作为新兴事物，元宇宙文化产业在应用与发展过程中势必无法规避诸多风险与漏洞，这就需要对其施加监管。在监管侧，元宇宙文化产业整体发展将呈现出重视政策引导、注重市场公平性、加快建设相关法律体系的趋势。随着元宇宙概念热度的不断上升，元宇宙将会是第三代互联网，也会是全球创新竞争的新高地。元宇宙作为前沿数字科技的集成体，应用到全社会的各类运行场景中，实现数字经济高质量发展，这将开启人类数字世界的全新空间。现实世界的用户将在数字世界中拥有　个或多个ID身份，开展创造、社交、经济等一系列活动。但是，一个新兴事物的出现，总会在其发展阶段遇到各种各样不同的问题，尤其当新事物融入现实世界时，极易出现混乱。这就需要及时创设相关法律进行制约。因此，有关元宇宙文化产业监管体系的研究更需要加强。目前，元宇宙文化产业仍处在不断演变、发展中，需要警惕一系列法律风险问题，如发展各阶段的责任划分、用户隐私信息泄露、数字人权让渡风险等问题，还需要警惕资本绑架、过度投机、立法监管空白等问题。因此，元宇宙文化产业的稳健发展迫切需要得到法律的有效保障，尤其需要与用户权益保护相关的各类规则。打造行之有效的监管体系要紧扣元宇宙文化产业独具特色的组织体系。

元宇宙文化产业自身基于分布式组织的经济与治理体系。这种分布治理的方式有利于所制定的元宇宙规则坚实保障技术开发者、内容创作者、资本持有方和用户的基本权益，有助于元宇宙文化产业实现开源开放、数字资产自由流动、人员自由贡献、社区投票表决、治理结果执行不受单一个体或组织机构干扰。这一体系下，代码将成为元宇宙文化产业规则治理的重要组成部分，以代码为基础的各类智能合约是元宇宙中主要的决策执行机制，它有着自动执行、消除事后争议与事后纠纷解决等低成本、自动化的优势。因

此，对代码的有效规约与监管将成为元宇宙监管侧未来的发展重心。除代码监管外，要格外重视元宇宙文化产业的数字资产问题。元宇宙文化产业的数字资产由个人掌控。参与者可以通过掌握私钥的方式控制个人在元宇宙中的资产，拥有对资产绝对的、排他的占有权利。与传统互联网的数字资产或数据由各大平台掌控不同，元宇宙实现了用户对个人数字资产的自决，用户对元宇宙中的数字资产拥有客观真实的财产所有权。通过区块链与智能合约实现低成本界定产权归属、资产自由流动与交易，激励内容创作者、资产所有者及投资者参与。元宇宙将有望迎来内容创造的大爆发。但与元宇宙文化产业的数字资产高度个人化、海量爆发相对应的是相关法律法规的缺失与滞后。因此，与数字产权问题相关的法律法规也需要尽快落实。

（田郭　北京大学）

第三章　元宇宙文化产业技术发展概况

以 5G、云计算、区块链、数字孪生、人工智能、边缘计算、智能设备、交互技术等新一代技术集群构成的 ICT 技术群,已成为全球广泛认同的元宇宙通用技术体系。随着 ICT 技术的不断发展与创新,元宇宙技术体系也在同步演进,为元宇宙文化产业发展提供可靠的应用环境支撑和场景创新。本章从元宇宙文化产业相关技术要素入手,分析元宇宙文化产业的技术体系,展望元宇宙文化产业技术发展趋势。

第一节　元宇宙文化产业相关技术要素

本节整理了目前从业者、专家以及学者对元宇宙技术的见解,结合了元宇宙文化产业特点,从技术维度给出元宇宙文化产业的底层技术要素,并重点分析了 5G、云计算、区块链、数字孪生、AR/VR、人工智能技术这 6 个关键技术。

一、5G

自 2020 年起，具有高速率、宽带宽、高可靠、低时延特征的 5G 技术开始广泛商用。5G 作为面向用户体验和业务应用的智能网络，不仅为元宇宙发展提供网络基础设施支撑，赋能文化产业，还为元宇宙文化产业蓬勃发展提供广泛技术保障。5G 即第五代移动通信技术，由标志性的能力指标和一组关键技术来定义。其中，标志性能力指标指"Gbps 用户体验速率"，关键技术包括大规模天线阵列、超密集组网、新型多址、全频谱接入和新型网络架构。

（一）大规模天线阵列

大规模天线阵列指在现有多天线基础上通过增加发射端和接收端天线数量，使信号通过多个天线进行传输，形成独立的空间数据流。在不增加频带资源和天线发射功率的情况下，成倍提高多用户系统的频谱效率，对满足 5G 系统容量与速率需求起到重要的支撑作用。

无线通信依托于低频带的电磁波传播，为了避免军用、商用等不同频段的信号干扰，每个国家对无线频段使用有严格划分，所以在拥挤的低频带中提高传输速率成为无线通信技术发展的关键点。传统无线通信方式中，基站与接收点间是单天线进行电磁波传输。基站天线数量较多，且可依接收点位置自动调节信号相位，因此，任何位置都可以接收信号并保证接收到的信号都是电磁波叠加效果。从基站视角来看，这种利用数字信号处理产生的叠加效果就像基站端虚拟天线方向图，因此被称为"波束成形"。

依数学原理，比较接收点天线数量，当大量增加基站侧的天线数量时，大样本作用下基站发射天线的无线链路趋于正交，接收点相互干扰减小并趋于相互独立。再者，巨大的阵列增益降低信号同时减小的概率，提升信噪比。这样，同一频率资源上可以实现多用户、同时间、高质量信号传输。在实际应用中,天线阵列可以扩展到三维,在垂直与水平方向应用"波束成形"效果,形成高增益窄细波束,提供更灵活的空间复用能力,更精准地向用户传输信号。

大规模天线技术优势主要体现在以下几个方面:第一,大规模天线技术能深度挖掘空间维度资源,在元宇宙多用户应用场景中,实现多用户、同频带通信,而不用增加基站密度和带宽。第二,大规模天线形成的3D波束更加精准,能够排除不同信号间的干扰,增大元宇宙文化产业场景下的系统吞吐量和网络容量。第三,可大幅降低发射功率。

(二)超密集组网

超密集组网是通过在高密度区域增加基站密度、构建宏微基站异构网络、提升频率复用效率来支持更高的速率、降低时延与功耗的无线覆盖技术。在超密集组网技术中,基站间距离更小,频带资源的应用效率提升,无线接入方式多样化。权衡密集基站的能耗成本、系统干扰、信令消耗与高信号覆盖率、高容量、高速率的矛盾,超密集组网可在局部高密度区域实现百倍量级的容量提升。

采用超密集组网技术可以在具有高密度无线信号需求的建筑物、展馆或大型场馆内提供信号覆盖,如元宇宙文化产业中的演唱会、博物馆、热门旅游景点的应用;也可以支持覆盖范围小、频带宽的应用场景,如大型交互式场景、视频会议等。

(三)新型多址

在元宇宙文化产业的应用场景中,基础网络设备需要具备强大性能的空中接口技术来支持海量智能穿戴终端设备的连接,而传统的正交多址技术无法支撑。目前采用的技术方案主要包括:稀疏码分多址接入(SCMA)、多用户共享接入(MUSA)、图样分割多址接入(PDMA)和功率叠加多址接入（NOMA）。利用新型非正交多址技术和干扰消除技术来提升系统空中接口性能。新型多址技术通过发送信号在空/时/频/码域的叠加传输来实现多种场景下系统频谱效率和接入能力的显著提升。新型多址技术实现了免调度传输，简化了信令流程，降低了智能终端功耗。

稀疏码分多址接入是一种由码本描述的非正交码分多址技术，由我国华为公司提出。其中，码本设计包含低密度扩频和高维正交振幅调制两项技术。结合这两项技术，通过共轭、置换以及相位旋转等方式选择最优的码本集合，不同用户基于分配在码域的多址进行信息传输。

多用户共享接入是一种基于非正交多元码域扩展、免调度的多址接入方案。通过复数域多元码及基于串行干扰消除的多用户检测，同时频资源下支持数倍用户免调度接入，简化流程，节省信令开销，降低时延，简化终端实现步骤。

图样分割多址接入在发送端利用图样分割技术将信号分割成矩阵，在接收端进行相应的串行干扰删除（SIC）。对图样矩阵进行优化，加大不同用户区分度，改善串行干扰删除检测性能。

功率叠加多址接入的本质是将更多的发送功率分配给信道条件更差的用户。检测时，用户1将用户2视为噪声，首先检测出自己的信号。用户2则利用串行干扰抵消技术，先检测出用户1的信号，再将它从原始接收信号中排除，最后得到自身信号。检测顺序依据信号功率大小，基站在发送端会对不同的用户分配不同的信号功率，来获取系统最大的性能增益，同时达到区分用户的目的。

（四）全频谱接入

随着元宇宙应用场景的不断丰富，低于6GHz的有限低频谱资源已经无法满足应用需求，全频谱接入技术充分挖掘可用的频谱来提高网络速率，为元宇宙发展提供坚实的技术保障。

6GHz—100GHz的频谱区域具有较好的信道传播特性。6GHz以下低频段被用作无缝覆盖的5G核心频段；6GHz以上高频段因具有较丰富的空闲频谱资源，可用于热点区域的速率提升，作为5G的辅助频段。全频谱接入采用的是高频与低频混合相关技术，结合低频和高频各自的优点，既可以达到无缝覆盖减少基站成本，又可以兼顾元宇宙文化产业发展中热点区域的高速率、高流量需求。

（五）新型网络架构

多类型的业务和多样化的元宇宙场景对5G提出多样化的性能需求，5G技术新型网络架构主要包括：第一，网络控制功能和数据转发功能分离解耦，形成集中统一的控制云和灵活高效的转发云。控制云通过流动控制接口实现对转发的可编程控制，转发云专注于业务数据的路由转发，具有简单、稳定和高性能特征。第二，软件定义无线网络。采用软件定义无线网络构建逻辑隔离的网络切片来适配服务不同的元宇宙业务。第三，网络中引入自组织能力，包括自配置、自优化、自愈合、自规划。在多层、多无线接入技术共存下形成的复杂网络结构中实现自动、智能的联合自配置。

二、云计算

（一）云计算

云计算（Cloud Computing）是分布式计算技术的一种，其最基本的概念是通过网络将庞大的计算处理任务分拆成无数个小任务，再交由多部服务器所组成的庞大系统进行搜寻、计算分析，最后将处理结果回传给用户。购买云服务的用户端只需显示设备与网络，即可接收需要的运算结果。现阶段，分布式计算、效用计算、负载均衡、并行计算、网络存储、热备份冗杂和虚拟化等技术混合演进推动了云服务的跃升。所以云计算是一种基于互联网的、只需最少管理及与服务提供商的交互，就能够便捷、按需访问共享资源（包括网络、服务器、存储、应用和服务等）的计算模式。根据美国国家标准与技术研究院（NIST）的定义，云计算具有按需自助服务、广泛网络接入、计算资源集中、快速动态配置、按使用量计费等主要特点。

元宇宙文化产业建立在先进的数字文化基础设施上。虚拟文化中的"沉浸感""交互性""低延时""随地"等特性的实现，不仅对智能穿戴技术和基础网络系统有要求，还取决于云计算能力。所以元宇宙文化产业底层核心技术架构中，云计算是其重要技术要素之一，通过提供软件定义的基础设施实现资源共享，让元宇宙生态运作起来，打造向用户交付服务器、存储空间、数据库、网络等的资源平台。

（二）云原生

云计算领域主流技术为云原生技术体系。云原生的定义为：一套以云操作系统为核心的全新IT技术体系，包括容器化、Kubernetes、DevOps、微服务等关键技术，覆盖软件开发、交付、部署和运维的安全生命周期。①云原生具备松耦合、弹性调度、按需分配资源等特点，为元宇宙文化产业中场景搭建与交互提供技术支持。

云原生的关键技术及其作用如表3–1所示。

表3–1　云原生的关键技术及其作用

关键技术	作用
微服务	应用间通过RESTful API通信
	能够被独立部署、更新、scale、重启

---

① 云计算开源产业联盟：《云原生技术实践白皮书（2019年）》（征求意见稿），2019年4月25日，https://www.sgpjbg.com/info/15525.html，2023年3月10日。

续　表

关键技术	作用
DevOps	自动化发布管道
	快速部署到生产环境中
	开发、运维协同合作
Kubernetes	频繁发布、快速交付、快速反馈、降低发布风险
容器化	微服务的最佳载体

（三）超融合

超融合基础架构（Hyper Converged Infrastructure，简称HCI）是在云原生技术体系下衍生出的新型基础架构。同一套单元设备不仅仅具备计算机、网络、存储和服务器虚拟化等资源和技术，而且包括备份软件、快照技术、重复数据删除、在线数据压缩等元素；而多套单元设备可以通过网络聚合起来，实现模块化的无缝横向扩展，形成统一的资源池。

元宇宙文化产业落地技术中，云计算承担基础设施操作系统角色，是通信网络基础设施、算力基础设施与新型技术基础设施协同配合的重要承载平台，也是整合了所有创新能力的平台。

三、区块链

（一）区块链技术

区块链技术被认为是互联网发明以来最具颠覆性的技术创新。它依靠密码学和数学巧妙的分布式算法，在无法建立信任关系的互联网上，无须借助任何第三方中心，就可以使参与者达成共识，以去中心化的架构解决信任和价值的可靠传递难题。

51

区块链技术具备如下5个特征：

第一，去中心化。区块链技术不依赖额外的第三方管理机构或硬件设施，没有中心管制，除了自成一体的区块链本身，通过分布式计算和存储，各个节点实现了信息自我验证、传递和管理。常见的区块链并不是绝对的去中心化。架构不同，去中心化的程度也不同。根据应用场景的不同，可以有完全去中心、多中心和弱中心。如公有链，它是一个开放给所有互联网用户的去中心化分布式账本。比特币、以太坊，都是完全去中心化的公有链架构。但是有些场景中，比如银行之间的支付交易、跨境支付交易等，实际上是几个银行构建一个联盟链，是介于公有链和私有链之间的一种账本结构，是部分去中心化。在一个企业内部构建的专有链中，区块链的共识机制、验证、读取等行为均由一个实体控制并只对实体内部开放，这种架构的中心化程度就是偏高的。

第二，开放性。区块链技术基础是开源的，除了交易各方的私有信息被加密外，无授权区块链的其他类型数据对所有人都是开放的。任何人都可以通过公开的接口查询区块链数据并开发相关应用，整个系统的信息高度透明。

第三，独立性。基于协商一致的规范和协议，整个区块链系统不依赖其他第三方，所有节点能够在系统内自动安全地验证、交换数据，不需要任何人为干预。

第四，安全性。只要不被掌控全部节点的50%，黑客就无法操纵修改网络数据，这使得区块链本身变得非常安全，避免了主观人为的数据变更。

第五，匿名性。除非有法律规范要求，单从技术上讲，各节点的身份信息不需要公开或验证，信息传递可以匿名进行。

(二)元宇宙与区块链

元宇宙是可以映射现实世界又独立于现实世界的虚拟空间，是打破虚拟世界和现实世界界限的结果,是虚拟世界和现实世界日益融合的未来,会促进一系列"连点成线"的科学技术的进步和跨行业的产业聚合。

区块链技术可实现可信的数据协同,并以此打造良性竞争的商业环境。以区块链作为互联网的核心技术,黏合以云计算、物联网、大数据、移动通信及人工智能等为代表的数字技术,共同构建元宇宙的技术基础设施,形成元宇宙生态,驱动社会生产方式变革。

元宇宙场景的丰富性对区块链技术提出新的要求。常见的比特币公链时延 10 分钟,区块大小 2MB—32MB,TPS(每秒事务处理量)为 1,Gas 费(Gas 是用于测量在以太坊区块链上执行特定操作所需的计算工作量的单位,Gas 费＝消耗的 Gas 数量×Gas 的价格)为 1U(1U=1 美元),而 Ethereum 公链,虽然时延降低为 15 秒,但是 Gas 费高达 20U,区块大小仅仅为 20KB—100KB。现有区块链显然无法适应元宇宙业务场景对区块链的需求。比如,物联网场景可能要求时延秒级甚至毫秒级,并且 Gas 费可以忽略不计,运用 XR 等技术的场景可能要求区块大小达到 1GB 级甚至更高。

随着元宇宙场景的快速丰富,区块链作为元宇宙基建之一,必须实现同步的创新。

(三)元宇宙文化产业与区块链

文化产业是元宇宙起源的产业,由于文化产业与人们精神文明生活密切相关,加上近年来我国对文化产业的政策倾斜,丰富的文化底蕴、极富创新潜力的商业模式等,驱动元宇宙文化产业成为元宇宙发展最为广阔的领域。区块链技术为元宇宙文化产业发展提供多维度的保障,如去中心化、虚拟资产安全、交易规则透明、虚拟价值与实际价值的统一等。

四、数字孪生

元宇宙文化产业落地需要融合互联网、游戏、社交网络和虚拟技术等，以造就一种全新的、身临其境的数字文化生活。数字孪生成为构建元宇宙文化产业场景的核心技术之一，数字孪生技术的成熟度决定了元宇宙文化产业落地的虚实映射与虚实交互中所能支撑的完整性；元宇宙文化产业中的场景构造为数字孪生技术的发展提供了新的场景。

数字孪生技术的特征主要有：物理世界与虚拟世界之间的映射；动态的映射；不仅是物理的映射，还是逻辑、行为、流程的映射，比如生产流程、业务流程等；不单纯是物理世界向数字世界的映射，而是双向的映射，虚拟世界通过计算、处理也能下达指令，进行计算和控制；全生命周期，数字孪生体与实物孪生体是同生同长，任何一个实物孪生体发生的事件都应该上传到数字孪生体进行计算和记录。实物孪生体在这个运行过程中的劳损，比如故障，都能够在数字孪生体的数据里有所反映。

元宇宙文化产业对数字孪生的技术需求主要有沉浸感、视觉上的真实感、实时感、文化创意实现、身份模拟、去中心化、新型社交。在元宇宙文化产业中，数字孪生的关键技术有新型测绘技术、多源数据融合技术、三维实景建模技术、模拟仿真技术、虚实交互技术、三维可视化技术等，且包括人的主观创意及其实现的技术。

五、AR/VR

AR/VR是决定元宇宙文化产业沉浸感优劣的关键技术。任何技术高超、创意巧妙的元宇宙文化产品，如果人们不能感受其价值，也就无人为其埋单，无法被纳入元宇宙文化产业生态中。VR与AR技术在本质上都是通过计算机技术构建三维场景并借助特定设备让用户感知,并支持交互操作的技术。

（一）AR

AR即增强现实技术,是一种实时计算摄影机影像的位置及角度,并加入一些虚拟信息(图片、物体、声音、图像等)使现实丰富起来的技术。这种技术的目标是在屏幕上把虚拟世界套入现实世界并进行互动,实现的基本原理为:通过影像呈现现实世界时,在现实世界和用户之间加入一个可控制的编程层,以增加一个全新的体验维度。通过AR应用,用户可以同现实世界进行更多、更深入的交互,能够实时地执行操作,获取反馈,而不仅仅是查看信息。AR技术大部分应用光学原理重现场景,操作时需要计算机重建场景,识别场景信息,并在合适的位置表达出预先设定的虚拟元素。

（二）VR

VR即虚拟现实技术。其利用计算机创造一个虚拟空间,利用虚拟现实设备(如VR眼镜、VR头显等)能够使用户完全沉浸在一个虚拟的合成环境中;利用双目视觉原理,虚拟世界在视觉上是3D立体的。在元宇宙中动画渲染可以展示人们的虚幻想象,使人的创意可视化。

VR眼镜:目前比较有名的品牌是被Facebook收购的Oculus公司,Oculus眼镜可以展示例如Unity这样的软件构建的虚拟场景,并且让用户沉浸在虚拟世界中玩过山车、玩游戏、看电影等。

VR头显:目前主要是一种头戴式手机框,将智能手机放入并且分屏显示,就可以产生置身于虚拟环境中的感觉,如三星Gear VR。

随着技术及智能穿戴设备的发展,虚拟现实不仅仅会涉及视觉、听觉,还会涉及嗅觉、触觉、味觉,能构造一个与真实环境相似的世界。

六、人工智能

人类对大脑工作机理和智能产生过程的研究脚步从未停止，随着计算机技术的发展，人工智能发展迅速。伴随元宇宙概念的提出，人工智能技术发展有了新的目标，特别是在元宇宙文化产业的应用中，VR/AR、数字孪生和区块链等技术都有人工智能技术的加持。人工智能技术与元宇宙文化产业核心技术的关联如表3-2所示。

表3-2　人工智能技术与元宇宙文化产业核心技术的关联

元宇宙文化产业 核心技术	人工智能驱动技术
VR/AR	语音识别、计算机视觉、深度学习、机器学习、多模态识别
数字孪生	统计计算、大数据分析、知识图谱、自然语言处理、计算机视觉、人机交互与协同计算
区块链	智能合约

本部分重点分析人工智能技术中的机器学习、计算机视觉、自然语言处理、人机交互与协同计算等基本技术原理及在元宇宙文化产业中的技术贡献。

（一）机器学习

机器学习是一项让计算机像人一样学习和行动的技术，通过观察和与现实世界进行互动的形式收集数据和信息。随着时间的推移，以自主的方式提高计算机的学习能力。机器学习的基本过程为：首先，在训练过程中通过算法学习输入数据中隐含的特征和模式，进而将数据模式表征为对应的模型；其次，在测试过程中通过模型分析，给定样例所体现的特征与模式并输出结果。

在元宇宙中，虚拟世界与现实世界的人和物将产生大量的数据，通过利用机器学习技术的学习能力,可以有效分析数据中的特征与模式,从而构建虚拟世界与现实世界的元智能,实现高效的人机协同和管理。虽然目前机器学习/深度学习技术对构建元宇宙中的元智能具有重要的作用,但该技术还未能将弱人工智能提升到强人工智能。其原因在于目前的技术主要通过对数据分布的拟合来实现对数据模式的分析,尚不具备对数据进行抽象和归纳的能力。

（二）计算机视觉

计算机视觉是指通过电脑对图像中的目标进行识别和检测,从中获取相对应的信息,是人工智能领域的一个重要部分。基本原理为:通过机器学习或特征抽取算法将图像和视频中的特征进行表征,并构建计算模型,再通过模型分析图像和视频中的视觉特征并输出结果。

元宇宙文化产业中有非常多的虚拟场景识别和构建任务,会大量使用到 AR/VR 中的计算机视觉技术,用以实现沉浸式的虚拟效果及构建虚拟世界与现实世界的数字孪生系统,形成元宇宙文化产业的视觉基础。

（三）自然语言处理

自然语言处理技术是人工智能的一个重要分支,用来分析、理解和运用人类语音,以方便人和计算机之间、人和智能设备之间、人与人之间的交流。自然语言处理的基本原理为:首先,通过语料预处理和特征向量化将语料中的句子表征为可计算的张量;其次,通过语言模型学习算法,学习张量中体现的语言模式,并构建计算模型;最后,通过模型分析样例中的句子信息并输出结果。

在元宇宙文化产业中,实现人与人、人与虚拟人、虚拟人与虚拟人之间的交互大都是通过语言文字形式来进行的,通过利用自然语言处理技术的语言学习能力,可以有效分析虚拟世界和现实世界中的语言信息,从而培育虚拟世界与现实世界的智能语言信息处理能力，实现更广范围内的语言信息服务。2022年12月1日，OpenAI发布机器人对话模型ChatGPT，从数据的角度出发，构建大量的语言文本语料和深度语言模型，通过大量的样本对模型进行训练。该模型在聊天问答、搜索资料、读写代码、文学创作等方面都表现不俗，面世5天便已有超过100万用户使用。此模型可以在虚拟人、智能交互设备上发挥优越性能。

（四）人机交互与协同计算

人机交互与协同计算（Human-Centered Computing，HCC）是人工智能涉及跨学科的前沿研究方向，它以人为中心，采用计算科学与社会科学相融合的研究方法，探索信息社会中人类的群体、组织和社会关系，构建所处的物理、混合和虚拟的先进计算环境。目前，对人机交互与协同计算的开发聚焦人工智能、区块链、大数据、云计算、物联网等技术，着力于人机物协同交互中的感知与协作、分析与计算、服务与流程、理解与影响的模型、理论、技术、方法和应用的创新研究。

在元宇宙文化产业中，要实现虚拟世界与现实世界的互通，必然通过人机交互与协同计算，构建人机协同的虚拟环境以实现对真实环境的感知与决策；通过人机物异构群智能体的有机融合，利用其感知能力的差异性、计算资源的互补性、节点间的协作性和竞争性，构建具有自组织、自学习、自适应、持续演化等能力的元宇宙智能感知计算空间，从而实现虚拟世界与现实世界相同的环境感知和沉浸式体验。

人机交互与协同计算技术对构建元宇宙中的环境感知具有重要作用，但目前该技术存在异构群智能体人机物协同效率低的问题。其原因在于目前的技术主要面向单一群体间协作，缺乏异构智能体间协作机理的指导。

第二节　元宇宙文化产业技术体系

自元宇宙概念深入人心后,元宇宙的核心技术底座已经被若干专家和团队进行过系统梳理。典型的有国盛证券梳理的 BAND 技术体系[1]、赵国栋梳理的 BIGANT 技术体系[2]、龚才春梳理的六层技术体系等。元宇宙文化产业活动是在元宇宙技术体系之上,构建在虚拟空间、现实世界、现实世界与虚拟空间交互中的文化产业活动。本节主要介绍上面三种技术体系,并从中总结归纳提出元宇宙文化产业五层技术体系,通过五层技术体系对元宇宙文化产业核心技术体系进行介绍。

一、现有元宇宙技术体系

(一)BAND 技术体系

国盛证券区块链研究院院长宋嘉吉从价值交互、内容承载、数据传输、全真展示维度提出元宇宙 BAND 技术体系,其内容包含 4 个核心技术:B 表示区块链技术(Block Chain),A 表示人工智能技术(Artificial Intelligence),N 表示网络通信(Network),包括 5G/6G、Wi-Fi 6 等,D 表示显示技术(Display)。这一体系也称为"乐队"派。

---

[1] 国盛证券:《元宇宙及区块链产业协同深度研究:元宇宙,互联网的下一站》,2021 年 5 月 30 日,https://www.vzkoo.com/document/25cff23283469702c0660f62e2d5dcaf.html,2023 年 3 月 10 日。

[2] 赵国栋、易欢欢、徐远重:《元宇宙》,中国对外翻译出版社 2021 年版,第 89—101 页。

（二）BIGANT 技术体系

大数据产业联盟秘书长赵国栋在《元宇宙》《元宇宙通证》和《元宇宙大投资》等书中依元宇宙实现技术贡献程度,创造性地提炼出元宇宙的六大技术,简称为 BIGANT（大蚂蚁）技术体系。

1. 区块链技术

B 表示区块链技术（Block Chain）。其是实现元宇宙中的虚拟身份、数字藏品版权、数字货币、数字交易等功能,让元宇宙生态链链接起来的关键技术。

2. 交互技术

I 表示交互技术（Interactivity）,指现实世界中的人或者现实的世界与元宇宙的交互,也称为元宇宙的入口。一般就是我们所说的 VR 眼镜、VR 头显等智能穿戴设备、脑机接口等。

3. 游戏引擎和空间计算

G 表示游戏（Game）。元宇宙让现实世界的人们对虚拟世界有沉浸式体验,所以要保证画面、音质、触感等的实时效果,这就需要引擎技术。另外,大量的 3D 效果,也需要大量的空间计算才能实现。

4. 人工智能技术

A 表示人工智能技术（Artificial Intelligence）。未来元宇宙中要生产出人人可编辑的编辑器,编辑任何想象的场景、状态、创意。

5. 网络及运算技术

N 表示网络及运算技术（Network）。传输速率和算力的提升一直是元宇宙文化产业不懈追求的服务宗旨。运用网络技术可实现元宇宙中高速率、高并发、低延迟的无线网络通信,当前已实现 5G 技术。现在 5G 的速度达到了 100Mbps,但是对于未来元宇宙的需求来说还是不够,所以对未来 150Gbps 的网络技术提出了挑战。

6.物联网技术

T表示物联网（IOT）。物联网包括感知层、网络层和应用层，为元宇宙万物互联、虚实共生提供可靠的技术保障。要实现将现实世界映射到虚拟世界，首先需要感受现实世界。例如，我们要在虚拟世界里构建虚拟长城，则需要大量传感器检测不同位置、不同视角、不同时间的长城。这种虚拟需要大量的数据建模，数据来源即物联网。

（三）六层技术体系

每个技术不是单一作用，而是相互联系共同作用，为元宇宙提供了核心技术底座。中国科学院龚才春提出的六层技术体系，改变了把关键技术割裂的缺点，整体按照从下到上的逻辑将元宇宙技术体系分为六层，其六层技术体系结构如图3-1所示。

应用开发层	游戏	社交	广告	教育	航空	航天	汽车	能源	工业
数字创作层	数字孪生			数字原生			虚实共生		
去中心化层	区块链			NFT		数字货币		数字市场	
基础软件层	操作系统			数据库		编译器		通信协议	
接入技术层	VR眼镜		VR头显		脑机接口		裸眼3D		全息
硬件技术层	CPU		GPU		基带芯片		传感器		人工智能芯片

图3-1　元宇宙文化产业六层技术体系结构

1.硬件技术层

硬件技术层主要是芯片的技术。未来元宇宙中，芯片性能必须进一步提升才能满足元宇宙的要求。如CPU、GPU、基带芯片、人工智能芯片等，这些技术都需要快速发展。

2.接入技术层

接入技术是利用数据采集工具把现实世界映射到虚拟世界的技术。接入技术层主要指虚拟现实的设备，包括VR眼镜、VR头显和其他智能穿戴设备、脑机接口等。

3. 基础软件层

基础软件层包括满足未来元宇宙时代的全新操作系统应用、海量异构数据的数据库技术、编程语言及编译器。

4. 去中心化层

去中心化层包括区块链、NFT、数字货币、数字市场。

5. 数字创作层

数字创作层包括数字孪生、数字原生和虚实共生。数字孪生是通过数据的采集将现实世界映射到虚拟世界。数字原生通过元宇宙数字创作或持续改进来最优化数字世界和物理世界。虚实共生指虚拟世界与现实世界相互补充、相互映射形成虚实共生世界。

6. 应用开发层

应用开发层是指为应对将来社会生态中所有行业元宇宙化，需要开发大量的元宇宙应用开发程序。

二、元宇宙文化产业的五层技术体系

基于前面三种元宇宙经典技术体系理论，综合元宇宙文化产业特点，以技术作用元宇宙文化产业周期顺序将元宇宙文化产业技术体系总结为网络环境、虚实界面、数据处理、去中心化、内容生成五层技术体系。每个层次技术体系都由一个或多个关键技术协同实现。每个层次及需要的驱动支撑技术具体如图3-2所示。

内容生成层	数字孪生	数字原生	虚实共生	人工智能
去中心化层	区块链			
数据处理层	人工智能		云计算	
虚实界面层	拓展现实	机器人	脑机接口	数字人
网络环境层	5G			

图3-2 元宇宙文化产业五层技术体系

（一）网络环境层

XR设备要达到真正的沉浸感，渲染重构界面，需要更高的分辨率和帧率，5G的高速率、低时延、低能耗、大规模设备连接等特性是目前支持元宇宙文化产业的基础网络设施。未来元宇宙文化产业的任何应用场景，都离不开稳定、高速、低延的网络环境，来提升用户的体验感。另外，更先进的视频压缩算法，也是提高网络传输速率的一个方向。

（二）虚实界面层

拓展现实包括VR、AR、MR。VR提供沉浸式体验，拓展人类的视觉、听觉、触觉维度，实现元宇宙中的虚拟信息输入输出。AR则在保留现实世界的基础上叠加一层虚拟信息。MR通过向视网膜投射光场，可以实现虚拟与真实之间的部分保留与自由切换。机器人通过实体的仿真肉身成为连通元宇宙的另一种渠道。数字人通过海量训练而拥有和人类智力相当的虚拟形象。脑机接口技术的应用正在成为科技巨头争夺的焦点。这些技术为元宇宙文旅、元宇宙文创、元宇宙媒体发展、数字人IP培育等多个文化产业提供虚实链接通道。

（三）数据处理层

无论虚与实，无论选择何种渠道、建立何种场景、用户何种感受、何种产品输出都是通过计算得出的,元宇宙的底层建构是基于二进制代码的,其运行基于算法、算力、算据。所以数据处理层是元宇宙文化产业实现的核心技术。人工智能与云计算是目前元宇宙文化产业技术底座中提供算力、算法和算据的主要驱动技术。

（四）去中心化层

元宇宙文化产业中的数字藏品、数字货币、身份认证使得元宇宙中的价值归属、流通、变现和虚拟身份的认证成为可能。NFT由于其独一无二、不可复制、不可拆的特性,天然具有收藏属性,因此可以用于记录和交易一些数字资产,如游戏道具、艺术品等。本层的主要技术驱动为区块链技术。

未来元宇宙文化产业交易的应该大部分是数字产品。数字产品的复制成本为零,理论上很容易生产无数个,这不符合经济学原理。因此,一个数字产品要变成一个可销售的商品,必须资产化。标识技术即NFT技术就是用区块链来实现的,所以数字资产化的实现必须要用到区块链技术。元宇宙里面的交易依靠基于区块链技术的数字货币。元宇宙数字交易是基于去中心化的、点到点的基于区块链的数字交易。

（五）内容生成层

元宇宙文化产业内容生产方式主要由数字孪生、数字原生、虚实共生、人工智能技术协同驱动。2022年掀起热潮的AI绘画、ChatGPT都是人工智能生成内容的元宇宙模式。未来在元宇宙中应用AI生成文创,聊天陪伴机器人、文旅导游、场馆解说员、文物"活"起来等都可以生成内容。另外,数字孪生、数字原生、虚实共生的元宇宙文化空间也将是主要的内容生成方向。

元宇宙文化产业需要实现人人可编辑,所以在元宇宙中人人都是内容生产者。如元宇宙里的数字北京城,它是一个线上的城市,或者说虚拟北京城。在虚拟北京城,"建设者"可以设计文化产业基地,可以设计一个服装店,或开一个中餐馆。在文旅中,我们生活的现实世界里有黄山,在虚拟世界里边也可以有一座黄山。我们去虚拟世界里体验黄山,就需要在元宇宙中编辑一座虚拟黄山来。一个好的内容生成工具,应该像美图秀秀一样,效果立马可见,使用灵活,且人人会用。

五层技术体系中,网络环境层为元宇宙文化体系提供元宇宙基础网络设施,实现基本计算与通信;虚实界面层成为虚实连接接口,让元宇宙和虚拟世界建立联系;数据处理层为元宇宙文化产业提供算力与算法;去中心化层为元宇宙文化产业运转提供核心技术;内容生成层为元宇宙文化产业提供场景及应用,是元宇宙文化产业输出的接口。五层技术体系以其合力确保元宇宙文化产业应用场景的正常运转,并且技术与文化产业应用场景紧耦合,将为元宇宙文化产业提供创新力。

第三节　元宇宙文化产业技术发展趋势

人类的每一次巨大进步都是因为技术的突破,技术不断驱动产业创新发展,作为发挥技术作用的载体,产业为技术注入更多内涵。在悠久的历史发展过程中,技术与产业交织式互相驱动的发展关系从未改变,元宇宙文化产业技术也是如此。随着科学技术的不断进步、文化产业的日益发展,在元宇宙深化过程中,元宇宙文化产业发展空间也会越来越广阔。本节将顺承上一节中的五层技术体系,预测五层技术体系中元宇宙文化产业技术的发展趋势。

一、Web3.0将实现"可拥有"的网络环境

Web1.0时期,用户可以在网络中实现信息"可读";Web2.0时期,用户可

以通过微博、博客、视频平台、论坛等网站模式实现信息"可写"，让用户拥有更强的参与感，比如在平台上自主创作上传内容，分享他人观点，等等；Web3.0时期，用户可以创造和主导内容，实现世界"可拥有"。在未来元宇宙中，想象力和创造力将会成为元宇宙文化产业内容的主要来源，用户随时随地可创作，"现实"与"虚拟"将深度融合，内容虽然由用户共建，但可以在不同应用之间自由融合。

二、拓展现实实现更加真实的虚实交互

VR、AR和MR等沉浸式技术总称为扩展现实（XR）。未来元宇宙文化产业在虚拟世界的描绘及与现实世界的交互中更加兼顾沉浸感与真实感。硬件入口如智能耳机、触觉手套、体感服、脑机接口、隐形眼镜、外骨骼等，进一步增强用户的沉浸感，带来更多维度的体验、交互。扩展现实技术在未来"虚拟"和"现实"两个方向的实现中都会不断突破，"虚""实"双向促进。

无限向"实"的过程中，融合自然界，人与机器共同进化。从数字孪生到数字原生，映射更加真实的现实世界。智能穿戴设备不断发展，让数字博物馆、展览馆、会展等沉浸感更强。虚拟电竞的室外运动、湿度、光感、距离匹配等都将更加真实。

无尽向"虚"的过程中，人脑和机器共同进化。如对数字人骨骼捕捉技术，使得未来元宇宙中数字人可以和自然人一样动起来，口型一致，表情一致，还可以通过大规模模型训练让其拥有更高的智商。

三、算力提升、算法优化实现数据处理智能化

算力是数据处理基础设施中的重要组成部分，是支撑元宇宙文化产业向纵深发展的新动能。随着元宇宙文化产业多场景持续发展带来的巨量算

力需求,未来对算力的规模和能力需求大幅提升,未来算力发展趋势将以SRv6作为云网边端统一承载平台协议,应用软件技术简化资源配置支持算力高速运转,提升算力服务功能、路由功能、算网编排管理功能,融合发展算力网络。

算力的进步又会反向支撑元宇宙文化产业应用创新,推动技术的升级换代、算法的创新发展。算力的重要性在于:其一,元宇宙时代的数据量级极大,为了能够处理数字化的场景,硬件入口需要非常强大的数据运算能力做支撑。其二,以 VR 为代表的硬件也需要追求沉浸感,这潜在要求设备的轻便化,限制了其所能承载的最大运算能力。面对以上矛盾的情况,边缘计算与云计算可以作为一种解决方案,将数据传至云端,从而释放硬件端的算力,使其变得更加轻薄。

四、区块链应用形成元宇宙去中心化技术生态

元宇宙文化产业应用场景越发丰富,对区块链技术不断提出新的要求。作为元宇宙基建之一,区块链技术必须实现同步创新,如在去中心、确认延时领域进一步发展,实现实时确认。

区块链技术可实现数据可查、可信的数据协同,在虚拟身份验证、数据计算、智能合约、内容生产、版权保护及数字交易等不同元宇宙环节都有应用。未来,以区块链作为互联网的核心技术,黏合云计算、物联网、大数据、移动通信及人工智能等数字技术,形成元宇宙文化产业技术生态,在多环节中进一步实现去中心化,驱动文化产业生产方式的变革。

五、人工智能加速内容生成

元宇宙文化产业未来发展在内容上会有颠覆式创新,与当前互联网时

代的流量为王不同,元宇宙的独特魅力在于创意驱动。在未来的元宇宙文化产业建设中,它将会面临不同维度的内容升级:视觉二维到三维的升级,内容体验从视觉到触觉、味觉、听觉甚至思想的升级。这些发展与需求致使元宇宙文化产业对内容制作在创意、技术及成本方面都提出更高的要求:更快的生产速度,更高的内容质量,更符合受众需求的内容创意……从供给和需求两个维度分析,未来人工智能可以代替人去发挥一些关键生产要素的作用。人工智能对新内容的创作初衷即以创意为导向,从内容本身出发,人工智能可以在未来创作出更多具有全球性世界观的大IP。所以,使用人工智能可以实现规模化生成内容或服务且能保证个性化,加速元宇宙文化产业内容的周期迭代发展。

随着科技的不断进步、人类文明的发展,元宇宙文化产业技术也会向着更能满足人们日益增长的文化产业需求的方向发展,构建高质量的元宇宙生态,促进元宇宙文化产业蓬勃发展。

（邱晓丽　河北传媒学院）

第四章　元宇宙文化体验与文化空间特征

　　元宇宙并非一个简单的虚拟空间,而是把虚拟环境、硬件终端和用户囊括进一个永续的、广覆盖的虚拟现实系统之中,在元宇宙空间既有现实世界的数字化复制物,又有虚拟世界的创造物。伴随着数字技术的不断成熟,元宇宙赋能数字文化消费场景创新,将虚实共生的内外整体体验向更高层级的沉浸感和个性化推进,激发了数字文化消费新的活力。

第一节　元宇宙文化体验特征

　　当下文化产业各领域已纷纷在元宇宙所赋能的虚拟世界进行探索,不断创新元宇宙产品和服务,文化消费场景不断丰富,为消费者带来全新的体验。元宇宙带给消费者的沉浸式、交互式、无延迟的社交体验等正成为消费者的新型消费选择。因此,元宇宙正成为文化产业数字化转型的方向之一。

一、元宇宙的"临场感"带来深度沉浸式体验

沉浸式体验在积极心理学领域是指人们在进行活动时，如果完全投入情境当中，注意力专注，并且过滤掉所有不相关的知觉，即进入沉浸状态。沉浸式体验常见于娱乐、展陈和文旅行业，可以为参与者带来炫耀、娱乐、社交、成长等不同维度的价值。当代沉浸式体验发端于 2011 年 3 月 7 日在纽约公演的《不眠之夜》，在美国沉浸产业媒体"无边界"对全球沉浸产业创作者的采访中，有超过 6 成的受访者说从事沉浸式体验项目开发是受到《不眠之夜》的启发和影响。经过 9 年的蓬勃发展，全球沉浸产业欣欣向荣，充满活力。从 2013 年沉浸式演艺《又见平遥》开始，中国沉浸产业连续 8 年呈现指数级增长态势，到 2020 年沉浸式体验项目数量达到 1521 项，成为全球沉浸产业最为发达的市场之一，并在项目数量上超越美国成为世界第一。

满足用户需求的道路永无止境。沉浸式体验是文化与科技融合的一种新业态，近年来备受热捧。《2021 中国沉浸产业发展白皮书》数据显示，2020 年中国沉浸式产业总产值已达到 60.5 亿元，覆盖 12 类细分市场、41 种业态类别、1521 个项目，时下备受年轻人喜爱的元宇宙、剧本杀、沉浸式戏剧也被囊括其中。元宇宙在让人们的体验更真实的同时，也把沉浸式体验带入了新的天地。元宇宙作为一个平行于现实世界又独立于现实世界的虚拟空间，是映射现实世界的在线虚拟世界。事实上，元宇宙的出现并不是缘于某一技术的单一兴起，而是缘于人工智能、5G、VR、AR 等新兴技术的快速渗透。

在元宇宙中，虚拟世界和真实世界相互交汇融合，线上加线下的沉浸式场景是元宇宙的重要组成。对于沉浸式体验来说，元宇宙的带动更是明显而直接。元宇宙发展所带来的具有高度沉浸感的科技手段和营造手法，能够为文旅企业提供更加专业的技术支持和创意方向，有力地推动了各类沉浸式体验产品的升级、蜕变，极大地丰富了沉浸式体验产品的业态内容。

目前,全球消费者的消费习惯正在从购买商品转向经历体验,人们不再执着于拥有多少物品,而更看重经历了怎样的难忘体验本身。与其说元宇宙是新兴的产业,不如说它是一种新的设计思维和叙事哲学。在元宇宙中,交互式、沉浸式体验与各类文化资源的结合,拓展了其内涵与表现形式边界,使消费者在有形或无形的场域内探索、沉浸,给予消费者不可复制的体验。在全息投影、裸眼3D、互动体验、数字动画、5G、AI、AR、VR、MR等高新技术的助推下,元宇宙艺术展览、元宇宙艺术演艺、元宇宙艺术戏剧等产品层出不穷。

目前,平面的展览、传统的舞台戏剧在升级,传统空间被注入"真真假假"的叙事元素,一场场元宇宙的全沉浸式感官盛宴,让文化消费者全方面沉浸在精心营造的元宇宙世界中,获得难以忘怀的场景体验。元宇宙技术应用在游戏、展览、音频、视频等情境里,使观众产生心理共鸣,置身于虚拟与真实交织的场景中,拓展人们对事物的认知。例如,由 ARTECHOUSE 公司与伦敦的非洲超现实主义数字艺术家、插画家文斯·弗雷泽在英国伦敦合作创建的多感官沉浸式互动数字艺术展览"力量:非洲频率"(*Aṣẹ: Afro Frequencies*),融入了众多非洲元素,引导人们去探寻神秘的非洲世界,以21世纪的视角重新审视历史图像和熟悉的场景;将真实和数字结合在一起,呈现了黑人的历史、社会和文化等,通过技术让观展人对这一人群有了更加深入的了解。

二、元宇宙的虚拟身份带来个性化的交互体验

元宇宙中的数字人可以按照身份不同划分为两类:虚拟人和虚拟化身。

虚拟人,又称数字人,是人们在计算机上模拟出一个类似真人的虚拟人形象。从虚拟数字人的应用场景区分,大致能够分成两类。一类是身份型虚拟人,如虚拟偶像。这类虚拟人拥有独立身份,被赋予具有个性的人格特征。另一类是服务型(功能型)虚拟人。这类虚拟人能够投入生产和服务,以虚拟

化身的形象执行偏标准化的工作。目前，公众较关注写实类虚拟人，这类虚拟人作为虚拟IP，其商业价值已经得到了充分验证。美国最知名的虚拟IP Li Miquela在2020年收入超千万美元；而在国内，柳夜熙上线3天涨粉230万，首发视频获超过250万次点赞。除去传统的偶像渠道外，直播、短视频成为虚拟IP的重点发展市场，代表IP包括美国主播CodeMiko、中国B站网红鹿鸣、日本Imma。虚拟IP相对于真人IP，解决了品牌方对特定IP长期稳定持有的问题，以偶像、虚拟网红为核心场景，在直播带货、品牌代言等领域均有所发展。

虚拟化身，也称为虚拟身份，是为人类个体在元宇宙世界打造的独一无二的身份，在交互过程中能够提升真实感。"化身"一词源自梵文Avatar，2009年获得高票房的美国科幻电影《阿凡达》的英文原名即*Avatar*。玩游戏的人对虚拟化身这个概念并不陌生，在不同的游戏中每个人拥有不同的虚拟化身，还能根据个性特点购买相应的服装（皮肤）和道具。慢慢地，虚拟化身从游戏逐渐渗透到别的领域。从用户体验角度来讲，元宇宙世界的交互体验主要是通过虚拟身份实现的，因此，这里主要介绍虚拟化身，即虚拟身份。

用户通过构建、交互两步实现在元宇宙的虚拟身份体验。构建是生成自己的数字角色，交互是在元宇宙中通过表情、动作和别人进行交流互动。用户能够打造专属自己的虚拟化身，即在元宇宙中打造属于自己的虚拟人，这样就可以构建属于自己的可视化数字身份，之后实现社交功能。在元宇宙体验里，用户希望简单地上传自己的几张照片，然后连接到待生成虚拟形象的神经网络，生成自己的超高精度的三维虚拟形象，并且可以接入不同的元宇宙平台和他人去进行交互。目前这类技术还在不断完善中。同时，元宇宙为我们提供了一个虚拟、3D却又无比真实的网络空间，而用户将以虚拟人的形象参与，这将重新定义用户的交互对象与交互方式。在未来，人们将通过虚拟化身参与社交、游戏以及各类娱乐和商业活动。

从资本市场来看，2021年国内虚拟人赛道最大的两个融资都来自社交领域。一家是 IMVU。其是一个 3D 虚拟人物的社交平台，早在 2004 年就已成立，上一轮融资还是在 2008 年。但由于疫情后社交和娱乐的双重需求增强，2021 年他们又赢来了新的融资，也从侧面证明了这个行业出现了新的机会点。另一家就是 Gennies。该公司主要为用户提供自定义虚拟化身系统的服务，2021 年融资 6500 万美元，成为当时虚拟人赛道融资金额最高的公司。

国外专注于元宇宙领域的 AR/VR 平台 Spatial 公司，将虚拟化身带入虚拟会议空间中，帮助团队创建元宇宙会议体验的关键功能：创建逼真的自定义头像和具有交互感的社交体验。首先，用户能够通过网络摄像头拍摄或者从设备上上传自己的照片，创建一个基于用户外表的 3D 自定义 VR 头像。然后，用户可以自定义肤色外观，更改头像衬衫的颜色，简单操作后用户将完成头像构建。创建用户专属虚拟现实头像，任何人都可以在几分钟内完成，全程不需要任何特殊的 3D 建模技能，也不需要花哨的设备。除了头像的仿真性，Spatial 公司还可以让用户体验到交互感社交，支持用户想要表达自己的任何方式。用户能够生成想要的任何人形面孔，并选择偏好的性别。此外，用户表达自己的方式还包括与他人互动时习惯的肢体动作。用户可以通过 VR 耳机中的手部追踪功能，支持虚拟化身跟随用户的动作，展现用户的手势和身体形态。对于没有 VR 设备的用户，平台嵌入了不同肢体动作或舞蹈动作，用户能够通过键盘按键，展现自己在肢体上的风格特色。

各行业对于虚拟化身的需求主要来自 Z 世代对互联网个性化身份的需求。与以往我们使用的平面头像不同，虚拟化身能够更立体地展示人的脸部等个性特征，明确了人类个体在虚拟世界中是唯一的，在交互过程中能够增强真实感。用户的虚拟化身成为人类在元宇宙的通行证和身份标识。同时，单一、静态、大同小异的虚拟角色并不能满足元宇宙对"身份"的定义，人们对虚拟形象充满个性化和定制化的需求，各种虚拟化身也将以更丰满与健全的形态出现。

三、元宇宙技术渗透带来高度参与的虚实融生体验

随着5G时代的到来，科学技术越发成熟，元宇宙的出现能够较好地解决线上线下互接问题。元宇宙展厅、元宇宙景区、元宇宙社交等新的业态不断出现，可以将线上场景与线下空间的优点进行整合，利用AR、VR、MR等技术搭建全息的虚拟现实平台，也可以将虚拟平台复制到线下景区，形成线上与线下、虚拟与真实的实时互动。

元宇宙互动展厅的出现带来了虚拟与现实结合的全新体验，参与者只需要通过电脑进行账号注册后，即可进入元宇宙虚拟展厅。在虚拟展厅中，参与者可与在线下展会一样，随意走动参观，点击鼠标就像来到现场一样，进行签到、交友、看视频、听演讲等交互行为，大大节省了展会的人力、物力、场地成本，提高了效率。

元宇宙让博物馆沉浸式互动体验呈现出新的状态。元宇宙虚实融合营造的沉浸式互动体验，是通过全景视频、图像和全程直播等动态方式，结合文物产生的时空环境、文化生态、生活习俗等背景资料，实现文物时空场景接近人性和真实的全感官再现，营造出全新的沉浸式体验，让文物"活起来"。

元宇宙虚实融合的3D空间在景区的创新突破，为景区的未来发展提供了无限可能性。比如迪士尼在元宇宙主题公园赛道上布局较早，迪士尼主题公园对元宇宙的官方定义是："一个由虚拟增强的物理现实和现实持久性的虚拟空间相融合的共享魔幻世界。"元宇宙主题公园提供的是一种通过科技体验和实体体验相结合所创造的融合体验。迪士尼乐园通过互联网、物联网将主题乐园与游客的电子设备、手机、可穿戴设备等相连，创造出一种由AR、人工智能等技术驱动的虚实共生的融合体验。无论我们是身处乐园还是居家，元宇宙带给我们的都是物理空间和数字世界融合的新鲜体验。这种随着技术的演进而不断发展的常态化、个性化、社交型体验将贯穿乐园内

外,并将虚实共生的乐园内外整体体验向更高层级的沉浸感与个性化推进。

作为元宇宙的核心要素,社交一直被认为是"短时间内构建元宇宙的最佳入口"。元宇宙社交平台利用人工智能和数字孪生等技术构建互动式元宇宙社交新体验。在元宇宙中的我们与朋友之间互动不再只是采用简单的语音、文字、图片、视频等形式,还可以逛街、购物、看演唱会、玩游戏,不必为了时间与空间而焦虑,可以好好享受一场身临其境的沉浸式体验。通过线上真实社交,元宇宙社交平台让用户感受虚拟场景内与现实世界接壤社交的魅力,最终实现元宇宙社交。

元宇宙社交平台专注于体验的交互功能、创新的创作者经济以及独特的商业应用模式,这些都给元宇宙注入了巨大活力。以"人"为内容的元宇宙社交,其中的"人"包括虚拟偶像和虚拟字符,虚实融合必将提升产业内容的消费体验。第一,虚拟偶像,探索偶像的产业化。目前,虚拟偶像以直播为主要操作方式,货币化方式相对多样。对比现实生活中的偶像和虚拟偶像的商业模式,虚拟偶像"人物创造→匹配"的制作过程有标准化的潜力,降低了人才培养的成本,有利于模特推广,同时削弱了部分现实生活中行为的风险。第二,虚拟字符,IP表单扩展和内容集成。在IP扩展层面,虚拟角色通过社交平台直接与用户互动,以更多样化的内容承载能力延长生命周期,具有内容植入、社交账号合作等商业化潜力。在IP整合层面,我们认为元宇宙的下一代叙事可能不再局限于单一的内容形式,而是为用户提供以内容为核心的融合体验。

四、元宇宙文化IP带来文化场景的延伸体验

IP化场景体验是文化发展的最终成果之一,文化IP是文化生产过程中最重要的文化资产,被赋予丰富的文化内涵,并且发挥出显著的符号价值、传播价值、消费价值和衍生价值。在元宇宙中,文化IP作为独特的数字资

产,可以通过场景再现的形式转化为元宇宙场景,形成场景的互动体验。元宇宙的技术可覆盖线上线下的多个方面。为此,IP与元宇宙的融合是内容产业与元宇宙的跨界交互,其本质是一种场景化的应用,在线上线下都能有广阔的应用空间。

在元宇宙中,我们可以为自己设计一个世界上独一无二的、富有个性的IP形象。它不仅仅是个人的数字头像、社交符号,也可以是一件数字艺术品,供人收藏,它还可以转化为实体生活中的各种产品和应用。可以说,在元宇宙中,IP化场景将文化进行"变形",最终营造出满足人们对美好生活的期待和需要的文化体验。在元宇宙中,每个人都是设计师和创作者,都可以创造属于自己的IP元宇宙。IP形象是"有身份的""具有记忆点"的符号,它承载了创作者不同的人物设定,如形象、性格、声音、特殊表情以及专有动作;另外,它也包含了丰富的故事性,如由来、诞生及成长经历。IP形象进入元宇宙世界,可以成为人们进行社交、生活和一切活动的基础。

元宇宙线下的场景则以文旅体验为主,这是文旅产业新的发展阶段。以IP为内容支撑,以技术来进行艺术表达,不仅丰富了观光内容,还使旅游有了由室外转向室内的可能,解决了全天候消费和旅游淡季的问题。元宇宙景区可通过场景再现、粉丝互动和活动开展,将虚拟的文化内容再现为真实的旅游场景,将线上的粉丝交流转化为线下的互动体验,将无形的IP故事转化为现场的文化活动,形成一种基于IP转化的沉浸、互动、参与式新型旅游体验。单纯的景观与场景营造已无法持续地吸引游客前来观光消费,以IP为核心价值的元宇宙场景体验式旅游成为现代人的新选择。环球影城、迪士尼主题公园的经久不衰、日本动漫产业的"圣地巡礼"活动,都说明了以文化IP带动元宇宙旅游体验的趋势。

以聚集七大IP的北京环球影城为例。2021年9月1日,北京环球度假区开始试运行,9月20日正式开园。去哪儿平台数据显示,以北京为目的地的机票搜索量在消息发布后的0.5小时内超过上周同期4倍;携程平台上,宣布开业后的1小时内,关于北京环球度假区的访问热度上升830%,周边酒店访问量较上周同期增长320%。环球影城门票于9月14日0时正式开售,10秒内即跃升携程全球单景区销量第一,1分钟内开园当日门票即售完,3分钟内门票预订量破万。仅0.5小时后,多平台上的北京环球度假区9月20日的门票均已售空,并且与之相关的多个话题冲上微博热搜。[①]

　　未来,IP元宇宙还可通过线上线下相结合的方式,发挥更大的影响力。IP元宇宙可以与文创电商相结合,融入乡村文旅的发展中。例如,各村县可打造自己的IP,通过IP带动所有农业产品的发展,打造农业文创电商;并融入元宇宙相关技术,将乡村文旅的数字化与农业高质量发展联动起来,用文化产业和元宇宙技术集成带来的福利促进农业文化的进一步发展。

第二节　元宇宙文化社会特征

　　元宇宙是社会与科技实现微观融合后向宏观拓展的集大成者,是应用场景集成、交互、对接的沉浸式虚拟平台,是和现实社会相互映射的复杂的社会巨系统。元宇宙是在传统空间的基础上,利用成熟的多种数字技术,构建形成一种既映射于又独立于现实世界的虚拟世界。同时,元宇宙并非一个简单的虚拟空间,而是把虚拟环境、硬件终端和用户囊括进一个永续的、广覆盖的虚拟现实系统之中,系统中既有现实世界的数字化复制物,也有虚拟世界的创造物,具有五大基本特征:

　　第一,沉浸式体验。低延迟和拟真感让用户具有身临其境的感官体验。

　　第二,虚拟化分身。现实世界的用户将在数字世界中拥有一个或多个ID身份。

①　郭春雨:《整个通州都跟着晚睡了仨小时》,《齐鲁晚报》2021年10月5日,第A04版。

第三，开放式创造。用户通过终端进入数字世界，可利用海量资源展开创造活动。

第四，强社交属性。现实社交关系链将在数字世界发生转移和重组。

第五，稳定化系统。具有安全、稳定、有序的经济运行系统。

一、元宇宙的世界建构：艺术想象与技术实现

从文化的角度来推测和演绎元宇宙的发展其实并非新鲜事。科幻文学、科幻电影、网络游戏以及各种具有未来学意义的研究均以想象的方式展开。一种观点认为，人类的远古神话其实就是元宇宙。不过此种观点存疑：一方面，元宇宙的艺术想象需要有一定的技术基础。虽然人类对超现实世界的幻想从远古时代就已经开始，但直到 1992 年，才由尼尔·史蒂芬森在小说中提出元宇宙概念。正是因为元宇宙是基于数字信息技术的发展而展开的艺术想象，所以其属于科学幻想。在不同的有元宇宙因素的文学和影视作品中，出现了不同的元宇宙接入方式，有脑机接口型、游戏头盔型、催眠型等，这些都是基于信息技术和生物技术的实现可能性推演出来的。科学幻想的基本逻辑是针对要解决的问题，结合现有的科学技术水平，设计出解决问题的各种途径，并预测出可能的研究成果。而神话则是人类早期基于不可预知和无从把握的自然界而产生出来的幻想，无论是上天入地还是造化变形，依据的都是对自然现象的认识以及对尚未认知的自然规律的想象性把握。这两者有本质区别。另一方面，元宇宙的艺术想象更多遵循的是乌托邦观念及其文化逻辑的演绎。在元宇宙的艺术想象中已经出现多种元宇宙形态，如逼真型（《黑客帝国》）、穿越型（《异次元骇客》）、游戏型（《头号玩家》《失控玩家》）等；元宇宙中的人物形象也有机器人、虚拟形象、真人化身等多种类型；在元宇宙的应用场景上有游戏场景、生活场景、工作场景等。可以说元宇宙里承载着人类艺术想象的全部形态：从神话、魔幻、玄幻到历史、当下及可见的未

来世界图景。

　　元宇宙的技术实现则主要依靠由相关技术条件决定、用户(玩家)需要的设计逻辑的应用。由亚马逊云科技发布的《从认知到落地:元宇宙应用实践2022》报告提出"元宇宙的五大支撑力":将5G作为通信基础,将拓展现实、机器人和脑机接口作为虚拟界面,将云计算作为算力基础,将人工智能作为生成逻辑,将数字孪生作为虚实结合。其认为当下元宇宙还处在多平台阶段,主要表现为全球各大互联网平台和元宇宙相关的创新型企业各自相对独立地发布各自的元宇宙平台,分别实现不同的元宇宙功能。再过10—20年,会进入平台融合阶段,那个时候会出现相对统一的元宇宙技术标准,不同的元宇宙产品或平台将会融合,就如同现在手机的安卓系统、苹果系统和鸿蒙系统一样。再过数十年甚至更久,会进入全面元宇宙时代,那个时候会出现类似电影《头号玩家》中"绿洲"级别的数字宇宙。按报告中的描述:"虚拟和现实世界密不可分,用户基数和使用时长达到极大,现实中的社会生活和商业活动大部分都可以在元宇宙上实现,在虚拟世界中形成新的文明。"从这个意义上说,由《雪崩》《黑客帝国》《头号玩家》等电影中描绘的以及Meta等所设定的元宇宙只是其初级形态。

　　由于受技术条件的限制,现阶段我们在现实生活中所获得的被命名为元宇宙技术支持的应用场景确实寒碜许多。比如目前的VR眼镜才处于起步阶段,眩晕感强、移动性差、分辨率低、刷新率低等技术问题都还没有得到很好的解决。这使得当前热议的元宇宙呈现出艺术想象很丰满与技术实现很骨感的强烈反差。

　　因此,我们要超出元宇宙世界建构的初级阶段的艺术想象和技术实现,更进一步地依据与元宇宙有关的技术实现的可能性,来推测元宇宙高级形态的发展方向。只有这样才能有对元宇宙更加理性和审慎的认知。对元宇宙的艺术想象虽然具有超前性,但其所依据的科学技术还处于极低的水平,因此也对元宇宙的艺术想象形成巨大的限制;随着技术实现能力的不断提升,对元宇宙的艺术想象还会有更进一步的跃升。

当前讨论的元宇宙本质上其实是互联网与虚拟技术的结合，即互联网的虚拟现实化和虚拟现实的互联网化，其技术路线是物的数字化和体验的虚拟化。互联网解决的是万物互联的问题，即现实世界中的一切都数字化、数据化和网络化，其核心是数字化或数据化。从第一代PC互联网到第二代移动互联网，解决的是联结的时空限制问题。实现万物互联，即一切数字化、数据化、互联化、可移动化。而虚拟现实要解决的问题是人的感知系统与虚拟世界的交互问题，即真实的有血有肉的人的感觉虚拟化。现阶段的元宇宙技术正在实现两个目标：其一是延续从PC互联网到移动互联网的逻辑，进一步追求将人类现实世界中的一切都数字化、互联化，即现实世界的物联网化。它可以被命名为"镜像世界"。这个镜像世界与真实世界具有严格的对应性，如同现在的高德地图App，我们可以根据其导航精准设计、规划和预测我们在真实世界中的行为。其二是当前由科幻小说、科幻电影和扎克伯格所描述的元宇宙。它并不刻意追求与真实的现实世界的对应关系，更多的是建构完全不需要以现实为摹本的"拟像世界"。前文所说的"虚拟世界"其实是"镜像世界"和"拟像世界"的组合体。

如果只实现这两步，其实仍然拘泥于既有的技术路线，即现阶段所设想的元宇宙的建设思路。元宇宙的高级形态，是将"镜像世界""拟像世界"与"现实世界"进行无缝对接，即进一步实现"数字的物化和虚拟的现实化"，也就是将数字化和虚拟现实技术完全嵌入、融入而非外在地平行于现实世界。如果这一切能够实现，那么无论是互联网技术还是虚拟现实技术，都不再只是被困在电脑、束缚于屏幕、深潜于脑海（即仅仅停留在意识层面）的了。它们将以现实世界为依托，以嵌入的方式实现真实与现实的无缝对接。早在2020年，马化腾就提出"全真互联网"概念，其指线上线下一体化、实体和电子方式相融合的网络平台。这个平台最大的特点就是能够实现现实世界与虚拟世界的无缝对接。因此，从元宇宙的艺术想象及其技术实现来看，无论是科幻小说、科幻电影、网络游戏还是扎克伯格的 Meta，都还只是强调有别于且平行于真实的现实世界的虚拟世界的一面。马化腾的这一设想要比扎克伯格的野心更大。如果"全真互联网"真的按马化腾的理想建成，那么，扎克伯格的元宇宙就可能只是虚拟世界的组成部分之一。因此，未来的技术发展应该是将真实的"现实世界"及其数字化的"镜像世界"和以虚拟现实技术创造出来的"拟像世界"三者结合起来。如果元宇宙初级阶段连接现实世界与虚拟世界的方式之一是脑机接口，其所体验到的虚拟现实只是"深梦"的话，那么未来将基于全新人类信息交互的"元媒介"，实现虚拟现实现实化之后的体验则是真正的"白日梦"。如果这个高级阶段仍然被命名为"元宇宙"，那么，它将是由现实世界与虚拟世界（"镜像世界"和"拟像世界"的结合）的无缝对接而共同建构的全新的世界图景。一种新的"物体间性"也许将由此诞生。

如果这一推断能够成立，那么当前大家所讨论的元宇宙则更多是基于艺术想象的逻辑，而非技术实现的逻辑。随着与元宇宙有关的技术实现的路径不断优化、范式不断变革，艺术想象也会基于更新的技术可能性变得更加天马行空。

二、元宇宙的认知方式：离身认知与具身认知

现阶段对元宇宙的基本设定就是通过脑机接口或 VR 设备实现与虚拟世界的交互，这是与元宇宙初级阶段中现实世界与虚拟世界平行且不交集的方式相匹配的。因此，真实的有血有肉的人进入元宇宙就只能采取身心二分的方式，进而元宇宙初级阶段的认知方式是以离身认知（disembodied cognition）为主的。所谓"离身认知"，是指认知过程的产生被视作与操作符号的特定规则有关，而与实现这一操作过程的物质载体无关，即心智是离身的（disembodied mind）。现在的人工智能、虚拟现实技术主要是建立在第一

代认知科学的基础上的，即强调认知脱离人身体的相对独立性，因此能够建立一个"无人"的"不需要身体参与"的虚拟世界，进而无论元宇宙中的应用场景多么逼真，都会被定义为"第二人生"（电脑游戏 *Second Life* 即依此而命名）。从巴赫金的狂欢化理论的视角来看，如果说现实世界中的"第一人生"是日常生活的话，那么元宇宙中的"第二人生"则经历的是狂欢化生活。这种"第二人生"是节庆的、非官方的、全民的、乌托邦性的，有着对未来的向往，充分体现了"狂欢节世界感受"。与这种"特殊的双重世界关系"相匹配的，则是一种身心二分的、身体与意识（包括感知方式）相区隔的认知主体。与之相似，德勒兹和加塔利的"无器官的身体"（body without organs）及齐泽克的"无身体的器官"（organs without bodies）也可以与这种元宇宙的认知方式形成晦涩多义的关联。就德勒兹和加塔利的原义来说，"无器官的身体"强调的是身体摆脱器官、有机体、组织机构、体制机制等的束缚而获得的纯粹自由的身体。齐泽克则将德勒兹的"无器官的身体"直接等同于"欲望"，进而认为，拉康的"驱力"就是"无身体的器官"。两者都有一个共同点，即将"欲望""驱力"等原本属于生理、精神、意识领域的概念引入身体，使之身体化、器官化。而对于元宇宙的离身认知来说则正好相反，它强调的是心智、精神、灵魂、意识等对身体和器官的摆脱和克服，因此是"无身体、无器官"的认知方式。

如果元宇宙达到了高级阶段，实现了现实世界与虚拟世界的无缝对接，那么真实的有血有肉的人与元宇宙的交互将会采取何种方式？元宇宙的技术实现目前还没能给我们答案，但是科幻小说、科幻电影中已经开始出现与之相关的艺术想象。2018年德国的科幻电影《匿名者》（*Anon*）中，人们从一出生就在瞳孔中植入一枚"心灵之眼"的晶片。它可以让人们随时将眼中所见事物的信息连至云端，并加以识别和说明。政府也可以随时通过这个系统掌握所有人的隐私，完成对社会的监管。这其实还是基于物联网加上可穿戴设备的组合技术展开的科学幻想。但是这一设定有一个显著特征，即虚拟世界是完全嵌入现实世界之中的。当然，这个场景显示的其实只是我们所说的

"镜像世界",甚至还只是"镜像世界"中以文字解释说明为主体的符号化信息。只有当黑客用虚假的场景片段置换篡改了主人公眼前所见的真实的现实世界时,这种真实世界与虚拟世界之间无缝对接的特征才真正显示出来。也就是说,主人公无论是面对真实世界还是虚拟世界,都不会产生从一个世界到另一个世界的不适感。正如未来的VR眼镜,可能会在技术上实现低延迟、无眩晕的效果,能够与现实世界的感受完全兼容。到了那个阶段,基于身心二分的离身认知模式可能就不太适用了。处于高级阶段的元宇宙中真实的有血有肉的人,将不用再区分"第一人生"和"第二人生",也不再存在"无器官的身体"和"无身体的器官"的分裂。虚拟世界与现实世界的关系具有以现实世界为基础,兼容、并置、叠加虚拟世界的特点。因此,高级阶段的元宇宙认知方式将是"有身体的器官"和"有器官的身体",即以具身认知的方式展开认知活动。所谓"具身认知",即强调我们的认知是包括大脑在内的身体的认知。我们的认知其实是被身体及其活动方式所塑造的。"具身认知的研究纲领强调的是身体在有机体认知过程中所扮演的角色。"①元宇宙提出了一个"具身认知"的问题,即如果要实现现实世界与虚拟世界的无缝衔接,必须充分考虑现实世界中人的身体因素。

当然,这两者并不是一分为二,从一个阶段到另一个阶段的。在不同阶段,很可能是以某种认知方式为主体,同时兼顾其他认知方式。比如说《头号玩家》中已经开始出现以离身认知为主体兼具具身认知的艺术想象。《盗梦空间》中也有真实的有血有肉的人在现实世界中遭遇到危险,发生身体的剧烈移动从而导致处于梦境中的人也产生"具身性"的感受。《黑客帝国》中的尼奥在遭受重创甚至中弹后,在现实世界的舰船中,插着脑机接口的真身也会剧烈地颤动。如果到了元宇宙的高级阶段,或许会出现以具身认知为主体的认知方式,但也并不会完全排斥和替代离身认知的方式。当然,这些问题

---

① Larry Shapiro, "The Embodied Cognition Research Programme", *Philosophy Compass*, vol.2(2007), pp.338-346.

只能等若干年之后才看得清楚。

不管是离身认知还是具身认知，判断元宇宙的认知方式都有一个前提假设，即"我"作为一个现实生活中真实存在的有血有肉的人，通过特定的方式进入元宇宙，从而获得"第二人生"的虚拟体验。因此，元宇宙的认知主体被确定为真实的有血有肉的人。不过，这一主体设定是有问题的。一方面，目前所设定的元宇宙是一个外在于所有人，也外在于现实的纯粹以数字化方式建构起来的虚拟世界。因此，仅就元宇宙的世界建构而言，它其实是在第一代认知科学基础上发展起来的纯粹的符号化世界。即使没有真实的有血有肉的人的参与，元宇宙一旦建成，它就成为一个"客观的虚拟实在"。另一方面，元宇宙中的各种行为和活动都是由多元主体共同参与的。它既有真实的有血有肉的现实中个体的参与，也有元宇宙自设的 AI 角色的机器学习。如《失控玩家》中就假定了一个"自由城"中的 AI 角色"蓝衬衣"，历经无数次重复的人生之后突然自我觉醒的故事。其实这个设定也很简单，即终有一天，人类制造的机器人或 AI 获得了自主意识，便成为一个有别于人的另一个主体。元宇宙之所以有别于一般的电脑游戏，正在于它试图建构起足以与真实的现实世界相匹配的虚拟世界。它可能是《雪崩》中的一整条街道，也可能是《黑客帝国》中的一整座城市，甚至可能是《异次元骇客》中跨越百年的历史场景。因此，基于不同的主体，其认知方式也是多元的，既有离身认知，如通过脑机接口页进入 Matrix 的尼奥们，也有具身认知，如《头号玩家》中人与"绿洲"的联结方式，就不仅仅有 VR 头显，而且有身体的连接。

不仅如此，元宇宙还提出了分身认知问题。所谓分身问题有两种完全不同的方式：一种是数字孪生，另一种是数字化身。所谓数字孪生，其实是现实世界的镜像，数字化身则并非有现实世界的摹本，而是鲍德里亚所说的"拟像"。它们分别对应了元宇宙对虚拟世界建构的"镜像世界"和"拟像世界"。数字孪生保证了"镜像世界"中的孪生形象与现实世界中真身的完全一致性，即复刻性；而数字化身则提供了现实世界中的人到"拟像世界"

中去扮演完全不同的角色、享受完全不同的人生的可能性。数字化身与真身之间的关系变得更加自由、更加随机,是一种典型的斯图尔特·霍尔所说的"接合"。除此之外,科幻电影还提供了"分身"想象,如1999年的《异次元骇客》提供了另一种设定,即虚拟现实中的人物也具有自我意识。如此,进入虚拟现实场景中,对该场景中人物的"扮演"则演化为对另一个主体意识的"入侵"甚至"替代"。这与"角色/身份互换"类电影并不完全相同。化身形象的出现增加了元宇宙认知的复杂性。在元宇宙的应用场景中,对于真身而言,是离身认知的方式;而对于化身来说,则是具身认知的方式。这也就意味着,元宇宙中的认知主体是有可能采取与离身认知和具身认知既有显著区别又密不可分的独特的分身认知来体验的;元宇宙的认知活动是以双重认知甚至是多重认知的方式来展开的。当然,分身认知也有其理论阐释的困境,即所谓分身乏术的问题。无论元宇宙认知方式中的身体是离身还是具身,其基本的理论假设在于身心二分。但是更进一步来说,在元宇宙中,身体是可以再次分化的,即可以同时出现真身、孪生和化身三类身体形象,但是意识可以二分甚至多分吗? 也就是说,真身、孪生、化身是否可以同时以不同的认知方式处理完全不同的事务? 俗话说的"三心二意"是否能够实现?

　　从以上分析来看,元宇宙的认知方式包括离身认知和具身认知以及数字孪生和数字化身的分身认知。在元宇宙的不同发展阶段,其认识方式也会存在非常明显的差异。

三、元宇宙的审美形态:隔离美学与联结美学

　　元宇宙初级阶段与高级阶段中现实世界与虚拟世界不同的关系决定了元宇宙的世界建构及其认知方式会形成完全不同的审美形态。以现实世界与虚拟世界的相互分离和无缝对接为标准,可以将元宇宙区分为两种不同

的美学形态：隔离美学（aesthetics of isolation）和联结美学（aesthetics of con-nection）。

隔离美学，是由一位具有文学、商科、数据分析等多重学术背景的学者马修·格拉登提出的。他受现象学美学家英伽登的"相对隔离的系统"（rela-tively isolated system）概念的启发，结合环境美学中关于人与自然关系的理论，并针对当前数字时代审美体验的"审美超载"（aesthetic overload）问题，创造性地提出了隔离美学。根据作者的定义，"孤立"强调的是人作为个体，与整个世界区分开来。因此，"孤"更能强调这种独特感。但文章大部分阐释的是身体机制如何限制性地让我们体验世界，我们每个人的审美差异其实正来自这种种限制；而新技术的价值正在于帮我们突破这种种限制，进而带来更多不同的体验与审美。因此，相对于限制来说，隔离更为准确，因为隔离强调的是分开、剥离等，并不强调"孤"。值得注意的是，隔离美学中的隔离并非完全否定的概念。英伽登在《关于世界存在的争议》一书中介绍了自己提出有别于"绝对封闭的系统"和"开放的系统"之外的"相对隔离的系统"的过程。英伽登对相对隔离的系统概念的理解经历了一个从"生物有机体是一个层次结构功能系统"到"对人类自由和责任的本体论基础"的探索过程。他认为相对隔离其实正是创造性的艺术活动、审美性的欣赏活动必备的一种状态。程相占在《当代西方环境美学通论》中多次谈到西方环境美学的隔离问题。无论是"无利害性"理论将动机、行为、结果与道德相隔离，在审美中隔离个人利害的考虑，还是艺术品的框架或基座将艺术作品与其周围环境相隔离，抑或是实验室中以隔离方式对对象的研究，等等，隔离都是环境美学思想中检测人与自然、艺术与环境、利害与审美等关系的重要尺度。而在马修·格拉登看来，隔离美学可以成为当代环境美学的补充，甚至"隔离美学比环境美学'更环境'"，因为"隔离美学强调的一点是，即使我们的眼睛'睁开了'，它们仍然对世界上发生在我们面前的大多数过程及其可以提供的信息是封闭的"。①因此,在审美加载时代,部分隔离具有极其重要的意义。

德国艺术家黑特·史德耶尔最早将隔离美学运用于元宇宙分析。在一次关于"气泡视觉"(也有人译为"泡沫幻影")的演讲中,她使用隔离美学一词来描述人工智能艺术实践的审美效应。这里的"气泡视觉"其实就是指以Facebook推出的"360°全景视频服务"为代表的虚拟现实技术。这类技术"将观众置于世界的中央,同时也使他们离身化"。黑特·史德耶尔的这一判断非常重要,概括出元宇宙初级阶段虚拟现实技术所具有的将人与世界、人与机器(计算机)、身体与意识、自我与他者、真实与虚拟等相对隔离的一种状态,而这也与以离身认知为主导的认知方式相一致。值得注意的是,当前围绕与元宇宙有关的虚拟现实技术所展开的诸如"沉浸""互动"问题的讨论,其实都是建立在现实世界与虚拟世界相互隔离的前提之上的。当前VR眼镜所带来的沉浸感其实只是局限于视觉感官没有视域限制的360°无死角的无框感,非视觉感知能力以及人的身体其他感知能力其实是被VR眼镜完全隔离在外的。VR眼镜带来的眩晕感正是这种人的视觉感知能力与人的身体其他感知能力不匹配而产生的不适感。解决这种不适感可以有3种路径选择:第一种是提供与穿戴VR眼镜设备的用户所处的现实生活相匹配、不冲突的虚拟现实影像内容,即如电影《匿名者》那样,将虚拟现实的信息叠加到用户眼前的现实世界之上;第二种是提供足够的训练项目,帮助用户适应这种"身心二分、彼此隔离"的错位感受;第三种则是进一步弥补当前虚拟现实技术以视觉为中心的不足,创造能够将身体的所有感知能力全部都包含在内的虚拟体验。如果第三种路径得以实现,那么,元宇宙早期阶段的隔离美学便走向了它的反面。与沉浸一样,元宇宙早期阶段的互动也存在单向度、弱反馈、低密度的特点。不过,隔离美学并非只强调隔离而排斥开放。正如英伽登

---

① Matthew E. Gladden, "A Phenomenological 'Aesthetics of Isolation' as Environmental Aestheticsfor an Era of Ubiquitous Art", *The Polish Journal of Aesthetics*, vol. 49 (2008), pp.11–25.

的相对隔离是建立在介于绝对隔离和开放之间的状态一样，隔离美学恰恰强调的是对各种引起隔离的限制性因素的克服和超越。因此，以相对隔离而非绝对隔离作为逻辑起点的隔离美学也包含了不断走向开放、获得更多审美自由的动力和趋势。

但是，毕竟隔离美学强调的是隔离，其价值理念是与信息技术的"万物互联"（internet of everything）相抵牾的，也与强调身心合一的具身认知不兼容。与"万物互联"的理念相匹配的，应该是以开放、包容、不断扩展为特点的联结。"联结美学"（aesthetics of connection）这个词为本文首创，是相对于隔离美学而言的，强调未来的信息技术和生物技术致力于将人与世界、身体与意识、自我与他者以各种方式加以联结，从而不断增加媒介融合、人机合一、身份互通、虚实相生的发展趋势。所谓"媒介融合"（media convergence），是尼古拉斯·尼葛洛庞帝提出的概念，意指各种媒介呈现出功能一体化的趋势。不仅视觉媒介与听觉媒介汇聚融合一体，而且触觉媒介也异军突起，并发展出植根于具身性情感的触觉美学。马克·汉森将之命名为"触觉视听环境"。所谓"人机合一"，即是"人的机器化"和"机器的人化"的双向发展趋势不断强化。

如果说当前已经开始出现的各种可穿戴设备是以穿戴（即嫁接）的方式探索人与机器之间局部功能合一的话，那么科幻小说和科幻电影中的晶片植入、赛博义体，以及哲学中的"缸中大脑"命题等，正是"人的机器化"方向的可能性探索。而"机器的人化"则是指近几年日新月异的人工智能技术，尽管现在的人工智能技术还处于"专家人工智能"阶段，但科学家已规划出向"通用人工智能"甚至"超级人工智能"发展的路线图。也就是说，互联网创立之初提出的"万物互联"理想，有可能直到元宇宙的高级阶段才会真正实现。所谓"身份互通"，是指在元宇宙中，现实世界中的身份与虚拟世界中的身份，即真身、孪生和化身之间可以切换、扮演、替换。所谓"虚实相生"，即是指现实世界与虚拟世界的无缝对接。近年来，基于新媒体艺术、人工智能技术以及虚拟现实技术等打造的沉浸、互动体验有可能到了元宇宙的高级阶段才能真正实现。

因此,伴随着元宇宙从低级阶段向高级阶段的发展,其审美形态也会从强调虚拟现实与真实现实相区隔的隔离美学向强调虚拟现实与真实现实无缝衔接、开放兼容、生成涌现的联结美学转型。

四、元宇宙的社会形态:数字化复制与生态化创造

元宇宙世界的体验方式需要依靠先进技术的交互连接、强触感的界面接触和强感知的统觉体验。元宇宙被罗布乐思描述为具有身份、朋友、沉浸感、低延迟、多样性、任意地点、经济、文明等8个特征,是智能性交互和浸入式、体验式互联网高度发达的结果。元宇宙必须借助可穿戴式和浸入式终端设备进入智能化的虚拟世界,其底层架构是虚拟世界。元宇宙应用场景的迅猛发展高度依赖数字技术、智能技术、5G技术、大数据技术和云计算技术等新兴技术的研发与应用。元宇宙是互联网产业在内容创意、渠道传播、交互参与、商品交易、娱乐体验等各个环节持续创新下的换道创新。元宇宙开辟了下一代信息技术应用的新蓝海。可见,可穿戴式设备、低延时连接技术和超强度运算技术是元宇宙架构的关键技术。

元宇宙参与者的多元属性:元宇宙具有连接个人身份信息、社交信息和财产信息等多元属性。清华大学沈阳等认为:"元宇宙世界的形成将促进生产者、服务者、消费者融合或者一体化,并与现实世界的经济系统、社交系统、身份系统密切融合,从而构成一个'虚实相融'的新型社会形态。"[①]元宇宙世界不同于早期虚拟世界的数字体验,人们在网上进行娱乐体验、社交互动等文化活动时,展现了一个精神性自我主体的"第二虚拟人生",

---

① 转引自向勇:《元宇宙文化治理的逻辑与路径》,《人民论坛》2022年第7期,第48—51页。

基本上与现实世界物质性的自我主体及其生活世界没有关联。在经历了消费互联网世界的数字分身、产业互联网的数字孪生到万物互联网的数字化身之后，元宇宙通过人机交互和网络社交，将参与者个人在真实世界拥有的身份属性、人格设定、社交圈层和资金财产与虚拟世界一一对应、沉浸映射和多层叠加。元宇宙的参与者之间是强社交性的超级链接，这使得个体无法隔断现实世界与虚拟世界的联系。个体在元宇宙的娱乐活动、社交活动、创造活动多种多样，其行为可以密切影响到现实世界的生活、工作和学习。

元宇宙的资讯、创意、娱乐、服务等虚拟产品是参与者主动、自发创意而形成的，贯穿了经济转型、产业升级、社会发展、文化传承和信息传播等多个领域。互联网世界的本质是无界社会的去中心化、强个体的超链接和共同价值的共创赋能。元宇宙是开放、去中心化、可编辑、可再造的世界，呈现出一种创意者经济的发展形态，模糊了生产者与消费者之间的界限。创意者经济是"互联网＋文创"发展的新阶段，体现了共享型生态的产业组织、多元化叙事的社会传播和包容性政策的政策体系三位一体。元宇宙作为一种超现实的生活形态，有自身的线上经济系统和虚拟金融体系，元宇宙的参与者创造出属于自己元宇宙身份的虚拟资产，可以在元宇宙系统中独立运行。

元宇宙赋能数字文化内容生产创新，让文化内容生产有了更多的设想和展望。随着人们对大量高质量、个性化、有创意的文化内容需求的增加，数字技术的加速应用和迭代升级改变着文化内容的生产模式。将 VR、AR、人工智能、区块链等新兴技术应用到丰富的文化内容创作中，依托互联网载体产生了网络文学、数字视听、电子竞技、数字藏品、数字文创等种类繁多的文化内容产品；将 XR、数字孪生、全息影像等新兴技术引入特色的文化场景中，依托现实空间开发了数字博物馆、孪生剧场、虚拟社交空间等数字文化体验空间；将 VR、MR、人机交互等新兴技术融入多元的文化资源中，依托中华优秀传统文化、历史文化、红色文化等文化背景,打造了沉浸式历史文艺作品、城市主题科幻文化节、特色元宇宙小镇等大型数字文化主题项目。元宇宙世界就是所有数字技术的集合体,文化内容生产在元宇宙的加持下创新发展,潜藏着无限可能。

第三节　元宇宙文化空间场景

一、元宇宙场景的生成模式

元宇宙赋能数字文化消费场景创新,让数字文化消费焕发新的活力。元宇宙的本质是通过科技实现现实世界的虚拟化和数字化,将人工智能、VR、机器人、物联网等元宇宙技术应用到文化场景的"第二空间",将虚实共生的内外整体体验向更高层级的沉浸感和个性化推进,刺激消费需求不断升级,为拓宽数实融合的新消费场景提供重要路径。文旅元宇宙作为文化消费新场景的先行者,把历史遗迹、民族文化、人文景观等文旅元素植入元宇宙技术的想象,以前卫时尚的方式模拟、感知、体验现实场景,目前涵盖了沉浸式景区、沉浸式乐园、漫游景点、AR/VR实景探索游戏、虚拟形象代言文创、虚拟人旅游服务等多元化的文旅消费场景。所谓"万物皆可元宇宙",从美妆中的"AI试妆镜"、生活中的"智能家居"到传统文化中的"非遗3D体验",娱乐消费中的"沉浸式游戏体验""数字互动艺术展"等,各行业各领域都能通过数字技术与实体经济深度融合,赋能实体经济数字化转型全面升级,不断更新数字文化消费场景和方式,持续激发数字文化消费新活力。

舒适需求是对人类主观感受的抽象提炼。舒适物与场景是特定时代语境的产物,与主流价值观念存在深刻的联系。在社会价值观念变迁过程中,人们对舒适物内涵的理解也处在流变与生成之中。随着时代演变的社会主流价值投射于文化空间,并在元宇宙文化空间生产的过程中烙下特定时代的印记。元宇宙中文化舒适物存在由自然、物质实体向精神、社会氛围等过渡的层次结构。

在复杂多元的元宇宙环境中,舒适物并不是孤立存在的,而是依托特定的文化情境生成的。舒适物具有显著的地方特性,一旦脱离了人的参与、文化的介入以及社会事件的展开,它在城市社会中只能是空洞的、无意义的空间物质实体。故此,理解舒适物的复杂组合需要聚焦社会文化背景,将人群、文化和地方意义综合起来,形成对具体时空生活舒适化过程更全面、生动的认识。元宇宙构建了一个全新文化空间,文化生产力在新一代信息技术的驱动下重构了生产和消费关系,文化生产由线性生产走向网状生产,由专业化生产走向社会化生产,文化生产全链条由内部分工走向社会化大分工。元宇宙文化空间既是一个新物种,也是孕育未来诸多新物种的母体。元宇宙中不仅有数字人和虚拟生物,还会有神话中、想象中的物种,甚至有无映射关系的自生成数字智造生物。这种文化主体泛化的影响主要体现在:它是人类意识的另一种载体,打破了第一物质载体——现实世界的时空限制,同时也打破了人类基于现实社会的意识局限。在现实世界无法承载,甚至没有任何来由的文化基因有了灵动的落地方式,例如神、道、教等神学意识和未出世的文化将会在元宇宙中变得合理。这些文化主体在元宇宙虚拟时空中通过与外部环境交换物质、能量和信息,按照社会化的网状文化生产模式,在文化基因的塑造下,自行从无序向有序、从低级向高级、从简单向复杂方向成长,不断涌现出具有自适应、自成长能力的舒适物。

场景是能够创造丰富文化意义的公共空间的组合,是实现人、舒适物与空间环境互动的意义系统。志趣相近的群体通过各种舒适物、活动在场景中展开互动,暗示、彰显或传递文化价值观和行为规范。在这个意义上,场景并不是抽象的空间容器,它强调主体对文化空间的建构以及由此创造的丰富意义。舒适物是人们融入、感受与体验场景的载体与媒介,具有易辨认、易定位、可计量的特征。场景则是文化、审美与价值的集成,是相对捉摸不定的、弥散在空间中的独特氛围与地方气质。根据舒适物的分布特征、数量与功能可以识别地方场景的品质,将场景的精神意涵转化为可识别、可统计的操作变量,将文化空间中、精神生活中的文化和美学成分变得可见,从而实现对场景特征的界定。场景生成包括三个阶段:一是装饰符号,指提取环境中用于形象呈现的各种元素——人物形象、视觉元素、装饰风格等,既可以呈现于具象空间的规划设计中,也可以作为媒介呈现于各类叙事文本中。二是关系策划,指基于装饰元素而展开的关系建设,既包含从空间上进行的整合布局,也包含从时间上进行的叙事联动。三是行为设计,即连接数字人与装饰布局的一系列互动方式,既包含文化空间接口的感官互动,也包含场景中为数字人设置的交互设计。

(一)装饰层:空间符号的聚焦处理

在文化消费中,助长大众想象力的不只是事象本身,还包括它们发生的途径及引起注意的方式,因而,文化生产者的符码制造术就显得十分重要。空间规划应当对视觉风格、符号类型进行聚焦和视觉呈现,使文化空间成为特定文化类型的整体象征物。文化空间的符号载体包含街道、建筑、景观、民俗等。场景需要重点突出文化空间某一面的形象,遴选典型的、有标志性的空间符号。所聚焦和呈现的符号系统要能够使数字人留下深刻印象,不准确的符号聚焦可能会引发数字人对整体空间的认知偏差。因此,场景的打造需要凝练场景内在的文化基因与文化精神,提炼具有鲜明特质的核心符号,准确传达场景的文化精神与内涵个性。

（二）关系层：文化空间的跨媒介叙事

场景的规划设计要对虚拟景观、建筑、道路、基础设施等进行整合，形成统一的视觉系统，以强化其文化形象定位。空间规划应选择影响力较大的文化素材，梳理具有传播潜质的故事脉络，实现数字人对场景价值的认同与分享。文化场景需要实现空间、时间和审美等维度的可供性，汇集有情感流动的故事，丰富数字人的文化体验，生成独特的空间共鸣。同时，场景的叙事文本系统需与真实的物理空间形成联动，使之具有向空间载体流动的潜力。创意符号在不同媒介间的流动与联动，可强化数字人背后真实人的全感官刺激和记忆唤起，激发数字人对场景的认同与共鸣。

（三）行为层：多维度场景的联动设计

"地图术"（mapping）能够将无序的景区空间有序化，将具象的景观抽象化，实现空间体验的叙事指引。场景叙事世界中的创意地图能够将文化故事与建筑景观的关系予以呈现，指引数字人的体验路径，加深其对场景的认知和记忆。

二、元宇宙的场景应用图谱

在关键技术支持下，各种不同行业产生了多元化的元宇宙应用场景，如图4-1所示。

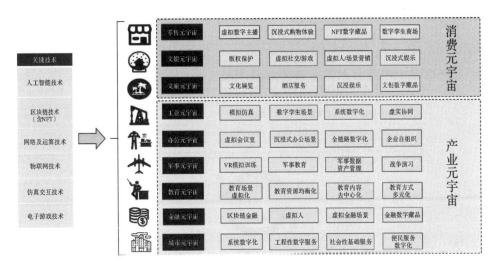

图4-1　元宇宙的应用场景

（一）元宇宙既要"由实向虚"，也要"由虚向实"

工业元宇宙需要"由虚向实"，而消费元宇宙需要"由实向虚"，两者的比较如图4-2所示。工业是元宇宙应用于to B领域的第一片实践沃土。工业元宇宙是指在工业领域实现工业化和数字化、网络化、智能化融合的高级形态，为实现智能制造、无人操控、精益管理提供新的工具箱。对比消费元宇宙，工业元宇宙更稳健。它旨在创造一个高精度的数字孪生场景，把现实世界中的问题映射到元宇宙，在元宇宙中仿真寻找解决方案，再把最优解部署回现实世界。它关注解决确切场景中的具体问题，将覆盖工业生产全链条环节。元宇宙在工业领域的应用价值或远大于消费领域。消费元宇宙的前身是消费互联网，两者是一种传承关系，如表4-1所示。在消费互联网（Web2.0）阶段，围绕个人娱乐、本地生活（购物、出行等）、办公三大消费场景，通过互联网平台应用，实现了"物理世界的人—数字化信息—物理世界的消费体验"过程，其核心变化在于获取信息维度实现数字化。而在消费元宇宙（Web3.0后）阶段，将会实现从消费主体、信息获取方式、信息呈现形式到消费体验内容等全方位虚实结合。对比消费互联网时代的生态要素，消费元宇宙时代更加注重"用户创造，用户所有""虚拟货币，追溯交易""沉浸真实，能力增强"，为消费者创造全新的虚拟体验。

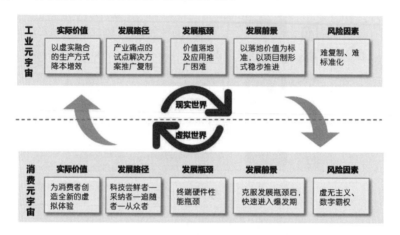

图4-2 工业元宇宙和消费元宇宙的对比

表4-1 消费元宇宙和消费互联网比较

构成要素	消费元宇宙	消费互联网
体验	虚实结合增强体验	物理世界消费体验
发现	开放场景	封闭场景
创作者经济	用户主导	中心平台主导
空间计算	三维空间成像	平台型图文信息
去中心化	去中心化计算	中心化计算
人机交互	XR设备	智能手机
基础设施	5G、6G	4G

（二）产业元宇宙：降本增效＋创新升级

京东探索研究院前院长陶大程首次提出"产业元宇宙"的概念。这一概念更多是结合工业、医疗、教育等现实场景，以虚实的映射、交互和融合实现物理世界的数字孪生，让产业转型升级过程中的场景重构、流程重建、模式重塑变得更简单、快捷、有效。产业元宇宙的支撑要素包括数据基础、仿真引擎、数智核心、硬件载体以及开放协同生态,如图4-3所示。

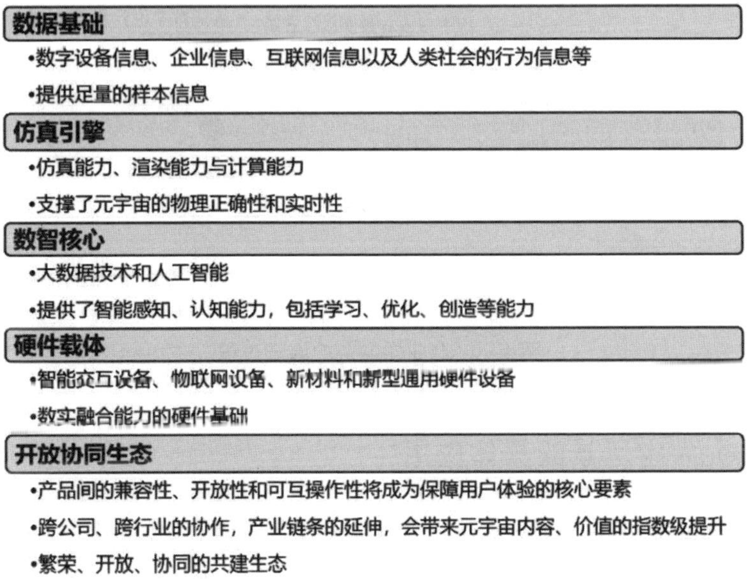

数据基础
- 数字设备信息、企业信息、互联网信息以及人类社会的行为信息等
- 提供足量的样本信息

仿真引擎
- 仿真能力、渲染能力与计算能力
- 支撑了元宇宙的物理正确性和实时性

数智核心
- 大数据技术和人工智能
- 提供了智能感知、认知能力,包括学习、优化、创造等能力

硬件载体
- 智能交互设备、物联网设备、新材料和新型通用硬件设备
- 数实融合能力的硬件基础

开放协同生态
- 产品间的兼容性、开放性和可互操作性将成为保障用户体验的核心要素
- 跨公司、跨行业的协作,产业链条的延伸,会带来元宇宙内容、价值的指数级提升
- 繁荣、开放、协同的共建生态

图4-3 产业元宇宙的支撑要素

产业元宇宙1.0、产业元宇宙2.0、产业元宇宙3.0依次为数字孪生、数字伴生、数字原生阶段,如图4-4所示。在整个发展过程中,实现从对现实世界的复刻到实现数字世界与物理世界的无缝融合,可连接和优化社会生产、流通、服务的各个环节,降低成本并提高效率,实现从消费端到产业端价值链各环节的整体优化与重构,释放企业创新潜能。

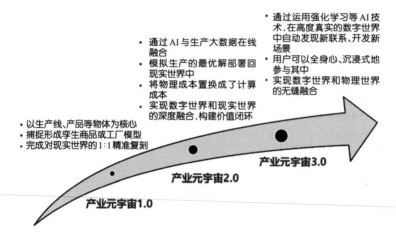

- 以生产线、产品等物体为核心
- 捕捉形成孪生商品或工厂模型
- 完成对现实世界的1:1精准复刻

产业元宇宙1.0

- 通过AI与生产大数据在线融合
- 模拟生产的最优解部署回现实世界中
- 将物理成本置换成了计算成本
- 实现数字世界和现实世界的深度融合，构建价值闭环

产业元宇宙2.0

- 通过运用强化学习等AI技术，在高度真实的数字世界中自动发现新联系、开发新场景
- 用户可以全身心、沉浸式地参与其中
- 实现数字世界和物理世界的无缝融合

产业元宇宙3.0

图4-4　产业元宇宙的演进过程

三、元宇宙场景的具体应用

（一）零售元宇宙：重新定义"人、货、场"

零售元宇宙重新定义"人、货、场"，有望颠覆传统零售的消费场景，如表4-2所示。在零售元宇宙中，消费者将占据绝对主导地位，虚拟化商品将成为消费者在元宇宙世界中表达自我、进行社交的工具，同时品牌方通过VR、AR等技术打造沉浸式购物场景。

表4-2　零售元宇宙的"人、货、场"

类型	人	货	场
传统零售	消费者被动地接受商品，零售商占据主导地位	单纯的商品，以使用价值为主	以线上渠道或者线下渠道为主要销售场景
新零售	企业开始以消费者需求和偏好为中心生产商品	除使用价值，商品还被赋予如社交价值等隐性价值	通过融合多渠道，全方位触达消费者
零售元宇宙	消费者占据主导地位：品牌赋能消费者在虚拟世界中表达自我进行社交	商品虚拟化：商品的使用价值弱化，社交和收藏投资等隐性价值占主导	场景虚拟化：品牌方通过VR、AR等技术打造沉浸式购物场景

1.元宇宙中的零售品牌

在零售元宇宙中,品牌将发力布局数字产品,延展虚拟场景营销,挖掘IP价值零售品牌在消费元宇宙领域有极大的想象空间,如图4-5所示。

(1)体验创新:零售品牌通过推出AR试穿、打造虚拟空间、将数字人作为代言人等方式,在虚拟的空间里提升消费者购物体验、强化物理世界的影响力,为品牌引流及进行产品推广。

(2)产品创新:零售品牌沿用现实品牌价值的赋能,在虚拟世界中全方位打造品牌数字资产,包括虚拟产品线、定制游戏道具、数字藏品等。在拓宽消费市场的同时,对实体品牌也做了更加多元化的推广。

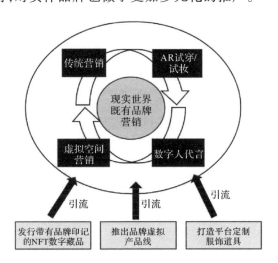

图4-5　零售品牌在消费元宇宙的场景

2.元宇宙中的零售商场

虚实联动,激活场景消费需求,随着技术的发展,元宇宙的应用也将给传统线下零售商场带来新的生机。零售商场可借助元宇宙的元素,利用VR、AR、5G等技术打破时间、空间的限制,如图4-6所示,用虚实结合的沉浸式体验提升购物中心的消费体验。

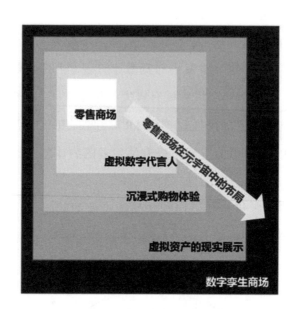

零售商场

虚拟数字代言人

沉浸式购物体验

零售商场在元宇宙中的布局

虚拟资产的现实展示

数字孪生商场

图4-6　零售商场在元宇宙中的布局

案例一：花西子品牌虚拟形象"花西子"，灵感来源于苏轼的《饮湖上初晴后雨》"欲把西湖比西子，淡妆浓抹总相宜"，以此来展现品牌古色古香之特色。

案例二：虚拟带货主播。在2022年"双十一"期间，除了店铺销售额在亿级别以上的超头部商家有实力选择24小时真人直播外，大部分头部、腰部商家品牌，都会选择使用虚拟主播。虚拟主播的发展呈现出加速态势。2022年"双十一"前夕，阿里巴巴引入元宇宙大陆"曼塔沃斯"，消费者可在元宇宙中创造虚拟数字分身，并在元宇宙中获得"双十一"的新消费体验。京东云团队也推出"灵小播虚拟数字人"直播产品，实现7×24小时无人直播、直播话术智能撰写、自动营销抽奖活动等，提高无人执守时的店铺销售GMV成交转化率。

案例三：奢侈品社交元宇宙。Gucci和罗布乐思联合推出了一个永久虚拟空间Gucci Town，玩家可以通过寻找字母和赚取宝石来获得免费的Gucci

收藏品,可购买Gucci限量版配饰并装扮虚拟形象,感受全新数字化体验。

（二）文娱元宇宙

文化元宇宙主要包括社交及游戏、影视、营销3个方面。

1.社交及游戏:打造沉浸式体验

在元宇宙产业链中最有感知度的是场景和内容,作为现实世界的模拟与延伸,游戏和社交领域是最先具备打造基础的元宇宙场景入口条件的领域。相比于虚拟社交,元宇宙社交将进一步打破线上与线下的界限。在元宇宙社交中,借用全息虚拟影像技术,搭建出虚拟现实平台,互动方式从简单的语音、文字、图片、视频延伸到突破时空限制的逛街、购物、看演唱会、玩游戏等。沉浸式体验将极大地提升用户的使用体验感,增加用户黏性。

游戏元宇宙和社交元宇宙相辅相成。社交与游戏的结合为元宇宙行业提供了更多的产品创新方案,无论是在游戏场景中新增的社交属性,还是在社交场景中新增的游戏属性,能够进一步满足用户娱乐和社交欲望,使用户获取多样化的新奇体验。

社交元宇宙具有的三大特征是:

（1）定制化形象:用户能够依据自身需求定制虚拟与实体形象,情感和行动体验更丰富,易于获得数字归属感。元宇宙将促进人的"赛博格化",定制化身形象,创建理想的"自我"。

（2）沉浸式虚拟数字生活:用户可以选择进入不同元宇宙场景,体验不同人生,能够在现实世界和虚拟世界中交替穿梭。真假难辨的沉浸式体验是元宇宙最核心的特征。

（3）虚拟资产紧密绑定:社交元宇宙由游戏、影音、办公会议等元素组成,甚至包括虚拟房地产和各类数字经济要素。在元宇宙中,用户和虚拟资产得到紧密的绑定。

2.影视:领先技术赋能,创新商业模式

元宇宙有望成为影视文化产业升维的最大科技助推手段，主要有以下原因：

第一，元宇宙的底层技术能够为消费者提供深度的沉浸式体验，带来前所未有的观影体验革新。

第二，元宇宙技术赋能下的电影宣发，能够以精准触达与趣味性创造行业价值，为电影产业提供更丰富的商业模式。

以中国移动咪咕为例，把 5G＋超高清＋XR 等领先技术和电影的文化、产业相结合，积极发挥创新优势与科技赋能领域的资源整合优势，全方位助推影视文化行业发展。同时，基于算力与云渲染、XR 制作能力等，为影视元宇宙行业的未来发展提供解决方案。具体应用方面，2021 年上映的《失控玩家》，创造性地将元宇宙元素融入电影内容，使原本虚无缥缈的元宇宙概念开始有了实体；XR 虚拟影棚不仅能让演员更多地释放表演、释放情绪，还可以通过拍摄追踪系统以及动态场景的联动，拍摄出在真实拍摄中不能完成的诸多镜头。

3. 营销：重构品牌与消费者的关系，激活更大的商业潜力

元宇宙营销的内容参与者依据 5 种类型可划分为元宇宙策略、元宇宙场景、元宇宙应用、内容创作者、底层技术层等 5 部分，如表 4-3 所示。其中内容创作者是元宇宙内容的核心并在营销中发挥重要作用，包含元宇宙空间设计师、数字藏品设计师、虚拟人 IP 设计师 3 类。市面上诸多产品的元宇宙营销都尝试从内容创作切入。

表 4-3　元宇宙营销的内容参与者

分类	内容	定义
元宇宙策略	营销策略服务	为品牌提供元宇宙相关营销业务的策略解决方案
元宇宙场景	元宇宙土地	元宇宙的线上数字土地资产品牌可以在此购买土地，建立品牌的元宇宙空间
元宇宙应用	元宇宙会议、元宇宙发布会、品牌元宇宙	包括举办元宇宙会议室、元宇宙发布会、元宇宙剧本杀等

分类	内容	定义
内容创作者	元宇宙空间创作者	内容创作者是元宇宙内容的核心,大致分为元宇宙空间设计师、数字藏品设计师、虚拟人IP设计师三大类型
	数字藏品创作者	
	虚拟数字人	
底层技术层	虚拟现实技术	包括XR、AR、VR、AI等互联网技术等,提供元宇宙相关的底层技术支持
	区块链加密技术	

以"奈雪的茶"品牌为例。在虚拟人IP设计方面,奈雪官宣元宇宙品牌大使NAYUKI,代表年轻、新潮的企业及产品文化。在数字藏品方面,奈雪围绕NAYUKI的IP推出线上NFT数字艺术品,含隐藏款在内共7款,全球限量发行300份。在元宇宙空间设计方面,奈雪向5000万会员推出虚拟股票,可以使用奈雪币购买,将虚拟股票和真实股票的涨跌绑定,用户还可以加入杠杆借币玩法,选择2倍、5倍、10倍杠杆。奈雪通过虚拟股票的玩法在会员中心搭建起虚拟二级市场空间,进一步提升用户的活跃度。在未来,元宇宙发布会等或将成为"奈雪的茶"品牌营销的新手段。

虚拟数字人被广泛运用到影视、娱乐、直播等营销活动中,受到市场的认可,营造了不一样的互动体验。

小C是央视网联合百度推出的数字虚拟小编。它在《两会C+真探》系列直播节目和《C位看冬奥》两大节目中表现亮眼,系统化地解决了3D超写实虚拟数字人在媒体行业的快速应用和百变形态,满足不同业务场景快速匹配。它在技术上应用了业内先进的4D扫描+高保真3D数字人像绑定、动态捕捉、面部表情与动作迁移学习、实时云渲染、3D合成、智能问答等,是拥有强大实时交互能力的3D超写实数字人,由一体化数字人内容生产平台进行全链条管理。

洛天依是基于语音合成软件VOCALOID系列制作的女性虚拟歌手、虚拟偶像。2012年7月12日,洛天依作为中文虚拟歌手正式出道;2015年3月

21日,和言和合唱的歌曲《普通DISCO》发行,该曲在视频网站哔哩哔哩的播放量超过1758万次(截至2022年11月3日),是第一首中文VOCALOID神话曲。

关小芳是快手的虚拟主播。自2021年"双十一"首次亮相快手小店直播间以来,已参与了电商616、磁力引擎大会、快手新市井活动等多场快手直播活动,并通过运营个人账号进行虚拟人直播互动、内容创新方面的探索。

（三）文旅元宇宙:沉浸式新体验,解锁旅游新模式

文旅元宇宙的本质是以数字化技术打造文旅新业态。文旅元宇宙基于底层技术,可在文化展览、酒店服务、沉浸娱乐等多种场景为用户提供虚拟体验,如图4-7所示。

应用场景	细分领域	应用案例	
文化展览	博物馆AR导览	**苏州博物馆AR导览**	
	文化遗产传承与重视	敦煌莫高窟全景漫游	
	文创数字藏品	泉州"双遗"数字藏品	
酒店服务	增强现实会议	**四季酒店"混合会议方案"**	
	在线AR选房	携程360°VR看房	
	虚拟人营销与服务	尚美生活推出数字虚拟人	
	沉浸式游戏	开元酒店推出"剧本杀游戏"	
沉浸娱乐	沉浸式主题公园	**环球影城超级任天堂世界**	
	沉浸式实景游戏	沉浸式密室逃脱、剧本杀	
	沉浸式综合体	超级文和友	

图4-7　文旅元宇宙的应用场景及分类

与传统文旅业相比,文旅元宇宙主要有三大特征:

(1)全新的体验方式:元宇宙中数字空间与物理空间的深度融合可让人

们换一种方式模拟、感知、体验现实世界。例如，在文旅元宇宙中，游客可以感受任意视角，如选择山顶或空中观赏风景。

（2）数据可传输分享：元宇宙旅游数据具备传输性。游客在真实现场旅游的同时，可将现场收集的数据传输给后方，让一家人身临其境。

（3）数字资产可流转交易：元宇宙中产生的数字资产可以流转和交易，具备经济价值，传统的旅行拍照只能存储为一张照片；而文旅元宇宙中，可以把照片转化为资产，于一级市场进行交易。

在元宇宙赋能下，虚拟演唱会、主题艺术展览、文艺演出、博物馆展览等项目将为用户带来虚实融合的沉浸式体验，通过赋能景区、主题乐园、历史古城等主体，突破传统旅游"时"与"空"的局限，用户获得更有沉浸感、科技感、补偿感的体验。

元宇宙赋能虚拟演唱会。VR演出服务商Wave VR成立于2016年，为威肯、约翰·传奇和蒂娜雪·乔根森等明星成功举办虚拟演唱会，其中威肯虚拟演唱会共获得200万次浏览量、35万美元的周边慈善收益。

元宇宙赋能大型文艺演出。2022年春晚创意舞蹈《金面》利用了XR技术，将两位演员放到特定的虚拟空间中，首次采用了AI多模态动捕系统，使数字模型与演员能同步、高效、精准地完成动作表演，打造虚实交互的舞台视觉效果。

元宇宙赋能博物馆虚拟展览。湖南博物院利用AR、VR、三维影像制作等技术，在网上展厅策划了"闲来弄风雅——宋朝人慢生活镜像"专题，制作了360°全景线上虚拟展厅，全方位立体式呈现了80余件文物。

元宇宙赋能沉浸式旅游。大曲江文旅旗下的"大唐不夜城"宣布，将与太一集团联合打造全球首个基于唐朝历史文化背景的元宇宙项目——"大唐·开元"；并将利用NFT和区块链技术，打造一个有百万居民的古代长安城，为游客带来沉浸式旅游体验。

（四）金融元宇宙：构筑更高效的金融服务生态建设

金融行业在技术的推动下，不断发展优化，其发展过程如图4-8所示。将金融行业与元宇宙概念有机结合，通过底层技术支撑、前端应用设备等实现信息流及现金流的快速交换，在保障金融安全的前提下，嵌入场景应用为客户提供更加便捷的沉浸式金融服务体验。金融元宇宙时代是继PC金融、在线金融、互联网金融和金融技术时代之后的全新时代，对金融元宇宙的需求和渴望使2021年成为金融元宇宙爆发的元年。在金融业经历了互联网金融时代的消伪保真过程和金融科技时代的科技探索之后，银行、保险等金融机构渴望尝试，积极探索金融元宇宙的应用模式，为客户提供优质便捷的沉浸式金融服务体验。

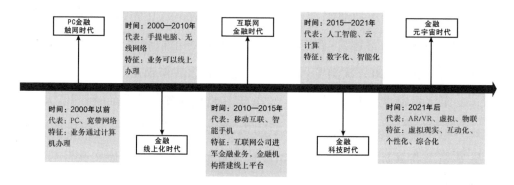

图4-8　金融行业发展历程

如何通过元宇宙为客户提供优质金融服务，促进数字金融市场发展？未来将有越来越多的金融机构加入进来，探索元宇宙背景下金融业务新模式，用数字化的方式重构全球金融基础设施，消除不必要的金融中介，让每个人都能低成本、高效率地使用数字金融服务，真正实现全球普惠。

保险＋元宇宙：充分发挥元宇宙沉浸感、科技感、补偿感的优势，在保险事前、事中、事后各环节及拓客、触点、产品、流程服务等各业务模块带来创新机遇,尤其发挥个性化沉浸式服务体验场景优势。保险元宇宙趋势和应用场景如图4-9所示,其相关案例如表4-4所示。

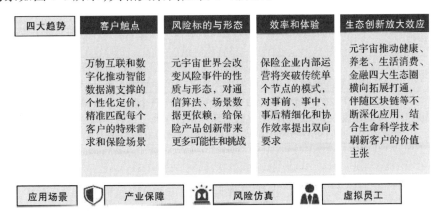

图4-9 保险元宇宙趋势和应用场景

表4-4 银行/券商元宇宙案例

机构	银行/券商元宇宙布局情况
浦发银行	2019年12月13日,浦发银行联手百度智能云打造首个数字人员工"小浦"
光大银行	2019年12月17日,光大银行推出虚拟银行员工"阳光小智"
敦信金融	2021年7月,官方宣布,国盛区块链研究院虚拟总部在虚拟平台Decentraland正式落成。内容包括交互式研究结果展示、虚拟报告厅、徽章领取等多项功能
国盛证券	2021年10月26日,敦信金融宣布,正式决定业务转型进入元宇宙领域并设立元宇宙事业部
招银金融	2021年11月12日,招银金融官方微信公众号发文称,正式进军元宇宙。将在普惠服务自动化、消费体验全真化、智能管家定制化3个方面进行布局
江南农商银行	2021年12月,江南农商银行与京东智能客服言犀共同合作推出VTM数字员工
百信银行	2021年12月30日,百信银行发布业内首个数字资产管理平台"百信银行小鲸喜"微信小程序,并推出首位虚拟数字员工AIYA艾雅
浙商银行	2022年1月11日,浙商银行成为中国移动通信联合会元宇宙产业委员会首批成员
微众银行	2022年1月25日,推出虎年数字藏品"福虎"
江苏银行	2022年1月,江苏银行宣布开始积极布局金融元宇宙
银联云闪付	2022年1月18日,银联云闪付上线"数字藏品"小程序并推出首批"中国文化"主题系列数字藏品

续　表

机构	银行/券商元宇宙布局情况
北京银行	2022年1月24日,北京银行推出以"小京"形象为基础的"京喜小京"数字藏品
农业银行	2022年1月27日,农业银行陕西省分行农行小豆Q版城市英雄系列数字藏品成功发行
中原银行	2022年4月28日消息,中原银行推出纪念版数字藏品"中原银行原小虎",在虎年生肖形象的基础上,融入中原地区传统文化和旅游元素,总发行量为2022个
邮储银行	2022年5月20日,邮储银行山东省分行与山东首个国有数字藏品交易服务平台"海豹数藏"达成战略合作,成为山东首家进军元宇宙数字藏品领域的银行。邮储银行山东省分行数字虚拟人AI品牌推荐官的发布也排上日程

中国人寿财险线上财宝节开启保险元宇宙大门,重磅推出15周年限量数字纪念藏品和数字家庭两大数字板块内容。

互联网保险公司泰康发布以旗下自有IP TKer为原型的数字藏品——"福虎开泰",这也是泰康在线发布的首例NFT艺术品。

水滴公司宣布启用首位基于"RPA+AI"等多重技术、结合业务场景创造的拟人化数字员工"帮帮",可以帮助线上保险服务人员进行信息处理与分析、线上运营、客户服务等一系列工作。目前它的定位接近于保险服务人员的"助理"或"智囊"角色。

银行+元宇宙:虚拟网点模式,就是客户和银行柜面人员通过VR设备以远程面对面的形式完成现有柜面业务的处理。双方戴上虚拟眼镜,可以沉浸式地办理业务,银行柜面人员可以360°无死角地核实银行客户的身份,打破空间限制,甚至提供24小时的全天候服务,满足客户的应急场景需要。2022年世界人工智能大会上,中国银行、工商银行、建设银行、中信银行等国有行和股份行纷纷展示了具有元宇宙元素的相关互动体验装置或数字员工。

券商+元宇宙:证券公司应抓住元宇宙发展所带来的创新机遇。

在投顾业务方面:(1)通过可视化应用场景,重构客户互动模式,可以为客户提供实时模拟看盘、研究观点透视等服务;通过线上线下数字孪生让客户能够快速掌握投资标的背后的产业链,梳理投资逻辑。(2)通过对客户身份、资产情况、背景等的精准识别与分析,定位其风险承受能力,定制专属投顾服务。

在投行业务方面:通过企业在元宇宙中的数字孪生,梳理上下游产业,节省现场尽职调查的成本与时间,大幅度提升工作效率,增强客户透明度,规避因尽职调查不充分、企业刻意隐瞒等而引发的风险。

在研究业务方面:因不受物理空间与时间的限制,对行业及企业的调研会更加清晰快捷。

"区块链+供应链金融"模式有效缓解了中小企业的融资困境。随着全球区块链基础设施建设规模的不断扩展、运行能力的不断增强,区块链技术不仅被应用于加密数字货币等场景,而且被应用实践于制造业、服务业等不同的领域。于是这些场景、领域涌现出数字藏品、数据流通、双碳交易、供应链金融、产品溯源等一批典型的去中心化多方信任应用模式。基于区块链的供应链物流体系如图4-10所示。

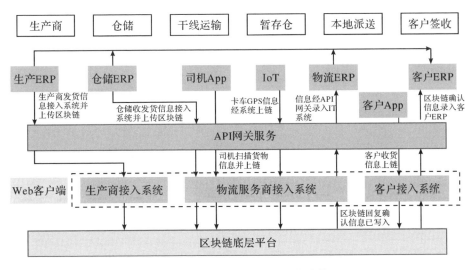

图4-10　基于区块链的供应链物流体系

区块链技术将极大地提升供应链物流的运营效率与协作能力。物流环节全局涉及人员较多，步骤繁杂，因而事故与错误率通常较高；基于区块链技术的供应链物流解决方案通过全流程数据上链、共享、反馈，实现信息透明、全程追踪的效能，利用区块链全局信息数字化、自动化的功能，可最大限度减少物流环节中的事故与错误，提升物流配送效率。传统供应链物流环节需使用大量人工填写的收货、发货纸质凭证（文件成本最高可达物流总成本的1/5），过程中面临凭证破损、丢失、错漏、造假等风险，而物流凭证上传区块链可推进物流环节数字化进程，具有真实可靠、便于共享的属性，同时将大幅降低企业后期对账成本。

区块链数据中台与金融云端平台为中小企业打造一体化的融资服务解决方案，如图4-11所示。区块链解决方案结合云计算、大数据技术，为中小企业融资提供信用背书与贷款产品精准推荐。（1）区块链数据中台将提供企业风险与反诈骗鉴定，筛除信用不佳的企业，将优质的中小企业引荐给金融机构，同时提供关联企业的信用、贸易信息作为佐证，最大限度为中小企业争取融资机会。（2）金融云端将在云计算、大数据技术的助力下分析中小企业资金需求，为其推荐最适合的贷款产品与金融机构。

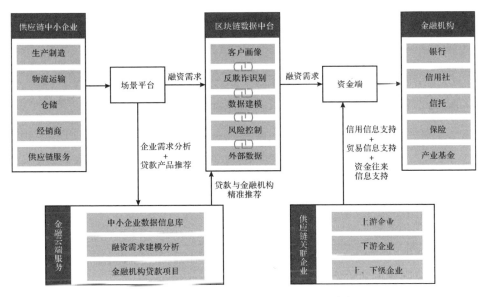

图4-11 区块链赋能供应链中小企业融资

(五)教育元宇宙:引领智慧教育新浪潮

教育元宇宙的虚拟与真实、线上与线下融合特征,将促进教学观念与模式的变革。教育元宇宙可理解为教师、学生、管理者等教育活动参与者创建数字身份,在虚拟世界中开拓正式和非正式教学场所,在虚拟教学场所进行互动。

教育元宇宙是利用VR、AR、MR、数字孪生、5G、人工智能、区块链等新兴信息技术塑造的虚实融合教育环境,是虚拟与现实全面交织、人类与机器全面联结、学校与社会全面互动的智慧教育环境高阶形态。教育元宇宙的应用场景及分类如表4-5所示,其整体结构如图4-12所示,而核心应用场景如表4-6所示。

表4-5　教育元宇宙的应用场景及分类

内容	线下教学	在线直播教学	元宇宙＋智慧教育
参与者身份	真人	真人	具有真实感、智能性的多虚拟化身
互动对象	限于同伴和教师	限于同伴和教师	同伴和教师的化身虚拟对象、虚拟场景
教学方式	以讲授式教学为主	讲授式教学	以情景化教学为主
学习空间	实体空间、真实场景	虚拟空间、真实场景	虚拟空间、虚拟场景
交互方式	以面对面交流为主	以线上视音频交联为主	以手势、肢体互动为主
教育资源	以多媒体资源和纸质资源为主,学习者无法与资源联动	以多媒体资源和纸质资源为主,学习者无法与资源联动	以模拟真实场景的虚拟资源为主,学习者可与资源联动

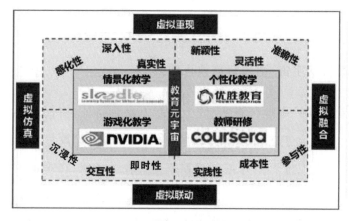

图4-12　教育元宇宙的整体结构

表4-6 教育元宇宙的核心应用场景

场景	定义	特点
情景化教学	可突破时间、空间等客观条件的限制,创设与教学内容高度关联的"身临其境"的虚拟情境	真实性:学生可佩戴VR终端进入教学情境 深入性:教师可通过虚拟化身隐身观察小组活动,及时了解学习进度和问题 感性化:在虚拟实验室探索规律,克服传统实验抽象的弊端
个性化教学	可使学习者从被动转向主动,学习者既是使用者,也是创造者、更新者、服务者和审核者	新颖性:学生是重要的创造者、更新者和审核者 灵活性:学生可在虚拟情境中选择不同的自主学习方式 准确性:教师可采集学生的全过程学习行为数据,使评价方式更多元、评价精度更高
游戏化教学	以学习为终极目标,以沉浸式游戏为主要手段,将知识、娱乐融为一体,实现寓教于乐的学习效果	沉浸性:高仿真的虚拟游戏世界,可带来更佳的沉浸式体验 交互性:游戏化学习的交互形式多样、对象多元、次数高频 即时性:学习者开展游戏化学习时,能够获得及时准确的反馈

北京师范大学"VR/AR＋教育"实验室研究团队从2009年开始致力于虚拟现实尤其是增强现实教育应用研究。其成果主要包括基于AR技术的教育类App,基于Kinect和Leap Motion体感识别技术的互动教育游戏,基于LBS的信息导览设计开发,STEM教育,等等。

SLOODLE是目前海外流行的开源三维虚拟学习平台。教学活动主要包括角色扮演和模拟、团队合作、事件展示、构建性活动(如创造新的3D对象并开发其属性),学习管理系统部分可对学生进行任务指导。

教育元宇宙中的VR/AR技术可帮助开展部分危险性高的实验、培训等。

(六)办公元宇宙:实现更大的自由度和生产力

办公元宇宙或在"元宇宙会议＋VR设备"加持下迅速发展。新冠疫情推动办公场景数字化,用户远程线上办公习惯已养成,元宇宙会议有望成为人类真正意义上驶入元宇宙世界的第一站,而消费级VR设备的普及是打开元宇宙世界大门的关键。元宇宙会议将成为办公元宇宙乃至整个元宇宙世界的切入口。不同于元宇宙游戏，元宇宙办公会议的需求更加刚性、广泛，且场景更加单一、明确，其实现难度与成本均更低，这也意味着广泛普及的时间节点更早。

办公元宇宙的未来形态如图4-13所示，主要体现在：（1）VR沉浸式办公场景可弥补传统远程会议软件在人际交互性上的缺失，提升办公效率；（2）全链路数字化将成为办公元宇宙的底层技术基础；（3）办公元宇宙为信息无障碍流动和组织自治提供可能性，企业可通过组织、业务的数字化，获得更高效的信息传递与更低的沟通成本，提升自身生产力与竞争力。Meta、微软、阿里巴巴和百度均已经或者即将推出各自的混合现实眼镜，如表4-7所示，这为办公元宇宙的实现提供了硬件支持。但由于VR设备的成本较高，企业端的投资力度不够，现阶段VR沉浸式办公场景的普及率较低。

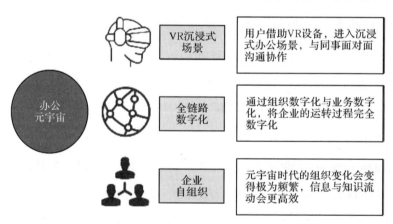

图4-13　办公元宇宙的未来形态

表4-7 头部企业在办公元宇宙领域的布局

企业	办公元宇宙布局情况
Meta	推出虚拟会议平台 Horizon Workrooms 2022年推出全新高端头显和XR眼镜设备
Microsoft	推出 Microsoft HoloLens 2混合现实眼镜 2022年推出虚拟会议平台 Mesh for Teams
阿里巴巴	钉钉将推出自带度数调节功能的AR眼镜 钉钉通过全链路数字化赋能远程办公
百度	推出希壤App,且成功在App内举办百度AI开发者大会,可支持10万人同屏

案例一:Horizon Workrooms 是 Horizon 社交平台中专门而向办公场景的应用,用户可以通过这项服务在VR环境中举行会议。Horizon Workrooms 还是 Facebook 为手势识别打造的第一个软件,也是首个向VR头显用户发布的利用其物理环境来增加功能的软件。

案例二:钉钉工作区(Workspace),是钉钉面向AR/VR办公推出的一套方案,开放了IM、会议、文档、审批等核心能力,为用户建立可多屏协作、隐私性高、便捷的移动数字化办公空间。

案例三:依托百度大脑在视觉、语音、自然语言理解领域的领先能力和百度智能云的强大算力,希壤App在国内率先实现了10万人同屏互动和"万人演唱会级"真实声效还原。

(七)军事元宇宙:优化军事装备数据体系,提升现代化作战水平

元宇宙中军事应用背景下的装备体系数据管理技术可提供合适的数据管理方案。元宇宙军事装备数据体系的去中心化和应用能力水平的极大提升,更好地保障了军事数据安全和数据资产管理的全程化。

针对军事数据资产上层模式设计单一,缺乏高效运转的数据管理体系,

以及数据间传输质量、规模、维度不够等问题，军事元宇宙在未来或将提供解决方案。其元宇宙装备管理体系结构如图4-14所示。

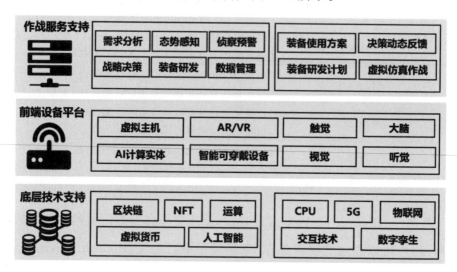

图4-14　元宇宙装备管理体系结构

在底层技术支持方面，基于区块链构建起一整套完善的数据应用空间，并利用数字孪生技术，进行数据资产融合管理、协作处理，形成军事元宇宙中数据资产管理体系。在前端设备平台及作战服务支持方面，通过虚拟现实、人工智能等手段实现仿真层面的演练系统和智能决策。例如利用VR、XR等设备建立接近真实的军事作战仿真场景，将军事装备体系数字孪生后，在其中进行模拟演练，然后根据得到的作战结果数据进行深度学习，不断完善军事决策方针，为合约的及时评估反馈机制提供基础。元宇宙军事数据空间映射关系如图4-15所示。

在基于数字孪生技术的数字空间中进行作战计划制订的优势如下：（1）为作战计划的制订提供更加优良的虚拟环境；（2）在各类特殊情势中增加推演算法进行提前模拟，进一步保障作战计划制订的置信度，推动军事作战计划制订从基础平台到数字体系的改革；（3）数字孪生能够动态观测军事装备体系使用状况，能够在作战计划实施时进行及时反馈，从而为作战人员提供动态战略指挥输出,提高作战人员任务执行能力。

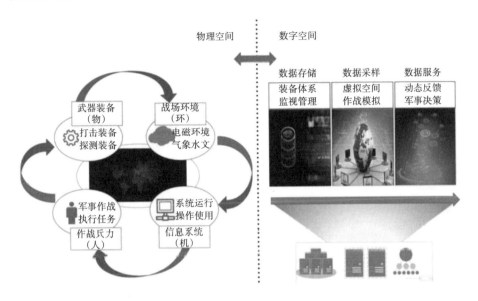

图4-15 元宇宙军事数据空间映射关系

(鲍晓宁、李微 河北传媒学院)

第五章　元宇宙文化产业业态发展现状

　　近年来,在文化强国战略的大背景下,文化产业日益成为我国国民经济的重要支柱性产业。随着文化市场的繁荣、科学技术的发展,各种新型文化产业业态不断涌现。尤其是在元宇宙成为全球炙手可热的新概念之后,文化产业各领域也积极拥抱元宇宙,逐步推动了众多文化产业细分领域的出现及发展。其中元宇宙游戏产业、元宇宙会展产业、元宇宙教育产业、元宇宙社交产业、元宇宙演艺产业、元宇宙文旅产业等发展较为迅速,不断推动我国文化产业迈向高质量、跨越式发展阶段。

第一节　元宇宙游戏产业

　　元宇宙游戏在元宇宙文化产业中占据着举足轻重的地位,随着众多游戏产业相关公司宣布进军元宇宙领域,无论业界、学界还是游戏玩家都对元宇宙游戏保持了较高的热情。本节将对元宇宙游戏产业的发展现状及趋势进行分析。

一、元宇宙游戏产业发展概述

（一）元宇宙游戏的定义

近年来，关于元宇宙游戏的相关研究报告、报道及学术文章并不鲜见，甚至众多自媒体也纷纷将目光投向元宇宙游戏领域。然而，关于元宇宙游戏相关概念的界定，目前并无具有普遍影响力的观点。2022年10月，著名咨询机构弗若斯特沙利文发布了《2022元界游戏发展洞察白皮书》，该报告将元宇宙游戏称作"元界游戏"，并将其界定为沙盒游戏衍生出的两类游戏，分别是：在开放世界游戏或UGC游戏中加入元宇宙概念要素的游戏，如社交、虚拟化身等；使用元宇宙相关技术的游戏，如区块链游戏等。2022年世界人工智能大会法治青年论坛征文获奖文章《论元宇宙游戏的隐私侵权及治理模式》对元宇宙游戏进行了如下界定："玩家运用虚拟现实设备与互联网进入三维沉浸式虚拟现实空间，达成独立于游戏之外的特定状态，在游戏过程中只用电脑游戏程序所允许的方法，游戏开发者构建规则而玩家在遵守该规则的前提下运用某种游戏技巧与元宇宙游戏中的人与物互动，达成游戏目标。"基于以上观点，本章所研究的元宇宙游戏主要包括《2022元界游戏发展洞察白皮书》中指出的两类游戏，即涵盖元宇宙概念要素的游戏及使用元宇宙相关技术的游戏。

（二）2022年元宇宙游戏产业重点事件梳理

2022年1月：微软宣布计划以687亿美元收购知名游戏公司动视暴雪。此收购计划创造了微软史上最大规模的一笔收购，同时也是游戏行业史上最大的一笔交易。

2022年2月：米哈游宣布成立全新元宇宙品牌HoYoverse。该品牌致力于为全球玩家创造和传递沉浸式虚拟世界体验。

2022年3月：亚洲首个元宇宙全生态联合体于日本成立。

2022年4月：我国知名游戏企业三七互娱于艺术元宇宙社区Meta彼岸正式推出了国内首家元宇宙游戏艺术馆1.0版本。

2022年5月：一名女性玩家在互联网上称在*Horizen worlds*游戏中遭到一名陌生男性虚拟人的"性侵"。该事件一度引起互联网上的轩然大波，同时也引起了相关人士对于元宇宙世界中法律问题的思考。

2022年6月：腾讯通过线上的形式举行了"SPARK 2022"腾讯游戏发布会，推出了40多款游戏和游戏内容。该场发布会通过直播＋云游戏的方式极大地提升了用户的体验感。

2022年7月：国内知名市场分析机构易观分析发布《游戏元宇宙发展趋势展望分析》。

2022年8月：全球知名数据分析公司Sensor Tower发布了《元宇宙概念下的移动游戏市场洞察》。

全球知名的数字文娱年度盛会China Joy于Meta CJ元宇宙数字世界线上开幕。这次China Joy展会是对元宇宙技术运用的一次具有历史意义的尝试，同时该展会也是全球第一个元空间展会。

2022年9月：2022年东京电玩展充满了元宇宙色彩，众多知名游戏公司均在现场推出了元宇宙空间，Meta Quest 2首次出现在该展会上。

2022年10月：全球知名咨询公司弗若斯特沙利文发布《2022元界游戏发展洞察白皮书》。

2022年11月：Epic游戏公司推出旨在促进建构元宇宙的虚拟引擎5.1。国内知名市场咨询机构艾瑞咨询发布了《2022年中国云游戏行业研究报告》。

2022年12月：2022卡塔尔世界杯期间中国移动推出了第一个以足球为题材的元宇宙互动观赛平台——星辰广场。该平台融合了游戏、体育、文旅等维度,球迷通过虚拟化身沉浸享受观赛、游戏、社交等活动。

首个元宇宙体验空间互动游戏《元宇宙跨次元集卡大作战》在上海国际消费电子技术展上推出。

美国联邦贸易委员会以3票赞成、1票反对的投票结果对微软收购动视暴雪的计划提起反垄断诉讼。

(三)元宇宙游戏产业发展驱动因素

1.科技发展为元宇宙游戏产业带来巨大的推动力

近年来,随着科技的飞速发展,游戏产业也得到了巨大的发展。科技的进步为游戏带来了更加真实的画面、更好的游戏体验和更多的游戏内容。5G技术相较于4G而言极大地降低了时延,通过VR、AR、MR和XR等沉浸式技术的应用,在硬件设备、接入端口、沉浸体验等方面进行了全方位的探索,为玩家提供了更好的游戏视觉体验,提供了与传统游戏截然不同的体验。区块链技术的发展为打造游戏世界的稳定经济系统提供了可能,加密技术给个体的虚拟财产提供了更多的安全保护,而在链游中,用户的价值观念也随之改变:从最初的满足变成基于经济基础的安全感。游戏的建模、动画、光影效果由游戏引擎来确定;从二维到三维,再到元宇宙,每一次的技术升级都使游戏品质不断提升,也让元宇宙游戏变得越来越有意义。从当前的发展阶段来看,元宇宙游戏尚处于发展初期。但随着元宇宙相关技术的不断成熟,元宇宙游戏的发展会有更多的可能。

2.政策加码促进并规范行业发展

2021年、2022年我国共计出台10项元宇宙游戏相关促进及规范政策。2021年文旅部在《"十四五"文化产业发展规划》中指出,要促进电子竞技与游戏文艺行业的融合发展,鼓励开发沉浸式娱乐体验产品。2022年1月,国务院印发的《"十四五"数字经济发展规划》中提到要发展互动视频、沉浸式视频、云游戏等新业态;同年3月份发布的《关于推动文化产业赋能乡村振兴的意见》强调要充分运用动漫、游戏、数字艺术等产业形态挖掘活化乡村优秀传统文化资源，打造独具当地特色的主题形象；同年7月发布的《商务部等27部门关于推进对外文化贸易高质量发展的意见》中提到聚焦推动文化传媒、网络游戏、动漫、创意设计等领域发展，扩大网络游戏审核试点。在亚洲的其他国家中，韩国政府也将元宇宙作为未来发展战略之一，不仅成立韩国元宇宙产业协会，而且在2021年发布的"数字新政2.0"中将元宇宙作为重点项目，并强调在元宇宙时代发展文化娱乐产业的重要性。受疫情影响，游戏产业成为欧洲文化创意产业的新增长点。2022年11月10日，欧洲议会以绝对多数的投票结果通过欧盟游戏法案，确立了游戏产业在欧洲经济发展中的重要地位。由此可见，在元宇宙时代，游戏产业的价值及潜力在全球范围内得到认可，诸多利好政策为元宇宙游戏产业发展提供了良好的政策环境。

3.资本加持助力元宇宙游戏产业加速发展

继2021年后，2022年资本市场对元宇宙相关产业的投资依旧火热。根据财联社创投通与IT桔子联合发布的《2022年全球元宇宙投融资报告》来看，全球元宇宙产业相关融资多达704笔，与2021年相比增长92笔，金额总计达到868.67亿元。其中元宇宙游戏产业成为元宇宙应用领域投资中的宠儿，相关融资事件134起，融资金额约312.69亿元。香港移动游戏开发商Animaoca Brands在2022年1月获得约3.59亿美元融资，该融资成为年度元宇宙游戏赛道中最大的一笔融资，并且该公司也成为2022年中国估值最高的独角兽企业。虽然2022年元宇宙游戏产业充满了各种各样的争议，成熟的元宇宙游戏也许还需要经过一段漫长的历程，但是资本市场对元宇宙游戏产业的热情无疑助推了其加速发展。

二、元宇宙游戏产业发展现状

(一)元宇宙游戏产业发展市场规模

目前众多市场机构对元宇宙及其在游戏领域的发展情况进行了预测。根据麦肯锡在2022年上半年发布的报告《元宇宙中的价值创造》,到2030年,元宇宙对游戏市场的影响将达到1080亿—1250亿美元。美国移动应用数据分析机构Sensor Tower在2022年8月发布了报告《元宇宙概念下的移动游戏市场洞察》:从全球来看,在2022年1—6月份,元宇宙相关应用下载量为1.7亿次,游戏应用下载量在其中占比为67.3%,共计约1.1亿次,2022年上半年全球元宇宙相关营收达6.5亿美元,其中94%的收入来自元宇宙游戏产业。报告显示游戏领域元宇宙相关App开发数量最多,达到107个。

从国内市场来看,摩根大通极度看好中国元宇宙游戏市场,并预计中国元宇宙游戏的市场规模将从440亿美元增长到1310亿美元。2022年10月,全球知名咨询公司弗若斯特沙利文在其发布的《2022元界游戏发展洞察白皮书》中指出,元宇宙元年,即2021年,中国元宇宙游戏市场虽处于起步阶段,但其市场规模已经达到790.7亿元,不可小觑。该报告对中国元宇宙游戏市场的未来发展持乐观态度,预计2021年之后的5年间,中国元宇宙游戏市场年复合增长率将达到40.4%。另外,社会科学文献出版社出版的《中国元宇宙发展报告(2022)》预测,未来5年,我国元宇宙市场将会突破2000亿元,主要集中体现在游戏娱乐及相关硬件等方面。

从以上众多机构的预测中可以看出,从全球或国内的发展情况来看,随着元宇宙游戏的不断发展,该市场规模会不断扩大。在当前及未来一段时间内,随着相关技术及设备的不断成熟及应用,元宇宙游戏市场即将步入发展的快车道。

（二）元宇宙游戏产业图谱

元宇宙游戏产业情况如图5-1所示。

图5-1　元宇宙游戏产业图谱

（三）元宇宙游戏产业应用场景

1.元宇宙游戏＋社交

尽管处于虚拟世界中,但是玩家对社交依然充满需求,这是由人类的社会本性所决定的。而游戏设计者则在游戏中通过设计社交元素以提升用户对游戏的黏性。游戏与社交天然具有高契合度。角川数字娱乐的高级顾问浜村弘一在2021年举行的一场关于网络游戏的研讨会中讲道:游戏元宇宙化的真正本质是一个不断膨大的在线用户社区。与此同时,被称为元宇宙第一股的罗布乐思在其招股说明书中提出了元宇宙的8个关键特征,其中就包括身份和朋友。元宇宙游戏如同现实社会的平行空间,每个人不可能单独脱离群体而存在。元宇宙游戏给玩家提供了更具有沉浸感与空间感的社交环境。目前,在流行的元宇宙游戏中大多需要执行各种各样的社交机制,以使玩家找到在元宇宙世界中最舒适的社交距离;玩家之间可以通过组队或邀请等方式在元宇宙游戏中聊天、游玩、共建社区、共同完成游戏任务。如《动物森友会》中,玩家可以决定是否和陌生人进行社交,也可以通过邀请的方式实现好友之间的互动,该游戏的社交机制尊重玩家社交意愿,进一步提升了玩家的社交体验。

2.元宇宙游戏＋演出

演出方式随着科技的发展在不断变化和进步,元宇宙游戏的发展为演出提供了全新的可能性,使许多原本不可能实现的演出成为现实。元宇宙游戏应用于演出场景最经典的案例无疑是美国说唱歌手特拉维斯·斯科特于2020年4月在《堡垒之夜》中举办的虚拟音乐演唱会Astronomical。这场演唱会通过极光、星空、光柱、烟花等极具视觉震撼力的元素给观众提供了一场前所未有的电音盛宴,创造了1230万玩家观众在线观看的纪录,打破了演唱会观众人数的历史。2021年8月,《堡垒之夜》又成功举办了Ariana Grande的演唱会。在这场演唱会中,浮动的岛屿、爆发的火山等游戏画面通过漂浮的水波纹球折射出来;在一座希腊风格的寺庙场景中,歌手骑着独角兽在空中飞翔,伴随着漂浮的巨大气泡,给观众营造出如梦如幻的观感。伴随着这股热潮,《我的世界》《迷你世界》等游戏均打造了一系列的虚拟演唱会。值得一提的是,2022年MTV音乐录音带大奖专门设置了"最佳元宇宙表演奖",并提名了多项在元宇宙游戏平台举办演唱会的歌手和团体,包括在《我的世界》中演出的K-POP团体BTS、在《堡垒之夜》中演出的Ariana Grande以及在PUBG Mobile中演出的Blackpink等。从目前来看,元宇宙游戏应用的演出场景主要包括依托动作捕捉实现的实时演出和利用程序实现的录播演出。随着各项底层技术的不断发展,相信元宇宙游戏世界中的演出方式及效果会进入一个全新的阶段。

3.元宇宙游戏＋教育

荷兰文化学家赫伊津哈曾提出："游戏比文化更加古老，人类文明不仅产生于游戏，而且它们就是游戏本身。"[①]传统的教育方式由于缺乏互动、趣味性不强等往往造成学习者被动学习，而游戏本身的属性则可以使学习者在趣味的引领下潜移默化地完成学习任务。元宇宙游戏赋能教育场景，则可以极大地提升学习者的学习体验。以亚马逊推出的元宇宙游戏 *Amazon Cloud Quest* 为例。在虚拟城市中，玩家通过虚拟化身完成一项项游戏任务并获取相应奖励。随着游戏人物完成任务，玩家也相应学习了亚马逊云科技服务的各种知识和技能，甚至还可以考取亚马逊云科技云计算从业人员的认证证书。知名的元宇宙游戏平台罗布乐思前身便是一款物理教学演示模拟软件，其在2022年11月发布消息称，将开发3款面向初中、高中和大学学生的教育类游戏产品。随着元宇宙游戏的不断发展和完善，其在教育当中的应用场景必然越来越丰富。正如复旦大学大数据研究院教授赵星所说："元宇宙的到来，可能是游戏行业之于中国社会达成重新和解的机会，让游戏行业重新回到常规行业状态，让游戏回归教育本质。"

4.其他应用场景

除了在社交、演出、教育中的各种应用场景，元宇宙游戏在旅游、房地产、艺术藏品、影视、会展、汽车、体育等多个行业中开展了不同程度的探索。以旅游为例，网易开发的《易水寒》游戏为众多玩家打造了元宇宙版稻城亚丁。该游戏通过实地取景，运用大量动作捕捉和3D拍摄技术，将稻城亚丁的经典场景以逼真的方式复刻到游戏当中。玩家不仅可以欣赏美景，还可以通过完成带有藏区文化属性的任务了解当地的风土人情及人文知识。除此之外，旅游公益游戏模式也是《易水寒》探索的方向，其将众多贫困地区未开发的自然风景创建到游戏中，不仅使玩家能够"云旅游"，而且还为扶贫做出了

[①] 约翰·赫伊津哈:《人:游戏者》,贵州人民出版社1998年版,第1页。

相应的贡献。未来,随着元宇宙游戏行业的不断发展,其应用场景也会更加完善和丰富。

三、元宇宙游戏产业发展趋势

（一）开放世界游戏有望成为元宇宙游戏家族的重要成员

开放世界游戏在探索虚拟世界的构建和体验方面持续改进,愈加接近元宇宙游戏的产品形态。从2020年起,开放世界游戏频频出现在全球游戏市场中,并且总能成为游戏行业关注的焦点。从开放世界游戏的热度来看,似乎全球游戏行业即将进入一个以开放世界游戏为主导的新时代。开放世界游戏中玩家需要在虚拟世界扮演某种身份进行活动,身份即是玩家获得体验的入口。也许在不久的将来,身份也会成为数字资产的载体。游戏的社交属性在众多开放世界游戏中也有所体现。相较于较早的《原神》而言,《幻塔》的社交属性更强。玩家在初期就可以与多名玩家合作完成任务,并且有更多的偶遇可能;还具备聊天功能,玩家之间可以更好地分享交流;同时在《幻塔》中玩家与其他人结伴游玩会使游戏流程变得更加顺畅。另外,开放世界游戏明显的优势在于高自由度,玩家可以根据自己的需求享受游戏的推进过程,非线性的故事及更少的游戏限制给玩家更自由的体验。以目前关注度较高的《易水寒》为例,出色的画面表现、烟火气十足的社会百态、丰富的自然人文景观、多样的身份选择及植入人工智能的NPC等为玩家打造了一个高度真实的武侠江湖。因此,虽然在沉浸感、经济系统等方面离成熟的元宇宙游戏还有一段距离,但从开放世界游戏发展的特点及路径来看,《易水寒》有望成为元宇宙游戏家族中的重要成员。

（二）多元化的新兴入口有助于推动元宇宙游戏的进一步发展

从目前主流元宇宙游戏的入口来看，呈现一个明显特点，即高度依赖手机入口。从未来发展的趋势来看，由于受到相关技术及硬件设备的制约，一段时间内，手机仍然是元宇宙游戏的主要入口。然而随着众多新兴智能终端的出现及发展，元宇宙的场景入口将变得更加多样化。根据易观分析对游戏开发者的调研：有24%的游戏开发者表示未来有兴趣选择VR/AR进行游戏开发，XR也同样受到游戏开发者的关注。从VR/AR设备的市场表现来看，VR/AR设备市场经历了2020年、2021年连续2年的增长，2022年受到经济下行及厂商提价等影响，出货量出现了下滑；未来预计恢复增长，并在一段时间内呈现持续增长30%以上的态势；2026年出货量将达到3510万台。除此以外，智能车载系统、电视大屏等也有望丰富元宇宙游戏的场景入口。据报道，目前英伟达已与比亚迪、现代、起亚等汽车品牌达成合作，将旗下云游戏服务GeForce NOW登录智能车载终端，玩家可以通过手柄与汽车浏览器配对游玩。目前主要应用于医学领域的脑机接口被认为是元宇宙的下一代入口。虽然可能在短期内还无法实现更多的场景，但在不久的将来玩家定能真正无缝畅游元宇宙游戏世界。

（三）元宇宙游戏质量将成为未来游戏设计的重点

游戏的内容设计、视觉效果是提高玩家黏性的重要因素。纵观目前热门的元宇宙游戏，很多游戏质量都不尽如人意。在一些游戏玩家看来，现在的元宇宙游戏与《头号玩家》中的绿洲相差甚远，甚至有些游戏就像20世纪90年代的作品，比较粗糙。微软Xbox CEO菲尔·斯宾塞在接受采访时也将元宇宙游戏描述为"制作粗劣的电子游戏"。另外，目前元宇宙游戏产业发展中优质内容比较稀缺。以罗布乐思为例，虽然在平台上有数以万计的游戏，但是许多受欢迎的作品都是对经典游戏的低质量模仿，这也使得罗布乐思用户年龄层次无法拓宽。目前该平台用户主要以 16 岁以下的青少年为主。Sandbox 的联合创始人塞巴斯蒂安·博尔格特在第七届万向区块链全球峰会上表示，虽然 Sandbox 是一款区块链游戏，但从根本上来说，Sandbox 的发展方向将更关注内容本身，而不是 NFT。Sandbox 将通过大量技术人员帮助创建多种不同类型的新内容，持续推动优质游戏内容及沉浸式游戏环境提升客户体验。另外，Sandbox 也会进一步提升 GameMaker 性能，完善其他软件工具，使游戏玩家获得更好的游戏创作体验，以此提升玩家的参与感，使玩家体验边玩边赚钱的畅快效果。由此看出，未来一段时间，元宇宙游戏质量还有较大的提升空间，或许对于众多开发企业来说，如何提升游戏质量将成为企业未来需要重点关注的问题。

第二节　元宇宙会展产业

用户滑动鼠标，就能化身成数字人步入 3D 展厅逛展，用户点击展品，还能使展品旋转，了解每一个细节。元宇宙会展正在受到越来越多人的青睐。元宇宙会展之所以能够被行业接受并普及，一方面是因为其能够打破空间限制，用户无论身在何处，都可以立即光临企业的虚拟展台，参加在线研讨会，实时互动；另一方面是因为其基于 5G 通信基础和网络算力等技术，能够充分调动观众的参与感，增强线上办展的互动展示效果。

一、元宇宙会展产业概述

随着技术的改善，元宇宙开始从概念探索转向实质性的产业探索，国内外互联网企业纷纷参与元宇宙领域的投融资，会展业元宇宙的理想化场景落地也在逐步实现。资本的投入使会展产业的新技术开发更为有利。数字孪生场馆、VR虚拟环境、人工智能管理和区块链技术等的开发都为元宇宙会展产业的发展提供了技术支撑。

（一）元宇宙会展产业的内涵

在会展行业，随着线上与线下相结合的虚实融合会展的不断深化，元宇宙已经成为会展产业内涵和外延的一部分。如果说广义的元宇宙是虚实相结合的以数字化和技术为支撑的人类生产、生活、工作、娱乐的活动，那么元宇宙会展产业则是元宇宙在会展领域的垂直应用，或者说是会展场景在元宇宙中的虚拟呈现。元宇宙会展产业一般是将元宇宙理念和技术应用在会展产业中，提供新的营销和体验场景。广义的元宇宙会展产业还包括在元宇宙中举办的娱乐、节庆、赛事等活动。

元宇宙会展产业的核心是以数据技术为驱动，构建虚拟开放平台，通过改变供需双方的交流方式，高效利用资源实现成本的节约，进而创新会展产业服务模式。元宇宙会展产业最大的价值在于通过各种虚拟技术的集合应用，突破时空局限，达到营销等目的。元宇宙带来的虚拟技术集合，不仅能激发观众兴趣、增强线下展会的展示效果，而且可以增强线上参与的沉浸感，让线上会议无限接近真实交流场景。数字孪生场馆、动作捕捉、特效实时渲染、声学仿真等技术的应用提供了虚实结合的元宇宙会展新体验，也为会展产业挖掘新的内容价值提供了契机。

（二）数字会展产业发展历程

会展的本质是信息交流的媒介和载体。数字信息技术的发展就是为了人们能够更好地了解信息，掌握资源，实现信息与资源的共享。二者从一开始就注定了密不可分的关系，会展的发展离不开数字信息技术的支持。

1.数字会展1.0时代

20世纪90年代中期以来，国内陆续有会展开展信息化运作和宣传。当时的会展信息统计和管理以现场观众登记为主,填写的是纸质的表单,用FoxPro 等单机版本的数据库做登记处理。20世纪90年代后期网上登记逐步开展起来。2002年,会展业出现了由独立的第三方提供的登记、门禁和现场数据处理等服务。会展信息的网络发布与宣传主要是靠文字图片的电子会刊。总的来说,这一时期的数字会展产业整体发展比较缓慢,参展商管理和观众的数据分析才刚起步,会展的网络宣传和数字展示形式较为局限。

2. 数字会展 2.0 时代

网络信息技术的快速发展和移动互联网的普及使会展数字化速度加快。随着 2008 年 iPhone 3、2011 年微信的推出,特别是 2013 年微信服务号的推出,微信扫一扫和内嵌 H5 的特性极大地推动了展览信息化迈向移动化的步伐。数字展示也加入了短视频和实时交互、电子商务的在线逛展模式,这个时期的数字会展展览形式更加生动。

3. 数字会展 3.0 时代

随着网络带宽、数据处理等的技术提升,网络视讯技术得到了快速发展,从而带动了视频会议和直播行业的兴盛。视频会议的出现不但提升了企业沟通效率,还大大减少了企业的成本。而且随着用户数量的迅速攀升,其市场规模也在不断扩大。自媒体的迅速发展带动了会展直播的发展,会展直播让会议会展为社会各行各业传播信息更加迅速,深受会展客户的青睐。这个时期的数字会展形式更加多样、内容更加鲜活。

4. 数字会展 4.0 时代

伴随着人工智能、大数据、物联网、云计算等技术的不断迭代,会展业信息化基础设施更加完善,步入万物互联的会展数字化时代。4.0 时代的到来提升了虚拟游戏化沉浸式体验等。4.0 时代正是元宇宙会展的雏形。元宇宙会展实现了展商将产品和服务在线直播,用户在线试玩、互动,从开幕到颁奖 24 小时随时"云"在线,提高了参展效率。

二、元宇宙会展产业发展现状

2020—2022年,受疫情影响,线下活动均处于收缩的状态,线下会展也遭受疫情重创。疫情对展览业造成了严重冲击,无论是发达经济体还是发展中经济体,基本都没有恢复举办线下展会。

在此情况下,元宇宙会展应运而生,会展界已经被"线上、云端、数字化"席卷。目前已有很多活动包括一些全球顶级的学术会议都引进了元宇宙。据不完全统计,2021年中国境内线上展总计举办714场,比2020年增加了86场,增幅达13.69%,其中同期举办境内线下展的展览总数达到623场,比2020年增加了114场,增幅达22.40%。另外,91场线上展则单独举行,比2020年减少了28场,降幅达23.53%,占2021年中国境内线上展总数的18.95%。其中广交会、进博会、服贸会等国家级展览皆为线下与线上相结合的办展模式。

(一)元宇宙帮助数字展览新模式走向成熟

元宇宙作为线上线下融合的创新形式,已经逐渐渗透到文化产业的各个领域,"元宇宙＋会展"备受人们期待。国际展览业协会(UFI)发布的第二版《行业合作伙伴基准调查报告》显示,66%的受访者在未来会展活动中对虚拟现实的应用有很高需求。[1] 2021年被称为展览行业元宇宙元年。国际展览业协会发布的《全球展览行业晴雨表》显示,全球58%的行业受访者在现有的展览产品中增加了数字服务。目前线下展览正在加速向数字化转变,相关企业也在积极寻找线下展览的替代模式,借助数字展览融合线上线下,助力外贸企业抢抓机遇、开拓市场。

---

[1]《UFI最新报告显示:66%的受访者在未来会展活动中对虚拟现实的应用有很高需求》,2021年12月21日,https://exhibition.ccpit.org/articles/274,2023年2月18日。

展览产业链的上下游企业通过发展与应用数字技术,实现多领域的加速突破,不断涌现出各种基于数字技术的新商业、新模式、新业态,促进展览产业和展览企业的数字化转型。微博、QQ、微信、抖音等互联网应用场景的发展日新月异,加速向数字化迁移。与此同时,大量碎片化的应用系统使展览行业数字化发展面临新挑战,如营销渠道的割裂、信息化系统的割裂、场景覆盖和用户画像能力不足等。多重挑战之下,展览行业的数字化成为必然。

(二)互联网巨头积极布局元宇宙会展领域

展览行业数字化的不断推进也吸引了互联网巨头的加入,腾讯、阿里、京东等互联网巨头纷纷牵手国内领先的展览集团,布局以云计算、云技术为特征的会展元宇宙业务。

2021年中展集团与腾讯签署战略合作协议,共同打造国家级线上平台,助力各地智慧场馆建设。腾讯集团副总裁曾佳欣表示,在展览领域,腾讯定位于数字化助手,为行业提供线上和线下融合的数字解决方案。同时,以数字化智能手段丰富参展、观展的方式,促进各方的沟通交流,提供全面的数字化营销推广手段,打造新型数字展览。

2021年首都会展(集团)有限公司引入多家战略投资者,其中包括京东科技。同年8月举行的2021线上(中国)亚欧商品贸易博览会首次采用线上办会方式,并开展为期一年的线上展览。借助京东科技"会展云"产品打造数字平台,突破时间、空间、语言的限制,为中外客商搭建起高效畅通的云上交流合作新通道。

2020年阿里巴巴与上海市国际展览有限公司成立了云上会展有限公司,双方共同在上海建设"云展平台"。阿里巴巴在数字新基建领域利用核心技术优势,建设覆盖各行各业的云上会展第一平台,用数字化方式促进全球贸易。

（三）企业积极探索元宇宙会展服务体系

从体系化服务来看，目前云会展解决方案的需求覆盖能力还处在起步阶段。线上展会搭建所需的云计算、网络保障、直播系统和服务、展会邀约、参展数据管理、展会门户定制开发等领域的服务商已经启动联合，但会展策划、展览搭建、内容创作、媒体通路等服务商尚未大规模启动联合。虽然未形成大规模联合平台，但会展相关企业也在积极探索元宇宙会展的服务体系。

2020年网易发布了线上会展系统"网易瑶台"。网易瑶台是网易伏羲旗下沉浸式活动系统，通过复刻线下真实会议场景、表情实时迁移等技术，打破传统视频会议模式，带给用户更具科技感的沉浸式活动体验。

2022年中国国际进口博览会上，米奥会展以数字会展为主题，力求突破空间壁垒，实现人与人直接沟通，人与场无障碍体验，全方位展示数字会展、数字研究院、外贸数智大脑、元宇宙等领域的应用实践。

2022年8月19日，百度希壤在北京正式发布会展元宇宙解决方案，推出一站式的元宇宙会议、展览服务，能实现3天定制、1天办展的便捷元宇宙办展体验。百度希壤已经为汽车、营销、文化、艺术、科技等各领域数十家品牌企业提供一站式元宇宙服务，未来还将在泛娱乐、金融等领域继续打造更多的元宇宙会展案例。

（四）政策鼓励元宇宙会展产业发展

近年来，我国工业和信息化部、国务院办公厅等部门出台元宇宙相关行业的政策规划，促进元宇宙产业的发展。政策的要点在加快元宇宙相关技术发展，如区块链技术、虚拟技术。"十四五"期间，我国元宇宙产业化政策持续加码。"十四五"规划中首次提及元宇宙，提出要进一步加强元宇宙底层核心技术基础能力的前瞻研发，为元宇宙会展产业的发展提供了政策支持。

2022年1月25日，国务院印发的《"十四五"数字经济发展规划》中指出，创新发展"云生活"服务,深化人工智能、虚拟现实、8K高清视频等技术的融合,拓展社交、购物、娱乐、展览等领域的应用,促进生活消费品质升级。加快推动文化教育、会展旅游、体育健身等领域公共服务资源数字化供给和网络化服务,促进优质资源共享复用。元宇宙会展是数字科技的集成。随着数字经济产业产值和技术的大幅提升,元宇宙会展产业也将迎来快速发展阶段。

2022年5月26日,国务院办公厅发布的《关于推动外贸保稳提质的意见》中指出,加快中国进出口商品交易会(广交会)等展会的数字化、智能化建设,加强与跨境电商平台等的联动互促,积极应用VR、AR、大数据等技术,优化云上展厅、虚拟展台等展览新模式,智能对接供采,便利企业成交。

2022年10月28日,工业和信息化部、教育部、文化和旅游部等5部门联合印发的《虚拟现实与行业应用融合发展行动计划(2022—2026年)》中指出,在大型会展、视频会议、远程办公、智慧商圈等领域,落地推广一批虚拟现实技术支撑的典型案例,发展线上线下同步互动、有机融合的商贸活动体验新模式,打造商贸新场景、新业务。

在国家各项政策的推动下,各地纷纷出台相关政策,鼓励会展行业的数字化发展。广东出台《广东省推动会展业高质量发展的若干措施》,提出鼓励会展模式创新,运用5G、VR、AR、大数据等现代信息技术手段,积极打造线上展会平台,开展云推广、云对接、云洽谈、云签约等活动,推进展会业态创新。推动传统展会项目数字化转型,促进展会线上线下融合发展,不断创新会展业发展模式。《江西省会展业"十四五"发展规划》中也提出,加大互联网平台和数字化技术应用,提供线上注册、电子签到、在线展示等一站式智慧化服务,优化参展商和专业观众的线上线下参展体验,提高展会供需双方交易合作匹配度,提升展会实效。2022年12月,成都市出台《成都市元宇宙产业发展行动方案(2022—2025年)》,提出共创"元会展"场景。支持举办沉浸式元宇宙会展,搭建云展示中心、云活动中心、云会场,推广数字虚拟主持人、全息投影演讲、人工智能客服、智能同声传译等技术的应用,丰富云体验、云展览、云交易、云推介、云洽谈一站式云服务,塑造运维本地化、场景本土化、内容特色化的"成都味"元宇宙会展品牌。

三、元宇宙会展产业发展趋势

全球展览行业当前正处在创新升级的关键时期。新一轮科技革命和产业变革为展览行业的创新发展提供了新路径。会展产业将顺应数字化、网络化、智能化发展趋势,打造更多线上线下相融合、全方位、立体化的新型展览,不断创新管理模式、服务模式、运营模式,提升展览展示、对接洽谈效果,推动行业危中寻机,化危为机,实现高质量发展。

(一)展会形式将不断突破

展会在元宇宙中的展现形式将趋于多样化,突破了空间与时间的限制,借助便捷的多维沟通平台,能够打破物理会展的时空局限,聚集有相同兴趣和目的的参展者、观展者,使主题展示、会议、活动、论坛都变得更为便捷,实现"永不落幕"的展览,甚至能与与会嘉宾进行持续互动,展会影响范围也将不断扩大。展会在形式上将有较大的改变,不再拘泥于展台与会场,将会嵌入某些宏大场景中以虚拟互动形成游戏化、场景化的体验,并可通过技术链接至多个场景进行互动。

(二)应用场景不断扩展

虚拟云会场、数字虚拟主持人、AR特效、全息投影演讲、智能同声传译技术的应用,为元宇宙会展创造了更多的创新应用场景,能够极大地拓展和丰富参与者的体验。参与者通过网页链接进行账号注册后,仅需十几秒即可进入元宇宙展会,还可以选择数字分身,进入自己感兴趣的会场。在元宇宙会场里面,不仅私密性更高,而且互动性更强,展会可以如实地模拟真正的线下场景，创造更加新颖的体验。

2022年服贸会中设置了元宇宙体验馆，分为元宇宙发布馆——元宇宙全球现场、沉浸式体验馆——文明折叠、元宇宙游戏馆——盗梦空间、元宇宙产业生态馆四部分，首次全方位展示了"底层技术—共性能力—应用系统—场景建设"四层元宇宙完整技术体系。其中元宇宙产业生态馆应用元宇宙技术，全面呈现北京经开区建设30年所取得的重大突破和发展成果，围绕北京经开区产业体系、营商环境、产城融合等方面，搭建体现经开区特色的示范场景。

元宇宙会展应用场景不仅体现在展会上，也扩展到了办公场馆。2007年，马尔代夫在视频游戏《第二人生》中设立了外交办公室，此后塞尔维亚、北马其顿、马耳他、以色列、瑞典、菲律宾、哥伦比亚等国家纷纷效仿，开设虚拟大使馆。2021年8月，巴巴多斯外交部与全球最大的数字平台之一Decentraland公司签署协议，将在该公司的元宇宙平台设立大使馆，旨在为该国的技术、文化和外交打开大门。同时，巴巴多斯政府也在考虑与Super World和Somnium Space等其他元宇宙平台达成协议的可能性。

（三）虚实结合更趋真实

5G为元宇宙会展提供了通信基础和网络算力。未来随着元宇宙技术的不断迭代升级，元宇宙会展将会更趋真实。未来参会者可以有更丰富的定制个人形象，可以用设备通过眼、耳、鼻、舌、身、意更真实地感受虚拟世界，也可以使用区块链技术等进行在线交易。元宇宙会展产业将继续深化现实与虚拟的相互融合，迈向亦虚亦实的元宇宙会展新时代。

第三节　元宇宙教育产业

从全球范围来看，教育是一个广受关注的话题，尤其是当新兴技术出现并应用于教育时，总能引发学界和业界的极大兴趣。近两年，关于元宇宙教育的相关讨论议题逐渐成为热门话题。本节将对元宇宙教育产业的发展现状及趋势进行分析。

一、元宇宙教育产业概述

（一）元宇宙教育的定义

虽然元宇宙教育是一个新兴的研究领域，但国内外学者已从多个角度对其进行了阐述。虽然尚未达成统一的共识，但通过对国内外元宇宙教育相关概念的梳理可以发现，关于元宇宙教育的相关概念界定主要集中在以下几个方面：教育技术、教育环境、教学主体、教育资源、教学方式等。教育技术即教育中应用的相关元宇宙技术；教学环境的新特征主要是指虚实融合、开放协同；教学主体主要包括自然人、虚拟化身数字人及机器人；教育资源趋于多样化及共享化；教学方式更具沉浸感、获得感、个性化、智慧化、乐趣化、强互动等特点。基于此，本节将就元宇宙技术在教育环境、教学主体、教育资源及教学方式等方面的应用探索进行分析。

（二）2022年元宇宙教育产业重点事件梳理

2022年1月：2022年首届元宇宙教育前沿峰会在线上举办。

2022年2月：沉浸式学习体验项目 Invact Metaversity 获 3300 万美元

融资。

2022年3月：VR英语教育平台Immerse获10亿日元B轮融资。

2022年4月：清华大学新闻与传播学院成立元宇宙文化实验室。

2022年7月：香港科技大学宣布将筹建全球第一个数字孪生校园——MetaHKUST。

2022年8月：2022年第二届元宇宙教育前沿峰会在北京召开，并发布了全国首份《元宇宙教育共识》。

2022年9月：南京信息工程大学设立全国首个元宇宙院系——元宇宙工程系。Meta和VictoryXR合作开展元宇宙教育项目，项目投资约1.5亿美元，打造且开放了包括马里兰大学全球校园等10个元宇宙虚拟校园。北京理工大学推出"挑战杯·元宇宙"大型沉浸式元宇宙空间。

2022年10月：南开大学推出国内首个元宇宙新闻与传播学院。西北大学正式推出元宇宙校园。

2022年10月：工业和信息化部、教育部、文化和旅游部等5部门联合印发《虚拟现实与行业应用融合发展行动计划（2022—2026年）》，明确提出支持学校建设虚拟现实课堂、实验室等。多伦多大学试点项目使用VR模拟帮助新移民学习英语。上海市静安区国家区块链创新应用试点教育场景建设启动。

2022年12月：海军军医大学发布首个自主构建的"军事医学教育元宇宙平台"。中图集团发布国内首个阅读元宇宙——图壤。

（三）元宇宙教育产业的发展背景

1.新兴科技成为元宇宙教育产业发展的根本推动力

从教育发展历程来看，每一次科技的进步都会对教育的变革产生重大的推动作用。元宇宙相关新兴技术诸如虚拟现实、人工智能、数字孪生等将有助于推动教育发生革命性的变化。以历史学习为例，传统的方式是通过书本、图片、音视频等形式进行学习，而通过虚拟现实、人工智能等技术，学生可以使用虚拟化身的形式在元宇宙世界中穿行，在元宇宙世界的古代街头，学生可以体会当时的人文风俗，甚至可以和李白饮酒对诗，这可以大大提升学习的沉浸感和趣味性。在实践教学中，如手术模拟、汽车拆装、化工实验等领域，虚拟仿真技术不仅可以降低教育成本、减少实验损耗，还可以保障实践教学的安全性。由此可见，元宇宙相关技术为教育提供了更多的互动策略、更真实的模拟场景，提高了教育的效率，增强了教育的效果，为教育产业的发展提供了巨大的推动力。

2. 政策助益营造元宇宙教育产业良好的发展环境

从世界范围内看，虽然各国对元宇宙概念的态度不尽相同，但从各国目前已经出台的相应政策来看，教育元宇宙是一个值得关注的议题。2022年1月，韩国政府公布的《元宇宙新产业领先战略》显示，教育产业被列为韩国元宇宙产业发展的重点领域。韩国将创办元宇宙学院，致力于培养元宇宙高级复合型人才，并拟于6年内投入55亿韩元，鼓励大学创办元宇宙技术融合型研究生院。从国内来看，从中央到地方均有针对元宇宙教育产业发展的相关促进政策。2022年10月，工业和信息化部、教育部、文化和旅游部等5部门联合印发《虚拟现实与行业应用融合发展行动计划（2022—2026年）》，将教育培训列为重点应用领域之一。北京市发布的《北京城市副中心元宇宙创新发展行动计划（2022—2024年）》将"元宇宙＋教育"作为四大重点发展的应用场景之一。上海市发布的《上海市培育"元宇宙"新赛道行动方案（2022—2025年）》中提到，在教育领域，重点打造数字孪生学校，加强虚拟课堂建设，培育新型教学产品，赋能职业技能培训。由此可见，众多利好政策有助于元宇宙教育产业步入快速发展阶段。

3. 新冠疫情加速了元宇宙教育产业的发展

新冠疫情对教育方式的变革起到了变相加速器的作用。线下教育无法开展时，线上教学便成为疫情期间的主要选择。然而，传统线上教学的弊端不断显现:学生无法与老师面对面交流,很容易出现理解上的困难;线上教学相对单调,容易使学生感到厌烦;部分实习实践课程无法开展,教学效果大打折扣;等等。这些均引起了教育界的深度思考,进而推动了一系列实践探索。利用元宇宙相关技术赋能教育产业的变革,无疑成为教育变革的重要趋势,也为教育产业的未来带来了更多的可能性。

二、元宇宙教育产业发展现状

(一)元宇宙教育产业市场规模

教育产业涵盖了教育领域的所有经济活动,包括教育资源、教育产品和服务的生产、销售、消费、研究和开发等经济活动。The Business Research Company 发布的《2022—2026 年全球智慧教育市场报告》显示,全球智慧教育市场规模在 2022 年达到 1414.3 亿美元,预计 2026 年全球智慧教育市场规模将达到 2639.4 亿美元,年复合增长率约为 16.8%。中商产业研究院《2022 年中国教育行业市场规模及发展前景预测分析(图)》显示,2016—2021 年,中国教育产业的市场规模由 2 万亿美元增长至 3.7 万亿美元,据预测,中国教育产业市场规模在 2022 年将达到 4 万亿美元。①元宇宙教育产业方面,麦肯锡发布的《元宇宙中的价值创造——虚拟世界的真生意》报告预测,到 2030 年元宇宙对虚拟学习市场的影响可达 1800 亿—2700 亿美元。虽然元宇宙教育产业尚处于起步阶段,但随着各项政策的落实和相关技术的进一步落地及应用,元宇宙教育产业的市场增长值得期待。

---

① 中商产业研究院:《2022 年中国教育行业市场规模及发展前景预测分析(图)》,2022
年 8 月 19 日,https://www.askci.com/news/chanye/20220819/1032361961276.shtml,2023 年 3
月 3 日。

（二）元宇宙教育产业链

元宇宙教育产业链情况如图5-2所示。

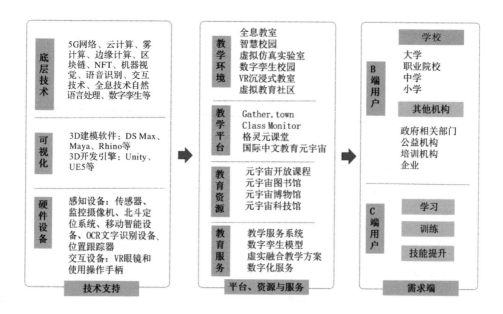

底层技术	5G网络、云计算、雾计算、边缘计算、区块链、NFT、机器视觉、语音识别、交互技术、全息技术自然语言处理、数字孪生等
可视化	3D建模软件：DS Max、Maya、Rhino等 3D开发引擎：Unity、UE5等
硬件设备	感知设备：传感器、监控摄像机、北斗定位系统、移动智能设备、OCR文字识别设备、位置跟踪器 交互设备：VR眼镜和使用操作手柄

技术支持

教学环境	全息教室 智慧校园 虚拟仿真实验室 数字孪生校园 VR沉浸式教室 虚拟教育社区
教学平台	Gather.town Class Monitor 格灵元课堂 国际中文教育元宇宙
教育资源	元宇宙开放课程 元宇宙图书馆 元宇宙博物馆 元宇宙科技馆
教育服务	教学服务系统 数字孪生模型 虚实融合教学方案 数字化服务

平台、资源与服务

B端用户	学校 大学 职业院校 中学 小学 其他机构 政府相关部门 公益机构 培训机构 企业
C端用户	学习 训练 技能提升

需求端

图5-2 元宇宙教育产业链

（三）元宇宙教育产业应用场景

1.数字孪生校园

数字孪生校园是以现实校园为物理基础,通过数字化技术对教学内容、文献资料等教学资源进行改造,在元宇宙世界中对现实校园进行虚拟重现,这是一种新型的教学场域和虚拟的学习空间。目前,国内外一些高校已有积极的探索和尝试。自新冠疫情暴发以来,美国已有多所高校在数字孪生校园上进行了实践。以莫尔豪斯学院为例,在高通和VictoryXR帮助下,2021年上半年其开始了数字孪生校园的实践,首期开设了生物学、无机化学和世界历史的虚拟现实课程,并向学生免费提供VR头显。随后,菲斯克大学也在数字孪生校园上进行了建设,其中利用率最高的是数字孪生校园中的人体解剖实验室。目前,VictoryXR 作为致力于为学校提供 VR 沉浸式教室和校园的重要服务商,已与美国多所高校建立了数字孪生校园建设方面的合作。国内方面,香港科技大学于2022年7月对外宣布将筹建全球第一个数字孪生校园——MetaHKUST,该数字孪生校园不仅为学生提供沉浸式的学习体验,还将借助 NFT 技术为学生发放加密成绩单、颁发加密文凭等,同时还可以促进香港校区和广州校区之间的联动。西北大学于2022年6月正式上线了元宇宙校园,通过对实景校园1:1复刻,将西北大学呈现在元宇宙校园中。总体来看,数字孪生校园的探索在全球尚处于初级阶段,但随着数字经济的发展、数字孪生技术的广泛应用,数字孪生校园在未来将会极大地改变教学模式、教学组织管理等,对未来教育事业的发展变革势必产生深刻影响。

2. 虚拟仿真教学

虚拟仿真实验室是一种基于3D建模、云计算、多媒体、VR 等前沿技术构建的开放式网络化虚拟实验教学系统。不同于传统实验室,虚拟仿真实验室具有环境设计灵活、实验操作不受时空限制、互动性强、安全性高等特点。目前,国外高校已开展了较多的探索与实践,如斯坦福大学商学院的金融投资虚拟实验平台、密歇根州立大学的供应链管理虚拟仿真实验平台、哈佛医学院医疗虚拟仿真教学中心等。从国内来看,2010年教育部首次对我国虚拟教学发展做出规划,近年来在相关文件中大力支持高校在"看不到、进不去、成本高、危险大"等场景下开展虚拟仿真实训。2018年教育部认定了首批105个国家级虚拟仿真实验教学项目。除虚拟仿真实验室外,全息教室在虚拟仿真教学方面有着独特的优势。除具备虚拟仿真实验室的特点外,全息教室通过裸眼3D技术,给学习者构建了一个模拟仿真环境,在远程学习的情况下,将教师通过全息投影呈现在学生面前,提高学习环境的互动性和真实性。此外,全息教室支持虚拟教师、数字教师等形态,为未来学习方式及学习模式提供了更多选择。2022年7月,山东大学打造了一校三地全息互动教室,建立了国内第一个覆盖多校区的全息互动教室。全息互动教室可以实现

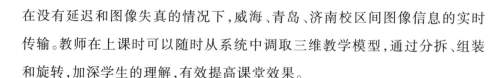

在没有延迟和图像失真的情况下，威海、青岛、济南校区间图像信息的实时传输。教师在上课时可以随时从系统中调取三维教学模型，通过分拆、组装和旋转，加深学生的理解，有效提高课堂效果。

3.虚拟教学平台

2012年慕课开始在全球兴起。全球各地的学习者都可以通过慕课平台学习顶尖高校的优质课程。在元宇宙时代，元宇宙虚拟教学平台可以说是对慕课的一次全面升级改造，学习者可以在更具沉浸感的环境中实现多种方式的教学互动，有更加多元化的选择。元宇宙虚拟教学平台在全球范围内推动了教育公平的实现。目前，剑桥大学与 Radio Caca 合作进行元宇宙教育体系的建设，将剑桥大学优秀的教学资源呈现在元宇宙教育平台上，使位于教育相对落后地区的学习者可以在元宇宙虚拟教学平台中以更具互动性的方式进入名师课堂，同时结合 NFT 技术将学习者平时的作业、考试、关键行为等评分上链，使教育更加公正、透明。在日本，受到新冠疫情的影响，中小学生频繁出现的旷课现象成为教育部门关注的一个方面。为鼓励学生完成学业，东京等地推出元宇宙教育平台，学生可以通过虚拟身份进入平台学习，通过在平台中的虚拟互动使在疫情期间由于长期缺乏互动而厌学的学生逐渐适应学校的人际关系并最终回归校园。韩国首尔也在疫情封控期间通过 Gather.town 元宇宙平台推出一系列科学课程和各种讲座及科学活动，探索疫情下教育的新模式。

4.其他场景

除数字孪生校园、虚拟仿真教学、虚拟教学平台之外，元宇宙教育在职业技术培训、游戏化教学、教育公益项目、教学活动的虚拟重现等方面均有一定的实践探索。职业技能培训方面，元宇宙技术的应用不仅增强了培训效果，还极大地降低了培训成本，如英国一公司基于 Meta Oculus 2 开发的元宇宙海事培训平台，教练不必把学员集中到价值几百万美元的模拟设施上统一培训，学员通过在地化操作即可完成培训。韩国仁荷大学人工智能实验室通过建设波音737飞机维修培训元宇宙平台,把飞机的零部件组合通过数字空间展现,极大地降低了培训成本。游戏化教学方面,微软早在2016年6月就推出元宇宙游戏化教学项目"我的世界:教育版",通过跨学科STEAM(科学、技术、工程、艺术、数学)教育、21世纪技能教育、综合素质教育等培养学生的探索意识、实践意识及创新意识。国内方面,腾讯在"SPARK 2022"上推出了游戏化机器人编程学习产品"腾讯扣叮·虚拟仿真实验室",该产品通过与中小学合作,提高了机器人硬件编程在全国范围内的普及率,还为偏远地区学生提供了学习机会。教育公益项目方面,Meta投入1.5亿美元用于一项元宇宙大学建设项目,并为首批参与元宇宙大学建设的学校免费提供50万美元和Quest 2 VR一体机,用于体验VictoryXR沉浸式教学设施和课程。华东师范大学建设长江口绿色生态"之镜"项目,结合元宇宙使生态环保教育应用落地。教学活动方面,近年来受到新冠疫情影响,很多高校的毕业典礼无法线下开展,加州大学伯克利分校、北京大学、同济大学、中国传媒大学等多所高校举办了元宇宙毕业典礼,引起众多高校的纷纷效仿。

三、元宇宙教育产业发展趋势

(一)元宇宙教育的发展将会促进学校更加开放,与社会联动更加充分

在元宇宙时代,通过VR、3D建模、人工智能等技术将学校映射到元宇宙世界。在元宇宙世界中,学校的边界将得到拓展,校园与社会之间的关系通过虚实融合、虚实联动的方式进一步融合。一方面,学校可以借助自身资源提供更加开放的课程及知识资源,给更多的学习者提供虚拟空间中的学习机会。从目前国内外发展实践来看,已有一些高校在这方面进行了探索,除了前文提到的剑桥大学以外,中国传媒大学也在百度希壤元宇宙平台打造了"虚拟中传",并已面向公众开放体验。另一方面,社会组织和机构可以

广泛参与学校教育,博物馆、文化馆、历史名胜景区等机构都可以在虚拟世界中为学校构建相关的教学场域,使学生、教师、社会机构可以在共享、开放且可创造的平台上广泛交流。

（二）元宇宙教育有望真正实现以"学生为中心"的教学模式

工业社会所沿袭下来的大规模无差别教育已经很难适应创新型社会的人才培养需求,目前主流的教学方式仍旧是"以教师为中心"的传统模式。造成这种现象的原因是多方面的,如师资的匮乏、教学资源的不足等。个性化教育需要根据不同学生的特点进行设定,不同的学科和知识内容也需要有不同的学习方法,然而以现有的班级制教学的方式,教师很难兼顾每个学生的个性特征。元宇宙时代的到来,有望解决这一难题。元宇宙教育的不断发展、新型教学空间的出现,都可能使师生之间的关系发生变化。通过人工智能、大数据等技术,可以结合不同的学生特点匹配更加适合的教学资源,而沉浸感十足的学习空间、自主性更强的学习安排结合游戏化学习的方式,有望使元宇宙教育空间真正成为一个共建、共享的空间,学生的角色也可能发生变化。在元宇宙空间,学生既可能是学习者也可能是内容生成者。这种学习方式将真正达到兴趣化学习的目的,极大地提高学生的主动性和自觉性,以"学生为中心"的教学模式也有望在元宇宙教育空间中真正实现。

（三）数字人或将成为元宇宙时代教育行业的第二生产力

随着数字人技术的不断成熟,预计在未来一段时间,数字人将会频繁出现在元宇宙教育场景中,以虚拟教师、虚拟助教、虚拟同学等多种身份出现。虚拟教师与虚拟助教将成为现实世界教师的有效补充,并可以在授课、陪练、考试、一对一指导等方面发挥作用,为教师节省更多精力,使教师专注于高质量教学内容的输出。科大讯飞与河南开放大学联合开发了虚拟数字人教师"河开开",主要提供教学支持服务。虚拟教师还可以在教育资源匮乏的地区发挥重要作用,解决师资不足等问题。目前已有服务机构专门为教育行业提供虚拟人生成的通用解决方案,如蓝色光标旗下元宇宙品牌蓝色宇宙推出的真人数字分身驱动平台"分身有术",该平台可以帮助教育机构以较低的成本生成虚拟数字人教师。

因此,从多个角度来看,元宇宙作为新技术将会引发教育变革,也将促使教育从业者以包容和开放的心态接纳新技术,并从中探索出"元宇宙+教育"的新型教育方式,促使元宇宙教育成为未来教育的理想新形态。

第四节 元宁宙社交产业

同游戏一样,社交领域同样被看作元宇宙发展初期的最佳场景入口之一。相较于移动互联时代的社交,元宇宙社交凭借3D建模、全息虚拟影像、人工智能、人机交互等技术极大地提升了用户的交互性和体验感,给未来的虚拟社交带来巨大的想象空间。本节将就元宇宙社交产业的发展现状及趋势进行重点分析。

一、元宇宙社交产业概述

(一)元宇宙社交的定义

社交作为元宇宙概念的重要特征之一,决定了元宇宙空间将会是社交场景极其丰富的虚拟空间。目前,元宇宙社交尚处于初期探索阶段。虽然有各种被冠以元宇宙概念的社交产品,但从市场反映来看,并没有令人满意的杰出典范。由于受元宇宙底层技术的限制,理想的元宇宙社交产品形态可能在短期内无法实现。但从长期来看,元宇宙社交产业发展空间巨大。目前对元宇宙社交的定义并不清晰。百度百科将其定义为在社交场景中，一个与现实平行、实时在线的虚拟世界，但该定义并未突出元宇宙社交的具体特点。因此，本文所分析的元宇宙社交主要包含具有元宇宙特征的社交平台或具有较强社交属性的各种元宇宙平台及应用。

（二）2022年元宇宙社交产业重点事件梳理

2022年2月：腾讯QQ上线超级QQ秀。

2022年3月：元宇宙社交平台Oasis获1000万美元融资。

2022年5月：映客直播推出沉浸式元宇宙社交项目——全景K歌。Soul App发布集AI、渲染与图像处理于一体的自研引擎——NAWA Engine。2022中国国际大数据产业博览会在网易瑶台举办。

2022年6月：国内知名社交元宇宙平台Soul开发商Soulgate向港交所提交上市申请书。字节跳动并购专注于二次元虚拟社交的北京波粒子科技有限公司。

2022年7月：腾讯旗下的虚拟音乐社交平台TMELAND联合百事可乐推出了首场沉浸式虚拟3D演出。

2022年11月：淘宝首次在"双十一"期间推出具有社交属性的元宇宙项目——未来城。

2022年12月：卡塔尔世界杯期间，中国移动咪咕打造的5G世界杯元宇宙为广大球迷带来沉浸式观赛及互动体验。

二、元宇宙社交产业发展现状

（一）市场规模

全球知名社交媒体管理平台Hootsuite联合全球最大的社会化媒体专业

传播公司 We Are Social 发布的《2022 年全球数字概览》报告显示,全球社交媒体用户数在 2022 年 1 月份已达到 46.2 亿。据统计,用户每天花费约 2.5 小时用于社交媒体,并且每天都以 2 分钟的速度在增长。通过对不同地区的用户在社交媒体的使用数据进行对比发现,南非、尼日利亚、菲律宾、巴西、哥伦比亚等新兴市场国家在社交媒体上花费时间也较长。尼日利亚以用户每天平均登录超 4 小时位列第一。而人口老龄化严重的国家,如日本在社交网络上花费的时间较少。弗若斯特沙利文预测,在 2021—2024 年全球社交媒体市场规模年复合增长率达到 15.1%,到 2024 年,全球社交媒体市场整体规模有望达到 3000 亿美元。从国内来看,共研产业研究院发布的《中国社交媒体行业市场规模及产业发展趋势分析》报告显示,2021 年,我国移动社交媒体市场规模约为 1447 亿元,其中广告收入约为 860 亿元,增值服务及游戏业务收入约为 586 亿元。据 data.ai 报告,全球社交应用的年度用户支出到 2025 年将达到 177 亿美元,5 年年复合增长率为 29%。元宇宙社交方面,Sensor Tower 报告显示,截至 2022 年,全球共有 552 款元宇宙 App,其中元宇宙社交 App 达 70 款,位列第三。另据艾媒咨询发布的《2021—2022 年中国元宇宙行业用户行为分析热点报告》,有 62.4% 的网民表示愿意参与元宇宙社交。由此可见,社交产业用户规模庞大,市场潜力较大,元宇宙时代有望继续延续移动互联网时代的热度,元宇宙社交成为元宇宙赛道中的重要一员。

(二)元宇宙社交产业图谱

元宇宙社交产业情况如图 5-3 所示。

图5-3　元宇宙社交产业图谱

（三）元宇宙社交产业应用场景

1.社交＋娱乐

社交与娱乐场景的结合将会是元宇宙时代社交最主要的应用场景。元宇宙大火之后，越来越多的企业和资本开始关注这个赛道。社交领域的顶尖公司也纷纷布局元宇宙，各种冠以元宇宙概念的应用如雨后春笋般冒出，其中更多的应用是以泛娱乐社交类方式呈现的，泛娱乐社交类的应用主要聚焦在特定场景，比如游戏、音乐、演出等。2022年5月上线的全景K歌是映客直播的元宇宙社交独立场景，用户通过虚拟形式进入，并且可以创建属于自己的元宇宙K歌房，还可以邀请最多5名好友进入，通过语音、动作的交流还原线下KTV的沉浸式体验。在社交游戏应用场景方面，通过在社交平台植入游戏环节来提升平台的趣味性，最大限度提升用户黏性。国内被称为最接近元宇宙社交形态的平台Soul，推出的Soul游乐园、兴趣群组、宠物乐园等，让用户通过游戏中的互动认识好友，培养共同兴趣，加强用户之间的关系纽带。曾为贾斯汀·比伯等知名歌手举办过虚拟演唱会的Wave是一个典型的社交音乐平台，其核心就在于用户之间及用户和音乐人之间的互动和亲密度。观众在观看演唱会的过程中不仅可以通过拍手等进行互动,通过私人虚拟空间与朋友交流并分享独特的视觉体验,还可以和陌生人社交,甚至有机会登上表演舞台。

2.社交＋电商

移动互联网时代社交与电商的结合是社交应用场景中的一个典范。目前元宇宙社交虽然处于起步阶段,但可以预见,在元宇宙空间中,社交与电商的结合将可能会是一个重要的应用场景。随着元宇宙时代的到来,社交在电商场景的落地也许会给消费者带来完全不同于以往的多感官交互沉浸式购物体验。目前,国内电商巨头已经在元宇宙社交＋电商方面开展了一些初步的尝试,如淘宝在 2022 年"双十一"期间初步试水元宇宙社交╪电商的玩法,其中未来城主打社交互动与直播引流,消费者可以通过虚拟化身在虚拟空间中逛街、游玩、购物、社交,小米、荣耀、天梭等品牌已在未来城开设了虚拟店铺。除传统电商外,知名白酒品牌茅台也在元宇宙社交领域进行了布局。巽风世界就是其以茅台镇为背景建设的数字世界,这里充满了酿酒的工具、材料,用户可以在巽风世界中跟酿酒师学习酿酒工艺,还可以结交志同道合的朋友,一起畅游巽风世界。除购买虚拟物品外,用户还可以在巽风集市购买"小茅七曜徽章套组"等实体产品。此外,元宇宙社交平台 Soul 也开辟了虚拟礼物商城,用户可以将在虚拟礼物商城购买的礼物送给其他用户,在线下兑换实际商品。除虚拟礼物商城外,Soul 还为平台中的捏脸师开辟了"个性商城",捏脸师可以通过"个性商城"售卖自己的原创作品。从国外来看,目前众多知名品牌包括 GUCCI、可口可乐等均在各种元宇宙社交平台上开辟了品牌虚拟空间,如美国极限运动潮牌 Vans 在罗布乐思平台上推出"Vans World"的虚拟主题世界,主打街头文化、时尚、社交等元素,主要为用户提供虚拟体验服务。该平台未来是否开放电商功能值得期待。

3.社交＋公务

元宇宙时代社交与公务相结合是面向 B 端的一个主要应用场景。受新冠疫情影响,线上办公及会议已成为众多企业的常态,通过元宇宙社交赋能办公及会议将会给今后的办公场景带来明显的改变。Facebook 更名为 Meta 后,公司在元宇宙社交领域进行了大刀阔斧的改革,其中 Horizon Workrooms 就是一款专门面向办公场景的社交应用。这款应用具备桌面识别、键盘识别、虚拟化身、混合现实、手势追踪等功能,可以基于 VR 设备或视频通话来开展会议,单个会议室可以支持 16 名用户同时使用。从国内来看,百度、网易等互联网公司在社交办公领域也开展了一定的实践。以网易瑶台为例,这是一个兼具社交性、趣味性的线上活动平台,可以应用于会议活动、虚拟展会等商务场景。目前已成功举办了 2022 中国国际大数据产业博览会、网易云音乐 IPO 大会、第二届分布式人工智能国际会议、MCON Festival 首届品牌元宇宙营销沉浸式峰会等商务活动。2022 年 11 月,还为企业推出了一站式元宇宙年会的服务,为用户提供多元会议场景、个性化会场布置等功能。AI 捏脸系统还可以让与会者通过 DIY 虚拟形象,参与年会的互动,提高虚拟年会的沉浸感及趣味性。

三、元宇宙社交产业发展趋势

(一)元宇宙社交平台可能成为品牌营销的重要阵地

元宇宙社交平台未来在品牌营销方面或可大放光彩。从目前已落地的一些实践来看,各元宇宙社交平台均已不同程度地开展了品牌营销活动。腾讯在其元宇宙社交平台 TMELAND 已经为可口可乐、雪碧开辟了专门的元宇宙街区,同时在综合品牌展区为其他众多品牌提供了营销的场景。如果说 TMELAND 在营销方面只是处于初级探索阶段,那么知名的社交游戏平台罗布乐思可以说在品牌营销方面已经取得了众多成果,GUCCI、耐克、三星等全球知名品牌均已在该平台上开设了品牌虚拟空间。还有一些品牌已拥有自己的虚拟零售商店,通过开办虚拟展览、举办演唱会、发布数字藏品等活动探索元宇宙社交平台中的多种营销场景,而罗布乐思也表示计划允许品牌合作方在元宇宙中投放广告,Meta方面也表示拟向品牌商开放VR广告。品牌方方面,可口可乐已经在元宇宙社交平台中进行了诸多的营销活动探索,如发布NFT藏品、举办虚拟演唱会、通过虚拟数字人与消费者联动等。由此可见,尚处于发展初期的元宇宙社交平台已经与品牌营销擦出了众多火花。未来,元宇宙时代的营销模式必然随着技术的发展得到极大拓展,元宇宙社交平台将成为品牌的重要营销阵地。

(二)如何提高产品体验将会是摆在各大企业面前的重要议题

纵观目前国内外几款主要的元宇宙社交产品,用户体验仍是被广泛诟病的一个话题。消费者对于元宇宙社交的想象远超当前的产品所能提供的形态。《头号玩家》中的绿洲世界往往被看作元宇宙社交的理想形态,然而反观当前的元宇宙社交产品,其沉浸感、临场感及视觉效果与理想状态还有较大的差距,如连下半身建模还没有完成就匆匆上线的Horizon Worlds,其半截人形象难免让用户产生跳脱的感觉,加之僵硬的表情、敷衍的背景画面,很难让人把它视作一个理想的元宇宙社交场景。转向国内来看,百度于2021年推出的希壤,没有完成骨骼绑定,导致经常会出现人物在地面上飘的诡异画面,另外,场景单一、卡顿、穿模等问题也使用户很难享受这一希壤世界。不可否认的是,众多企业已经在元宇宙社交上进行了诸多探索,但是因为受到技术、时间和资金等方面的限制,想要达到《头号玩家》中绿洲世界那样的体验效果,还有些遥远。元宇宙社交产品的开发类似于3A级游戏,底层代码、渲染器、建模、动画、交互等方面缺一不可。因此,对于元宇宙社交行业来说,从2D素材到3D素材的转变,意味着成倍工作量的提升,需要更多的专业人员参与。尽管有诸多困难,但是从行业发展来看,元宇宙社交产品的用户体验将会是接下来需要迈过的第一道坎。

（三）Z世代有望成为推动元宇宙社交的生力军

根据《Z世代生活态度与消费方式调查年度报告（2022）》，我国Z世代人口的规模已达3.42亿人，虽然占总人口的比重不到30%，但其贡献了总消费规模的40%。据预测，Z世代人口中73%将会成为职场新人，预计到2035年中国Z世代整体消费规模将翻4番，Z世代构成未来中国的重要消费人群。据调查，Z世代对陌生人社交、兴趣社交和内容社交方面表现出较高的兴趣。元宇宙社交作为一种新兴的社交模式也受到Z世代的青睐。根据钛媒体的调查，啫喱、恩恩Zepeto等元宇宙社交平台用户中，Z世代占比最高。以Soul为例，其74%的日活用户是1990年及之后出生的Z世代年轻人，因此也有人将Z世代称为"元宇宙的第一代"。总体来讲，在一个与现实平行、实时在线的虚拟世界中进行社交，在接近真实体验中一起交流、娱乐，最终找到志同道合的伙伴、建立社交连接，符合Z世代的社交需求。同时，元宇宙社交充分保留了其强烈的个人和自我意识，也使元宇宙社交得到了Z世代用户的青睐。因此，Z世代未来有望成为推动元宇宙社交的生力军。

第五节　元宇宙演艺产业

元宇宙作为新兴的社会形态，其与演艺产业的不断融合，使演艺产业的创作方式、呈现形式和消费形式都发生了极大的改观，对演艺产业的供需双方产生了举足轻重的影响。目前元宇宙在演艺产业中应用很广。元宇宙的到来给演艺产业带来了更多的机遇与挑战。

一、元宇宙演艺产业概述

理解元宇宙演艺产业首先从演艺产业的概念开始。虽然学术界目前对演艺产业还未形成统一的定义，但因为演艺产业属于艺术产业，因此我们可以从以下几个角度理解演艺产业的概念：第一，从生产方式角度来看，演艺产业是通过工业生产方式和商业化运作方式对演艺产品与服务进行生产和再生产的产业体系；第二，从产品属性角度来看，演艺产业是为了提高人类生活品质尤其是精神生活品质而提供可以用来商品交易的演艺产品的生产和服务产业；第三，从交易特征的角度来看，演艺产业是以美学价值和演艺内容为核心价值，以创新、创造、创作为根本手段，以知识产权为交易特征，为社会公众和消费者提供精神体验的产业体系。[1]

元宇宙演艺产业是演艺产业在元宇宙中的应用探索。演艺产品的形态包括音乐、歌舞、戏剧、戏曲、曲艺、杂技等各类型演出。传统的演艺产业受到演出场馆、成本、资源等方面的限制，不能满足观众个性化、沉浸式需求。元宇宙通过沉浸式音频、全息视频采集制作、渲染引擎、虚拟化身，以及基于位置服务的三维数字空间体验等强交互内容生产技术，构建了沉浸式、交互式的虚拟世界，给予了观众立体的体验，也带来了演艺产业生产方式的变革。元宇宙演艺产业通过利用虚拟现实、裸眼 3D、全息成像等接入技术呈现演艺内容，通过虚拟身份、人机交互等技术打破台上与台下的界限，给予观众真实、共情的虚实共生感受。元宇宙创新了演艺产业各个环节的呈现方式。在元宇宙中，不仅有舞台和演出相关的虚拟成分，如演员、灯光、服装、道具等，而且使观演行为和心理产生巨大的变化，做到虚实融合。在演艺产业的元宇宙化过程中，元宇宙为演艺产业提供了新的演出空间，今后元宇宙也可

---

[1]　田川流：《艺术管理学概论》，东南大学出版社 2011 年版，第 38—39 页。

能发展成为演艺产业的一个新的特定场域。

从 2018 年电影《头号玩家》上映，元宇宙概念第一次大规模进入观众视野，到 2023 年各大平台打造元宇宙春晚，元宇宙演艺产业在发展过程中受到越来越多人的关注。元宇宙演艺产业重大事件梳理如表 5-1 所示。

表 5-1　元宇宙演艺产业重大事件

年份	事件
2018	电影《头号玩家》上映，元宇宙概念第一次大规模进入大众视野
2019	电音制作人 Marshmello 在游戏《堡垒之夜》中举办虚拟音乐节
2020	美国说唱歌手特拉维斯·斯科特在《堡垒之夜》举办虚拟演唱会，在线人数达 1230 万人
2021	美国歌手贾斯汀·比伯在虚拟娱乐平台举办了一场元宇宙演唱会
	咪咕文化科技有限公司举办"第十五届音乐盛典咪咕汇"元宇宙演唱会，打造出音乐＋冰雪元宇宙的体验
	江苏卫视跨年演唱会，使用虚拟人这一元宇宙的必要元素，创造虚拟歌手邓丽君演唱
2022	元宇宙开放平台"大有"发布元宇宙演唱会"以梦为马 抵达繁星"，全网曝光量超过 1550 万人
	上海文广演艺集团推出中国首个线上戏剧厂牌"戏剧元力场"，以优质戏剧内容布局元宇宙
	美国流行音乐奖项 MTV 音乐视频大奖（MTV Video Music Awards）创建最佳元宇宙表演奖
	触飞瑞拓出品"Retaland 元宇宙虚拟跨年晚会"，全网平台直播观看人数近 1000 万人
2023	四川卫视新年演唱会邀请三星堆文物的虚拟形象"堆堆乐队"表演《我怎么这么好看》，进行元宇宙晚会的国风演绎
	央视网络春晚搭建了 3000 万平方米的"赛博国风"元宇宙会场，9.65 亿人次观看

二、元宇宙演艺发展现状

演艺产业是文化产业当中的基础性产业，在文化市场中占有重要地位。自 2020 年以来，由于疫情的不可控因素，线下演出面临着诸多困难。从元宇宙的角度出发进行线上演出形式的探索,云演播为传统演艺带来观赏和互动模式的双重创新。由此,"5G+4K+VR"等辅助技术、云演播、微演艺等形式很好地实现了传统演出从剧场到"云端"这一观演场景的转换,为观众提供了全新的生产、呈现、价值和消费模式,带来不同于之前的体验方式和观演渠道。

(一)元宇宙演艺产业相关政策

2021年4月,文化和旅游部发布《"十四五"文化和旅游发展规划》,指出:推动数字文化产业加快发展,发展数字创意、数字娱乐、网络视听、线上演播、数字艺术展示、沉浸式体验等新业态,丰富个性化、定制化、品质化的数字文化产品供给;改造和提升演艺、娱乐、工艺美术等传统文化业态,推进动漫产业提质升级;提高创意设计发展水平,促进创意设计与实体经济、现代生产生活、消费需求对接;推动演艺产业上线上云,巩固线上演播商业模式;推动上网服务、歌舞娱乐、游艺娱乐等行业全面转型升级,引导发展新业态、新模式,提升服务质量,扩大服务人群。

2021年5月,文化和旅游部发布《"十四五"文化产业发展规划》,指出:发展沉浸式演艺,鼓励沉浸式体验与城市综合体、公共空间、旅游景区等相结合。

2021年6月,文化和旅游部发布《"十四五"艺术创作规划》,指出:推动艺术与科技融合,加大数字技术应用力度;用好现有文艺传播推广数字化平台,鼓励创新型演播平台建设,深化文艺院团与数字文化企业合作,推动线上演播与线下演出融合发展。

2022年10月,工业和信息化部、教育部、文化和旅游部等5部门发布《虚拟现实与行业应用融合发展行动计划(2022—2026年)》,指出"虚拟现实+演艺娱乐"的发展方向:搭建常态化的虚拟现实线上演播摄制播出环境,支持舞台艺术、综艺、非物质文化遗产等优质资源网络展演,开展沉浸式业态体验落地推广活动;探索观众与表演区新型互动方式和适合线上观演的原生线上演播内容,打造虚实融合的"超级现场"沉浸式体验;推动虚拟现实在娱乐行业中的应用,丰富虚拟娱乐体验内容,提升线下娱乐的数字化水平和体验感。

除国家出台的元宇宙演艺产业相关政策外,我国多地出台各项政策支持和鼓励元宇宙演艺产业的发展。2022年6月,上海市政府发布《上海市培育"元宇宙"新赛道行动方案(2022—2025年)》,提出促进虚拟演艺赛事发展,引导全息投影、体感交互等技术与赛事、演唱会、音乐会等结合,打造沉浸式"云现场",升级传统演艺赛事体验。2022年8月,北京市通州区印发《北京城市副中心元宇宙创新发展行动计划(2022—2024年)》,指出:支持游戏、动画、影视、演艺等各领域的元宇宙内容制作,推动虚拟人全场景应用、沉浸式观演等布局,快速发展一批特色化剧场群落和演艺车间,推出沉浸式、互动式演艺业态,推广国潮消费内容,打造数字台湖演艺小镇场景。2022年12月发布的《成都市元宇宙产业发展行动方案(2022—2025年)》提出共创"元娱乐"场景:支持开展虚拟演艺赛事,引导全息投影、体感交互等技术与赛事、演唱会、音乐会深度融合,打造沉浸式"云现场",提升传统演艺赛事体验;发展元影视,鼓励影视与广告行业采用元宇宙形式进行虚拟拍摄与制作。

(二)元宇宙演艺产业市场规模

2020年新冠疫情暴发后,线下演出受限,各机构和企业积极探索线上演艺形式,这为元宇宙演艺产业开启了新的演艺空间。2020年,文化和旅游部第一时间在"中国艺术头条"微信公众号推出"艺术战'疫'"专栏,共发布30期291件艺术作品,阅读量近2亿人次,带动了全国文艺界以"艺"战"疫"的热潮;推出"文艺中国"快手号,累计点击量2.1亿次;举办全国舞台艺术优秀剧目网络展演,观看和互动人次超11.7亿;举办全国基层戏曲院团网络会演,观看人次超8500万;组织国家京剧院及全国18家优秀京剧院开展"京剧的夏天"线上公益展演,收看人次超7800万。

截至2021年末,全国共有艺术表演团体18370个,比上年末增加了789个;从业人员45.33万人,比上年末增加了1.64万人。其中:各级文化和旅游部门所属艺术表演团体1947个,占10.60%;从业人员10.67万人,占23.54%。全年全国艺术表演团体共演出232.53万场,比上年增长了3.07%;国内观看人次9.28亿,比上年增长了3.92%;演出收入112.99亿元,比上年增长了30.43%。全国文化和旅游部门所属艺术表演团体全年共组织政府公益演出13.34万场,比上年下降了0.30%;观看人次0.83亿,比上年下降了3.90%。(如表5-2所示)

表5-2 2017—2021年全国艺术表演团体基本情况

年份	团体数/个	从业人员/万人	演出场次/万场	国内观众/亿人次	演出收入/亿元
2017	15742	40.30	293.57	12.47	147.68
2018	17123	41.64	312.46	11.76	152.27
2019	17795	41.25	296.80	12.30	126.78
2020	17581	43.69	225.61	8.93	86.63
2021	18370	45.33	232.53	9.28	112.99

数据来源:中华人民共和国文化和旅游部2021年文化和旅游发展统计公报。

中国演出行业协会公布的数据显示:2021年演出市场总体经济规模335.85亿元,同比增长了27.76%,比2019年降低了41.31%。其中:演出票房收入140.28亿元,同比增长了183.11%,比2019年降低了30.00%;演出衍生品及赞助收入22.06亿元,同比增长了213.80%,比2019年降低了40.94%;政府补贴收入(不含农村惠民)88.57亿元,同比降低了39.15%,比2019年降低了39.16%。相较于2020年,演出市场在逐渐恢复。

随着"5G+4K+VR"等技术的不断成熟和网络用户数的增长,传统演出实现了从剧场到"云端"的场景转换,也得到了越来越多观众的认可。因此,各机构将演艺活动的线下阵地转移到线上直播,结合全息呈现、数字孪生、多语言交互、高逼真、跨时空等新技术,打造沉浸式的数字文化消费体验。根据中国互联网络信息中心（CNNIC）数据，截至2021年12月，中国网络直播用户规模达7.03亿人次，较2020年12月增长8652万，占网民整体的68.2%。其中，电商直播、游戏直播、体育直播、真人秀直播、演唱会直播等各类直播用户规模均达上亿人次。2022年7月，抖音在火山引擎技术的支持下超清修复31年前的"Beyond Live 1991生命接触演唱会"及"别了家驹十五载演唱会"，累计观看人次超1.4亿。

《中国网络表演（直播）行业发展报告（2021—2022）》显示，2021年我国网络表演（直播）行业市场规模达1844.42亿元，较2020年下降了0.4%。截至2021年末，具有网络表演（直播）经营资质的经营性互联网文化单位有7661家，比2020年增长了17%，其中2021年新获得网络表演（直播）经营资质的经营性互联网文化单位有1641家。

（三）元宇宙演艺产业主要艺术门类发展

演艺产品具体形态包括音乐、歌舞、戏剧、戏曲、芭蕾、曲艺、杂技等。2020年以来，演艺企业和机构借助各项数字技术积极创新各类元宇宙演艺产品形态。

1.元宇宙戏剧

2021年，中国国家话剧院与中国联通、华为公司合作建设"5G智慧剧场"，剧场内预埋多机位高清拍摄线路，部署5G无线网络和线上演播设备，进一步降低线上演播的成本，提升线上演播便利度。借助5G的低时延技术，为线上观众提供跨地域的"同步、同屏话剧表演"，诠释了"5G智慧剧场"的精准定位，也预示了元宇宙演艺产业的更多可能。广州大剧院积极建设"5G智慧剧院"，利用5G+云+AI等科技手段提升传统舞台艺术，结合HDR Vivid等优质音视频体验标准提升观演效果，打造具备8K VR、多视角、自由视角等视频节目制作与直播能力的剧院。未来元宇宙剧场将充分利用移动互联、多媒体、AR、VR、大数据、物联网以及人工智能等技术，实现线上线下资源的互补及联动,充分发挥数字化优势,实现更加真实的观演效果。

2022年5月,中国移动咪咕与上海大剧院携手,联合打造"巡演零号站VR未来剧场"第二季,为观众呈现多部海内外的高品质艺术作品。咪咕还将通过云服务算力网络及XR技术优势,落地线上互动新场景,打造中国大陆剧院行业首个线上沉浸式互动戏剧《福尔摩斯探案:血色生日》,打破对戏剧表演的固化认知,让居家的观众们在5G+XR技术的加持下过足侦探瘾,沉浸式享受"灵魂的自由",开启元宇宙"云端"演艺时代。

2022年上海文广演艺集团推出中国首个线上戏剧厂牌"戏剧元力场",以优质戏剧内容入局元宇宙,试水数实交互体验的戏剧样态,打造一个拥有无限观演可能的数字场域。2022年上半年,上海文广演艺集团开始试水元宇宙。2022年6月,旗下沉浸式戏剧《不眠之夜》在前期线上直播的基础上,推出3款限量版数字票根藏品,一经发售即火爆售罄。2022年8月,《不眠之夜》又开始沉浸式直播的实验性探索,借助5G高清和多视角实时传输技术,为观众打造了另一个延续戏剧梦的番外版本。2小时"准元宇宙"式直播,引来近100万人次的围观。这次实验性直播对演艺"元宇宙"的虚拟现实场景和商业模式进行了一次排摸,为线下IP的数字化转型提供了一个经过验证的样本。

2023年1月28—30日,中国首部元宇宙原创亲子舞台剧《冒险小王子》在深圳连演5场。首演当天,现场观众爆满。

2.元宇宙戏曲

戏曲是写意艺术,它恰恰能够和元宇宙结合,创造一个让观众参与、与观众互动的世界。戏曲元宇宙是对舞台演出进行虚拟化、数字化,通过丰富多元的场景呈现,打造一个能与观众交互的空间世界,这也是新时代戏曲文化的新探索。

2022年初,"戏古潮新"系列数字艺术作品首期5万份藏品在鲸探App和支付宝鲸探小程序一经上架,在短短50秒内即告售罄。这是浙江古集文化科技有限公司以数智技术助力中国传统文化产业升级的一次具有里程碑意义的探索与尝试，拉开了传统戏曲IP元宇宙帷幕。2022年5月，"戏古潮新"系列数字艺术作品第二期共发行6万份，作品内容包含了京剧、豫剧和婺剧三大剧种中的《贵妃醉酒》《空城计》《七品芝麻官》《花木兰》《白蛇·断桥》《穆桂英挂帅》六大经典唱段，每段分别限量发行1万份，让大家体验到元宇宙里看大戏的乐趣。

2022年6月，抖音直播与中国文促会戏曲文化专业委员会联合推出了为期10天的"大戏看北京 云端演出周"。6月2—11日，包括国家京剧院、北京京剧院、北方昆曲剧院、中国评剧院、北京市曲剧团、北京市河北梆子剧团等在内的12家剧院机构，展播了《霸王别姬》《西厢记》《牡丹亭》等经典大戏，覆盖了京剧、昆曲、黄梅戏、越剧、曲剧、评剧等，共有79个剧目，81场演出，累计吸引超过9067万人次观看。[①]

2022年12月，在上海广播艺术中心的沉浸式剧场举行的"日晖有戏"戏曲文化节系列活动开幕式上，六大戏曲虚拟偶像正式"出道"，首款数字藏品刀马旦谐小兔首批100套在发布后被迅速"秒杀"。在为期1个月的活动中，"日晖有戏"将通过发布数字藏品、开展直播论坛、线下戏曲快闪、美育赏析、后台探秘、志愿服务等活动板块，让市民们在线上线下与戏曲发生一场奇遇，在元宇宙里奇遇戏曲大观园。

2023年1月，由中国移动咪咕与国家京剧院共同举办的2023《龙凤呈祥》开播仪式在梅兰芳大剧院举行，项目尝试将"戏曲"和"元宇宙"进行破壁组合。《龙凤呈祥》云演播从2021年首次采用5G+4K超高清技术将京剧送入"云端"，到2022年融入VR、多视角等黑科技建立云演播行业新标杆，到2023年的元宇宙，再一次以新方式、新视角创造性地转化传统戏曲，进而实现传统戏曲与年轻群体相互拥抱。元宇宙赋能的戏曲演艺空间正呈现出愈

---

① 《暑期演艺市场"云端"突围》，2022年7月30日，https://baijiahao.baidu.com/s?id=1739734
576987365916&wfr=spider&for=pc，2023年3月10日。

加蓬勃的爆发力。

2023年1月10日,《梨园又一春》抖音新春戏曲专场晚会播出,2.5小时的演出开启了戏曲元宇宙!共计8310.1万人次观看,创造了中国戏曲直播的最高纪录。

3.元宇宙音乐演出

元宇宙概念自兴起以来便成为各家追逐的"风口"。在向元宇宙探索与发展的过程中,虚拟现实技术及内容从游戏扩展到各类全景场景,增强了用户的沉浸感。自2022年起,多个平台踏足"元宇宙＋音乐"领域,尝试了形式丰富的元宇宙音乐演出。较为典型的是Wave、HTC旗下的全息音乐平台BEATDAY,该平台已成功为贾斯汀·比伯、威肯、约翰·传奇等音乐表演者举办了超过50场虚拟音乐会。

2020年8月,格莱美奖歌手威肯在TikTok上举办了一场增强现实的虚拟演唱会,为非营利组织"公正司法倡议"(Equal Justice Initiative)筹集了35万美元。该场演唱会由虚拟娱乐公司Wave和唱片公司Republic Records共同制作,吸引了超200万观众,而社交平台上与其主题标签相关的视频播放量更是超过了13亿次。

2022年8月,韩国顶级女团BLACKPINK举办了元宇宙演唱会。该音乐表演获得了MTV音乐录影带大奖中的最佳元宇宙表演奖,成为K-POP进军元宇宙重要的风向标。BLACKPINK演唱会的亮眼之处,除了在于其表演团队的人气和实力之外,还在于将演唱会和绝地求生的游戏场景相结合的形式、不同的歌曲搭配不同的元宇宙场景的表演场景,其给予观众不同的变化风格和视觉体验。整场演唱会有超过1250万人参与,观看超过1.46亿人次。

2022年9月,百度元宇宙歌会在元宇宙空间举办,元宇宙舞台开始出现。与以前的"元宇宙＋"模式不同,元宇宙舞台是建立在元宇宙空间的基础上,利用元宇宙相关技术打造的虚拟沉浸式舞台。

2022年11月,由江苏卫视与元宇宙企业联合打造的元宇宙原创音乐歌会《2060元音之境》播出。节目邀请4位歌手嘉宾，为其塑造全新虚拟形象，用歌手增强现实真人舞台秀和虚拟形象舞台秀展开对决，打破虚实次元边界，既上演元宇宙与国风的碰撞，又展现科技与文化的虚实融合。

2022年12月14日和16日在咪咕视频、咪咕音乐元宇宙互动空间上演全球首个全场景数实融合世界杯元宇宙音乐盛典——动感地带世界杯音乐盛典·咪咕汇。本次音乐盛典集结了周杰伦、李宇春等音乐大咖，掀起世界杯超人气音乐浪潮，并获得94亿全网热度、167个全端热搜、超3.76亿人次的全场景观看量。

4.元宇宙综艺和节目

2022年12月，爱奇艺出品虚拟现实游戏闯关真人秀节目《元音大冒险》。该节目有6位常驻玩家，在科技的加持下进入虚拟世界——元音大陆MEMOON，实际画面由虚拟角色呈现，新意满满。节目中，现场观众佩戴VR眼镜，进入表演场景，沉浸式观看虚拟大秀，并根据关卡和挑战者的表现进行投票，展示出极具元宇宙特征的综艺新形式。

2022年6月，腾讯视频推出了一档元宇宙相关的综艺节目——《登录圆鱼洲》，将自身对于元宇宙概念的理解融入综艺节目中。《登录圆鱼洲》邀请了6位嘉宾作为固定玩家，主要内容是6人意外进入一个平行于现实世界的游戏世界——圆鱼洲，经过10天10夜的冒险，完成10场博弈游戏，争夺圆鱼洲的货币"圆鱼珠"。

2023年1月16日，"百度沸点元宇宙之夜"在元宇宙空间举办，由百度AI数字人"度晓晓"作为沸点见证官，携手众多明星和百度创作者，共赴首个虚拟与现实相碰撞的元宇宙红毯秀。"百度沸点元宇宙之夜"是百度推出的全球首个Web3.0元宇宙红毯派对。晚会基于年度搜索和资讯大数据，综合呈现了2022年中国网民的沸腾记忆。

元宇宙节目类型不只有综艺，在资讯节目上也有所突破。2023年1月8日，东方卫视开播国内首档元宇宙资讯节目《早安元宇宙》。《早安元宇宙》

由 SMG 的虚拟新闻主播申朮雅担任主持,她将作为一名"元宇宙资讯猎手"为观众捕捉最新元宇宙资讯。每期节目分为 3 个板块——"元宇宙风向标"主要解读政府最新政策、"元宇宙热搜榜"展示行业最新应用、"元宇宙研究院"聚焦讨论元宇宙热点。一档元宇宙的资讯节目能登上传统的电视频道,节目本身的意义便是独特的。这也象征着元宇宙概念在主流媒体中逐渐流行。

三、元宇宙演艺产业发展趋势

未来元宇宙与演艺深度融合将会不断推进。元宇宙 3D 渲染、VR、全息投影等技术将表演的声音、景色、3D 画面投放到观众眼前,利用情境、气氛、沉浸式体验让观众身临其境地融入故事中。

(一)元宇宙演艺呈现方式多样化

元宇宙相关技术的快速发展使演艺产业的空间呈现形式和信息交互能力发生了颠覆性变化。利用大数据、云计算等技术能够有效地整理互动信息,及时、全面地把握观众的喜好与诉求。全息影像、AR、三维声场等虚拟技术极大地提高了演艺元素的表达能力。未来随着信息技术、虚拟技术等元宇宙技术的不断发展,演出的呈现方式将会更加多样化。

(二)元宇宙演艺创作方式不断创新

元宇宙演艺产业离不开互联网媒介,这使演艺的创作渠道、创作主体、创作形式都在发生改变。另外,元宇宙演艺更多的是在互联网平台上举办的,因此,在平台、场景、观众等因素的作用下,受众对于演艺的创作意愿也会被调动,开启全民演艺创作新场域,使演艺产业的创作方式呈现出新的发展气象。只有不断开拓思路,研发适合互联网的演艺产品,才能提升演艺产品的供给质量。因此，日后元宇宙演艺产业的创作方式还会出现更多的创新。

（三）元宇宙演艺产业的营销更加智能

当下元宇宙演艺产业运用大数据、云计算等新的信息技术实现演艺的精准营销，运用人工智能手段提升演艺服务营销水平，运用物联网技术实现演艺营销的去中心化。未来元宇宙演艺产业会采用各种营销工具和系统化方法进行演艺整合营销，以实现演艺产品供需双方的价值增值，演艺营销也会根据环境变化即时进行动态修正，营销的覆盖面更广，也更加灵活智能。

第六节　元宇宙文旅产业

进入数字化时代，文旅消费者的消费需求已不同于过去的"走马观花"，而更趋向于深度游、定制游。元宇宙相关技术在文旅领域的应用不仅能够弥补传统文旅行业的短板，也可以让文化产业与旅游产业更好地实现深度融合，促进文旅产业高质量发展。

一、元宇宙文旅产业概述

文旅作为元宇宙在具体领域的应用入口，在元宇宙爆发初期就开始了天马行空的突破布局。元宇宙文旅产业是目前元宇宙发展比较迅速和应用较多的领域。

（一）元宇宙文旅产业简况

传统旅游业是劳动密集型产业，科技对旅游支撑力量不够。元宇宙文旅产业是将数字技术与文旅产业进行深度融合的新产业形态,依托文化旅游资源,通过数字技术和信息技术创造文化价值,满足文化和旅游消费需求。

元宇宙文旅产业利用虚拟现实、平行空间、新型互联网平台等把文旅产品与元宇宙相结合进行应用,提升元宇宙文旅项目的沉浸式体验。元宇宙文旅业态通过数字化技术重构文旅消费场景,不断创新文旅新业态,吸引更多游客来到景区,使旅游体验更好,玩的时间更长,重游率更高。

文旅产业使用VR、AR技术较早,景区云旅游已经较为普及,有些成果已经接近元宇宙的场景应用。元宇宙在时空拓展、人机融合、经济增值三方面对文旅应用场景进行重构。首先,传统旅游过程中,游客只能从自己所站的角度欣赏风景,而在元宇宙中可以从任意角度欣赏风景,极大地拓展了文旅时空;其次,游客在旅游过程中可以将所看到的景色和信息通过数据传输到后方,亲朋好友则可以通过元宇宙设备身临其境地感受风景;最后,游客可将实地拍摄的图片传输到元宇宙中,并将图片作为数字资产进行流转和交易,产生经济价值。

近年来,我国的国家文化数字化战略给元宇宙文旅产业的发展带来了巨大的机遇。国家多个部门多地出台了一系列政策推动元宇宙文旅产业的发展。元宇宙文旅产品不断丰富,元宇宙文旅业态呈现出多元化发展的特点。元宇宙所构建的虚拟空间以及沉浸式体验与当下文旅产业发展不谋而合,元宇宙文旅产业是对文旅产业数字化转型的进一步延伸。

(二)元宇宙文旅产业相关政策

2020年11月,文化和旅游部出台了《关于推动数字文化产业高质量发展的意见》,明确提出要发展沉浸式业态,提升数字文化装备实力,满足新兴消费需求。

2021年4月,文化和旅游部发布的《"十四五"文化和旅游发展规划》中指出,要提高科技对文化和旅游发展的支撑水平,深入实施科技创新驱动战略,推进文化和旅游数字化、网络化发展,加快新型文化业态、文化消费模式的发展,全面提升文化和旅游科技创新能力。

2022年4月,国务院印发《关于进一步释放消费潜力促进消费持续恢复的意见》,提出了加强商业、文化、旅游、体育、健康、交通等消费跨界融合,积极拓展沉浸式、体验式、互动式消费新场景,为促进消费、推动经济发展提供有力的政策保障。

2022年8月,北京市通州区印发的《北京城市副中心元宇宙创新发展行动计划(2022—2024年)》中指出:推出一批应用场景,实施标杆牵引行动。比如元宇宙＋文旅场景:发挥元宇宙虚实融合、双向贯通特点,加强文化IP资源创造性转化和创新性开发,在城市副中心范围内,推动一批智慧酒店建设,打造一批沉浸式体验场景;打造元宇宙主题乐园,构建集吃、住、游、玩于一体的实数融合新生活方式中心,建设数字文旅示范场景;依托城市绿心歌剧院、图书馆、博物馆三大建筑,全面融入数字智能技术,推动全息影像、增强现实、数字影音、5G+8K等技术与艺术演绎、图书阅读、文物展示等领域深度融合,打造沉浸式体验场景。

2022年9月,河南省人民政府办公厅印发的《河南省元宇宙产业发展行动计划(2022—2025年)》强调:要发展文旅元宇宙,推动景区、博物馆、文化馆、主题公园、艺术中心等深度运用扩展现实等技术,在虚拟世界中建设数字孪生体;建立线下主题场景与线上开放世界相结合的文旅新形态,充分发挥元宇宙沉浸式体验优势,结合虚拟世界打造丰富多彩的线下实景文旅项目;鼓励开发数字原生内容,扩大数字藏品规模,拓展元宇宙数字文旅经济发展新路径。

2022年10月,工业与信息化部、教育部、文化与旅游部等5部门联合印发的《虚拟现实与行业应用融合发展行动计划(2022—2026年)》中指出:推动文化展馆、旅游场所、特色街区等开发虚拟现实数字化体验产品,让优秀文化和旅游资源借助虚拟现实技术"活起来";开展行前预览、虚实融合导航、导游导览、艺术品展陈、文物古迹复原等虚拟现实创新应用,鼓励一、二级博物馆,具有条件的旅游活动场所设置沉浸式体验设备。

2022年12月,成都市新经济发展工作领导小组办公室发布的《成都市元宇宙产业发展行动方案(2022—2025年)》中提出共创"元文旅"场景:活化武侯祠、杜甫草堂、金沙遗址、宽窄巷子等内容IP,推动景区、文博场所、主题乐园、特色街区等深度运用XR、MR等技术,开发线下主题场景与线上开放世界相结合的文旅新形态;鼓励开发数字原生内容,扩大数字藏品规模,拓展"元文旅"经济发展新路径。

二、元宇宙文旅产业发展现状

对文化和旅游业来说,元宇宙是打破旅游时空的媒介,为游客带来沉浸式、场景化的社交新体验,而线上的体验也为线下带去流量。文旅元宇宙的到来,其时空整合、目的地扩展、创作平权及其带来的新社交集合会重塑文旅产业,创造更多可能性。

(一)各地各景区积极开发元宇宙文旅项目

目前,元宇宙与文化和旅游产业的联系非常紧密。无论是从消费者角度而言,还是从供给者角度来说,元宇宙文旅产业蓄势待发,力争为人们带来全新的产业形态,各国各地景区、主题乐园都在积极探索元宇宙。

1.海外元宇宙文旅产业项目开发

2018年,非营利组织CyArk与谷歌合作建设了元宇宙文旅项目"开放遗产"。这个项目通过3D激光扫描技术"重建"了庞贝古城、巴比伦古城遗址、比萨斜塔等100多个历史遗迹和景点。游客可以"穿越时空",通过AR或VR设备沉浸式游览名胜古迹,详细观看遗址细节。

2021年,韩国政府推出增强现实仁川(AR Incheon)项目。这个项目通过智能手机提供 AR 服务与互动。例如，景区提供 AR 导航服务和 AR 地图，游客能够根据历史人物的指引，"穿越"到该景点的重要历史时刻，饱览当时的风土人情。此外，景区还推出了《仁川行动》游戏，向游客发布游戏任务，以有奖参与的方式增强旅游的吸引力。

2021 年，迪士尼 CEO 鲍伯·查佩克称：迪士尼乐园和 Disney＋数字平台使该公司具备了强大的元宇宙构建能力。该平台能够以一种具备凝聚力、不受束缚的方式将物理与数字世界整合起来，极大地激活了创造性思维。

2.我国元宇宙文旅产业项目开发

我国名胜古迹众多，这些文化资源能够丰富元宇宙的场景。我国各地都在积极探索元宇宙与数字景区沉浸式演绎、数字艺术馆等文旅新形态，助力文旅产业的高质量发展。

2021 年 11 月 18 日，张家界设立全国首个元宇宙研究中心，以数字技术驱动产业创新，培育文旅产品新形态。2022 年 10 月，张家界发布全球首个景区元宇宙平台"张家界星球"测试版，通过 XR 融合互动等技术还原了武陵源景区的万千奇峰，为用户带来沉浸式的视觉体验。

2021 年 11 月，西安大唐不夜城景区宣布正在打造全球首个基于唐朝历史文化背景的元宇宙项目——"大唐·开元"。该项目提供高度自由的创作空间和超越时空的社交体系，让游客不管身处何处都能够在线上进行"大唐不夜城"游览娱乐。

河南省积极探索文旅与元宇宙的结合，推出河南文旅沉浸式数字空间——"元豫宙"。2022 年 3 月，河南智慧旅游大会启用元宇宙会场，参会者以"虚拟人"的身份开启了身临其境的河南文旅体验。据了解，"元豫宙"具备云游、购物、对话、约伴等多种功能，将以更加实用、更加交互的特征，在元宇宙新赛道上跑出文旅行业竞争力。

2022 年 7 月，厦门市人民政府就元宇宙建设与中国移动咪咕公司正式签署战略合作协议，创建厦门市"元宇宙生态样板城市"和数字化发展的新体例。

2022年12月,阿里巴巴元境在第十八届中国(深圳)国际文化产业博览交易会上展示了旗下文旅元宇宙品牌——"元境博域"。"元境博域"文旅元宇宙,是阿里巴巴云游戏事业部(元境)与西安博物院等机构联合,利用高清实时云互动、智能拟真虚拟人、VR/AR、区块链数字资产确权等技术,结合了跨越数千年人类精华的物质标本和文化元素,为传承人类社会多元文化、提升中国文化影响力而打造的。在"元境博域"文旅元宇宙中,线上和线下,过去、现在和未来相互交织融合成为永恒时空。2022年典型元宇宙文旅产业案例如表5-3所示。

表5-3　2022年典型元宇宙文旅产业案例

序号	项目	特点	项目方
1	张家界星球	以数字孪生构建张家界景区虚拟世界	张家界元宇宙研究中心
2	元宇宙酒店	实现传统酒旅业务的Web3.0数字化转型	远洲旅业
3	白居寺线上观展	通过地图编辑器,零代码搭建不同场景的虚拟空间	徐汇艺术馆
4	武当山数字景区	生动还原武当山知名景观	湖北大学
5	元宇宙动物园	自由游览动物世界,交友,会议和购物	MetaZoo
6	元宇宙历史街区	带来苏州著名历史街区七里山塘的数字孪生体验	深藏blue
7	开放遗产	"重建"100多个历史遗迹和景点	CyArk、谷歌
8	寺庙元宇宙	在线参观寺院、跪拜佛像、捐赠香火等	日本京都大学
9	元宇宙博物馆	记录战争真相,实时保存战争事件	乌克兰政府

(二)元宇宙不断丰富文旅产业业态

随着VR、AR、5G、AI等技术的不断发展,元宇宙文旅产业不断迭代,其发展也是一个虚拟和现实融合的过程。元宇宙所构建的虚拟空间和沉浸式体验是未来文旅产业发展的必然趋势。元宇宙文旅产业的发展既能将疫情带来的影响最小化,也为文旅产业注入新活力,激发文旅产业多元化、IP化的大发展，不断丰富着文旅产业业态。

2021年，风雅六合团队在江西浮梁沧溪村推出了开放式真人实景国风沙盒游戏《幻乡·沧溪风华录》，玩家在4万多平方米的古村世界内自由探索，形成了一个文旅新业态。沙盒类旅游项目的价值在于为虚实共生的元宇宙提供物理空间里的适配玩法，玩家在现实空间获得和虚拟"异世界"里的一致性体验，同时可以在这个世界里使用虚拟身份拥有真实的社交关系。

2022年9月，成都市青白江区人民政府与北京当红齐天国际文化科技发展集团有限公司签订项目合作协议，双方将合作共建青白江区城厢古城元宇宙数字文旅产业园。该元宇宙数字文旅产业园占地面积约347亩，总投资人民币50亿元，融合区块链、5G、VR、AR、AI、物联网、大数据等前沿数字技术，打造元宇宙数字化空间，建设元宇宙主题乐园、沉浸式精品酒店、沉浸式街区等线下场景。城厢古城元宇宙数字文旅产业园不仅是以文化链接科技构建出的新型文化旅游综合体，也是数实融合的全新消费场景。

2022年10月，美国《国家地理》杂志公布2023年度全球推荐旅游地名单（25处），龙门石窟作为中国唯一上榜的目的地，入选"文化类"旅游地推荐名单。"无上龙门"沉浸式体验馆占地1000多平方米，是基于龙门古街闲置的建筑场地改造而成的高科技全景沉浸式体验馆，内含超大水平全景球型荧幕、19台激光工程投影机和立体声环绕音响，将龙门千年的历史文化浓缩在12分钟的视听盛宴中，成为石窟元宇宙的入口。"无上龙门"在2023年春节期间，日平均接待2000人次，门票窗口价格为40元，日均收入6.5万元，高峰期可达12万元。

元宇宙文旅不仅可以将现实的文旅场景、产品复刻到元宇宙中，还可以将虚拟世界重现到现实世界里，打造全新的沉浸式景区。比如，"赛博天空2077"元宇宙正在筹建线下实体的"姑苏喵喵城"苏州项目和"八臂哪吒城"北京项目，在最大限度上保证了元宇宙世界所带来的体验"不出戏"，达到深度沉浸的效果，让元宇宙场景回归真实世界。

（三）文旅数字藏品实现价值变现

在国内元宇宙文旅产业中,文旅数字藏品深受欢迎,快速实现了价值变现。湖北省博物馆将镇馆之宝"越王勾践剑"制成数字文物,限量1万份对外发售,引来60万人在线抢购,短短3秒即告售罄;泰山景区推出的首期4款数字藏品,每个售价25元,分别限量发售8000份,上线即"秒光";西安曲江大明宫国家遗址公园推出的"〇宇宙·千宫系列"数字藏品登陆淘宝阿里拍卖平台,3万份藏品累计9分钟全部售罄,总营收超过60万元。

文旅数字藏品风生水起,原因在于其借助区块链技术,将特定的作品、艺术品生成唯一数字凭证,在保护其数字版权的基础上,实现真实可信的数字化发行、购买、收藏和使用。除此之外,社会高度关注、网红属性特质、商业价值快速变现等诸多因素也不容忽视。目前,故宫博物院、中国国家博物馆、湖北省博物馆、湖南博物院、河南博物院等机构先后推出馆藏珍品的数字藏品服务,央视财经数字藏品、新华社数字藏品、支付宝鲸探、腾讯幻核、小红书藏品、京东灵稀数字藏品等平台也纷纷上线。

（四）元宇宙文旅打通线下场景和线上空间

在传统的线下场景中,景点的内容资源有限,难以进行内容延伸,这一短板正在被线上空间所填补。借助技术优势整合内容资源成为元宇宙文旅产业发展的重要路径,也为数字文旅的高质量发展提供新的动能和流量。

近年来,陕西省部分文旅机构在如何通过元宇宙技术实现线上流量向线下流量转化方面做出了许多有益的尝试,打造了多个元宇宙文旅新场景。2023年春节假期,陕西省整体客流量较上年同期上涨约110%,日均文旅消费规模较上年同期增加277.7%,夜间文旅消费规模较上年同期增长397.5%。春节长假过后,西安景区的人流量依旧饱和。这与过去几年陕西省积极尝试元宇宙文旅产业是分不开的。一些元宇宙沉浸式体验视频被网友和流量博主发布在社交媒体平台上,游客慕名而来,网络流量带动线下客流量增长。

2023年春节期间,"大唐不夜城"推出AR导览项目。游客戴上AR眼镜,镜片上就可以呈现与唐文化相关联的视频、动画以及文图内容,游客通过语音与AR眼镜实现互动,转化不同的场景,可以快速了解西安丰富的汉唐历史文化背景。传统文旅提供的产品主要是一种空间体验,而元宇宙的技术内涵则是将元宇宙文旅空间体验进行数字化,为游客打造体验新场景,开启新的游览模式。未来AR导览还可以实现导航和电商功能,实现线下流量和线上功能的对接。

2023年春节期间,骏图网推出了线上线下联动的山海长安元宇宙新春灯,方便游客利用元宇宙技术了解唐文化。游客在线下游览灯会的同时,也可以通过二维码或小程序进入元宇宙灯会进行祈福和放飞"虚拟花灯"。元宇宙新春灯会是"科技＋文化IP＋场景联动"的新探索,可以进一步促进数字经济和实体经济深度融合,创新文旅产业数字化升级之路。

(五)元宇宙文旅产业发展受到关注

围绕元宇宙赋能文旅产业转型升级,国内纷纷召开文旅元宇宙大会,探讨元宇宙如何为包括文旅在内的各行业高质量发展开拓更为广阔的发展前景。

2022年7月28日至30日,由北京市人民政府、国家发展和改革委员会、工业和信息化部、商务部、国家互联网信息办公室、中国科学技术协会共同主办的2022全球数字经济大会在北京举行。7月29日举办的"互联网3.0峰会文旅元宇宙论坛"成为大会亮点。

2022年8月10日,零壹智库、中关村区块链产业联盟、Fore Chain联合主办"元宇宙创新:繁荣与前途——元宇宙产业发展"峰会。峰会上发布了《全球数字藏品研究报告(2022上)》。

2022年9月1日,2022互联网岳麓峰会"湘约新宇宙,共创新时代"专场活动在长沙举办。这是自互联网岳麓峰会举办九届以来首次设立的元宇宙专场论坛。论坛上,元宇宙创作者生态联盟正式成立。

2022年12月12日,文旅中国元宇宙首届生态大会在福建省福州市开幕,文化和旅游部门有关负责人、专家学者、企业家代表云集榕城。大会以"共识·共建·共治·共享"为主题,聚焦文化和旅游领域元宇宙发展应用,共商元宇宙前沿命题,共同探路元宇宙生态发展、创新应用、标准制定、政策研究,携手见证文旅中国元宇宙生态联盟的成立与《文旅中国元宇宙项目白皮书》的发布。

三、元宇宙文旅产业发展趋势

元宇宙是虚拟世界与现实世界相交互和映射的时空。在元宇宙中,人们会感到既陌生又熟悉、既冒险又安全、既身临其境又可以随时离场,这种体验与旅游活动所追求的体验非常类似。元宇宙文旅产业的本质是线下的文化故事与线上的虚拟场景融合统一,以此达到吸引人流消费与扩大经济效益的目的。元宇宙目前最大的特点是虚实相生,线上线下联动,未来这些特点将继续发挥优势,也会碰撞出更多的火花。

(一)技术帮助元宇宙文旅产业进一步升级

元宇宙文旅产业的发展基础是VR、AR、AI、云计算、大数据等相关科技设备,技术的突破与创新,能够进一步推动元宇宙文旅产业的快速进步。同时,随着元宇宙技术越来越多地应用于文旅产业,文旅景区将会进一步升级,成为文旅产业业态融合创新发展的新动力,元宇宙文旅产业的未来会有无限可能。

（二）文化体验更加丰富

对文化型旅游景区来说，在元宇宙中，消费者如果对某个IP或主题感兴趣，可以围绕这个IP进行不局限于时间和空间的创作，文化体验的丰富度将极大提升。与此同时，在元宇宙新型社会体系里，时间、空间或身份的交集会叠加出新的社交集合，使元宇宙文旅的创造和消费有更高的社交质量。

（三）元宇宙相关技术在文旅产业领域应用更广

将元宇宙相关技术应用于文旅产业吃、住、行、游、购、娱的各个环节，能够为游客带来与众不同的沉浸式体验。随着相关技术的不断成熟，元宇宙将会成为文旅产业全领域业态融合创新发展的新动力。

（四）元宇宙文旅产业发展仍然以内容为核心

目前元宇宙文旅产业发展迅速，而当元宇宙的技术要素趋于成熟时，文旅项目的竞争还会再次回归于内容的文化性和艺术性。因此，在元宇宙文旅产业发展过程中需要以内容为核心。未来，拥有垄断性文旅IP潜力的景区会拥有强大的优势，在元宇宙中定义自己的专属空间。

（鲍晓宁、李晶　河北传媒学院）

第六章　国内外知名元宇宙文化企业

近几年 VR、AR 技术的提升,云计算、5G、人工智能等领域的进一步发展,为元宇宙的实现和商业化提供了技术支持,于是带来了元宇宙概念的新一波热潮。

2021 年 3 月,游戏公司罗布乐思在纽约交易所上市,其敏锐地察觉到元宇宙领域的巨大潜力,把元宇宙这一概念写到了自己的招股书中,这也成为元宇宙一词从书中走向商业世界的第一个重要节点。第二个契机则来自马克·扎克伯格。《雪崩》中描述的 Metaverse 与他投入大量资金的 VR/AR 领域等高度契合。2021 年 10 月,他宣布 All in 元宇宙,并将 Facebook 更名为 Meta。几个月后,新生的 Meta 推出了自己的第一个元宇宙平台——Horizon Worlds。

国内的各大互联网公司也一直在关注元宇宙的发展进程。2020 年初,腾讯参加了元宇宙相关公司罗布乐思的融资,而且已经获得了此公司旗下同名平台的中国区独家代理权。到 2021 年底,国内多个公司都已经在元宇宙领域有了较大动作。腾讯通过对多家公司进行投资与收购完成了元宇宙领域的基本布局,硬件方面有信息采集与虚拟场景构建(VR/AR 方面)的技术与云计算平台,如 Epic 游戏公司的虚幻引擎等,软件方面更是可以满足各个用户群体的游戏、消费、学习和社交等需求。字节跳动也一直在积极入局，投资了元宇宙概念公司"代码乾坤"并收购了Pico。百度也在自己开发的元宇宙平台上举办了创建人工智能（Create AI）开发者大会。

2022年是国内外元宇宙企业高速发展的一年。在经历了初期的挫折和弯路后，布局元宇宙的企业逐渐找到了在产业链中所扮演的角色。目前在国外，计算和虚拟化是大部分企业更为关注的方面；而在国内，元宇宙企业主要涉及XR生态、大内容生态、区块链与数字衍生经济、虚拟人、元宇宙虚拟空间、元宇宙数字孪生等领域。本章将从国外和国内两个方面详细说明元宇宙企业的发展情况。

第一节　国外知名元宇宙文化企业

2021年和2022年是元宇宙文化企业集中爆发的两年。在硬件方面，英伟达公司借助多年在GPU方面的优势，专注于专用工作站和计算领域，其最新一代的GPU已经瞄准了元宇宙需求。作为底层技术供应商的英伟达，主要关注的是元宇宙硬件和底层技术设施，并于2021年11月正式发布元宇宙开发工具Omniverse Avatar，进军元宇宙领域。超威半导体公司已经获得Meta的元宇宙数据中心订单，国际商业机器、惠普等设备制造商也在硬件基础领域布局，以满足元宇宙行业不断增长的计算和存储需求。

在软件方面，元宇宙中的虚拟化技术，目前主要是AR和VR，已逐渐出现技术的进阶MR，这些技术的发展和融合最终将形成XR技术。大多数元宇宙文化企业以Microsoft公司的Windows操作系统和DirectX图形应用接口技术构建个人计算机终端的二维可视化环境，在可预见的未来，随着技术的迭代，该环境将更加适应AR技术的要求。同时，随着移动互联技术和大量可穿戴设备的发展，与之相适应的独特的操作系统将进一步发展。表6-1列出了2021—2022年国外元宇宙文化企业发生的主要重大事件。

表6-1　2021—2022年国外元宇宙文化企业发生的主要重大事件

序号	时间	事件描述
1	2021年3月	罗布乐思登陆纽交所,这也是元宇宙的第一个上市公司
2	2021年7月	社交巨头Facebook宣布进军元宇宙
3	2021年10月	Facebook公司名称更改为Meta,取自元宇宙"Metaverse"
4	2021年11月	超威半导体公司拿下Meta的元宇宙数据中心订单
5	2021年11月	微软宣布将推出新的Mesh for Microsoft Teams软件
6	2022年1月	微软宣布以687亿美元收购知名游戏公司动视暴雪。微软董事长兼CEO萨蒂亚·纳德拉认为,游戏将在元宇宙的发展中发挥关键作用
7	2022年1月	Meta联合英伟达正式推出全新超算——人工智能研究超级集群
8	2022年4月	Cocos宣布完成B轮融资,融资金额5000万美元
9	2022年4月	谷歌和NBA联合推出元宇宙项目Google Pixel Arena
10	2022年4月	沃尔玛成立探索元宇宙和Web3的创新部门
11	2022年5月	元宇宙平台BUD宣布,已完成3680万美元的B轮融资
12	2022年8月	英伟达宣布推出USD发展计划
13	2022年10月	Meta在第九届Meta Connect大会上正式发布高端VR头显Quest Pro
14	2022年10月	微软成立"工业元宇宙"创新团队Industrial Metaverse Core,希望利用元宇宙改变工业工作的体验感

　　本节将选取两家典型元宇宙企业作为代表,对国外企业在元宇宙方面的发展情况做一个较为详细的介绍。

一、Meta

　　当说到元宇宙企业,Meta绝对值得一提。2021年10月底,Meta的首席执行官扎克伯格在Connect 2021上公开表示,将把公司的重心逐渐转向元宇宙方面,并为此特意将公司的名称改为"Metaverse"（元宇宙）一词中的"Meta"。相对于其他的硅谷巨头,Meta在元宇宙领域投入的资金最多,计划也最宏大,并预期利用5年的时间实现自己转型的目标。

（一）Meta 发展历程

经过这些年在元宇宙方面的布局，目前 Meta 在硬件接口、支撑技术、人工智能以及应用内容 4 个方面均有一定的计划和成果。其计划以社交为最终目的，并提出了三大发展方向：互联互通、新经济模式和公共空间。表 6-2 展示了 Meta 的发展历程。

表 6-2　Meta 的发展历程

序号	时间	发展历程描述
1	2018 年 5 月	Facebook 发布首款 VR 设备 Oculus Go
2	2019 年 9 月	Oculus Connect 6 大会上，Facebook 表示旗下虚拟游戏社交平台 Facebook Horizon（Horizon Worlds 的前身）将成为新的社交虚拟世界
3	2020 年 8 月	Horizon Worlds 进入测试阶段
4	2021 年 10 月	扎克伯格决定将公司的名称改为 Meta，以支持其向元宇宙行业转型的长期目标
5	2021 年 12 月	Horizon Worlds 正式面向北美地区的成年用户开放
6	2022 年 2 月	根据 Meta 高官透露，Horizon Worlds 用户量已达到 30 万人
7	2022 年 5 月	Meta 全球首家元宇宙实体店开张
8	2022 年 11 月	Meta 将裁掉约占其员工总数 13% 的在职员工，共计约 1.1 万人

（二）Meta 主营业务及优势

从 2021 年 10 月宣布更名并将业务中心逐渐向元宇宙项目转移后，Meta 就分两个部分公布自己的财报，分别是以社交媒体 Facebook、Instagram 等为主的应用程序部分和以 AR/VR 软硬件为主、负责元宇宙项目的 Reality Labs 部门。前者依然是 Meta 的主要收入来源，而后者还处在起步和发展阶段。Meta 2022 年第三季度财报显示，Meta 的元宇宙业务已经亏损了将近百亿美元，并且未来还有赤字进一步扩大的趋势。Meta 不同业务营业收入占比情况如图 6-1 所示。

名称	同比	营业收入/亿美元	占比/%
●Family of Apps	—	1156.55	98.07
●Reality Labs	—	22.74	1.93

图6-1 Meta不同业务营业收入占比

数据来源：Meta 2022年第三季度财报。

不过从长远来看，Meta的元宇宙业务并不是没有盈利的可能。作为抢先进入元宇宙轨道的硅谷巨头，Meta在VR领域的地位毋庸置疑，早在几年前，Meta就已经开始了在AR/VR领域的布局，通过收购相关企业拥有了必备的技术支持，使得Meta元宇宙计划的实现成为可能。硬件方面，Meta推出了VR头戴设备Oculus系列；用户方面，Meta旗下拥有全球最主要的社交媒体Facebook和Instagram，并吸引了几十亿的活跃用户；内容方面，Meta已经开发了很多AR/VR应用，并在市场份额方面有不错的占比；布局方面，Meta开发的应用更多地着眼于消费。2021年Meta新推出的二代VR头戴设备已售出逾千万台，因此很多业内人士认为，就AR/VR领域而言，硬件方面的准备已经比较完善，很有可能会吸引更多的竞争者入局，进一步发展这一行业。

（三）Meta元宇宙布局的五重阻力

虽然Meta拥有发展元宇宙的许多优势，并且在近两年也投入了大量的资金积极进行布局，然而现实和人们所期待的恰恰相反，自2022年以来关于Meta元宇宙项目的负面消息频出，让许多投资者产生了怀疑。

Meta从决定开展元宇宙业务伊始就投入了大量资金，但微小的收效让股东们对这一举措充满了失望和怀疑的情绪。截至2022年底，Meta的股价与同期相比已经跌了超过7成。负责元宇宙项目的Reality Labs部门2022年前三个季度营业收入和资金投入完全不成正比，未来元宇宙的相关业务要盈利估计还需要大量的资金、更先进的设备和较长时间的等待。尽管如此，公司仍旧计划在这一项目上支出大概400亿美元，其中的大部分都会用于元宇宙的布局。2022年11月初，Meta宣布将裁掉其公司员工总数的13%左右，共计约1.1万人，这么大规模的裁员自公司成立以来还是第一次，即使和其他行业巨头相比也是裁员最多的。面对这样剧大的人员变动，扎克伯格在对大众的公开信中表示自己必须为此负责，作为公司的CEO，制定战略时确实出现了偏差，所以现在Meta不得不承受盲目转型带来种种问题的痛苦，以及这段时间以来对元宇宙项目大量投入资金的后果。Meta 2019—2023年股价走势如图6-2所示。

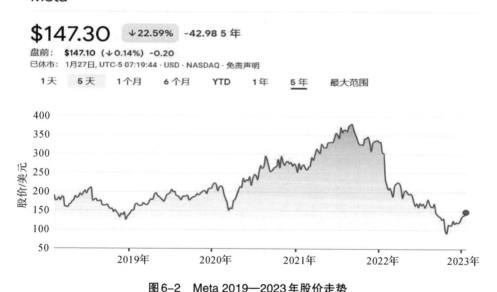

图6-2　Meta 2019—2023年股价走势

数据来源：纳斯达克证券交易所。

　　Meta明明占有技术和先发优势，却依然在布局过程中屡屡受挫，背后的原因笔者总结为以下5个方面，希望可以帮助后来的企业更好地确定自己的发展方向，促进我国元宇宙领域的发展。

1.元宇宙相关技术不够成熟

Meta推出的虚拟平台Horizon Worlds并不如一开始预期的那样顺利吸引到大量的活跃用户在平台上继续进行社交活动,在2022年底时平台的真实活跃用户相比于目标的50万人只有不到一半,约有20万人。但也不能说这个元宇宙平台吸引不到用户,依托于Meta本身的平台优势,2022年2月,Meta就曾表示Horizon Worlds的月活跃用户人数已经达到了30万,此时距离2021年12月此平台正式开放给成年用户的时间也不过2个月。然而也就是从那时开始,平台的用户数就在持续下降,大多数用户在经历过第一个月的体验之后往往不会再次回到虚拟世界。即使是继续使用这个平台的用户,相互之间的互动和对于平台功能的开发也非常有限。公司内部职员在接受采访时曾透露,Horizon Worlds平台上用户创造的小世界被超过50人浏览过的只有不到1成,绝大多数的小世界从没有被访问过。平台上仅有不到1个百分点的用户在设计组建自己的小世界,其他人甚至不太在意平台的这个功能。Meta通过对其平台上500多名用户的调查发现,受访用户在浏览别的小世界时大部分都处于不感兴趣的状态,自己的世界也几乎没有人来互动,最重要的原因是每个用户作为头像的虚拟形象非常虚假,导致与现实生活产生较大的割裂。

种种现象背后的原因似乎都与Meta尚不成熟的相关技术及其带来的平台质量问题有关。美国知名科技媒体网站The Verge的一篇报道中提到,根据Meta用于员工内部交流的备忘录信息,Horizon Worlds中随处可见各种由于质量问题产生的故障,已经严重影响了用户体验感,即使是公司的员工,大部分也不使用这个平台。Meta公司内部也意识到这个问题,元宇宙项目的负责人Vishal Shah已经启动了产品质量异常的应急程序,他表示元宇宙的潜力确实很大,但就现阶段而言,Meta还需要做很多事来保证元宇宙项目继续发展。

2.元宇宙企业的竞争加剧

国际数据公司发布的关于AR/VR头戴设备销售市场的相关调查显示，2021年全球AR/VR头戴设备市场相比于2020年已经涨了将近1倍，总计售出的数量已经超过1120万台。可以说，2021年是AR/VR头戴设备蓬勃发展的一年，再加上Meta入局早、投入多的巨大优势，一直到2022年第二季度，Meta的VR头戴设备都以86%的市场份额在这一领域处于绝对领先地位。但是当Meta开始上调新款VR头戴设备Quest 2的价格时，整个AR/VR头戴设备的销量都受到了巨大影响。整个2022年，AR/VR头戴设备的全球出货量为970万台，与2021年相比下降13.4%。在Meta的产品销售受到挫折的同时，Pico、创维等公司相继发布新品，而苹果、索尼等巨头的新产品也相继上市，这样的行业趋势一定会威胁到Meta如今的市场地位。目前相关领域的很多专家表示，破局者很有可能就是苹果、索尼等电子消费巨头，尤其是苹果推出自己的AR/VR头戴设备之后，很有可能像"Apple Watch"一样引起一轮新的风潮。苹果在元宇宙领域布局很早，在专利、投资等方面都有优势，苹果即将拥有自己的硬件产品，AR/VR领域的生态很有可能发生改变，可能会为市场带来增长转折点。索尼即将推出具有眼球追踪和移动镜头等功能的新型VR头戴设备，这些新设计对Meta的VR系列产品产生了巨大威胁。在自身元宇宙发展存在问题且行业竞争加剧的情况下，未来要如何布局使自己依然能够在市场上占据最多份额，不受强大对手的影响，对Meta来说是一个巨大的考验。

3.元宇宙项目的资金来源稍显疲软

Meta一直对元宇宙业务投入大量的资金，但就现在的情况而言，距离盈利还有很长的一段距离。保证元宇宙业务继续发展的一个重要条件就是稳定持续的资金来源，然而就Meta公布的2022年前三个季度财报而言，情况并不是非常乐观。作为Meta最主要资金来源的广告业务受到通货膨胀和利率不断上升的影响，收入同比下降；与此同时，元宇宙业务的支出却在大幅增加;外部更加激烈的竞争环境也对Meta广告业务的收益产生了影响,尤其是苹果的隐私政策和TikTok的流行。如果占Meta收入超过90%的这部分广告业务放缓,或许会对其元宇宙的布局产生阻力和负面影响。

Meta公布的2022年第四个季度的财报显示,尽管营收仍同比下降约4%,但相较于市场预期的7%降幅而言,仍超过了大部分人的预期,这也表示Meta基本遏制住了业务的继续恶化。然而,此次财报数据超出预期并不意味着Meta的经营状况很好。尽管2022年Meta营业总收入仅环比下降1%,但其营业利润同比下降38%,净利润更是下降41%。业务的营业收入并没有明显的变化,对于元宇宙的投入却大幅增加,这导致Meta的净利润出现了明显的下滑。第四季度的净利润仅为46.52亿美元,较上一年同一时期的102.85亿美元下降55%。元宇宙业务究竟何时能摆脱亏损,未来对元宇宙业务的大量投资会持续多久,依然是一个未知数。表6-3列出了Meta 2021—2022年财报的主要数据。

表6-3　Meta 2021—2022年财报主要数据

类型	2021年第一季度	2021年第二季度	2021年第三季度	2021年第四季度	2022年第一季度	2022年第二季度	2022年第三季度	2022年第四季度
应用程序业务收入/百万美元	25637	28772	28452	32794	27213	28370	27429	31438
Reality Labs业务收入/百万美元	534	305	558	877	695	452	285	727
总收入/百万美元	26171	29077	29010	33671	27908	28822	27714	32165
应用程序经营收益/百万美元	13205	14799	13054	15889	11484	11164	9336	10678
Reality Labs经营收益/百万美元	−1827	−2432	−2631	−3304	−2960	−2806	−3672	−4279

续　表

类型	2021年第一季度	2021年第二季度	2021年第三季度	2021年第四季度	2022年第一季度	2022年第二季度	2022年第三季度	2022年第四季度
经营总收益/百万美元	11378	12367	10423	12585	8524	8358	5664	6399
营业利润率/%	43	43	36	37	31	29	20	20

数据来源：Meta 2021—2022年财报。

4.公司内部对元宇宙项目存在分歧

Meta的CEO扎克伯格激进的元宇宙策略并没有得到所有人的认可。事实上，从Meta进军元宇宙开始，整个公司就一直在进行人事变动。为了缩减开支将更多的资金用于元宇宙项目的开发，Meta重组了自己的公司部门，同一时间公司也停止了招聘，不允许新人入职，并进行了公司内部人员调动。这样一系列人事方面的大动作对于许多公司员工来说是难以理解的。2022年5月《纽约时报》通过Blind网站（专为各个公司员工交流设计的、不展示真实身份的网站）对1000名Meta在职员工进行调查，42%的受访员工并不了解公司的元宇宙计划究竟能为他们带来什么，各个部门人员流动频繁和开发团队的不断打破重组让他们中的大部分人对元宇宙项目颇有微词，他们认为公司大张旗鼓地部署这个项目的目的可能只是让扎克伯格开心，除此之外没有看到这个项目别的进展。这样的不满情绪早已蔓延到公司的高管层，自2022年以来，算上公司里除扎克伯格外最有话语权的雪莉·桑德伯格，已有多名核心部门的高管选择从公司离职，其中很多人表示离职和对激进进军元宇宙行为的不信任脱不开联系，这为Meta仍在职的高管员工和各个股东敲响了警钟。

5.元宇宙项目的投入成本不断增加

通过前文的表格我们不难看出，Meta的元宇宙部门Reality Labs仅2022年一年就亏损了超过137亿美元，这也导致公司的利润出现了大幅度下降。

然而 Meta 对于股东和金融分析师们的担忧充耳不闻,在最新发布的财报中表示,2023 年公司将继续加大对于元宇宙项目的投入,以加快实现其元宇宙盈利的长期经营目标。因此,相比于 2022 年,2023 年 Reality Labs 的亏损还将进一步扩大。就职于投资银行的布伦特·蒂尔在 Meta 的财报电话会议上就扎克伯格大量投入元宇宙项目能否在未来盈利提出疑问,但对方对此有不一样的看法,扎克伯格表示自己有信心使 Meta 变得更好,大量的投资会在公司的元宇宙项目中发挥巨大的作用。2022 年底,扎克伯格在采访中承认将绝大部分资源投入元宇宙对于 Meta 来说是一场豪赌,恐怕未来几年都没有盈利的可能性,但从长远来看,他有信心,认为 Meta 一定可以扭转这种局面,如果未来公司想要在计算平台上占有一席之地,元宇宙项目是绝对必要的。公司在这个领域的努力和苹果产品第一次问世或是进入移动互联网时代一样,将是划时代且意义非凡的。然而迄今为止,Meta 的元宇宙产品仍稍显简陋和初级,投入的成本巨大且难以止损,未来几年也没有盈利的机会,股东和市场恐怕都很难为扎克伯格的设想买账。

总体来看,作为元宇宙行业的先行者,Meta 在转型和发展中遇到了重重阻碍,元宇宙项目实践也仍在摸索中,并未取得太多实质性的成果。但在一些领域,尤其是 AR/VR 头戴设备这方面,Meta 仍在市场中占据优势地位。

二、罗布乐思

罗布乐思作为沙盒游戏这一领域影响力最大的游戏公司之一,也被许多投资者认为与元宇宙有着千丝万缕的联系。这种类型的游戏主要依赖于玩家自己的设计和创造,玩家根据已有条件创造设计物品,甚至改造或是创造虚拟世界。沙盒游戏中通常包含角色扮演、动作等多种要素。

（一）罗布乐思的主营业务

目前罗布乐思专注于沙盒游戏平台的开发,其中大部分的作品都是由平台玩家设计创作的,因此,罗布乐思不需要专门的游戏设计团队来进行创作,只需要进行一些基本的维护以保证平台的运行。罗布乐思的招股书中总结了其平台的多个特征,这些特征也是许多人将其视为元宇宙初级形态的原因之一:用户拥有虚拟形象的身份,设置账户也很简单,可以与朋友互动（无论是现实的还是虚拟的）,拥有完整的货币体系,在世界各地都可以身临其境,在安全的基础上享受多样的内容。

（二）罗布乐思的盈利模式及经营情况

罗布乐思主要依靠游戏玩家充值获得游戏代币 Robux 来赚取利润,虽然平台大部分的游戏都是可以免费体验的,但是根据游戏制作者自主的设置,玩家体验部分优秀游戏,仍然需要花费游戏代币。相应地,游戏的设计者也可以获得一定的分成,这也是罗布乐思主要的运营成本。同时,游戏代币可以用来装扮自己在平台上的虚拟身份,以获得更好的体验。2021 年公司的财报说明,目前罗布乐思的收入分成大致如图 6-3 所示,除了公司方的股东收益和平台维护费用外,收入主要流向了开发者和应用商店。

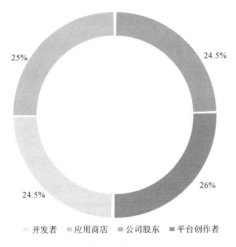

图6-3　罗布乐思的收入分成

数据来源：罗布乐思2021年财报。

2022年11月，罗布乐思公布的第三季度财报出现了超出预期的亏损，这也从一个侧面反映当前元宇宙行业盈利的困难程度。罗布乐思第三季度净亏损将近3亿美元，比分析师预期的亏损额高约42.9%，为上年同期亏损额的3.8倍。虽然罗布乐思的订单较上一年确实有增加，但是增速已经不到上年同期的一半。2022年以来，新冠疫情的影响逐渐减弱，很多人都可以选择外出娱乐放松，因此视频游戏行业的增长一直在放缓；同时经济方面，全球的通货膨胀率较高，消费者在游戏产品上面花费的钱也逐渐减少。总体来看，受到大环境和元宇宙行业刚刚起步的影响，罗布乐思的经营情况并不如预期。

（三）罗布乐思运营的潜在风险

在沙盒游戏领域，罗布乐思是全球最有影响力的公司之一，但未来的发展依然存在三个主要隐患：

第一，元宇宙初级形态的游戏平台吸引到的主要用户都偏低龄，主要是K12群体（从幼儿园到高中的学生），这会带来许多的监督管理问题，也不利于罗布乐思开拓海外市场,尤其是在东亚地区。

第二,为了吸引更多的创作者进入平台,激发用户的创作热情,从而保证平台的用户活跃度和游戏可玩性,目前罗布乐思平台的创作者分成很多,已经成为公司的最大成本,因此罗布乐思的净亏损一直呈现逐年上升的趋势。未来罗布乐思要破局,进一步实现在元宇宙领域的发展,依然阻碍重重。

第三,罗布乐思平台上的用户人数增长速度放缓,并且注册用户的参与度变低。之前罗布乐思财报展现出的数据情况较好可能和疫情期间大部分人无法出门所以选择玩平台游戏有关,但是随着疫情的影响逐渐淡化、人们日常生活工作秩序的恢复,罗布乐思公司的经营状况变差是必然的。但是无论是投资市场还是企业布局似乎都轻视了居家给公司带来的影响,要适应目前的形势,罗布乐思需要迅速采取一系列的正确应对措施。

（四）罗布乐思的解决措施

为寻求破局,罗布乐思除运营自己的游戏平台,还主要实践了三大举措。首先,提供资金支持教育组织类用户在平台上开发课程,这一举措更好地适配了平台用户年龄偏低的特性,无疑是一个一举多得的举措。其次,平台计划与许多商业品牌合作,公司品牌可以在平台上实现品牌推广,罗布乐思也可以获得一定的投放收益。最后,罗布乐思收购了数家游戏通信公司,这一举措对于其达成用户人数上涨的目标大有裨益。

第二节　国内知名元宇宙文化企业

2021 年以来,我国不断出台政策引导和扶持区块链等元宇宙相关技术的发展,利好政策和技术的发展促使国内企业加速布局元宇宙行业。和国外元宇宙文化企业相比,国内企业元宇宙布局较晚,且在硬件和底层技术端相较国外企业缺乏优势。国家知识产权局商标局资料显示,从 2021 年 3 月起,国内企业开始注册元宇宙相关商标,到 2021 年 9 月,元宇宙商标申请量达到 344 项。目前,我国网络巨头公司百度、阿里巴巴、腾讯、字节跳动、网易等已经加入元宇宙领域。

腾讯通过投资对元宇宙行业进行了全方位的布局;字节跳动在大流量平台抖音等的基础上,发行游戏《重启世界》,收购 VR 设备公司 Pico;百度发布了平行于物理世界的沉浸式虚拟空间社交 App "希壤";阿里巴巴重点布局硬件领域,不断加大 VR 硬件的投入。表 6-4 列出了 2020—2022 年国内元宇宙文化企业发生的主要重大事件。

表 6-4　2020—2022 年国内元宇宙文化企业发生的主要重大事件

序号	时间	事件描述
1	2020 年 2 月	腾讯投资罗布乐思,并独家代理其中国区产品发行
2	2021 年 1 月	网易投资 3D 社交平台 Imvu
3	2021 年 3 月	沙盒移动平台开发商 Meta App 完成迄今国内元宇宙最大规模的单笔融资,融资规模 1 亿美元
4	2021 年 4 月	字节跳动投资了元宇宙概念公司"代码乾坤"
5	2021 年 6 月	宝通科技设立国内首家元宇宙公司(海南元宇宙科技有限公司),并与投资参股的一隅千象签署战略合作协议
6	2021 年 8 月	字节跳动用 90 亿元购入 VR 创业公司 Pico,正式入局元宇宙
7	2021 年 9 月	宝通科技与哈视奇将持续深化合作,持续打造智慧物联下的"平行世界"
8	2021 年 9 月	腾讯注册"QQ 元宇宙"商标
9	2021 年 10 月	在 2021 年云栖大会上,阿里巴巴达摩院宣布增设操作系统和 XR 两大实验室
10	2022 年 1 月	谷歌投资 4000 万美元购入鸿海集团子公司桦汉科技 4.6% 的股权,成为其第三大股东,双方将共同进军元宇宙市场
11	2022 年 1 月	字节跳动独家投资杭州李未可科技有限公司。李未可科技旗下拥有"李未可"AR 科技潮牌及同名虚拟 IP 形象,并于同年 10 月发布了旗下首款 AR 眼镜 Meta Lens
12	2022 年 1 月	百度旗下区块链品牌百度超级链宣布上线首个数字藏品平台
13	2022 年 3 月	灵犀微光宣布完成亿元级 B 轮融资;Rokid 获得复星集团的 7 亿元 C 轮融资;Nreal 获得阿里巴巴 6000 万美元 C+ 轮融资

续　表

序号	时间	事件描述
14	2022年6月	元宇宙公司燧光科技完成1.25亿元融资
15	2022年6月	映客正式更名为映宇宙(Inkeverse)，业务将全面面向元宇宙
16	2022年6月	社交元宇宙平台Soul的运营主体Soulgate向港交所提交上市申请书
17	2022年7月	元宇宙底层基础设施服务商豪微科技(Nano Labs)于纳斯达克上市
18	2022年8月	腾讯幻核停止数字藏品发行
19	2022年8月	AR眼镜品牌Nreal在国内推出两款AR眼镜产品：Nreal X和Nreal Air
20	2022年9月	蔚来汽车上线车载AR眼镜
21	2022年9月	字节旗下的Pico在青岛召开新品发布会，发布第四代VR头显
22	2022年10月	INMO影目科技发布了第二代AR眼镜"INMO Air 2"和智能戒指"INMO Ring"，以及基于SLAM空间算法的元宇宙应用INMOVERSE
23	2022年11月	淘宝直播上线"未来城"的元宇宙空间功能，空间中包含广告屏、商业街、直播带货、购物抽奖等模块，用户之间也可互动
24	2022年11月	罗永浩AR创业公司细红线科技完成约5000万美元(约合3.57亿元)的天使轮融资，公司估值约为2亿美元(约合14.28亿元)
25	2022年12月	大朋VR发布全新的6DoF游戏级PC VR产品"大朋E4"

本节将就腾讯和环球墨非两家国内具有代表性的企业的元宇宙业务进行重点介绍，通过对这两家企业业务的分析达到见微知著的目的。

一、腾讯

腾讯作为互联网巨头企业，其业务涉及行业非常广泛。本报告仅探讨腾讯在元宇宙行业的业务情况。虽然我国元宇宙企业仍然处于早期发展阶段，但它们的行动和布局也将为塑造元宇宙的最终形态添砖加瓦。腾讯加入元宇宙行业是比较早的，马化腾早在2020年就提出了"全真互联网"的概念，他认为"全真互联网"的重点在于"全""真"二字，"全""真"分别指全面和真实，"全真互联网"是指互联网更进一步地融入和服务现实社会，也就是让虚拟的互联网越来越逼真与实在。现在看来,马化腾提出的"全真互联网"与元宇宙含义相似。

就此,腾讯的元宇宙业务以"社交＋游戏"为基础,进行全方位的布局。在游戏和社交方面腾讯是毫无疑问的行业领头羊,在开发沉浸式社交和游戏的同时,还新加入了虚拟人、数字藏品等新业务;在硬件方面,腾讯通过投资补全自己的产业链,并继续发展本公司的腾讯云产品;在全场景 IDC(Internet Data Center)方面,腾讯不仅有大数据能力和云计算系统,还开发了云端社交、云游戏等产品;同时腾讯还在投资引擎中搭建平台,以期达到完善底层架构的目的。

(一)腾讯元宇宙业务

腾讯通过收购与投资,元宇宙布局最为完善。目前,腾讯在元宇宙领域的业务主要集中在底层架构、后端基建及内容与场景三大方面。

1.底层架构

腾讯的元宇宙底层架构业务是通过投资 Epic 游戏、Snap 实现的。其中Epic 游戏拥有全球两大游戏引擎之一的 Unreal Engine,以及一系列虚拟现实开发工具,开发者可以利用这些工具渲染虚拟世界;而 Snap 可以协助开发者打造镜像世界。

2.后端基建

腾讯后端基建业务部分,包括面向客户的云游戏服务平台和面向企业的 IDC 数据服务中心。面向客户端,腾讯旗下的云游戏服务平台 START,不仅可以为第三方平台提供云游戏技术解决方案,而且可以在游戏业务分发和运营新场景、跨平台游戏体验方面积极探索。另外,采用腾讯云深度优化的视频传输技术 Tencent-RTC 的腾讯云·云游戏,是国内第一个不需要定制软件工具包就可以直接接入和更新的平台,可以为全球游戏厂商、游戏开发者提供端游＋手游的云游戏解决方案。

面向企业端方面，腾讯全网服务器总量已经超过110万台，腾讯云持续加大在数据中心方面的布局和投入。目前第四代数据中心腾讯云已构建了包括一体机柜、T-MDC、客制化IDC、腾讯智维、培训与认证等在内的系列产品。2018年9月，腾讯组织架构重新调整后，其产业互联网战略方向调整为以腾讯云为枢纽，把客户端的互联网消费资源和企业端的互联网资源连接起来，以互联网消费资源为根基，进一步发展相关产业。战略调整后，腾讯云业务实现快速增长，2019年财报显示，2019年第三季度腾讯云实现收入规模突破100亿元，付费用户规模突破100万户。2019年腾讯云总收入超过170亿元，和2018年的91亿元相比增长了86.81%。

3. 内容与场景

腾讯旗下拥有微信和QQ，在社交领域优势明显。同时，在游戏和娱乐内容方面腾讯也有一定的优势。在此基础上，腾讯对智慧零售与企业服务业务的布局也日益深化。在智慧零售方面，腾讯拥有的微信支付和其他科技手段将进一步实现实体零售和数字网络的联结。在企业服务方面，随着企业数字化的深化，腾讯通过打造腾讯会议、腾讯文档等办公软件，进一步支持企业客户提高办公效率，实现企业内部和外部的协作。图6-4为腾讯元宇宙相关业务布局情况。

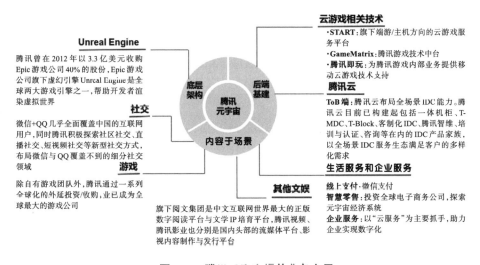

云游戏相关技术
·START：旗下端游/主机方向的云游戏服务平台
·GameMatrix：腾讯游戏技术中台
·腾讯即玩：为腾讯游戏内部业务提供移动云游戏技术支持

腾讯云
ToB端：腾讯云布局全场景IDC能力。腾讯云目前已构建起包括一体机柜、T-MDC、T-Block、客制化IDC、腾讯智维、培训与认证、咨询等在内的IDC产品家族，以全场景IDC服务生态满足客户的多样化需求

生活服务和企业服务
线上支付·微信支付
智慧零售：投资全球电子商务公司，探索元宇宙经济系统
企业服务：以"云服务"为主要抓手，助力企业实现数字化

Unreal Engine
腾讯曾在2012年以3.3亿美元收购Epic游戏公司40%的股份，Epic游戏公司旗下虚幻引擎Unreal Engine是全球两大游戏引擎之一，帮助开发者渲染虚拟世界

社交
微信+QQ几乎全面覆盖中国的互联网用户，同时腾讯积极探索社区社交、直播社交、短视频社交等新型社交方式，布局微信与QQ覆盖不到的细分社交领域

游戏
除自有游戏团队外，腾讯通过一系列全球化的外延投资/收购，业已成为全球最大的游戏公司

其他文娱
旗下阅文集团是中文互联网世界最大的正版数字阅读平台与文学IP培育平台，腾讯视频、腾讯影业也分别是国内头部的流媒体平台、影视内容制作与发行平台

图6-4　腾讯元宇宙相关业务布局

（二）腾讯元宇宙发展方向

腾讯作为国内目前在元宇宙行业具有很大优势的互联网企业，未来可以在数字内容、游戏研发和增长引擎等方面重点发力，实现其元宇宙业务的健康发展。

1.利用较好的社交优势，布局其他数字内容业态

腾讯利用其旗下的通信工具QQ和移动社交服务平台微信，构建了中国规模最大的移动网络社交平台，其功能的不断强化和完善最大限度上满足了网络用户的沟通、娱乐、资讯获取和电子商务等方面的需求。腾讯产品布局的两个关键词为连接（Connect）、数字化（Digital），腾讯基于其社交平台优势向个人消费平台和企业消费平台拓展，最终打造一系列面向个人和企业的数字内容及应用服务产品。图6-5显示了腾讯基于社交优势的外延布局情况。

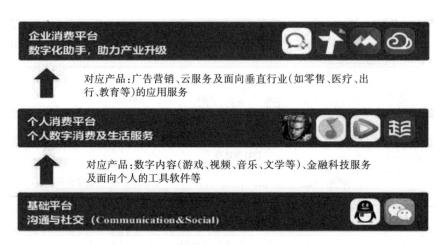

对应产品：WeChat＋微信MAU达13亿；QQ MAU为5.74亿人（截至2022年第三季度）

图6-5　腾讯基于社交优势的外延布局

腾讯认为，元宇宙最具有魅力的地方就在于用户可以直接参与虚拟世界的建设，用户在虚拟世界的体验感能够得到极大的提升。比较成功的案例，如腾讯音乐娱乐集团（TME）于2021年12月推出的国内第一个虚拟音乐嘉年华TMELAND。用户（乐迷、音乐人及合作伙伴）可以便捷地通过集团旗下如QQ音乐等产品进入虚拟音乐嘉年华，按照个人喜好在音乐嘉年华上创建独有的虚拟形象，在虚拟音乐世界用数字虚拟身份实现音乐创作与互动，还可以体验虚拟演唱会和直播等，在虚拟世界实现沉浸式音乐体验。

2.加大游戏研发投入

腾讯在2021年第一季度业绩会上宣布开启新一轮投资，游戏业务方面加大对"跨平台、长生命周期"游戏和元宇宙的投资。短期来看，加大投资对业绩有一定的影响；长期来看，腾讯是在行业进行前瞻性的布局。

《王者荣耀》和《和平精英》依托腾讯的社交网络生态，具有很强的社交效应，目前两款游戏还处于增长期。根据Sensor Tower数据，从2020年4月至2021年4月，《王者荣耀》月流水同比增速保持在30%—50%，《和平精英》

月流水同比增速则平均在 10%—20%。腾讯借助游戏领域的优势,加大元宇宙研发投资力度,有望成为元宇宙行业的领军者。

参考国外游戏公司罗布乐思的发展经验,元宇宙发展早期商业模式为游戏+社交,而腾讯在元宇宙业务的布局恰好贴合了元宇宙早期发展的关键点,未来腾讯的其他业务如云服务、移动支付和广告等都可以从元宇宙的逐步发展中获得更大收益。

3.腾讯将元宇宙视作下一增长引擎

马化腾在2021年首次公开回应元宇宙相关话题时曾表示,腾讯对元宇宙非常感兴趣,同时腾讯也具备开发元宇宙的技术和能力,并且在游戏、社交媒体以及人工智能等领域都有丰富的经验。他表示,未来将虚拟世界和真实世界相互融合是腾讯发展的一大方向。

腾讯在元宇宙的布局主要集中在软件部分,通过软件开发可以为用户带来更好的体验。而腾讯已经拥有相关的功能性产品,如 UGC、PGC 工具、社区服务器等,这些产品有助于提升用户体验。同时,腾讯在游戏业务中加大了对虚拟现实产品的研发投入,力争为用户提供更高参与度、体验更好的产品。未来,元宇宙相关业务的开展,将成为腾讯业绩增长的重要板块。

二、环球墨非

环球墨非(北京)科技有限公司(以下简称环球墨非)成立于2017年,是一家以虚拟数字资产为核心,利用虚拟内容制作技术为行业上下游企业提供个性化服务的元宇宙公司。环球墨非于2021年已经完成了金额超千万元人民币的 A+轮融资。环球墨非围绕虚拟数字资产与内容科技领域深度布局元宇宙生态,自主研发的 MOFY LAB 可整合多个底层工具系统,可将真实世界中的人、物、场转换生成虚拟世界通用的数字资产。

为了适应元宇宙行业高速发展的需要,环球墨非于2022年11月向美股递交了上市申请，2023年10月正式上市。

（一）环球墨非主营业务

环球墨非于2018年便已经投入虚拟人研发及应用，已正式发布了杜海涛的虚拟人。该虚拟人包含了106套表情和动作数据，并已经实现在文旅、餐饮、电商等多类场景落地应用。未来，环球墨非还计划推出多个虚拟偶像IP。现阶段，环球墨非的主要经营业务包括虚拟内容制作、虚拟及数字化营销和数字版权资产交易3个板块。

1.虚拟内容制作

环球墨非创立之初，公司的多位高管均来自工业光魔（美国的顶级特效公司），因此公司早期主营业务为视觉特效。借助公司高管参与好莱坞影片特效制作的经验，环球墨非成立后先后承接了多部中国影片的特效制作工作，例如《中国女排》《大闹天宫》《画皮2》等。环球墨非虚拟内容制作业务主要服务于影视、动漫、游戏、XR类客户，为其提供高精度内容的定制开发。

2.虚拟及数字化营销

环球墨非的虚拟及数字化营销业务，能够为零售金融、广告、文旅、电商、餐饮等应用场景提供虚拟人等相关技术及运营支持。从2019年开始，环球墨非逐步将业务拓展到广告、文旅等多个行业，利用其国内领先的虚拟内容制作技术，通过上下游渠道的整合，通过短视频等新形式为企业用户提供数字化营销推广服务。

3.数字版权资产交易

环球墨非MOFY平台的MOFY 3D资产可编辑平台，可以实现创作者上传3D作品时在线实时编辑，将不同资产在不同场景、环境里进行实时编辑，并可实时查看渲染效果，还可以完成一些互动性的操作。经过多年的发展，目前环球墨非已经拥有7000多个可供交易及开发的3D虚拟数字资产，其数字云库的资产享有完全的知识产权。

环球墨非的客户经过授权可以直接利用其数字云库所拥有的虚拟数字资产,将其广泛应用于电影、电视剧、AR/VR、动画、广告和游戏等不同应用程序中,从而达到降低项目成本、节约时间的效果,能更高效、更低成本地助力其搭建元宇宙场景。

综上所述,虚拟内容制作业务可以根据客户需求完成虚拟内容创作;虚拟及数字化营销业务可以利用其虚拟内容制作方面的优势,为客户提供广告推广服务;数字版权资产交易业务使客户可以直接使用数字云库的虚拟内容,节省客户时间成本,降低项目成本。

(二)环球墨非运营情况

环球墨非运营几年来,其成绩是有目共睹的。2020财年,公司主营业务收入504.25万美元;2021财年,公司主营业务收入1426.82万美元,比2020财年增长了183%。2021财年业绩的增长主要得益于虚拟内容制作收入增长了33.3%,同时新推出的虚拟及数字化营销和数字版权资产交易两大业务也取得了一定的成绩。2022财年上半年,由于影视行业复苏,公司虚拟内容制作业务收入大幅增长,增长了349%,同时虚拟及数字化营销业务收入也增长了27.3%。

从主营业务占比情况分析,财务报表数据显示:2022年上半年,环球墨非主营业务收入中虚拟内容制作占比最大,达到77%;其次是虚拟及数字化营销业务,占比23%;而数字版权资产交易业务的收入几乎可以忽略不计。欧莱雅、百事可乐等知名品牌也是公司虚拟及数字化营销业务的客户,这充分说明环球墨非在市场中的认可度较高。

从毛利率情况分析,由于新业务的开展,环球墨非2021财年和2020财年相比,毛利率从22%提高到23%。2022财年上半年的毛利率和2021年同期的相比提高了1.2%,毛利率的提高主要源于虚拟内容制作业务的收入。数据显示,公司虚拟内容制作业务的毛利率占比高达93.8%,这也意味着公司其他业务的毛利率较低。

从运营情况分析，数据显示，公司2021财年总运营效率提升了15.6%，运营效率的提升使环球墨非实现了扭亏为盈。2020财年公司亏损48.63万美元，2021财年净利润为141.42万美元。

从上述分析可以看出，随着环球墨非在元宇宙行业布局的深入，公司三大主营业务的逐步推进，以及运营效率的提升，公司在2021—2022年度取得了比较显著的成绩，成功在纳斯达克上市。

（三）环球墨非面临的风险

虽然环球墨非取得了长足的发展，但从以上分析也可以看出，其发展仍然面临较多风险。环球墨非面临的风险主要来源于以下4个方面。

第一，客户和业务过于集中。公司相关资料显示，截至2022年3月31日，公司前3名客户收入在总收入中占比达到68%。公司主营业务收入中虚拟内容制作业务占比也超过了70%，客户和业务过于集中将大大增加公司的运营风险。

第二，应收账款及负债较高。客户高度集中导致卖方处于相对弱势地位，加大了公司应收账款的收取难度，应收账款长期处于高位。截至2022年3月31日，公司财务数据显示，公司应收账款占流动资产的比例高达48.8%，资产负债率也高达近70%。高应收账款及负债，增加了公司经营风险。

第三，虚拟及数字化营销业务毛利率相对较低。从目前业务开展的情况来看，虚拟及数字化营销业务毛利率较低。虽然公司已尽量承接高毛利率的项目，但如果效果不好，公司的整体获利能力仍很难提升。

第四，数字版权资产交易业务未打开市场。从2021—2022年的财报数据来看，数字版权资产交易业务收入在总收入中占比极小，尽管该项业务毛利率较高，但未来其成长性仍不可预测。

综上所述，尽管面临着较多风险，环球墨非仍将从元宇宙行业的发展中持续获利,公司发展前景较乐观。中商产业研究院预测,中国元宇宙市场规模在2022—2027年仍将持续扩大,预计2027年市场规模将达1263.5亿元,具体情况见图6-6。

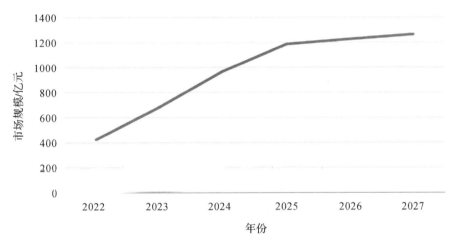

图6-6　中国元宇宙规模预测

数据来源:中商产业研究院整理。

总之,从国内企业整体发展来看,处于行业发展初级阶段的元宇宙企业,虽然其商业模式有待完善,但发展前景十分广阔。同时我们也应注意到,现阶段企业的发展仍面临较大的风险,未来随着元宇宙文化企业在行业里的不断布局,元宇宙市场规模有望获得较大拓展。

（王依林　香港中文大学）

第七章　国内外元宇宙文化产业发展案例

元宇宙是人类虚拟空间的延伸。在数字经济蓬勃发展的当下，元宇宙正成为全球发展的重要驱动力。元宇宙文化产业以数字技术为载体，以文化 IP 为核心，以虚实结合为形式，通过元宇宙场景搭建与内容生产构建虚拟世界，从而实现数字化体验、社交化体验、多元化体验等。目前，国内外元宇宙发展水平不同，但都呈现出快速发展的态势。元宇宙是文化产业发展的新路径。元宇宙文化产业不但可以实现新的文化表达形式，还可以为新的文化消费形式提供平台，无论是创作者还是消费者都能拥有前所未有的方式参与文化生产。本章选取国外和国内较有代表性的元宇宙发展案例，一起探索元宇宙如何改写了文化产业的游戏规则以及提供了哪些发展思路。

第一节　国外时尚元宇宙发展案例

元宇宙要实现将数字经济与实体经济深度融合，打破物理边界，并最终从虚拟走向现实，推动实体经济全面升级，让有限的商业模式在无限场景中实现多维增长。在时尚行业，元宇宙带来的是打破物理壁垒，不仅仅是为了拥抱年轻消费群体,拓展客户群体,更是通过数字经济与实体经济融合发展,赋能实体经济全面升级,以此为依托,让用户有更多的参与感和互动性,进而实现品牌的双线发展。对时尚品牌来说,入局元宇宙则对品牌展示方式和视觉效果提出更高的要求,更注重底层技术升级、品牌形象宣传和用户体验提升。当前国外时尚元宇宙的发展不仅迎来了从现实世界入局的国际大牌,还迎来了充满创意与活力的数字原生品牌。

一、国际时尚大牌元宇宙布局:多线并行打造品牌元宇宙生态

国际大牌从现实入局,其深耕元宇宙的决心表现在品牌的长期价值和布局上。作为早期进入数字创新领域的品牌之一,Gucci 早在 2019 年就开始打造自己的 GOOD GAME 生态,并在多领域并行打造品牌元宇宙框架,通过数字时尚、虚拟创意、AR 技术、NFT 等方式,成功地将创意拓展至游戏、虚拟社区等领域。

(一)运用虚拟试穿技术,提升购物体验

作为元宇宙战略的一部分,2019 年 Gucci 在 Gucci App 中推出了试穿经典的 Ace 系列运动鞋的功能,允许客户在购买前虚拟试穿 Gucci 产品。顾客可以使用移动设备上的摄像头扫描自己的身体,然后选择他们想要试穿的 Gucci 产品并实时叠加到客户的身体上,利用 AR 技术和 3D 扫描技术实时查看特定 Gucci 产品在顾客身上的穿着效果。这项功能有助于弥合实体和虚拟购物体验之间的差距,让客户能够在家中舒适地试穿产品。虚拟试穿不仅可以提升客户体验,还可以减少 Gucci 产品的退换货次数,因为客户可以在购买前了解产品的合身度和外观。这可以为客户和品牌节省时间和金钱。除了虚拟试穿,Gucci 还在其应用程序中实现了虚拟衣橱功能,让顾客可以虚拟存储和试穿他们最喜欢的 Gucci 产品。这项功能有助于鼓励客户以更加沉浸

化和个性化的方式与品牌互动。2020年6月，Gucci采用"品牌＋社交平台"的创新合作模式，联合Snapchat发布了两款新滤镜，用户可以用滤镜自带的AR技术虚拟试穿Gucci运动鞋，同时线上可即时购买。同年Gucci App还上线了数字球鞋板块Gucci Sneaker Garage，整合品牌和产品历史、互动游戏、艺术创意、虚拟试穿等内容。

（二）借力游戏传播品牌魅力，增加客户联系

Gucci一直与各种游戏开发商合作，以扩大其在元宇宙中的影响力。2019年5月，Gucci推出了Gucci Arcade小游戏板块。如今游戏种类已达到18款，用户可以通过游戏快速领略到品牌魅力以及其所传达的精神。2021年3月，Gucci与热门在线游戏平台罗布乐思合作，在游戏中推出虚拟Gucci花园。Gucci花园提供了Gucci标志性产品的虚拟展览、互动游戏和数字装置的沉浸式体验。此次合作旨在吸引更年轻的受众，并为客户创造一种独特且创新的方式与品牌互动。除了与罗布乐思合作，Gucci还与流行手机游戏*Tennis Clash*的开发商合作，让游戏中的两个角色穿上以品牌标志性设计为灵感打造的虚拟网球服装。这些服装以游戏内购买的形式提供给玩家，让他们能够以Gucci的标志性风格打扮自己的游戏人物。此外，Gucci在2021年12月宣布与热门视频游戏《堡垒之夜》的开发商合作，为游戏角色推出全新限量版数字皮肤。这款名为"Gucci Dionysus Outfit"的皮肤由创意总监亚力山卓·米开理设计，限时供Fortnite玩家使用。此次合作是Gucci不断努力扩大其数字业务并以新颖和创新的方式吸引年轻观众的重要一步。通过与各种游戏开发商合作，Gucci已经能够接触到更广泛的年轻受众并提供独特的用户体验。通过创建虚拟服装和游戏皮肤，Gucci能够利用对虚拟时尚不断增长的需求达成品牌与客户的良性互动。[①]

---

① 参见Gucci官网，https://www.gucci.com/us/en/st/stories/article/gucci-gaming-roblox。

（三）虚拟商店适应零售变化趋势，NFT彰显个性

为适应零售趋势的变化，Gucci致力于创建虚拟商店和开发可供顾客在各种元宇宙平台上穿着的虚拟服装。这些虚拟商店是该品牌实体店的数字复制品，它们允许顾客在虚拟环境中探索和选购商品。Gucci最著名的虚拟商店是在罗布乐思平台上的虚拟旗舰店，它以Gucci比弗利山庄真实门店的虚拟复制品为特色，推出了其首个虚拟时装系列"Gucci Virtual 25"。该系列包含25套虚拟服装，包括夹克、衬衫、裤子和配饰，玩家可以使用游戏货币浏览和购买这些产品。品牌还宣布计划发布更多虚拟时尚商品，例如帽子和包包，这些商品将可在各种虚拟平台上购买。Gucci还在其他平台上创建了虚拟商店，例如奢侈时尚市场Farfetch。Gucci在Farfetch上的虚拟商店允许客户在3D虚拟环境中使用VR技术进行导览。创建虚拟商店的好处在于：它们可以帮助可能无法访问实体店的客户接触时尚品牌。例如，居住在偏远地区或因各种因素无法前往实体店的顾客仍然可以在虚拟环境中购买Gucci产品。此外，虚拟商店可以成为品牌应对不断变化的零售和时尚格局的方式，同时还节约成本，因为它们不需要与实体店相同的投资水平。随着VR和AR技术的不断进步，很可能会有更多的时尚品牌效仿Gucci并创建自己的虚拟商店。如PINKO虚拟商店就是品牌元宇宙电商试水之举。为了庆祝米兰新开精品店，意大利时尚品牌PINKO推出首家虚拟商店。该虚拟商店旨在提高品牌知名度，并专注建立与女性社区的联系，加强核心顾客群体的品牌忠诚度。用户可以访问PINKO虚拟商店，购买品牌Meta Love Bags。

2021年4月，Gucci通过推出自己的数字收藏品Gucci Aria进入了NFT领域。在品牌100周年活动中，上线的短片 *Gucci Aria* 由创意总监亚力山卓·米开理和导演弗洛莉娅·塞吉斯蒙理共同创造。Gucci Aria系列NFT包括4件独特的数字艺术作品，每件都附有一件独家实物作品。数字艺术作品混合

了手绘和计算机生成的图像，设计灵感来自品牌的标志性图案，包括 Gucci 标志、老虎和马衔扣。该系列 NFT 是与用于数字认证和所有权的区块链平台 Arianee 合作创建的。每个 NFT 都在区块链上进行验证，并附有真品证书，为买家提供独特且安全的方式收藏和展示他们的 Gucci 藏品。该系列已于 2021 年 5 月在 Arianee 平台上拍卖，起价为 20 个以太币（当时约合 49000 美元）。相关报道称，拍卖所得款项已捐赠给美国联合国儿童基金会，以支持该组织为弱势群体提供新冠疫苗。

（四）搭建元宇宙时尚空间，开启虚拟展览

为吸引更多的潜在消费者，Gucci 一直在举办虚拟活动。2021 年 3 月，Gucci 在罗布乐思平台上举办了为期 14 天的名为"Gucci Garden Experience"的虚拟展览。展览主要展示了品牌的历史和最新的设计创意。这场活动是由 Gucci 与瑞典 DJ 兼唱片制作人艾利索合作的。艾利索在一个虚拟花园中演奏了他的系列音乐作品，花园中充满了 Gucci 的标志性图案和品牌的历史元素。来宾能够探索虚拟空间，互动、购买 Gucci 最新系列的虚拟产品。该活动吸引了来自世界各地 2000 万名的访客，以各种互动体验为特色，包括虚拟迷宫、虚拟照相亭。该展览获得了有着"网络奥斯卡"之称的韦比奖。除了"Gucci Garden Experience"虚拟展览，该品牌还举办了其他虚拟活动，例如 2020 年 11 月的"Gucci 节"，一个为期 7 天的时装节和电影节，通过一系列短片展示了该品牌的最新系列设计。这些虚拟活动让 Gucci 在元宇宙中拓展了受众群体。通过与艺术家和游戏开发商的合作，Gucci 挖掘了更多的创意灵感，并确立了自己在元宇宙中的时尚领导地位。

除了 Gucci 外，还有许多国际大牌也在同步搭建品牌元宇宙框架，例如 Balenciaga 与游戏平台 Fortnite 合作，为游戏中的虚拟角色 Doggo——一只可以直立行走的狗设计 NFT 卫衣、裤子和鞋子。在 2021 年底，巴黎世家也宣布创建一个专门研究和探索虚拟世界营销和商机的元宇宙部门。2021 年 10

月,杜嘉班纳首个NFT系列,共9件,发售后最终的拍卖总额达到3600万元人民币。Burberry也与游戏平台Mythical Games合作,在海外市场推出了"Blankos Block Party"系列限时限量的NFT,包含了"Burberry Blanko"虚拟形象、虚拟外套配饰、虚拟鞋。

二、数字原生时尚品牌:虚拟时尚的无限可能

除了从现实世界入局元宇宙的时尚大牌们,数字原生品牌的表现也非常亮眼,两个典型的品牌代表是The Fabricant和RTFKT Studio。

(一)纯数字服装The Fabricant

2019年由荷兰阿姆斯特丹的数字时装公司The Fabricant推出的世界上第一件数字时装——虚拟彩虹连衣裙,价值9500美元。这件连衣裙有着灵动的裙摆和极其自然的色彩,几乎看不出来是由一款技术合成的虚拟服饰。它的发布也成为虚拟时装的里程碑。The Fabricant成立于2018年,旨在引领时尚行业走向纯数字服装的新领域。The Fabricant的3位创始人分别是凯丽·墨菲、米凯拉·拉罗斯、安珀·斯洛特,他们分别拥有营销、数字技术和时装方面的专业背景。凯丽·墨菲是该公司的首席执行官,他曾在英国时装界从事销售和营销工作,并创立了自己的时装公司。他的经验使The Fabricant在品牌定位和市场推广方面取得了成功。米凯拉·拉罗斯是该公司的首席技术官,她拥有计算机科学和人工智能方面的专业背景,她的技术能力使The Fabricant能够在虚拟现实技术方面保持领先地位。安珀·斯洛特是该公司的创意总监,她曾在荷兰设计学院学习时装设计,并拥有多年的时尚设计经验。她的时尚设计能力为The Fabricant带来了独特的时尚视角,使公司的虚拟时装设计得到消费者的认可和追捧。

3位创始人的专业背景和技能互补,使得The Fabricant在元宇宙时尚产

业中占据领先地位，并不断推动着这个新兴产业向前发展。他们将公司业务
分成两部分：一部分是自主设计服装的时尚业务，自主设计虚拟服装；另一
部分是品牌的合作部门业务。一方面，The Fabricant致力于教育用户，让大家
更多地了解虚拟时尚领域的趋势及其背后的技术价值；另一方面，他们致力
于改变消费者的购物行为，所针对的目标客户也是更有自我意识的年轻人，
这些年轻人关心的是产品背后的故事，关心品牌是否可持续，是否环保。从
这些方面来看，The Fabricant布局虚拟时尚的核心亮点在于：一是世界上第
一件数字时装彩虹裙的推出；二是与各大头部时尚品牌联名发布了许多虚
拟服装，比如IT、Puma、Under Armour、Adidas；三是2021年10月推出了The
Fabricant Studio——一个任何人都可以创建、交易和佩戴虚拟时尚产品的
NFT平台，以此实现了数千种虚拟时尚产品的共同创作，他们希望任何人都
能够成为数字时装的设计师。The Fabricant认为虚拟时尚不受物理世界的限
制，拥有几乎无限的可能性，使用一种能够引起人们共鸣的但是现实生活中
永远不会存在的材料，可以创造出一种探索和惊奇的感觉，继而超越日常
现实。

（二）与现实品牌共建RTFKT Studio

另一个值得一提的数字原生品牌就是特斯拉创始人马斯克带火的"Cyber
Sneaker"赛博运动鞋品牌RTFKT Studio。2020年初，一张马斯克出席晚宴的
照片流传于Instagram。他穿了一双以特斯拉Cybertruck为灵感设计的球鞋，
极具科幻风格，吸引了大量粉丝的关注。实际上，马斯克在现场并没有穿这
双球鞋，这双球鞋也并不是一双真正的球鞋，而是由背后的团队RTFKT制
作，并且通过PS合成到脚上的。马斯克也因此成为第一个被拥有虚拟球鞋
的人。借助马斯克的影响力，这双鞋在当时以1.5万美元售出。

这双鞋背后的制作团队RTFKT Studio于2020年在伦敦成立，由3位创
始人共同创建，分别是史蒂文·瓦西里耶夫、克里斯·勒和本杰明·格拉纳斯。

他们在游戏和艺术领域有着深厚的背景和经验,通过结合这些领域的知识和技能,成功地创建了RTFKT Studio这家充满创意和前瞻性的公司。史蒂文·瓦西里耶夫曾在知名游戏公司Riot Games任职,参与了多个游戏的开发和设计工作。他还创办过一家成功的数字艺术公司,为多个知名品牌提供数字营销服务。克里斯·勒曾是知名游戏公司Electronic Arts的艺术总监,负责多个游戏项目的艺术设计。他还是一位成功的数字艺术家,作品被多个博物馆和艺术展览馆收藏。本杰明·格拉纳斯在艺术、设计和计算机科学领域都有着丰富的知识和技能。他曾参与创建过多个数字艺术项目和品牌,其中不乏在时尚、音乐和娱乐领域的知名品牌。这3位创始人在数字艺术和游戏领域的背景和经验,使得RTFKT Studio在虚拟服装设计和销售领域具有扎实的技术和美学实力。他们的创新思维和前瞻性视野推动公司不断拓展业务领域,并在虚拟服装市场上取得了良好的业绩和声誉。3位核心成员拥有电竞、球鞋定制、游戏皮肤设计、音乐、电影等行业的从业背景,他们将虚拟时尚和流行文化、游戏、电竞结合在一起,通过使用NFT区块链和AR技术,创建了虚拟运动鞋和艺术收藏品。

RTFKT的品牌亮点在于:第一,发布的首款虚拟球鞋就结合了流量顶端的复仇者联盟元素及耐克经典球鞋款式;第二,品牌仅仅用一年多的时间就迅速走红,打造了爆款虚拟球鞋Cyber Sneaker;第三,品牌同步打造了NFT加密项目CLONE X与CloneX Mintvial,构建了元宇宙生态中的品牌虚拟数字人Avatar;第四,RTFKT也致力于和各大品牌联名打造各种虚拟球鞋,这一系列的操作让RTFKT在时尚潮流NFT领域的地位不可撼动,最终被耐克收购。在元宇宙中,虚拟球鞋的需求不仅来自游戏玩家,还来自时尚爱好者和数字资产收藏家。虚拟球鞋作为数字资产,可以代表个性和身份,具有一定的社交价值,因此备受关注。此外,虚拟球鞋也是一款相对较容易入门的产品。相比于虚拟时装,虚拟球鞋的设计和制作过程更为简单,而且球鞋的形态和功能也比较固定,所以消费者更容易理解和接受。另外,球鞋的市场容量非常大。因此，RTFKT Studio 决定将虚拟球鞋作为其核心产品之一，以此推动其在元宇宙市场上的发展。

在被收购之前，品牌创始人在接受采访时表示：之所以要创作这些虚拟球鞋，是因为他们深知球鞋玩家中有很多人也是玩游戏长大的。用户的想象力和审美期望远远高于过往的平均水平。他们要做的就是填补市场空白，让球鞋玩家和游戏玩家都成为他们的目标客户。虚拟球鞋的市场需求量正在增长。一方面，虚拟球鞋可以满足消费者对时尚和个性化的需求，而不必花费昂贵的成本购买真实的球鞋；另一方面，虚拟球鞋也在游戏和虚拟现实场景中得到广泛应用，例如在电子竞技游戏中玩家可以为其游戏角色选购虚拟球鞋，使其游戏体验更加真实和有趣。同时，随着元宇宙时代的到来，虚拟球鞋也将成为人们在虚拟空间中展示自我和社交互动的重要物品之一。根据 Allied Market Research 的数据，2021 年全球数码服装市场规模为 4.987 亿美元，预计到 2031 年将达到 48 亿美元，其中虚拟球鞋领域是一个快速增长的领域。

除了以上 2 个出圈的数字原生时尚品牌，还有很多优秀的海外数字原生品牌及海外数字艺术家。比如：来自克罗地亚的虚拟时尚品牌 Tribute Brand，整体设计前卫，风格带有赛博朋克式的未来主义感；创立于伦敦的科技时尚品牌 Auroboros，推出的"Biomimicry"仿生虚拟时装系列从神话植物、科幻电影以及个人化叙事中获取灵感，旨在成为适配任何场合的数字衣橱；当前全球最大的数字时装商店 Dress X，不仅拥有以假乱真的试穿服装，还有包含地图、废纸、旧杂志、香烟等素材的创意服饰。

虚拟世界是一个需要被塑造的全新生活空间。随着网络身份的多元化，用户在不同的虚拟平台都有自己独特的风格和人物形象，想要表达和展示不一样的自己，创造不一样的事物，其中所蕴含的创造力、表达力也都是源于人的本性，所以在当下，"90 后""00 后"更愿意在游戏皮肤上花钱，消费习惯已然改变购物和社交等场景，也不再局限于现实生活，逐渐转向虚拟世界。一项由《彭博商业周刊》和早间咨询于2021年3月进行的调查显示,35%的美国人表示他们愿意购买虚拟鞋子,这一比例在年轻人中更高,达到50%。此外调查还发现,大多数愿意购买虚拟鞋子的人希望它们具有真实世界中鞋子的质量和风格。这些数据显示了虚拟球鞋市场潜力巨大,尤其是在年轻人中。另一项针对Z世代和千禧一代消费者的研究显示,超过一半的受访者表示他们会购买虚拟物品,而其中的25%表示他们愿意花费超过100美元购买虚拟物品。此外,有72%的受访者表示他们希望能够在元宇宙中购买虚拟物品,而46%的受访者表示他们相信虚拟物品会成为未来的主要购买方式。这些数据表明虚拟物品市场具有广阔的前景,并且越来越多的年轻消费者开始认可虚拟物品的价值。

时尚的定义其实并不标准。时尚很大程度上是多元身份、个人审美与个性化的表达,并且在虚拟世界,这样的个人表达需求也同样存在,其核心要点就是关于自我认识,我认为我是谁。当个人服饰想要表达的内容超过了实体服饰能够表达的范围之后,就可以通过数字化的方式呈现,由此出现的虚拟时尚一方面给创作者提供无界的表达自我创意的空间,另一方面也给了消费者自我个性化展示的机会。

第二节 国外文旅元宇宙发展案例

元宇宙文化旅游是指在元宇宙的虚拟世界中访问和探索不同文化的虚拟体验。它为个人提供了一个虚拟平台,通过虚拟沉浸的方式了解不同的文化、艺术、历史和生活方式。随着AR、VR、5G、AI等技术的发展,元宇宙里描绘的部分场景已经能够在现实社会中找到些许雏形。元宇宙强调的"临场感""沉浸式体验",也正好契合了数字化时代下文旅产业所追求的新模式。近年来,受新冠疫情影响和旅行限制,越来越多的人寻求沉浸式和互动式体验，虚拟体验的需求量呈指数级增长。根据 Statista 的报告，到 2025 年，全球VR 市场规模预计将从 2022 年的不到 120 亿美元增长到超过 220 亿美元。这表明对虚拟体验的需求比较强烈。报告强调虚拟体验有可能成为旅游和文化产业的主要部分。根据 Grand View Research 的报告，2020 年全球虚拟现实市场规模为 93 亿美元，预计从 2021 年到 2028 年将以 35.2% 的复合年均增长率增长。这表明元宇宙文化旅游产业具有巨大的增长潜力。此外，国家地理学会的一项调查发现，56% 的受访者会考虑虚拟旅游体验。而世界旅游组织的另一项研究发现，新冠疫情使人们增加了对 VR 和 AR 体验的兴趣，43% 的受访者表示，他们希望未来尝试虚拟旅游。这些数据表明，虚拟体验越来越受欢迎，市场潜力不可小觑，特别是在文化旅游和艺术方面。随着技术的不断进步，虚拟体验可能会变得更具沉浸感和互动性，为个人体验世界各地的不同文化和传统提供新的方式。

元宇宙文化旅游可以让人们有机会进入由于物理、政治或经济障碍而在现实中难以或无法访问的文化遗址，增加对世界多样性的了解。虚拟旅游可以带来新的收入来源和就业机会，尤其是在传统旅游业受到新冠疫情影响的地区。调查发现，虚拟旅游、线上文化活动等体验能为当地带来新的收入来源，并支持当地居民的生计。虚拟旅游体验能够增进文化交流与理解，从而改善跨文化关系，减少偏见。有研究发现，虚拟旅游体验能让人们了解不同的文化，增进对其他文化的理解与尊重。另外，由于虚拟旅游的发展，对地区数字基础设施建设的投资不断增加，其中包括虚拟旅游中心、数字平台等。这给当地带来了一个推广本土文化的机会，让更多的人参与保护和传承地方文化传统和习俗，帮助促进区域文化遗产可持续绿色发展。这些研究和调查显示，虚拟旅游能给当地居民带来很多好处，包括增加收入、增加就业、促进文化遗产保护、增进了解、增进文化交流、改善基础设施和设备等。①

当前海外文旅元宇宙代表性的应用方向有元宇宙旅游、元宇宙文博和元宇宙文遗。

一、海外元宇宙旅游：互动体验、城市空间探索

互动体验的代表迪士尼，作为世界上最大的媒体娱乐公司之一，一直在积极布局元宇宙，旨在为游客提供沉浸式和互动式娱乐体验。根据 Global Data 的报告，迪士尼是世界上布局元宇宙市值最高的公司之一，凭借其庞大的内容储备，成为元宇宙文旅产业举足轻重的参与者。

迪士尼致力于为所有年龄段的游客创造身临其境和令人难忘的娱乐体验，探索在其主题公园和景点中使用 VR 和 AR 技术。迪士尼对元宇宙的布局已持续了多年，AR 技术将是其战略的一个关键要素。曾担任过迪士尼乐园数字业务执行副总裁的蒂拉克·曼达迪表示："我们乐园讲故事的方式一直在演变：从经典的、线性的故事到互动的故事，再到沉浸式故事。现在，我们讲故事的方式正逐渐变得个性化和社会化。"②迪士尼认为元宇宙是一种与粉丝建立更深层次联系的方式，同时还可以将品牌及 IP 影响力扩大到新的受众。当前迪士尼已经开发并实施了各种沉浸式技术，以增强他们的主题公园体验，增加电影和其他娱乐产品消费。这些技术包括音频模拟、VR、AR、投影制图、投影映射、互动式排队技术。音频模拟技术是一种机器人技

---

① Muhammad Shoaib Siddiqui, Toqeer Ali Syed, Adnan Nadeem, et al, "Virtual Tourism and Digital Heritage: An Analysis of VR/AR Technologies and Applications", *International Journal of Advanced Computer Science and Applications*, Vol. 13, No. 7（2022）, pp.303-315.

② Keith Miller, "Disney's Tilak Mandadi: Using Technology to Transform Storytelling in the Disney Metaverse", 2022 年 9 月 13 日, https://www.iaapa.org/news/funworld/disneys-ti-lak-mandadi-using-technology-transform-storytelling-disney-metaverse, 2023 年 3 月 8 日。

术,可以让动画人物有逼真的动作和行动。迪士尼已将这种技术用于加勒比海盗游乐设施和魔法提金室等景点。迪士尼已经以各种方式尝试了VR技术,包括为他们的主题公园景点开发VR体验,为《狮子王》和《星球大战：帝国的秘密》等电影创造VR体验,创造《银河边缘的故事》星球大战主题VR游戏,该游戏允许玩家探索巴图星球并与星球大战宇宙中的人物互动。他们希望为粉丝创造一个完全沉浸式的数字世界,用故事情节引导探索,并为粉丝提供和喜爱的角色进行深度互动的条件。AR技术已被用于"玩转迪士尼公园"应用程序,它允许游客在整个主题公园内进行游戏互动和挑战游戏任务。投影制图技术使迪士尼能够将图像和动画投射到建筑物和其他表面上,创造出动态和身临其境的视觉显示。投影映射技术已被应用于魔幻王国的"Happily Ever After"焰火表演。迪士尼还采用了互动式排队技术,在一些景点的排队中加入了互动元素,包括游戏和互动显示,以增强游客在排队等候时的体验。

基于迪士尼现有的数字平台辅以VR和AR技术,能够创建可在多种设备上体验的虚拟环境,包括智能手机、平板电脑和VR头显,并允许用户创建和定制他们自己的虚拟人来探索,为用户创造无缝沉浸式体验。迪士尼通过计算机视觉、AR、人工智能和物联网等技术支持将物理环境与数字世界无缝结合,重新定义乐园的体验。

2018年10月底,由Zoan Helsinki和芬兰首都赫尔辛基合作的全球最大的虚拟城市——虚拟世界之都,是城市空间探索的元宇宙文旅代表项目。它通过HTC Vive、Vive Pro和Varjo等穿戴设备即可实现在赫尔辛基的虚拟旅游。该项目包含真实场景的复刻与常规观光功能。游客可以在虚拟赫尔辛基城市里购物、参加音乐会,甚至结识其他游客和当地居民。Zoan Helsinki是一家芬兰公司,专门使用AR和VR技术为用户创建交互式身临其境的体验。他们开发了各种各样的项目,包括移动应用程序及博物馆、展览和活动的装置。其代表项目有在芬兰坦佩雷的Vapriikki博物馆举办的"Pirkanmaan tarina"展览——该展览利用 AR 技术使历史文物栩栩如生，以及在 2017 年圣丹斯电影节上展出的"Infinite Now"虚拟现实装置。Zoan Helsinki 的目标是通过使用尖端技术为他们的客户创造难忘的体验。

　　Zoan Helsinki 还与通力、诺基亚和 Rovio 娱乐等大公司合作。该企业在 AR 和 VR 领域的工作获得了多个奖项和认可。2017 年，其虚拟现实装置"无限的现在"被选为圣丹斯电影节的新前沿计划。该团队的核心奖项还包括北欧虚拟现实论坛上的最佳移动服务大奖和最佳 XR 服务奖。他们还与芬兰航空、芬兰国家博物馆和芬兰广播公司等几个著名的企业和机构组织合作。成立于 2015 年的 Zoan Helsinki 已迅速成为 AR 和 VR 领域的领头公司。其团队由技术、设计和故事剧情设计方面的人才组成，专注于拓展沉浸式体验的边限。Zoan Helsinki 还参与了一些促进地区旅游业的项目。他们为芬兰 Raseborg 的旅游组织 Visit Raseborg 开发了移动应用程序，用于展示该地区的历史和文化景点。该应用程序利用 AR 和实时定位功能，提升游客们的在场体验感，极大地促进了芬兰文化旅游业的发展。

　　海外元宇宙旅游涉及的地区广泛，但形式相对单一。例如：对文化市场的虚拟游览，如摩洛哥的马拉喀什市场、泰国的漂浮市场。对著名地标的虚拟参观，如埃菲尔铁塔或自由女神像。埃菲尔铁塔的虚拟旅游项目可以让游客探索铁塔的每个层面，包括观景台等热门区域，了解铁塔的建造和它在法国文化中的作用，还为游客提供了香榭丽舍大街、特罗卡德罗宫和塞纳河沿岸等周边地区的虚拟步行游览。游客可以通过互动展品对自由女神像进行虚拟探索，这些展品能够展现自由女神像作为自由和希望象征的历史。对文化目的地的虚拟游览，如日本京都的寺庙或印度尼西亚的巴厘岛海滩。京都寺庙的虚拟旅游为游客提供了探索古老建筑的机会，使游客可以了解其历史、文化和精神意义，并领略日本京都丰富的文化遗产。虚拟游览包括互动展品、多媒体内容和虚拟现实体验。对巴厘岛海滩的虚拟访问为游客展现了海滩自然风光及当地民俗文化。对文化街区的虚拟游览，如纽约的小意大利或巴黎的拉丁区。纽约的小意大利是纽约曼哈顿下城的一个街区,以其丰富的意大利—美国遗产和文化而闻名。小意大利虚拟旅游项目内容包括探索街区街道、多彩的建筑和历史地标,如圣吉纳罗节、圣帕特里克旧大教堂和桑树街历史区等标志性景点。意大利的虚拟旅游通常包括互动元素,如360°全景视角,在街道上的虚拟行走,以及探索当地商店、咖啡馆和餐馆。游客能够体验到小意大利的风情,并了解这个著名街区的历史和文化。拉丁区是法国巴黎的一个街区,以其丰富的历史、文化和知识遗产而闻名。拉丁区的虚拟旅游项目内容包括探索标志性街区、历史地标、著名咖啡馆和书店,包括索邦大学、潘提翁和著名的麦里咖啡馆(Café de la Mairie)等景点。这些旅游项目都为游客提供了独特的、身临其境的体验,让他们能够探索这些标志性街区并了解其中丰富的文化和历史。随着技术的不断进步,元宇宙旅游项目的互动式和沉浸式体验逐步提升,为个人提供一种足不出户的创新方式来体验世界各地不同的文化和传统。

二、海外元宇宙文博:化静为动,在场参与

博物馆和艺术馆是各地区非常重要的文化空间,包含大量不同文明和时期的历史、艺术和文化的资讯。元宇宙博物馆通过数字图像采集、云计算以及人工智能等新技术,将博物馆文物进行数字化扫描、归档与云端保存。元宇宙博物馆的案例之一是位于美国怀俄明州的布鲁克斯美术馆与美国地质调查局共同创办的Little Virtual Museum in the Coulee。这个虚拟博物馆使用VR技术,向公众展示了美国西部Coulee地区的地质历史和自然景观。该博物馆是一个虚拟空间,通过将VR和AR技术相结合,为游客创造了沉浸式和互动式体验。进入虚拟博物馆后,用户可以通过移动他们的虚拟化身在博物馆空间探索展品,并与环境中的物品互动。平台还提供由作品艺术家本人亲自带领的导览。参观期间游客还可以与艺术家互动,分享展品的信息与

回答问题。游客可以使用设备扫描现实世界中的艺术品、文物或展品,屏幕上即可显示相应的 3D 模型或 AR 内容。这些 3D 模型和 AR 内容是使用计算机图形和动画软件创建的,旨在逼真和详尽地呈现原始艺术品或展品。游客可以通过放大或旋转模型来更详细地探索虚拟展品,同时辅以介绍信息或音频评论来加深对展品的理解。

Little Virtual Museum in the Coulee 是艺术界在利用 VR、AR 技术创造沉浸式体验方面的一次成功尝试。通过使用数字技术,艺术家可以创造新的表现形式,并以新颖的方式吸引观众。该博物馆也是元宇宙保护和展示文化遗产的优秀范例。除此之外,Little Virtual Museum in the Coulee 可以作为一种教育工具使用,平台提供各种有关展品和艺术品的信息和教育内容,打造更具吸引力和互动性的学习体验。元宇宙博物馆的存在能激励其他艺术家和创作者探索 VR、AR 技术在文化和艺术表达方面的潜力,让艺术和文化遗产更容易走进人们的日常生活。传统的博物馆具有一定程度的排他性和限制,而虚拟博物馆则超越时空限制,无论人们身在何处,艺术和文化历史都能触手可及,并且虚拟博物馆能够提供超越传统博物馆的独特体验,例如互动式展览和沉浸式叙事。当前 Little Virtual Museum in the Coulee 的身影已经活跃在各种展览和活动中:"千禧年中的生活方式"展览探索了千禧年时期年轻人的生活方式和文化,并展示了许多当时流行的物品和趋势;"自然与人类创造的世界"展览探索了自然界和人类创造的世界之间的关系,并通过 VR 技术呈现了各种不同的景观和生物群落;"历史上的女性"展览介绍了历史上的一些杰出女性,并探讨了她们对文化、艺术和科学的贡献;"艺术与科技"展览探索了艺术和科技之间的交叉点,并展示了一些使用计算机图形和动画技术创建的数字艺术作品。这些展览都使用了 VR 技术和数字媒体来呈现展品,为观众提供了一种沉浸式和互动式体验。这些项目依靠其独特和高度交互的艺术历史体验吸引了大批艺术和科技爱好者的关注。

除了 Little Virtual Museum in the Coulee 外,当前海外元宇宙博物馆的主

要趋势还是提供虚拟参观游览，如巴黎卢浮宫、纽约大都会艺术博物馆、波特兰艺术博物馆、内华达州科学博物馆等，都提供了一系列包括3D体验和沉浸式全景互动体验在内的在线活动和项目。Smith Atlas创意媒体总监布拉德·麦克唐纳表示：元宇宙可以为人类提供更好的体验，元宇宙不仅是一种形式，也是一种新的学习方式，让人们可以通过数字方式学习艺术、科学或技术等知识。

三、海外元宇宙文遗：技术助力文化遗产可持续发展

在技术助力文化可持续发展方面，谷歌艺术与文化平台做出了很多贡献。该平台与众多文化机构和组织建立了伙伴关系，将他们的藏品和展览带到元宇宙中，平台也成为数字文化旅游领域的重要参与者。目前平台已经拥有多种类型的项目，比如：以文化体验为目的的虚拟游览，包括博物馆之旅——平台提供艺术品的高分辨率图像，以及诸如文章和视频等教育内容，还有历史地标之旅——包括罗马的斗兽场、法国的凡尔赛宫和巴塞罗那的高迪公园以及文化节等活动；在线展览项目，谷歌艺术与文化平台策划了从著名艺术家的作品到文化地标的多样主题虚拟展览；街头艺术项目，谷歌艺术与文化平台展示了世界各地的街头艺术，包括壁画和涂鸦，同时提供了关于艺术家的信息与作品解读；设计博物馆藏品展，谷歌艺术与文化平台和设计博物馆合作，在平台上展示它们的藏品，包括菲利普·斯塔克、乔尼·伊夫和扎哈·哈迪德等著名设计师的作品；世界奇观项目，该项目360°沉浸展示世界文化遗址，如吉萨金字塔、罗马斗兽场和秘鲁的马丘比丘；世界古迹观察，谷歌艺术与文化平台与世界古迹基金合作，打造有关濒危文化遗产地的虚拟旅游和教育资源，如课程计划和知识测验，使其成为文化教育的综合工具，用户通过直接参与虚拟展览、剧情故事互动和游戏的方式了解艺术和文化。除此之外，该平台还与大学和教育组织如剑桥大学、哈佛大学、麻省理工

学院和加利福尼亚大学伯克利分校等合作举办与文化遗产保护有关的活动,使其成为保护文化遗产的重要工具。通过这些伙伴关系,谷歌艺术与文化平台也收获了大批学生及教育工作者用户,让文化遗产保护进入课堂。谷歌艺术与文化平台已经成为世界上最大的在线艺术和文化收藏品平台之一,提供了无数种与艺术、历史和科学有关的内容,包括虚拟博物馆、在线展览、数字化艺术品、艺术家故事和历史人物的传记等。除了与全球1200多家博物馆和画廊合作外,谷歌艺术与文化平台还推出了自己的项目和展览,例如艺术家工作室的虚拟参观和数字化合作。这个平台还有一个特色项目,叫作"Art Selfie",用户上传自己的照片,然后使用机器学习算法匹配一个与用户的面部相似的艺术品。

还有一些其他元宇宙文遗项目也值得关注。例如:虚拟参观文化工作室,如墨西哥的陶器制作或泰国的木雕。原住民社区的虚拟游览,如新西兰的毛利人或美国的纳瓦霍人。对毛利人社区的虚拟游览包括对传统村庄的虚拟参观,与社区成员的互动体验,以及对传统舞蹈、音乐和节日等文化遗产的沉浸式体验。游客还可以了解毛利人与自然环境的联系,包括他们的精神信仰和他们对其与土地关系的理解等。同样,美国的纳瓦霍人也有丰富的文化遗产,游览项目包含了解独特的传统、习俗和信仰,对传统住宅和定居点的虚拟参观,与社区成员的互动体验,以及对传统舞蹈、音乐和节日的沉浸式体验。对传统美食的虚拟体验,如Viator公司推出的传统美食虚拟烹饪课程。通过虚拟寿司烹饪课程,用户可以学习如何在家里制作寿司卷。虚拟体验还包括对日本传统寿司店和市场的互动式参观。意大利比萨虚拟制作课程包含传统比萨店的虚拟旅游,可以为参与者提供意大利文化的沉浸式体验,包括了解比萨的幕后制作过程,以及意大利比萨与世界上其他比萨的区别所在。

第三节　国外音乐元宇宙发展案例

音乐产业是一个由音乐创作、生产、发行和推广的个人、公司和其他组织组成的庞大网络。当元宇宙与音乐产业交织在一起时，艺术家和音乐公司都在探索如何将他们的内容和经验带到这个新的虚拟世界，虚拟音乐会、音乐节等纷纷涌现，音乐人通过元宇宙内的虚拟场所为粉丝创造沉浸式互动体验。

一、元宇宙音乐会提供全新现场体验、音乐人与乐迷联系加强

由于新冠疫情对现场活动的普遍限制，虚拟音乐会变得越来越受欢迎。在元宇宙中，乐迷们能够深层次参与音乐会，与他们喜爱的艺术家互动，获得身临其境的音乐体验。著名音乐人 Marshmello、The Chainsmokers 和 dead-mau5 等已经在 Decentraland 和罗布乐思等各种元宇宙平台上举行了虚拟音乐会，吸引了数百万粉丝。还有虚拟俱乐部 Nightsite，它为粉丝提供了一个沉浸式的环境，让他们享受音乐、跳舞和与朋友社交。除了虚拟氛围外，它还提供了独特的互动功能，如全息显示和定制虚拟数字人。美国说唱歌手特拉维斯·斯科特在游戏《堡垒之夜》中举办的 Astronomical 音乐会吸引了超过1200 万人参加，累计观看量高达 2770 万人次，该音乐会成为当前世界上最大的虚拟音乐活动之一。该场虚拟音乐会为音乐搭配了强烈的视觉表现形式，同时提供特效与多种互动元素皮肤和道具，这在现实的演唱会中是无法实现的，其为艺术家提供了一种与世界各地的粉丝接触的创新方式。这次活动的成功表明，元宇宙能够将音乐带给更多的观众，观众可以在游戏内购买虚拟商品，艺术家和音乐公司也可以通过游戏获得赞助和销售门票，以此增

加收入。

二、音乐元宇宙实现多元变现,艺术家合作形式多样

2022年10月,去中心化音乐平台Stems完成了400万美元种子轮融资,Ideo Colab领投,多家机构参投。Stems鼓励艺术家和粉丝通过元宇宙资产和其他Web3工具进行更多音乐合作。艺术家可以在Stems社区发布音乐,如吉他、贝斯、鼓和其他单独音乐曲目的组合。用户可以将音频重新混合成新的元宇宙音乐资产,原艺术家在出售该资产时获得版税。StemsDAO正在使用Web3社交图谱协议,希望建立一个音乐家社区,他们可以一起创作曲目,并以元宇宙资产形式发布歌曲,让每个发行人都可以完全了解和控制他们的IP,并随着时间的推移来使用IP。该音乐平台现已正式上线并发布了7个元宇宙资产。Stems为音乐家提供的创收方式有:一是销量和流媒体的版税。StemsDAO可以根据音乐的销量和流媒体向音乐家分配版税。二是NFT销售。音乐家可以创建代表特定唱片、表演或其他音乐资产所有权的NFT,并将其出售给粉丝。音乐家可以获得每个NFT销售价格的一定百分比。三是粉丝代币。StemsDAO可以让粉丝购买代表音乐家职业生涯所有权份额的代币,为音乐家提供持续收入。四是音乐周边及商品销售。音乐家可以通过StemsDAO销售音乐周边及其他商品。该平台配备了商品生产、分销和销售的完整产业链环节。音乐家可以从商品销售中获得一定比例的收入。五是授权许可。StemsDAO协助艺术家授权使用作品的版权,使他们能够通过在电影、电视节目、广告和其他媒体中使用他们的音乐来获得收入。六是现场表演。音乐家可以使用StemsDAO出售虚拟或现场音乐会的门票,平台可提供门票销售渠道和收入分配方案。七是众筹。StemsDAO允许音乐家发起众筹活动来资助他们的音乐项目,粉丝们出资换取独家资源或提前上线权利。八是音乐合作。音乐家可以在Stems上与其他艺术家合作并共享收入。例如,

两位音乐家可以合作创作一首新歌，并分享在 Stems 上销售该歌曲所产生的收入。

元宇宙音乐产业货币化多元变现的重要探索者还有全球最大的音乐公司之一环球音乐集团（UMG），他们一直在探索 NFT 在音乐行业中的使用。集团将 NFT 视为提升粉丝音乐体验并为音乐家和行业相关人员创造新收入来源的一种方式。2022 年 5 月 17 日，艺术和娱乐数字藏品市场 Lime Wire 宣布与环球音乐集团签署一项内容许可协议，将向环球音乐集团旗下的所有艺术家开放 Lime Wire 收藏品市场。与 UMG 签约的艺术家可以在 Lime Wire 市场上销售音频、视听内容、艺术品、获奖曲目、花絮、图像，发布 NFT 形式的收藏品，并能够将其直接出售给粉丝和收藏家。Lime Wire 最初为点对点文件共享平台，2022 年 3 月宣布将作为艺术、娱乐和音乐的数字收藏品市场重新推出，还表示将通过 Algorand 发行 NFT 与代币。2022 年 4 月，Lime Wire 宣布在 LMWR 私募代币销售中筹集到逾 1000 万美元，Kraken Ventures、Arrington Capital 和 GSR 领投。这并不是环球音乐集团第一次关注到 NFT 这个细分市场，早在 2022 年 3 月环球音乐集团和索尼音乐与基于 SOLANA 的 NFT 平台 Snowcrash 达成合作，计划晚些时候推出 Bob Dylan 和 Miles Davis 系列 NFT。同时，全球音乐品牌 Billboard 和环球音乐集团正在合作推出基于 Flow 区块链的 NFT 项目 Chart Stars。这是 Billboard 第一个面向音乐爱好者的可扩展 NFT 项目。该数字收藏品系列将包括庆祝 Billboard Charts 成就和里程碑的数字艺术作品。这些作品已获得官方授权，其中包括音乐视频中的短视频剪辑和专辑照片。

加密初创公司 Unblocked 也参与了该项目。该公司 2023 年早些时候获得了 9000 万美元的融资，Jay-Z、Tiger Global 以及 Flow 开发商 Dapper Labs 等参投。环球音乐集团的最新交易标志着其对音乐 NFT 领域投入的再一次加码，也使得 NFT 在成千上万的音乐人及其粉丝中得到推广。数字藏品的采用为音乐家开辟了新的收入来源，也为歌迷提供了全新的与艺术家互动的方式，让 NFT 项目具备真正的实用价值,并让主流消费者能够在一个安全、可靠、低门槛的环境下参与其中。然而音乐产业不仅仅在数字资产领域发力,越来越多的音乐家和音乐集团开始涉足音乐元宁宙。英国摇滚乐队 The Wombats、说唱歌手 Snoop Dogg 等纷纷在 The Sandbox 举办演唱会,美国一线流行歌手 Ariana Grande、说唱歌手特拉维斯·斯科特等在《堡垒之夜》中亮相。音乐产业在元宇宙赛道不断加码,元宇宙带来的不仅仅是视觉上的感官体验,更是视觉、听觉、触觉等多感官沉浸式体验。

三、Pixelynx 搭建元宇宙音乐生态系统

Pixelynx 是一家技术公司,专注于为音乐行业创建 VR 和 AR 解决方案。他们的目标是建立一个新的元宇宙音乐生态系统,为音乐艺术家和粉丝提供互动环境,并通过可玩的 NFT 体验和虚拟表演创造收入。例如,他们发起在迈阿密海滩的 Go Astral 寻宝游戏,鼓励粉丝参与并为其提供新的音乐体验。粉丝们通过游戏收集新的歌曲、奖品和游戏中的数字资产。寻宝游戏中,用户需要找到 20 个 NFT 中的一个,持有者有机会参与一位虚拟音乐家的设计策划,而这位音乐家将成为元宇宙品牌音乐团队中的一部分。平台还提供探索现实世界、参加音乐会和访问物理地点等功能,收集可在游戏中使用的 NFT,从而解锁奖励和新音乐。

Pixelynx 由音乐人 deadmau5、Joel Zimmerman、Richie Hawtin 以及音乐和游戏行业资深人士 Ben Turner、Dean Wilson 和 Inder Phull 共同创立,通过整合音乐、游戏和 Web3 世界,为音乐人和粉丝提供一个实体和数字生态系统。这家元宇宙公司将推出其手机游戏平台 Elynxir,为粉丝提供独家音乐内容、游戏内收藏品和沉浸式游戏体验。游戏采用 Niantic 公司的 Lightship 平台 AR 技术。Elynxir 将利用先进的 AR 和地理定位技术,让玩家发现游戏、音乐、音乐人、收藏品和社区制作的内容。Niantic 公司的的 Lightship SDK 是 Pokémon

Go、Pikmin Bloom 和 Ingress 的幕后开发者。在获得最新投资之后，Elynxir 将被整合进 Animoca 的生态系统。此外，总部位于洛杉矶的 Pixelynx 还运营着一个名为 LynxLabs 的投资项目，通过提供资金、音乐人、名人、代币设计和技术支持下一波音乐和娱乐企业的发展。

Animoca 和 Pixelynx 的目标是利用不断增长的全球音乐市场，使收入到 2030 年达到 1310 亿美元。这两家公司计划开发新的音乐消费形式，并将其扩展到整个元宇宙，以创造新的收入机会。Pixelynx 作为新一代公司中的一员，正在为音乐行业开辟新道路。这是一场从集中式所有权到分散式所有权的重大技术转变。Animoca Brands 联合创始人兼执行主席 Yat Siu 表示："我们很高兴 Pixelynx 加入 Animoca Brands 这个不断壮大的大家庭，我们期待能帮助塑造音乐行业的前沿，同时为世界各地的人们带来新的创新体验。"Pixelynx 首席执行官 Inder Phull 表示："Animoca Brands 已经成为构建开放元宇宙共同愿景的主导者。这标志着音乐产业新时代的开始，Web3、游戏和跨媒体内容将为音乐人、粉丝和厂牌提供新的收入来源和商业模式。"

音乐行业是借力元宇宙发展而获益的关键领域之一。Pixelynx 是走在元宇宙技术发展前沿的公司之一。通过利用数字技术的力量，Pixelynx 为粉丝创造体验音乐、提升参与感、增强与艺术家联系的私域社区；同时，为艺术家提供更多机会，将他们的音乐货币化，持续在音乐发行推广方面提供助力，搭建自成一派的音乐元宇宙生态系统。

第四节　元宇宙文旅产业案例

旅游二字拆开来看："旅"是外地做客的意思，实质上就是出行之意；"游"有游览、观光、娱乐之意。人们选择旅游，是为了追求新鲜感，追求一种不同于自身所处的熟悉空间的体验感，这也是旅游应该实现的。"元宇宙＋

文旅"给人们带来了更好的沉浸感、体验感,并且还可以提供非接触体验。这种旅游是一种技术路径,它借助包括三维建模、AR、VR在内的多种数字技术来实现。人们通过"元宇宙＋文旅"得到了一种新鲜的旅游体验,同时借助这种形式得到的满足感也更强烈。

疫情常态化防控与数字技术的广泛应用,不断催生出数智化文旅新业态、新产品、新空间。伴随着这些新变化,人们也慢慢转变了自身的文旅思想,这种转变包括消费习惯、消费内容、消费类型,甚至大众的消费理念和方式也不同了。我国文旅产业迎来数智化新时代。数智化时代的文旅消费有很多独特的地方,比如人们更注重消费的平台,更愿意在线消费,更在意消费的体验感和场景化,消费的模式也更加多样化。

元宇宙文旅可以说是大众最为熟悉的结合方式。"元宇宙＋文旅"的模式发展到今天已经比较成熟了,并且更加全面,包括元宇宙数字游园、元宇宙线上观展、元宇宙历史街区、元宇宙数字文化演艺空间等多种模式。

一、元宇宙数字游园

(一)MetaZoo元宇宙动物园

线上动物园MetaZoo是一个元宇宙动物园,大众所熟悉的现实中的动物园是其设计蓝本。同时MetaZoo也是一个完全开放、免费的线上公共活动场地,为人们提供了一个社交、休闲的活动场地。因为是二次元世界构架,所以没有3D环境对硬件和网速的苛刻要求。

在MetaZoo可以实现多人畅聊、游园观赏、迷途寻宝、桌游对弈、聊电影、听音乐会、看纪录片、捉迷藏……同时容纳超过百人享用所有类型的线上互动活动。进入MetaZoo,首先来到大地广场,即全场的出入口,支持和好友一起出发。

在 MetaZoo 中，但凡玩家相互靠拢即可激活对话窗口，此时只要打开摄像头和麦克风就能与小伙伴视频聊天。点击画面中不同角色的 logo 就可以看相关故事，并且在地图中可以进入任意建筑开启浏览，比如吉祥物火烈鸟的豪宅 INFINITE BOX，行走在 NFT 的展览环廊上可以 360°查看这座建筑。

MetaZoo 是一个强调交互的场所，比如常见的白板用于满足"×××到此一游"的冲动，可以在上面涂写，也可以留言。园内提供纪念品、图书、游戏、食品等物品的多种购物通道；另外，还有会议中心、科普中心，它们都是比较具有可玩性、互动性、社交性的区域。

（二）张家界星球

张家界因旅游建市，是中国最重要的旅游城市之一。张家界汇集了泰山之雄、华山之险、黄山之变化、桂林之秀丽，"三千奇峰，八百秀水"这一美誉就是用来形容张家界的。张家界国家森林公园是中国的第一个国家森林公园，也是世界地质公园，还被联合国教科文组织列入世界自然遗产名录。

2022 年，测试版"张家界星球"在张家界武陵源发布，该平台是全球第一个景区元宇宙平台。

张家界元宇宙研究中心、湖南移动张家界分公司、咪咕公司等共同合作，完成了"张家界星球"的打造。"张家界星球"是第一个借助 XR 融合互动技术的平台，可以沉浸式体验张家界的奇峰异景。

"张家界星球"借助数字孪生实现景区的虚拟世界，这个虚拟世界运用了多种融合技术，包括云端 GPU、UE5 游戏开发引擎、移动 5G 在内。

这一平台非常便捷，人们不需要下载任何东西，在不同的地点选择任意终端即可接入平台，通过网页就可以实现奇峰异景的旅行。平台采用山峰授权以及融合互动的玩法，非常便捷。

（三）武当山数字景区

武当山是道教名山，世界文化遗产之一。武当山不仅风景优美，而且山上山下有多处宫观。这些宫观大部分是在明朝初期永乐年间营建的，包括太子坡复真观、紫霄宫、南岩宫、中观等。

来自湖北大学的师生组合以武当山为蓝本，利用 Vland 虚拟空间编辑器制作了"寻仙问道在武当"，还原了太和宫、朝天宫、八仙观、紫霄宫等多处知名景观，在元宇宙里展现了文旅活动的创意实践。

Vland 云现场成立于 2021 年，是虚拟空间创业公司的代表之一。借助 Vland 自主创建研发的引擎以及融合游戏化技术，每个使用者都可以选择代表自己的虚拟形象。借助 Vland 搭建 UGC 虚拟场景的门槛低，使用者可以邀请其他人进入场景共同参与社交活动。在 Vland 中可以实现多种场景的搭建，包括展会、商务社交、行业峰会等。

五龙宫曾经是武当山最早敕建的宫观，鼎盛时有 800 多间建筑。为让世界文化遗产"容颜"永驻，湖北省文物考古研究院联合北京大学、武汉大学相关团队，开展武当山五龙宫历史形态数字化复原研究。

在 3 分多钟的武当山五龙宫数字化复原动画中，随着镜头的推进，五龙宫的宫殿布局、周边环境一目了然，黑瓦红墙的恢宏殿宇内，不同规格的建筑，木作、石作的装饰及细部，都经过反复推敲，历史上五龙宫的盛景栩栩如生。团队先后数字化复原了 20 多栋建筑模型，通过对建筑基址、柱础、墙基等遗存进行现场测量、拍摄，将 20 多栋建筑模型放在相应的位置，并进行动画呈现。穿过层层门、道道墙，人们恍若跟随镜头开启观光游览，殿宇森然，一步一景。

（四）"走进桃花源"虚拟文化场景

东晋诗人陶渊明在《桃花源记》中描绘了这样一个画面：良田、美池，物产丰富,生活在这里的人们安居乐业。这是一片乐土,是人们心中的理想社会。"桃花源"也是文学地理学中的一个典型的文学景观。

在数字延展的"桃花源",人们可以体验传统文化的美好遐想。来自华侨大学旅游学院的老师同学们,创作设计了包括"走进桃花源"在内的多个文化旅游场景,通过想法和创意的不断碰撞,诞生出更多兼具趣味性与互动性的会展活动策划,并在虚拟空间中完成实践。

在"走进桃花源"虚拟场景中,"芳草鲜美、落英缤纷"的桃花林呈现在游客眼前,游客有真实的体验感和互动感,进一步感受到虚拟文旅带来的独特魅力。

二、元宇宙线上观展

(一)白居寺线上观展

白居寺始建于1418年,就坐落在日喀则江孜县城的宗山脚下,是一座萨迦派、夏鲁派、格鲁派共存的寺院。吉祥多门塔全塔共9层,外形呈四面八角,共有108道门,76间佛殿,每间佛殿均有精美的壁画和塑像,号称十万佛塔。吉祥多门塔每间佛殿中的主尊及壁画题材均按密教的续部经典《成就法海》中的内容设置,每一间佛殿中的壁画都是一座密续曼陀罗的详解,因此有着极高的学术价值和研究价值。

"时空传送门——白居寺吉祥多门塔线上特别活动"是由徐汇艺术馆和上海大学上海美术学院数码艺术系共同打造的。此次线上观展采用"虚拟＋观展＋社交"三合一的创新云游模式。参观者进入之后,会获得一个代表自己的虚拟形象,然后在数字孪生的白居寺吉祥多门塔中跟随导览人员移动、探索,和身边的人交流,将线下的用户体验搬到虚拟世界。活动中还设置了小游戏(问答游戏、收集游戏、彩蛋环节),获奖者可以在艺术馆线下领取奖品。

通过地图的叙事设计、云游的体验设计、游戏和社交设计，给予观众沉浸式趣味的云端游览乐趣。同时，采用实体展馆＋Vland元宇宙＋西藏实景的体验方式，利用云社交，将来自不同地方的人、不同场景的景象进行混合，形成数字"结界"，旨在提供基于真实空间但又不同于真实旅游的体验。

(二)"数字孪生应用"元宇宙博览会

2022年9月26日，以数字孪生技术应用工作委员会为指导单位的数字孪生博览会顺利召开。这场博览会，实现了在51Meet元宇宙场景中，第一次一站式集中展示数字孪生的上下游产业。本场展会几天时间已有近5000人次(这里指的是数字人)通过元宇宙形式"现场"逛展，全网在线观展及观看会议人数达5万人次。元宇宙展会不仅能最大限度地承接参会观众，帮助参展方扩大潜在的市场空间，而且相比于线下展厅，虚拟世界展示的内容更加丰富、多元、立体，参展方式更加轻松、简便、经济。

三、元宇宙历史街区

(一)大唐·开元

大唐不夜城是由西安曲江文化产业投资集团全资打造的，位于陕西省西安市雁塔区的大雁塔脚下，北起大雁塔南广场，南至唐城墙遗址，东起慈恩东路，西至慈恩西路，街区南北长2100米，东西宽500米，总建筑面积65万平方米。大唐不夜城以盛唐文化为背景，以唐风元素为主线，建有大雁塔北广场、玄奘广场、贞观广场、创领新时代广场四大广场，西安音乐厅、陕西大剧院、西安美术馆、曲江太平洋电影城等四大文化场馆，大唐佛文化、大唐群英谱、贞观之治、武后行从、开元盛世等五大文化雕塑，是西安唐文化展示和体验的首选之地。

"大唐·开元"是由西安曲江大唐不夜城文化商业有限公司与太一集团联合打造的。"大唐·开元"是全球第一个基于唐朝历史文化背景的元宇宙项目。这个元宇宙项目是大唐不夜城的镜像虚拟世界。不同于白天的旅游＋休闲消费景点，晚上的大唐不夜城是一个具有沉浸感的光影世界，是一条时空隧道。数字光年和数字古建筑团队"明诚京太学"以及"史图馆"，借助数字化技术完成了元宇宙的内容搭建和创作，复原了长安城的历史风貌。唐长安城的建筑沙盘是按1:1的真实比例搭建的，实现了古代长安城的打造。

在数字空间，中国传统建筑借助数字技术得以重新呈现和复原。游客可以像在现实世界一样自由随心地消费、游玩，享有与线下消费一样的折扣。

（二）"山塘·再现"云上历史街区

山塘是苏州著名的历史文化街区。山塘历史文化街区位于苏州古城外西北部，是住房城乡建设部、国家文物局于2015年公布的第一批中国历史文化街区之一。山塘街形成于唐代，全盛于清代。《姑苏繁华图》记载，全盛的七里山塘舟楫云集，富贾相聚，河中水运繁忙，两岸店铺林立，是当时苏州最繁华的地区之一。随着历史的变迁，现在山塘历史文化街区内仍存有大量会馆、祠堂、牌坊等古迹和众多的国家、省、市级文物保护单位以及控保建筑，同时存有大量古井、古桥、砖雕门楼等古建筑物。

在云端虚拟空间"山塘·再现"中可以真实体验山塘的历史风貌。该空间还原山塘街历史风貌，让游客线上视听体验链接线下味觉体验。这一虚拟空间是由生态创作者深藏blue团队设计打造的。

游客可以依据自身的喜好选择代表自己的虚拟形象。虚拟形象分身可以按照游客真身的心意游览、购物，可以与虚拟场景内的物件互动，感受"自开山寺路，水陆往来频。银勒牵骄马，花船载丽人"动人诗句描绘的美景。游客在听觉、视觉甚至是味觉方面都有了更生动的体验。

（三）鼓浪屿元宇宙

位于福建厦门的鼓浪屿,面积1.88平方千米,与厦门岛隔海相望。鼓浪屿岛上海礁嶙峋,岸线迤逦,山峦叠翠,峰岩跌宕。鼓浪屿以建筑为表、音乐为魂,代表景点有日光岩、菽庄花园等。

构建元宇宙空间,还原鼓浪屿线下实景,让游客感受到历史文化沉淀,以及独特的闽南人文体验场景,比如为大众熟知的龙头路商业街、八卦楼、四落人厝、日光岩等特色场景。游客可以按照自己的心意创建属于自己的数字分身,借助这个数字分身,游客可以实现云社交、云消费、云游景。游客只需以非常优惠的价格购买一个NFT就能参与其中,这个NFT不仅能收藏,还有实实在在的赋能。

四、元宇宙数字文化演艺空间

（一）大筒仓:中国首个元宇宙体验中心

2022年,中国第一个元宇宙体验中心在深圳开始打造,具体位置是在一处工业遗址——大筒仓,蛇口的价值工厂,原身是广东浮法玻璃厂。大筒仓拥有2400平方米的展示面积,24米的高超沉浸式空间,巨幅3D Mapping交互科技。五大主题展区涵盖VR、AR、8K HDR音视频等顶尖技术。约60位艺术家利用多项顶尖技术创造了近40件优秀作品,这些技术涵盖了VR、AR、实时渲染、全息影像和传感等多项前沿技术,这些作品带领游客进入虚拟与现实不断转换的世界。

（二）冒险小王子元宇宙主题乐园

山水比德公司与深圳童话爸爸文旅科技有限公司、深圳市华付信息技术有限公司共同合作开发冒险小王子元宇宙主题乐园,该元宇宙主题乐园位于深圳光明小镇。冒险小王子元宇宙主题乐园以自有的元宇宙IP《冒险小王子》为灵魂,是国内第一家元宇宙主题乐园,含有亲子度假酒店、主题乐园及其周边产业。乐园集休闲娱乐、度假、聚会、拓展、购物等多种功能于一体,把动漫、影视、媒体广告、游乐园等串联起来使价值累加与升华。项目总投入75亿元,按计划,在3年时间里,通过AR、VR和全息投影技术,加上《冒险小王子》IP,实现更深层次的沉浸感、体验感、趣味性以及互动性。

乐园的开发重心在规划园区、设计体验场景、营造氛围等方面,同时还将开发文旅综合体等新的项目。在元宇宙世界中,人们可以体验线上安全便捷的参与方式,拥有如线下般真实的互动交流体验。同时基于数字内容的可替换性,给予游客不一样的景观体验。

第五节　元宇宙娱乐产业案例

元宇宙中有三个关键垂直领域:个人创造力的释放、沉浸式体验、新世界的构建。元宇宙娱乐业的发展在极大程度上将受到这三个领域的影响,未来蕴藏着无限可能。

一、元宇宙娱乐综艺——《元音大冒险》

2022年12月,爱奇艺将音综与元宇宙相结合,推出元宇宙音乐闯关竞演真人秀《元音大冒险》。

艺人们将组成不同阵容,在不同主题下闯关,完成音乐游戏任务和热血高燃的虚拟歌唱竞演。借助技术为观众创造出全新的艺术舞台形式,浓厚的沉浸感深度渲染舞台氛围,为观众带来视听兼具的全新体验。除了舞台效果的升级和改变,科技还赋能游戏玩法的创新。节目中如真人飞行棋、敦煌乐器翻翻乐等游戏,都使用了大量的屏幕交互技术。

爱奇艺还为《元音大冒险》推出衍生元音大陆App,App中的虚拟世界场景被称为"桃豆世界",基本上复刻了爱奇艺综艺《元音大冒险》的场景。

二、《古蜀幻地第一章——青铜神树》

沉睡千年的文物不再单以古朴厚重的面目示人,古蜀文化以更年轻、时尚的形式走进公众的生活。2022年全球文博领域第一部MR导览电影《古蜀幻地第一章——青铜神树》(简称《古蜀幻地》)完成,这部MR导览电影是由莲藕(重庆)科技有限公司自主开发的。

观众一边看文物,一边看电影,沉浸式体验古蜀人生活。当佩戴上MR眼镜参观三星堆时,观众可以看到描述古蜀国爱情故事的电影,能听到"虚拟讲解员"讲述文物使用场景的声音,仿佛身处古蜀人耕种、祭祀的真实场景中。进入3D虚拟互动空间,还可为自身的虚拟形象穿上专属IP服装,还原剧中人物穿着。

三、央视春晚 + 元宇宙

2023年1月20日,央视春晚的元宇宙探索,打造了更具沉浸感的视觉新体验。通过元宇宙技术的加持,迎春方式更加生动立体,沉浸感和互动性更强。

央视春晚节目采用了以下技术:

AR＋动作捕捉技术:春晚吉祥物"兔圆圆"以AR的形式参与了多个节目的表演。

AR＋虚拟制片:武术表演节目《演武》,利用多种技术,全流程打造电影级虚拟制片。

VR绘画：《当"神兽"遇到神兽》。

XR虚拟场景＋360°自由视角：《百鸟归巢》。

AR＋AI绘图：歌舞节目《满庭芳·国色》。

第六节　元宇宙时尚产业案例

伴随元宇宙的火热，中国很多时尚品牌都开始了"元宇宙＋时尚"的探索和尝试。元宇宙还处于一个发展的阶段，未来真正的形态还未知。从这一角度而言，"元宇宙＋时尚"同样处于一个新的启蒙期。

一、探索3D营销互动新方式——欧莱雅集团

51Meet是一款专门针对元宇宙需求的产品，帮助政企以元宇宙的方式开展会议培训、商务接待等，全方位满足元宇宙时代营销服务需求，赋能全行业数字化转型、数字经济建设。欧莱雅将"美妆科技公司"作为其战略目标，并提出"新兴美妆元宇宙"的全新构想。欧莱雅认为，未来之美是"完美像素"之美，将涵盖包括实体、数字（美妆科技、零售）和虚拟（Web3）在内的多个维度。

2022年10月，欧莱雅在51Meet空间举办了一场别开生面的元宇宙活动，朝3D营销互动更进了一步。在元宇宙空间中，欧莱雅以丰富、立体的呈现形式，向员工和外界展示了25年来其在中国的品牌蜕变之路，并传递了始终如一对美保持激情的价值观。

除了欧莱雅外，各大时尚品牌也纷纷向元宇宙发力。今年，中国两大时尚盛典——中国国际时装周和上海时装周都出现了元宇宙的身影。51Meet

统计数据显示,普通客户在品牌官网的平均停留时长仅有4分钟,但是在元宇宙展厅的平均停留时间为15分钟。元宇宙全新的视觉冲击力、丰富的感官互动性,正在打破常规的营销方式和链路。

二、颠覆重塑购物体验——京东

51Meet作为技术支持方,以京东总部大楼实景为原型,采用数字孪生技术创建了一个超高清、临场景的元宇宙空间。整个空间分为两大功能区:一是以真实场景为模板打造的会场功能区;二是高度还原的商超功能区。这也是京东作为头部的电商平台,在元宇宙领域的一次有效布局。

在京东元宇宙里逛街,消费者能收获身临其境、丰富多元的购物体验。麦肯锡的研究指出,59%的消费者更喜欢虚拟世界的购物体验。元宇宙为电商提供了更具个性、广泛的与消费者互动的方式,增加触达渠道,提升品牌曝光度。

三、倩碧数字人

倩碧官宣高圆圆为品牌全球代言人,并推出了"虚拟人高圆圆"造型,主要目的在于推广302美白镭射瓶产品。这是其围绕产品科技感定位的一次创新尝试。

这款产品主打其专研302黑色素干预科技。在营销方向上,与倩碧旗下其他产品相比,更突出其背后的科技含量。在创意上,302美白镭射瓶选择了运用"虚拟人"这个当下热门题材,将代言人高圆圆的形象进行AI化,把科技感和时尚结合起来,这契合了目标人群喜爱新潮、喜欢探索新鲜事物的特点。

对品牌营销而言,虚拟人为其提供了与众不同的创意。经过多年的发展

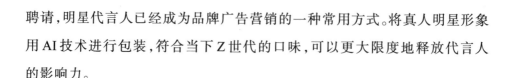

聘请,明星代言人已经成为品牌广告营销的一种常用方式。将真人明星形象用AI技术进行包装,符合当下Z世代的口味,可以更大限度地释放代言人的影响力。

四、天猫元宇宙购物

2022年10月27日,手机天猫App上线了主题为"元宇宙购物"的全新体验。天猫App进行了更新和升级,在App中新增了3D沉浸式场景购物。用户可以体验到多项新功能,包括AR试穿试戴、3D产品展示、数字藏品、艺术看展等。App中还打造了"未来城"虚拟商业街。

在消费场景里,天猫又为用户打造了多种体验场景。比如:用户进入露营营地,可以查看户外帐篷、折叠桌椅等;用户进入房间,可以查看化妆台上陈列的各种品类化妆品等;点击虚拟商品,除了查看商品的详细介绍外,用户还可以手动拖动产品大小,360°查看商品材质细节。2022年,国内三大时尚周也都做了"时尚元宇宙"的探索。

五、中国国际时装周

2022年5月26日,中国国际时装周首次发行了"时尚元宇宙"主题NFT,开了先河。中国国际时装周在亚太规模领先的元宇宙科技平台——NFT中国首次发行NFT,表明了中国国际时装周积极拥抱新技术演变的态度,同时,这也是NFT中国以数字技术赋能实体经济的又一次实践。在中国国际时装周举办25周年之际,14个品牌联动,打造虚拟作品缤纷创意引爆元宇宙,拉开"时尚元宇宙"帷幕。其中La Koradior、361°、D.MARTINA QUEEN、l-LA、佗寂、SUNGUITIAN、怪诞星球FANTASTIC PLANET、UNIX_T等八大风格各异的品牌的虚拟服饰精彩亮相NFT中国。

中国国际时装周以数字世界为舞台，开启了数字化的多样呈现。本次在 NFT 中国全球首发"时尚元宇宙"主题 NFT，是中国国际时装周拥抱时代变化的新实践。2022 年 9 月 12—14 日，第 25 届中国国际时装周在北京举行，本次时装周更新和升级了时尚元宇宙，实现了中国第一个时装周时尚元宇宙的完整新生态，引领中国虚拟时尚发展新方向。虚拟代言人小美身穿虚拟首秀品牌 La Koradior 新款虚拟时装"皦玉生花"，结合 CG 动画、人工智能、虚拟现实等技术进行形象优化与功能升级，踏上了 SS23 中国国际时装周元宇宙时尚旅途。"元宇宙·北京 751D·PARK"是中国第一个时装周虚拟时尚地标，该地标是时装周和 APHRO 3D 联手打造的虚拟现实空间。时装周还打造了虚拟时装秀和虚拟潮玩，发售了多达 63 套数字藏品，这些藏品包括了萌态"小美"等潮玩。

2022 秋冬季深圳时装周和 2022 上海时装周也做了"时尚元宇宙"的探索，包括虚拟空间、虚拟偶像代言人、虚拟服饰、数字订货平台等尝试。2022 年 4 月，2022 秋冬季深圳时装周开始，其主打概念是时尚元宇宙。该时装周打造并推出了多个元宇宙项目，如元宇宙时装大秀、元宇宙数字体验空间、深圳时装周虚拟偶像矩阵、设计师 3D 虚拟服装发行、3D 虚拟服装线上线下商店等。

第七节　元宇宙技术与应用产业案例

人类的生产、社交、个人生活以及社会生活将伴随着元宇宙技术的发展而发生深刻的变化。元宇宙技术将成为人类科学技术革命的集大成者和新的发展方向，同时还将重新定义人类的时空观念。以 5G、云计算、人工智能、区块链等为技术底座的元宇宙，与这些技术互相成就。元宇宙优秀的算力基础是由云计算产业的发展打下的，元宇宙行业认证机制的基础背靠区块链技术,元宇宙独立的经济系统得益于区块链行业的发展和成熟。

一、虚拟人 ViLabs（Rae 蕊）

房地产投资管理公司凯德打造了 ViLabs 的团队。ViLabs 创造了"Rae 蕊",它是亚洲非常出名的虚拟偶像之一。

Rae 蕊是虚拟人,它运用了 CGI 技术,其技术驱动是深度学习人工智能。幕后团队创建了可依据训练环境中的输入内容来输出新图像和视频的学习系统。Rae 蕊创新性地将来源于语音合成、动作捕捉、面部捕捉和 CGI 技术的视听输入和深度学习人工智能技术结合在一起。凯德投资和全球著名的技术公司电通的合作将助力 Rae 蕊以后的进步和创新,进而实现虚拟身份技术商业上的创新。另外,凯德还组成了数字创投团队,以提升凯德在 Web3.0 和元宇宙领域的竞争力。

二、区块链与数字衍生经济 iBox 链盒

iBox 链盒作为业内首屈一指的数字收藏生态系统,通过不断创新的经营模式,成功完成了数字收藏产品从发布、购买、典藏到应用的完美闭环,并突破了当前领域中数字收藏产品使用环境单调、应用价值缺失的难题。通过关联线下权益,iBox 进一步优化了数字藏品的服务体系建设,向消费者提供了富有艺术性、人文性、实用性的数字文化艺术服务。在 IP 数据藏品化的道路上,iBox 还将采取自营和跨界联合的多重方式,对 IP 数据进行经营管理和托管,并提供新营销、IP 授权管理、应用及市场推广等多个赋能,以建立基于 Web3.0 时代的信息服务基础设施。

现阶段的 iBox 已经探索了多个数字藏品与线下联动的方向,如:(1)旅游＋元宇宙。与旅行目的地、景区景点等共建元宇宙场景,依托旅行景点、游

乐设施等场景,利用数字化技术手段实现文化内容构建与创意,打造数字化、虚拟现实等先进技术的沉浸式文化体验环境,实现元宇宙应用场景建设在各个景点上的逐步实施。(2)农业＋元宇宙。iBox将和多家中国国内的农产品公司进行战略合作,所产果实都通过区块链技术和数字藏品绑定,以进行线上与线下实物的一一对应。(3)商业＋元宇宙。赋能实体企业,为品牌创造场景赋能,促进企业服务体系转型,为每一家企业打造自己的"元宇宙商场"。消费者可以在自己的店铺里销售产品,完成供应链、物流配送、售后服务等一揽子业务,带动实体企业的成长。iBox正在不断探讨把"国潮"的文化产业、数据科技、高流通模式更有效地进行整合,进而把中国的文化产业与数藏生态带到全球。

三、XR生态——AR/VR 雷鸟创新技术(深圳)有限公司

2021年,北京雷鸟科技有限公司推出了国内首个消费型的双目全彩MicroLED光波导AR眼镜"雷鸟智能眼镜先锋版",这一新品将使用双目全彩MicroLED＋光波导技术。

2022年,雷鸟科技还推出了消费型的XR眼镜雷鸟Air和雷鸟Air1 S型,将与手机、笔记本电脑、Switch、PS等个人电子设备相连,为消费者提供了在观影、游玩、办公等多种环境下的高清晰视频巨幕体验。

雷鸟科技持续深耕"硬件＋软件＋应用"全链路,并致力于构建世界领先的场景型AR环境,为消费者带来优质AR产品。在市场布局方面,雷鸟科技将采取两条技术道路共同助推市场成长战略的实施:一是坚持MicroLED＋光波导的技术创新与产品落地成长策略,在科技与市场创新道路上推动业务成长;二是打造技术更加成熟的MicroLED＋Birdbath产品,共同推进C端与整体的产品成长策略的实施,同时将积极推进整个消费型AR眼镜市场的扩张。

四、区块链——人民网灵境人民艺术馆

2022年1月，由人民网建设的灵境人民美术馆正式上线。2022年7月，人民灵境研究院正式宣告成立。灵境人民艺术馆将为艺术品提供数字化服务，为艺术品制作流程提供电子化服务，并提供艺术品在数字版权保护、数字出版、数字营销、区块链（人民链）认证等领域的服务，让科技赋能中华传统艺术文化，将数字艺术服务社会大众艺术作为主旨和目标。

随着区块链技术的进步，灵境人民艺术馆数字出版作品平台也进行了全新升级。灵境人民艺术馆发行的"人民收藏家——元元"数字作品同步在上海技术交易所开启数字技术权益登记备案。

在视觉方面，升级后的平台带来了全新的用户界面、版式设计、配色设计与交互设计，数字出版作品也将进行统一展示；在功能方面，数字出版作品可分类筛选，用户浏览更流畅，同时对个人数字资产一目了然。未来，平台将逐步开启优先购、空投、合成等新功能，让数字出版作品的展示在元宇宙空间里更加有形化、立体化。

灵境人民艺术馆现已取得大量文化艺术领域优质IP独家授权，包括来自文化传播企业、国内外文博单位、现当代艺术家等权利人的授权，为未来在元宇宙空间的数字资产及相关权利的授权、许可、转让、保护等打下良好基础。平台发行内容已涉及艺术家、馆藏艺术、音乐、文旅、影视、游戏等多个领域，这种新颖的形式对年轻一代有很大的吸引力，使得传统文化成功跨界和破圈。

五、元宇宙国际传播实验室

2022年5月，元宇宙国际传播实验室成立，实验室的主要发起者是中国

外文局及其下属中国互联网新闻中心和当代中国与世界研究院。该实验室同时也是一个国际文化开放平台,是中国国内第一个从国际文化传播的视角聚焦元宇宙研究技术的平台。

该实验室将集中全球传播行业的基础理论研究和科技发展人才,跟踪多元世界信息的变化,加强行业与产品发展的协同,探讨相关技术应用于全球传播中的各种场景,促进多元世界全球传播的战略对策探讨与具体实施,逐渐形成平台支撑,加强未来应对新挑战的能力。

元宇宙国际传播实验室还将逐步完善相关的国际研发机制,并成立了专业委员会、技术协调组等专门的研究队伍,将着力于研究"元宇宙对国际传播带来的挑战与机遇""基于元宇宙的跨文化交流形态和国际传播策略""虚拟形象与智能问答机器人""沉浸式虚拟空间与文化传播""数字藏品/NFT""区块链在国际传播中的运用"等几个领域,还经常组织"对话未来"类型的学术沙龙,邀请专家团队成员、行业领导者、技术带头人等与年轻人交流。

实验室应充分调动青年人才的力量,瞄准代表未来的Z世代受众进行传播策略创新,争取在元宇宙国际传播新格局中抢占高地,在全球传播秩序中为我国争取更大的话语权。

六、AI数字孪生虚拟人和超写实数字人"安未希"

2022年,北京联通在线沃音乐看到了这一领域中所蕴含的巨大机会,并为此开发了云创数字人制作平台,打造了全新的超写实原创数字人——"安未希"。在中国虚拟人产业正进入上升期的当下,联通在线沃音乐成为中国第一家专门打造超写实数字人的网络公司,它也正成为这一行业的生力军代表。

超写实数字人"安未希"由北京中国联通5G·AI未来影像创作中心推

出，采用了自有的云创数字人制作体系，结合了当今世界的顶级AI艺术和动画科技、实时动捕科技，以及AI数字人的智能科技，可以进行视频、演绎等多种形式的艺术呈现。

为弥补国内产业缺陷，打造"元世界"时代的重要平台，中国联通5G·AI未来影像创作中心目前已成立了专业的拍摄队伍，还按照职能将队伍分成了制片编导组、影像广告组、IP影像组、AI影像组，并建立了AI智能拍摄车间、5G未来影像车间、4K转制调色车间等细分功能区，同时还将结合自身人工智能、大数据分析技术等方面的领先优势，对视觉产品的加工制作、交互方式等方面进行创新变革，将形成原创与虚拟IP共同孵化的精品项目。

七、"媒体融合链"区块链版权平台

2022年1月，国际最新媒介版权保护平台，即"媒体融合链"区块链版权平台，通过云发布的方式上线发行，这一平台正是区块链科技在传媒界发展的典范。

作为国家版权局的国内第一个"版权保护新技术研究推广站点"的授牌企业，网站建设方新华社中国搜索此举，意在促进国家对新兴传媒作品版权保障方面的有效指导和协作，并积极应对新兴的媒介作品版权保护难题，助力提升全媒体版权功能，实现融合、协同、创新的版权新生态。借助区块链等前沿技术，帮助解决新媒体融合过程中的新闻版权管理工作难点、痛点，有效提升新闻作品的版权价值，并助力新媒体深度融合发展。

"媒体融合链"的区块链技术属于自主研发。从区块链底层技术到上层版权应用系统都是自主研发的，那么可扩展性、服务能力会更强。中国搜索建设的"媒体融合链"具有三方面的突出优势：一是依托中国搜索大数据优势，以及专业的数据挖掘、清洗、分析能力和数据处理能力，使得监测覆盖范围更广泛。二是实现文字、图片、视频、音频等全媒体的快速监测。值得一提的是,平台还具有精准高效的图片和视频检索比对功能。三是权威机构进行的区块链存证能力评测显示,"媒体融合链"对上层服务数据的并行处理能力,远高于同行业的平均水平。截至目前,对"媒体融合链"的监测数据,主要涵盖了互联网媒体、微博、微信、移动客户端和社交平台。目前已经具备了超10万亿的媒体保有量,并且正以每天百万量级快速成长,首批监测发现600余万高度相似的图片、视频数据。

"媒体融合链"上线发布后,将正式向社会各界公开。

第八节　国内元宁宙文化产业园案例

元宇宙产业园本质上是一种与元宇宙产业相关的企业集聚区。我国目前打造的基本上都是现实中的产业园区或产业基地,将元宇宙相关企业聚集在一起,方便各企业之间的近距离协作。

在将大数字发展作为国家重大战略的背景之下,中国工信部建议,要扶植一些涉足元宇宙等新兴技术应用领域的创新型中小企业。于是,从2021年下半年开始,国内各省市密集出台了一系列元宇宙产业扶持政策。如今,随着国家各种优惠政策的逐渐落地,中国许多地方政府部门也开始启动元宇宙工业园项目,并围绕着元宇宙的基础研究、交互技术、研发设备、应用研究和发展等关键方面展开了招商引资工作,以引进和培养元宇宙领域的新生态人才。一场以元宇宙为主题的产业升级大幕正徐徐拉开。2022年至今,国内20多个省级政府部门出台了元宇宙的有关政策措施和规范文本,许多地方政府部门也把元宇宙产业园区建设项目视为促进消费和保投资的主要切入点。

经过2021年的概念落地和普及后,2022年,元宇宙迎来了发展之年。政策上,国内各地出台了不少相关政策,围绕技术、应用、场景、产业园、产业基金、地方规范等方面展开。有9个地方政府将元宇宙写进了政府工作报告；有15个省市政府出台了近30项元宇宙专项扶持政策。多地布局建设元宇宙产业园，目前国内在建和建成的元宇宙产业园、基地、聚集区已超过24个。据统计，已有包括北京、上海、广州、郑州、杭州、成都、南京、武汉等在内的20个城市宣布建设元宇宙产业园区。

一、北京通州大稿元宇宙数字艺术区

2022年4月，大稿元宇宙数字艺术区正式启动，园区位于北京通州。该产业园是全国第一个元宇宙数字艺术产业园，整个园区占地面积3.2万平方米。

园区将着力吸纳数字文化、元宇宙影视、元宇宙游戏、元宇宙直播、元宇宙文创、元宇宙文旅、元宇宙教育、元宇宙技术、元宇宙创意IP等方面的企业进驻，并为进驻公司和企业提供办公场地、特惠政策、产业培育、融资、产品宣传等全方位支持。已建成的有元宇宙数码艺术大厦、数码文化中心办公空间、元宇宙创意空间、元宇宙美术馆、元宇宙会客厅、元宇宙图书馆、元宇宙咖啡厅、元宇宙酒店、元宇宙影院、元宇宙美术馆。园区拟建设数字艺术大师办公室、艺术家直播平台、元宇宙IP孵化及融资服务等办公、交流场所及服务平台。首批17家元宇宙公司或企业同期落地、签约、入驻。

二、上海徐汇区元宇宙产业园

2022年6月，上海徐汇区元宇宙特色产业园区正式推出。项目地处徐汇区漕河泾地区，总建筑面积达4.6平方千米，项目将依托大院大所、龙头企业和服务载体的资源优势，提升其在元宇宙产业领域的竞争力，助力打破核心技术的瓶颈。

产业园区重点建设领域：元宇宙产业首选地、创新协同区、人才蓄水池、技术集成应用场。引入公司方面，园区内集聚了腾讯、字节跳动、米哈游、趣家成都互娱软件公司、莉莉丝、沐瞳、鹰角、网易、虾皮、快手等头部企业，现有办公面积超30万平方米，从业人员超2万人。

在元宇宙领域，目前园区内已拥有全产业链企业近500家，还集聚了字节跳动、微软、依图、旷视、云之声、竹间智能等大企业，并联动了浦江实验室、期智研究院等顶尖企业科研机构。另外，全国投资最大、估值最高的人工智能公司——商汤控股将入驻漕河泾地区，园区将规划建设全球研发、人工智能汽车、芯片、培训及配套服务基地，全力推进人工智能的应用核心技术落地。

三、浙江杭州元宇宙产业园

坐落于浙江大创小镇内的浙江元宇宙产业园于2022年5月启动，该产业园规划面积约4.6万平方米，总投资19亿元。产业园主要聚焦元宇宙基础科技支撑，着力打造以5G/6G、人工智能、区块链、大数字等技术为代表的信息基础设施，以VR、AR、脑机接口等为代表的XR技术及终端设备平台，还有多个元宇宙新型应用场景，包括游戏、社交、教育、医疗、娱乐等多个方面。

在引入公司的数量方面，自2019年以来，已经有10多家公司进入了元宇宙生态圈。钱塘城区内现已有43家元宇宙概念企业，共培养了14家省级智能工厂、45家市级"未来工厂"。其中，由美迪凯光电和灵犀微光共同投资，并于钱塘创办的浙江灵犀美迪凯显示科技公司已落地，战略直指消费级AR产品研发。通过强化对士兰微、中科极光等区内龙头骨干企业布局元宇宙产业的引导，VR/AR硬件设备产业有望在钱塘实现全链贯通。

四、广州元宇宙数字文化产业园

2022 年 6 月，位于广州市黄埔区的元宇宙数字文化产业园是广州第一个以元宇宙数字文化产业为方向的文化产业园。该产业园的总产值已突破 6 亿元，区内企业总网络浏览量突破 200 亿人次。园区借助数个服务平台，实现多元化载体的整合，完成元宇宙相关生态企业的融合，促进高校、企业、政府三者的良性互动，以期达成包括产、学、研、政等多方面的合作。

五、郑州元宇宙产业园

2022 年 8 月，位于河南省郑州市金水区的郑州元宇宙产业园开工建设，由郑州市金水区政府和河南省建设公司共同建设，总建筑面积达 600 多亩，项目首期工程共投入资金 10 多亿元。该园区是河南省第一个启动的元宇宙产业园项目。

郑州元宇宙产业园打造综合服务平台，集聚"政产学研金"多方资源。根据行业发展、功能定位和金水区目前的优势，着重围绕元宇宙底层产品、交互技术、应用系统、应用与研发这 4 个方向开展招商，吸引元宇宙产品生态公司。

目前国内各省市的元宇宙产业园基本处于在建状态，各地产业园的发展重点和目标各有不同，多点开花。

元宇宙是一门新兴产业，它的价值意义仍然在不断发展，需要继续深入探索。未来，元宇宙还会延伸出更多的产业趋势。元宇宙的发展将伴随更多的新兴技术，新技术的出现和成熟将形成新的产业业态。同时，元宇宙的应用场景将会不断丰富和扩展，元宇宙拥有无限的市场潜力。

（顾焱、李文燕　河北传媒学院）

第八章　元宇宙NFT发展专题

　　元宇宙是当下互联网生活的迭代升级。元宇宙将为人们提供一个虚拟活动的平台,平台中丰富的数字内容、公平的创作环境、可靠的经济体系将给人们带来良好的沉浸式数字体验。然而元宇宙在较长一段时间内停留在概念阶段。近些年随着NFT的火爆出圈,元宇宙才进一步进入大众视野,国内外各大互联网企业纷纷进行布局谋划,将元宇宙视为公司未来发展的关键。NFT的出现可通过链上映射实现虚拟物品的资产化以及数据内容的资产化,同时NFT作为一种数字凭证可实现元宇宙虚拟世界中权利的去中心化转移,推动元宇宙世界经济体系的建设,因此,NFT是元宇宙落地的核心与关键。

第一节　NFT发展现状与趋势

　　随着人们对NFT价值的认同,NFT市场在未来几年内可能出现爆发式增长。为了推动NFT市场的发展和繁荣,进而推动元宇宙经济体系的形成和建设,需要明确当前NFT的发展现状,明晰未来的发展趋势。

一、NFT的概念

目前对于NFT的概念尚无定论。从广义上来讲，NFT是一种基于区块链的具有不可分割、不可替代、不可互换、不可抵赖、独一无二等特性的数字资产所有凭证，因此也被称为非同质化代币、不可替换通证、不可互换型代币等。从狭义上来讲，NFT一般指基于以太坊标准ERC-721发行的通证。ERC-721是NFT的第一个标准，在该标准下，每个token都是独一无二且不可分割的，因此每个token都具有不同的价值，并且其完整的流通和交易过程会被记录在区块链上，每个NFT的所有权转移过程都是完全可追踪和可验证的。[①]

二、NFT发展历程

2017年6月，世界上第一个NFT项目Crypto Punks在以太坊发布。同年，由Dapper Labs团队推出Crypto Kitties游戏项目并首次引出了"NFT"概念，Crypto Kitties是采用以太坊上非同质化通证标准ERC-721的第一个项目，该项目允许玩家在区块链上领养、喂养、交易虚拟猫，并跟踪区块中单个通证的所有权及其转移，Crypto Kitties的出现使NFT成为主流。2018—2020年，随着用户群体的扩张和技术应用的革新，NFT进入建设期，NFT项目如雨后春笋般层出不穷，并且出现了更多新玩法。2020年NFT市场交易量一度达到2.5亿美元，应用领域主要集中于游戏、艺术品、收藏品、音乐等方面，OpenSea、Rarible、Mintbase是NFT典型平台的代表。2021年3月，艺术家迈克·温科尔曼的数字艺术作品 *Everydays: The First 5000 Days* 以6934万美元

[①] 秦蕊、李娟娟、王晓等：《NFT：基于区块链的非同质化通证及其应用》，《智能科学与技术学报》2021年第2期，第234—242页。

的高价在佳士得平台成交,成功引发了一场数字艺术热潮,NFT行业也逐步走向了快速扩张阶段。(如图8-1所示)

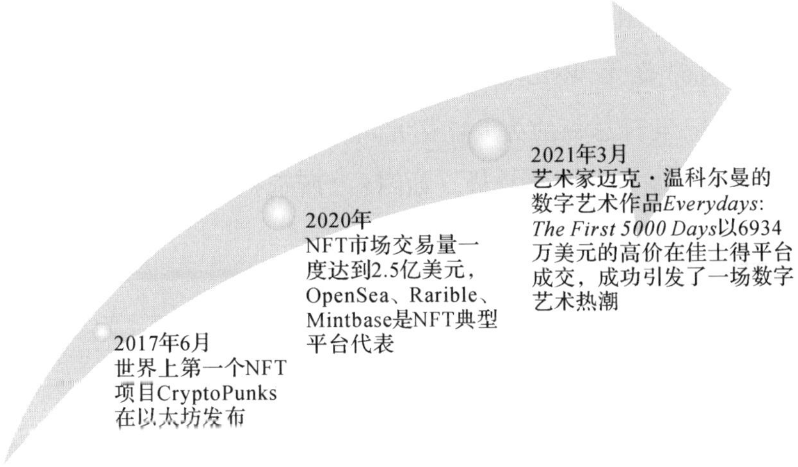

2021年3月
艺术家迈克·温科尔曼的数字艺术作品*Everydays: The First 5000 Days*以6934万美元的高价在佳士得平台成交,成功引发了一场数字艺术热潮

2020年
NFT市场交易量一度达到2.5亿美元,OpenSea、Rarible、Mintbase是NFT典型平台代表

2017年6月
世界上第一个NFT项目CryptoPunks在以太坊发布

图8-1　NFT发展历程

三、NFT发展现状

目前,国外NFT项目大多基于以太坊公链搭建,发行和运营模式多样化,营销及功能玩法丰富,交易转让相对自由。国内NFT项目采用联盟链和以太坊侧链,注重合规管理与运营。与海外"万物皆可NFT"的高速发展阶段不同,中国NFT市场的发展稍晚于海外市场,目前虽速度较快但尚处于发展初期阶段。NFT在中国市场的本土化产物,即数字藏品。数字藏品是指使用区块链技术,对应特定的作品、艺术品生成的唯一数字凭证。[①]数字藏品剥离了NFT的虚拟金融属性。国内严厉打击二级市场交易,更加强调无币化NFT的探索,更加注重NFT的数字属性与收藏属性,利用区块链可溯源、不可篡改、公开透明的技术手段,使文化要素进行流通,对数字文化产品、版权作品

---

① 郭全中、肖璇:《数字藏品(NFT)发展现状、新价值、风险与未来》,《新闻爱好者》2022年第10期,第32—36页。

的价值进行锚定,传递数字文化要素的价值。

2021年中国数字藏品达到了2.8亿元。国内数字藏品市场热度持续上涨,2022年上半年国内已发行数字藏品达1536.92万件,环比增长551.67%,发行总额达6.53亿元,环比增长1735.16%。其中,2022年5月单月发行数量达496.85万件,发行总额约为1.47亿元。但在6月,数字藏品在发行量和发行总额上均呈现显著的下降趋势。(如图8-2所示)

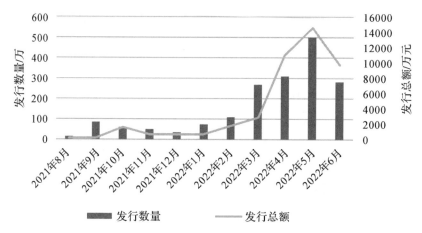

图8-2　2021年8月—2022年6月各月中国数字藏品发行数量与发行总额

数据来源:艾瑞咨询《2022年中国数字藏品行业研究报告》。

四、元宇宙NFT发展趋势

NFT为区块链技术开辟了全新的途径,现阶段NFT最具代表性的应用价值在于数字版权运营领域,有效解决了数字作品版权确权、作品发行、交易流通和盗版防范等问题,提供了更为丰富的互动方式和商业范式。更重要的是,NFT有望成为未来元宇宙时代的落地核心和基石架构,通过在数字世界中复制实物资产或实现虚拟物品的数字资产化和流通交易,NFT有可能成为区块链生态系统乃至更广泛的宏观经济的重要组成部分。NFT在区块链的基础上赋予数字作品独特的标识和元数据,以实现数字作品的区分。每个数字藏品都存储在区块链上,并相应地创建一个不可篡改的记录,记录中包含数字藏品创建、销售、资产关联以及所有和使用许可范围相关的信息。数字藏品可用于艺术、游戏、供应链、房地产、媒体、娱乐、公益等场景,起到赋能实体经济的作用。

无论从技术的本质,还是从发展的未来看,NFT的发展都欣欣向荣。从发展的初期来看,NFT主要以艺术品为代表的线上虚拟财产来实现数字化确权、流转和交易;从发展的中期来看,股票、基金、私募股权等现实世界中的资产将会实现上链,随时能够实现流动性转化;从发展的后期来看,通过区块链的预言机体系等,实现实物资产从资产上网到资产上链的转换过程,未来元宇宙NFT将承载更丰富的资产价值。

第二节 NFT与衍生品

国内对于NFT定义问题的研究,当前还未形成统一和正确的认识。有大量的文献将NFT定义为非同质化代币,或者将NFT等同于数字藏品,这不仅是不恰当的,还不利于引导市场理性发展。本节将对NFT衍生品的相关内容进行阐述,明晰NFT自身与其衍生品的本质与内涵。

一、NFT头像衍生品

NFT头像衍生品近来受到加密爱好者的追捧。NFT衍生品的主要来源是铸造者所持的NFT头像,以0N1、Cool Cats、Pudgy Penguins、无聊猿、World Of Women等热门NFT系列为主。10KTF平台支持NFT衍生品的铸造,平台构建了ERC-721兼容智能合约,用户可通过已持有的NFT来铸造衍生NFT。10KTF的智能合约将确保仅NFT的当前所有者才能创建衍生NFT,并且每个对应的父系NFT只能铸造一个NFT。NFT持有者制作出了NFT衍生运动品，可放在OpenSea上售卖，产生一定的收益。

无聊猿是NFT头像衍生品的有趣案例，无聊猿头像在Twitter上一度形成了"无聊猿头像互粉"默认规则，能够为社交账号吸引大量粉丝，篮球大鲨鱼奥尼尔、足球明星内马尔、流行歌手贾斯汀·比伯、说唱巨星埃米纳姆，以及周杰伦都持有无聊猿NFT。明星效应加速了该系列头像在社交平台上的快速扩散，同时无聊猿支持在二级市场流转，鼓励持有者多次使用、售卖无聊猿。无聊猿与时尚运动品牌的合作让NFT头像再次出圈，2022年4月，中国李宁宣布与无聊猿联手，编号为4102的猿猴成为北京三里屯快闪店无聊猿潮流运动俱乐部的主理人，快闪店推出印有无聊猿形象的棒球帽、T恤等时尚单品。无聊猿的各种周边商品在社交平台上被分享。在无聊猿项目中，项目方把IP的商业使用权和销售权转让给持有者，持有者可以对这些猿猴进行再设计和再创造，根据自己的需求去使用、转售。只不过，每一次流转要按照售价2.5%的比例上交费用。

NFT头像衍生品往往基于某一个NFT进行二次开发和创造，随着头像类NFT产品的数量大规模增加，NFT头像持有者出现了自发创新的现象，如自制相关游戏、制作种类丰富的周边产品等，在二次创作中，NFT持有者的创造力再度被激发，他们更深入地挖掘所持有的NFT的品牌价值、创造价值和商业价值。NFT在被铸造售出后，可在虚拟世界使用穿戴并通过版税等方式赚取收益，为市场的发展拓展新方向。

二、NFT金融衍生品

一般来讲，NFT是不可复制、不可分割的。但有时因为某个NFT的价格高，个体用户参与的门槛提高，所以为了降低NFT的购买成本，出现了NFT碎片化（Fractional NFT，简称F-NFT）。NFT碎片化的过程涉及智能合约，将

ERC-721资产分解成一组数量的可互换的ERC-20代币,这些ERC-20代币的价值由它们自己的当前市场价格和创造的ERC-20数量来定义,ERC-20代币可以在二级市场上轻松交易。碎片NFT指的是被分解成碎片的NFT,允许它们单独出售,碎片的每个持有者只拥有NFT整体价值的一部分。如在平台购买一个NFT,然后基于这个NFT的价值发放这个NFT的100个token碎片,每一个token是原NFT价值的1/100,普通用户就可以买上0.01个NFT。PartyBid是PartyDAO最新推出的大规模NFT集合竞标产品,任何人都可以参与,没有资本要求或其他限制。任何人都可以通过PartyBid创建一个众筹活动,参与指定的NFT拍卖,从而大大降低了普通用户参与天价NFT资产的门槛。对于作者或持有者来说,可以在不完全出售的情况下释放部分价值,当资产价值较高时,可以将它们作为流动的抵押品。

F-NFT被视为NFT的一种金融衍生品,是一种NFT的证券化方式,F-NFT的每一个token拥有者都不具备这个NFT的完整所有权,这使投资者能够部分购买原本可能无法负担的NFT,并允许持有者立即兑现NFT的部分价值,而不一定要完全出售。F-NFT在传统金融领域使用分权化来处理高价值资产,投资者可使用投资组合降低投资成本和与之相关的风险。[①]NFT碎片化允许资产较少的投资者接触昂贵的NFT收藏品,降低了市场的准入门槛,增强了市场的流动性。

三、NFT域名

NFT域名是区块链领域的新兴概念,也是一种NFT的衍生品。一般而言,传统域名(如:www.baidu.com)是在浏览器搜索栏中输入的一串文字,目的是将用户带到该网页去浏览。传统域名一直由集中式服务器管控,并且除

---

① 《深度解析 | 什么是F-NFT?》,2022年6月8日,https://www.cngold.com.cn/
202106285694113926.html,2023年3月5日。

了显示网站外，在功能上并没有按照一开始的预期进行扩展。随着区块链技术日益发展和普及化，这一限制即将被打破。区块链的最大特点是对参与者的开放性和透明性，储存于链上的资讯可以随时随地地被任何人查看。但修改资讯的权限不是人人都有，而是仅限于拥有者。对于域名持有者来讲，目前可以有效减少互联网上常见的黑客袭击、资料偷盗等层出不穷的安全问题。简而言之，区块链给每个人提供了一个更安全的上网方式，同时也把共享内容和共享地点的控制权交还给用户。

NFT 域名是在公共区块链上作为智能合约推出的新网络扩展。NFT 域名被拥有者储存在一个钱包里，就像加密货币一样，没有第三方可以拿走它们。只要购买时支付一次，就可以终身拥有该域名，且不需要续费。自主托管（self-custody）是 NFT 域名最重要的特征之一，也是去中心化的关键。[1]

Cortex Application 和 Butterfly Protocol 联合推出了跨链 .hmn 域名。此域名是免费发放的，并且可以永久使用。用户的一切活动——包括发布的内容和合作文件都将与域名联系到一起，使得去中心化、以人为主的数据能够被有效利用。NFT 域名代表了用户在 Web3.0 中的身份和在链上所属的"家"。NFT 域名对一些需要展示自己或内容的个体和领域特别有用，包括内容创作者、艺术家、音乐家、网店、社群或论坛，可用于作品展示、展览筹办、歌曲发布、讨论等。

四、数字藏品

数字藏品这一中国化的概念是由 NFT 市场的繁荣发展衍生而来的。数字藏品这一概念能充分反映出文化产业中基于区块链技术的 NFT 的试验和探索。在中国市场，幻核是腾讯旗下的 NFT 交易平台，它上线后不久将产品

---

[1] 《初探 NFT 域名：进入 Web3 的门户》，2022 年 2 月 24 日，https://zhuanlan.zhihu.com/p/471838900，2023 年 3 月 5 日。

中的NFT字样变更为"数字藏品",重点强调合规运营和相关作品的收藏属性,并突出其数字藏品的业务逻辑,与海外不受监管的NFT业务的内在逻辑和外延完全不同。从这个角度来看,数字藏品可视作NFT本土化的衍生品,数字藏品的形式不限于图片、音频、视频、3D模型等数字化形式。

数字藏品的核心价值是使数字内容资产化。在高速发展的互联网中,用户仅拥有数字内容的使用权,无法真正使数字内容成为自身的资产。数字藏品的出现拓宽了数字资产的边界,数字资产不再只是指数字货币,任何一种独特性资产都可以被铸成数字藏品,无论是实体资产还是各式各样的数字内容,如图片、音频、视频、游戏道具等,这提高了数字内容的可交易性。数字藏品依托去中心化的存储机制保证数字资产的永久性,增强了数字资产的流动性。通过数字藏品内嵌的智能合约,创作者能从后续的交易流转中获取一定比例的版税收益。

现阶段数字藏品正试图赋能多种行业,展现其应用价值。新华网推动构建国家级数字文创规范治理生态矩阵,以数字藏品的发布为起点,推动数字文创产业与实体经济融合发展。将农村资源与数字藏品相结合,推出系列农村数字藏品,所售收入反哺农村建设发展。翼支付等多家支付机构入局数字藏品,打通虚拟与现实的盈利渠道,吸引年轻客户群体。随着数字藏品的火爆,众多企业纷纷试水数字藏品营销,其中以互联网行业、服装行业、汽车行业最为显著。

随着元宇宙生态布局和Web3.0时代的到来,NFT将在不同领域衍生出更为多样的衍生品,丰富元宇宙世界虚拟物品,拓展去中心化的应用场景,助力数字资产的交易和流动。

第三节　NFT 与数字文创产品

数字经济的发展和繁荣，有力地促进了文化产业的数字化建设，数字文创的发展极为迅速。在技术层面，人工智能、VR 和元宇宙等技术的快速更迭为数字文创的发展奠定了基础；在产业层面，腾讯、阿里、百度、网易、字节跳动等互联网企业不断推动数字创意产业的蓬勃发展，数字阅读、数字音乐、音视频网站等其他形态的数字文化企业共同助力数字文创的多元化发展；在需求层面，我国文化消费趋势不断增长，大众对于优秀的文化资源、原创的优质 IP、新颖的数字创意形式、绚丽的视觉效果等有着强烈的渴望和需求，这激发了数字文创产业的繁荣。

数字文创产品不同于传统的文化衍生产品，它以文化创意内容为核心，依托数字技术进行创作、生产、传播和服务，摆脱了各种物质化载体，以电子屏幕作为输出介质，其更倾向于利用数字化技术将文化内容的历史性、艺术性与价值性传播给社会大众，以此增强新时代的文化认同与文化自信。目前，数字文创产品往往采用限量发售的形式，一经推出，短时间内便全部售罄，热度丝毫不逊色于传统线下生产的文创产品，在此趋势下，数字文创产品显现出多元化、年轻化和创新化的发展趋势。

一、NFT 赋能数字文创产品

随着人工智能、元宇宙、区块链等技术的落地应用，基于 NFT 技术的数字藏品将成为"区块链+数字文创"产业发展的价值载体。创作者可以将数字文创产品变成一个个数字藏品，直接出售给爱好者。通过基于区块链的数字文创产品，创作者可以取得良好收益，粉丝们付出一些资金获得自己喜欢的数字藏品,这也会激励更多创作者专注于自己喜欢和擅长的创作表达,使得数字文创市场的交易和流通形成良性循环。NFT作为数字文创的新载体,在助力数字文创产品的构建、加速数字文创产品的流通和彰显数字文创产品的价值方面发挥着重要的作用。

(一)NFT助力数字文创产品的构建

数字文创产品依托优质的文化资源呈现出越来越丰富的形式,可植入人工智能技术与拥有者进行交互,也可通过VR、AR、3D全息成像等应用增强用户体验。基于区块链技术的NFT拥有独一无二、不可拆分、无法造假和稀缺的属性,能够成为一个新的文创载体。对于已经拥有大量数字内容的企业或平台,可以将原有的数字内容切分成独立的一个个数字文创产品,再利用NFT技术生成独一无二的数字藏品,将其发行,获取流量,使得数字文创产品兼具艺术功能和收藏价值,同时还会成为拥有者的数字资产。如NBA发行的"TOP SHOT"系列NFT商品,以短视频的方式记录了不同球星的高光时刻,其中詹姆斯的扣篮视频,卖出了25万美元的高价,系列NFT商品为NBA贡献了2.6亿美元的营收。此外,将数字文创产品构建成数字藏品,由于基于区块链技术,内容生产者和创作者可以摆脱对中心化平台的依赖,这对于创作者和生产者来讲将获得更大的收益,有利于保障数字文创产品的价值,激发数字文创产业的活力。

(二)NFT加速数字文创产品的流通

数字文创产品因其包含的文化内涵深受喜爱者的追捧,各大博物馆、景区景点和品牌争相推出数字文创产品,消费者基于某种情感和价值认同购买收藏。数字化时代,人们可以通过互联网在企业网站或第三方平台购买数字文创产品。数字文创产品与NFT的结合深受市场的关注,兼具文化内涵和技术外形的数字文创产品,再加上"预售""限定""联名"等方式,引得消费者争相购买，一抢而空也屡见不鲜。与传统线下的文创产品交易不同，数字文创产品的交易变得更加快捷和方便，面向的用户群体也更侧重年轻一代。NFT数字文创产品的发行和发售基于区块链技术和官方平台，一方面能够保证产品的真实，解决信任问题，另一方面也可对产品的关键信息和交易过程进行全流程的跟踪记录，NFT的利用有效保证了数字文创产品不可替代的独有价值，使数字文创产品具备数字资产的特性。

（三）NFT彰显数字文创产品的价值

元宇宙和NFT相辅相成，元宇宙需要持久运作自己的经济系统，并保证其中经济单元的价值属性。NFT可以为每份数据确权，使其不可被篡改，因此元宇宙虚拟世界中的数据便有了稀有度，价值也得以体现。NFT会被赋予到元宇宙中每一个需要拥有价值的虚拟单位上，利用其去中心化的特点和价值共识为元宇宙中的经济系统有序运转保驾护航。NFT的价值不仅体现在当前数字藏品的应用中，也体现在未来的元宇宙发展过程中。未来，随着元宇宙的落地，数字文创产品的内容和形式将更为丰富多样，并且有望成为虚拟世界和现实世界的联结工具，如3D的虚拟形象、卡牌、道具等。数字文创产品凭借其文化内涵拥有独特的价值，可被视为元宇宙中不可被分割的、拥有价值的虚拟单位。NFT可以和数字文创产品一一对应关联，利用其非同质化数字通证的特性赋予数字文创产品特定的经济价值，参与元宇宙经济系统的运转，成为虚拟经济世界中的一部分。在此环境下，数字文创产业的价值有别于传统的艺术价值和收藏价值，更具有了特殊的经济价值，NFT数字凭证能有效体现数字文创产品的真实性和经济价值。

二、NFT开启数字新文创

基于区块链技术和NFT的数字藏品已然成为中国数字新文创的典型代

表。区块链技术成为文创产品数字化的新一代基础设施。NFT技术是将文化资源保护好、传承好、利用好的最佳方式之一。当前在文博、影视和文旅领域，基于NFT技术的数字文创产品表现出多元化、年轻化和创新化的发展趋势。

（一）文博数字文创产品

金沙遗址博物馆、湖北省博物馆、河北省博物馆、成都博物馆、南京博物院、甘肃省博物馆、山西博物院等国内多家博物馆已经推出了数字文创，各大博物馆通常选择馆内知名度高的重点文物进行开发设计，其产品受到年轻人的热议和大众的热捧，一经上线短时间内快速售罄。2021年10月，湖北省博物馆数字文创"越王勾践剑"正式对外发布，限量1万份，上线后引来60万人在线抢购，短短3秒即告售罄。①2021年底，成都金沙遗址博物馆首次推出4款"数字文创产品"，上线开售仅50秒的时间，4万份数字文创产品就被一抢而空。2021年12月，河南博物院推出首个3D版数字文创——妇好鸮尊，在支付宝的鲸探小程序限量发行1万份，瞬间就被网友买空。2022年4月，开封清明上河园景区正式推出首款数字文创纪念票。纪念票通过手绘及虚拟仿真设计，以园中的著名建筑虹桥为主体，涵盖上善门、汴河等经典元素，以动态数字化的效果呈现出北宋都城的城建格局、社会生活和市井风情。

根据目前已发售的文博数字文创产品，产品形式已经不限于图片、短视频、音频、纪念卡、皮肤、头像等。文博数字文创产品通过二次创作让博物馆的文物和故事鲜活起来，可以产生艺术价值；文博数字文创产品通过现代互联网和传播媒介具备了社交的属性，进一步提高了传统文化的传播速度并增强了传播效果，让年轻人产生对传统文化的认同感和归属感。

① 《湖北省博物馆发力文创新形态》，2021年10月29日，https://www.hubei.gov.cn/hbfb/rdgz/202110/t20211029_3835714.shtml，2023年3月5日。

（二）影视数字文创产品

除了博物馆,数字文创对于影视 IP 的开发与创新,同样吸引年轻人参与文化消费的新潮流。2022 年央视春晚的舞台上,《只此青绿》舞出了一幅美丽的青绿画卷,让传统文化再出圈。2022 年 3 月 3 日,《只此青绿》数字藏品纪念票上线,相关话题也在社交网络引发热议。2022 年 4 月 6 日,上海话剧艺术中心发行话剧《红楼梦》数字藏品纪念票,将贾宝玉、林黛玉等剧中人设计成 6 款数字藏品,售价 19.9 元,每款限量 8000 份,为剧迷观众提供了一个收藏"红楼人物"的数字通道。此外,影视剧《尚食》、综艺《明星大侦探》、游戏《仙剑奇侠传》也都针对自身 IP 进行开发,推出数字藏品,受到了年轻人的欢迎。他们将购买到的数字藏品截图和编码分享到社交网站,通过数字藏品的社交属性提升数字藏品的 IP 价值和收藏价值。

发行《只此青绿》《红楼梦》数字藏品纪念票,积极探索以数字藏品形式弘扬优秀传统文化之路。数字文创和数字藏品的健康生态环境需要各方参与,积极共建,提升数字藏品产品质量,丰富数字文创文化内涵,真正利用数字技术弘扬民族传统文化,促进中国文化 IP 的繁荣发展。头部的官方平台将更加关注各大热门影视作品的 IP 开发和创作,一方面通过数字技术手段提升观众的感官体验,有力保障消费者的各项权益,另一方面借助影视数字文创产品的社交属性和独有价值,进一步挖掘热门影视作品的潜在价值,延续作品的热度和流量。

（三）旅游数字文创产品

2021 年 12 月,国务院印发的《"十四五"旅游业发展规划》指出,加快推动大数据、云计算、物联网、区块链及 5G、北斗系统、虚拟现实、增强现实等新技术在旅游领域的应用普及,以科技创新提升旅游业发展水平。[①]以数字内容为核心的数字文旅产业在新冠疫情期间异军突起、逆势上扬,"数字科技+文化+旅游"产生了非常强烈的化学反应,可以衍生出很多新业态。数字藏品作为区块链的一个重要应用,在赋能地方文旅领域将起到重要作用。数字类的旅游文创产品还可以将旅游场景进一步虚拟化,如北京故宫博物院数字平台上的各种文创类闯关游戏,让游客能够在虚拟世界里拥有挑战的刺激感和成就感,产生了解和体验博物馆的兴趣,从而购买相关数字文创产品。文旅融合背景下,一些基于非遗的数字类旅游文创项目也正在拓展旅游消费空间和旅游场景,如各地的非遗展演线上平台和非遗电商平台等。

"大唐·开元"系列数字藏品由西安数字光年软件开发有限公司与大唐不夜城联合打造。为了更好地复原唐长安城的风貌,数字光年与国内知名的数字古建建筑团队"明城京太学"和"史图馆"合作,通过数字化技术进行元宇宙的内容搭建和创作。武夷山元宇宙数字生态平台,利用区块链、VR等新科技手段,依托数字虚拟空间塑造,为传统旅游"嫁接"现代科技,展现"双世遗"秀美奇特的自然风景、历史悠久的人文底蕴,实现游前线上虚拟体验、游中现场沉浸体验、游后数字回味体验的全体验流程,开启武夷山"数字经济+智慧文旅"全新模式,将武夷山打造成为全国首个"区块链+文旅"创新先导区、示范区。

在科技与文化融合的时代背景下,数字文创产品逐渐呈现出多元化、数字化、智能化、创新化等特性。数字文创产品依托于互联网平台和以元宇宙为代表的虚拟平台,利用人工智能、大数据、区块链等新技术,对现有文化资源进行深度加工、创意制作、技术赋能。数字藏品作为数字文创与区块链技术相结合的重要应用,将在赋能数字文创产品、开启数字新文创方面有重要作用。

[①]《国务院关于印发"十四五"旅游业发展规划的通知》,2021 年 12 月 22 日,http://www.gov.cn/zhengce/content/2022-01/20/content_5669468.htm,2023 年 3 月 5 日。

第四节　NFT版权保护

区块链技术在版权保护市场占有巨大的规模，区块链在版权登记与保护方面发挥着巨大作用，腾讯、阿里、百度、京东等公司纷纷推出了区块链在版权保护中的应用。NFT作为一种基于区块链网络的非同质化代币，提供了一种注明或标记原生数字版权的方法，使其可以锚定现实世界中的商品，具有唯一确定性、不可拆分性，成为独一无二的数字版权资产。本节通过阐明NFT版权保护的特点，分析NFT版权保护的路径，总结NFT版权保护的应用场景，探索NFT在版权保护方面的重要作用。

一、NFT版权保护的特点

NFT即非同质化代币，本质上是加密货币的一种，区块链技术是构建NFT的数据结构与加密传输交易信息的底层技术。区块链特性之一的不可篡改性，能够保证数字内容在真正意义上具备唯一性，数字内容的版权归属也因此得到了确认。区块链技术被认为是数字出版领域版权保护的重要方式，唯一的数字凭证将有效阻断盗版传播，数字存储机制能够更好地保护作品版权的完整性，其可追踪记录的智能合约提高了创作者的版权收益。

NFT在版权保护领域具有以下新特点。一是资产化。NFT的核心价值在于数字内容资产化，是数字内容在虚拟世界的产权确权和交易机制，这使得NFT可以被购买、转让等。二是流动性。NFT可以提高数字版权资产交易效率，降低交易成本，增强数字版权资产的流动性。三是唯一不变性。NFT利用智能合约赋予数字版权资产独一无二的数字凭证，其版权内容和所有者信息等都不可被随意篡改，并且它的交易记录储存在区块链上，可溯源、可验证,安全性大幅提升。从版权保护方面看,NFT可被看作一种数字产权,它以在区块链上铸币的方式为数字作品赋予一个哈希值,并使其永久保存在区块链上,借助区块链的技术特性实现版权的归属确认,从而达到版权保护的目的。使用NFT能使作品在去中心化网络中进行自由交易和流转,增强版权作品的流通性。

二、NFT版权保护的路径

在数字化消费的背景下,如画作、文学作品、音视频等一系列的数字资产的使用权和所有权是相对分离的。对于著作人而言,数字创作内容存在易复制性;从用户角度来讲,数字创作内容可在不获取所有权的情况下使用,使得原著权的权益与效益大打折扣。NFT的出现对数字时代下的两权分离问题提出了新角度的解法,通过区块链中规范的标识符以及元数据对原始数字版权作品的所有权标记,创作者的数字版权具有独一无二、透明可追溯的特性,并且因为唯一性而体现出特定的收藏价值,从而保护了创作者的利益。从数字版权的全流程来看,NFT在数字版权的确权存证、授权交易和维权举证等方面具有重要价值和影响。

(一)NFT版权的确权存证

无论是何种形式的数字资产或作品,具备明确清晰的权利归属是进行后续交易流转的前提和必要条件。在数字市场发展初期和当前市场环境下,数字作品大多集中于中心化的数字平台,数字文化市场的繁荣之势部分体现在相关数字化平台的建设与投入上,平台的规模和热度有赖于其所拥有或发行的独特稀缺的数字资产或数字作品。一般而言,消费者在平台上购买的数字资产或数字作品的所有权由平台授予,由于大多数平台禁止二次销售,实际上消费者购买的是复制的"副本文件"。部分平台会先一次性打包购买数字作品版权,再通过会员、拍卖、拼单等形式销售数字作品在规定时间内的部分使用权。在这种模式下,一方面,商品的稀缺性完全由平台单方面限制,一定程度上损害了消费者和创作者的权益。另一方面,NFT交易市场目前缺乏完善有效的监管机制,不利于交易流转中数字资产或数字作品的确权存证。

去中心化的NFT平台依赖于区块链所提供的数字账本、数字签名和智能合约等技术,有效解决数字资产或数字作品的权属问题,明确数字资产的所有权,并且保证其所有权的安全性。NFT可用于标记特定数字内容的区块链中的元数据,以一种网址链接或一组哈希值的形式永久指向特定的数字内容,允许被访问和查看。在区块链技术的支持下,NFT数字作品在交易前需要由用户上传至区块链平台,生成非同质权益凭证和智能合约,这一过程是NFT数字作品的铸造过程。经铸造后的数字资产或数字作品拥有独一无二的原始身份证明,以此作为确权佐证,数字资产或数字作品的确权不再单单依赖于权威部门耗时滞后的登记确权和数字平台集中的包揽与限制,数字资产或数字作品基于NFT平台和区块链技术可以独立自由地进行传播、交易、流转。

（二）NFT版权的授权交易

数字时代,传统的知识产权商业模式和版权交易模式在面对复杂的互联网传播结构和低门槛的用户创作模式下已是捉襟见肘。随着数字媒体技术的更迭,内容创作逐渐由专业内容创作向用户内容创作转变,面对数字化的用户内容创作,传统的版权交易模式表现出以下不相适应和不相协调之处:(1)缺乏便捷有效的授权渠道;(2)缺乏与版权授权相适用的定价机制;(3)版权授权流程程序复杂烦琐;(4)版权授权交易成本偏高,创作者与平台收益分配不平衡。这些问题成为阻碍数字时代版权交易与流通、创作者版权与收益保护、数字内容监管与治理的痛点和难题。版权交易是版权业务中的重要环节,在权属明晰的前提下还涉及版权定价、交易协议、授权方式、多方收益、交易记录等多方面的问题,版权交易亟须数字技术的支持与协助,以解决定价争议、收益分配和合约规范等相关问题。

区块链技术的出现和应用为版权保护提供了新契机,尤其是NFT概念的出现和火热。在版权业务中,NFT这种非同质化数字凭证,可作为版权交易环节中的"流动的契约",能为版权的授权交易提供全新的模式。在基于NFT技术的平台上,版权方可根据实际情况发行不同条件的授权协议,以授权协议作为交易市场中流通定价的标准。为解决版权保护所面临的重点和难题,在NFT的智能合约中可规定版税、收益比例、交易抽成等约定条件,满足约定条件可进行版权的自动授权交易,并且交易过程中和交易后的相关数据可依赖于独一无二的数字凭证进行跟踪记录,以此实现版权使用和传播过程中长效的价值跟踪。

(三)NFT版权的维权举证

互联网数字技术的发展对于版权保护提出了更新的要求,版权保护方式和措施的制定和实施旨在最大限度地降低版权保护维权的成本,提升创作者的合理收益,激发创作者的积极性。版权保护和版权维权需要多方的参与,包括创作者、发行方和第三方平台等。无论是在创作平台还是在第三方平台进行数字作品交易,都不能放松对其在网络中的合法经营和维权监管。在数字化网络中,版权作品的复制权、信息网络传播权容易受到侵害,并且往往发现侵权行为时对创作者和版权所有方不可逆转的损害已然形成,后期的举证维权成本较高,实际造成的损害难以弥补和修复,既打击了举证维权的信心又增加了版权维权的难度。

不同于以往的数字作品,被铸造成NFT的数字作品在版权维权方面有着较大的优势。NFT具有不可篡改和永久存储的特性,与之相锚定的数字作品拥有了独一无二的数字化凭证,在确权存储、授权交易、维权举证等方面可实现去中心化的分布式数据存储。随着NFT相关的监管体制和法律法规的建立和完善，NFT可为数字作品的维权提供有力的数字化证明，且此证明无法轻易篡改，可以作为侵权行为发生前的警告，若侵权行为实际发生，也可作为有力证据。

三、NFT版权保护的应用场景

自互联网出现后，出版业长期受到版权问题的困扰，盗版侵权成为行业内难以根治的顽疾。区块链和NFT为版权保护提供了一个新的契机，使人们更加重视数字内容的版权价值。目前来看，NFT在版权保护方面的应用主要聚焦于数字藏品、数字出版、数字人等领域。

（一）数字藏品

数字藏品是通过区块链技术进行唯一标识的数字化艺术形式，包括数字画作、图片、音乐、3D模型等各种形式。数字藏品的铸造、发售和再销售都与版权保护息息相关。在NFT的初创发展期，NFT平台扮演了十分重要的角色。在平台上，用户在签订终端用户协议的前提下进行交易，实质上取得的是非永久且具有附加条件的使用权而非所有权，如阿里巴巴的"鲸探"平台明确规定，数字藏品版权归属于发行方或原创者，未经许可用户不得将数字藏品进行商用。在此种情况下，数字藏品的铸造、发售行为是否适用"发行权用尽"原则仍有待商榷，数字藏品的再销售存在法律困境。随着新技术的进步，完善相应的法律制度势在必行。但在发展初期，NFT平台应在数字藏品的版权保护方面发挥助力作用。基于区块链的哈希算法、时间戳等技术，各大NFT平台可以建构"版权链"。通过智能合约的设置，数字藏品在各大NFT平台上完成铸造后，自动向"版权链"中发出审查申请，通过算法与数据库中的正版确权作品进行相似度比对，快速便捷地甄别盗版作品。NFT平台作为直接获利方,可通过收取数字藏品每笔交易的服务费获利,因此应承担起相应的平台责任。在铸造前,NFT平台应承担起事前的版权审查义务,有效利用区块链技术的版权过滤机制,对发行内容、原作品来源、授权情况进行严格审查;在发售和再销售过程中,审查加入NFT平台的权利人身份,如出现侵权嫌疑及时披露侵权信息,在接到侵权通知后应删除下架侵权信息、断开侵权链接,有效防止侵权结果扩大。

(二)数字出版

《版权工作"十四五"规划》提出:加强大数据、人工智能、区块链等新技术的探索运用,加大传统文化、传统知识等领域的版权保护力度。这些措施势必推动数字出版行业对NFT的探索,构建良性的数字出版产品确权生态环境。

在互联网中数字出版产品可被任意复制,不存在足以验证其权属的可信凭证,数字出版产品的作者、版权所有者、出版产品数量等均无法得到有效验证,这导致数字出版产品确权困难。基于区块链技术的NFT使数字版权透明可溯,创作者的版权信息自动存于NFT的元数据中,通过特殊的数据存储机制和智能合约的设置,使用数字签名的认证方式,为数字出版产品加盖时间戳,形成数字出版产品唯一的加密通证,使得作品无法被复制和仿制。另外,加固版权信息的数字化证明可强化数字出版产品的可追溯性,解决以往存在的溯源障碍问题。

我国数字出版产业链中,作者、出版商、平台公司、用户之间存在明显的利益分配不均问题。出版商和平台公司获得了数字出版市场的大部分收益,作者在数字出版产品交易的过程中收益极低,一旦将版权转让,每笔交易只在出版商或平台公司与用户间产生,与原来的作者无关,不利于数字出版产业生态的良性循环。①通过NFT的区块链跟踪记录和智能合约的限定，每笔数字出版产品交易都能为作者带来一定分成，国内NFT平台分成大多在2.5%左右，在国外NFT平台分成最高可达10%。NFT能够解决数字出版作品的价值创造、价值增值、价值实现与利益分配之间的匹配度问题。未来，NFT还能为创作者带来多元化的收入来源，除了数字出版作品本身的收藏、溢价，还可以向用户出售有关数字出版产品的衍生品，如艺术印刷品、服饰、IP数字藏品等，NFT的应用有望进一步推动数字出版产业的健康可持续发展。

（三）数字人

数字人是指存在于非物理世界中，由计算机图形学、图形渲染、动作捕捉、深度学习、语音合成等计算机手段创造及使用，并具有多重人类特征（外貌特征、人类表演能力、人类交互能力等）的综合产物。用户身份型数字人是元宇宙中不可或缺且发挥中心作用的构建元素。元宇宙中的用户身份型数字人一般是三维的、智能合成和驱动的交互型数字人，它既是受版权保护的艺术作品，又是用户参与经济活动、进行社会交往的虚拟"主体"。在元宇宙中，用户身份型数字人不断以各种创新设计去构建和完善所处的虚拟世界。部分创作成果是通过平台内通证的方式进行交易，NFT为创造和销售各种数字资产提供了极大便利，NFT成为与外部现实世界的货币进行置换的凭证。

用户身份型数字人在元宇宙中也可进行美术创作、影视制作等艺术创作活动。元宇宙中的影视制作往往是由真人用户与数字人共同参与完成的，观众可以与影视中的人物进行一定的互动，并根据自己的喜好对文本进行相应的选择和重组，从而形成不同的剧情和结局，实现对沉浸式体验的极致追求。对于数字人创作的视听、美术、图形等作品，可在基于区块链技术的平

---

① 钱聪、覃周亚、杨海平：《NFT在数字出版业应用的动力机制研究》，《科技与出版》2022年第8期，第64—71页。

台中验证其独创性和唯一性,避免同质化的创作,从根源上保证作品的原创性,进而实现有效确权和存证。这些作品的NFT化在实现其版权确权、可追溯的同时,也将凭借其经济价值促进元宇宙中的经济系统良性运转。

　　NFT在版权保护领域的价值在于提供了权属验证的工具,同时这种权属证明还可以在去中心化的网络中交易,且交易记录是不可篡改的。首先,NFT具有唯一、不可篡改、可溯源的特性,因此可以用于作品的权属认证和验证。其次,NFT在实现作品的确权和验证的同时,也使其在去中心化网络中自由交易和流转,赋予版权更强的流通性。除此之外,基于智能合约的NFT还提供了许多新的功能和可能性。智能合约的可编程性也使其可以通过编码拥有更多特性,为NFT版权交易设置出更多个性化的场景或条件。

第五节　NFT发行平台与交易平台

　　目前,国外NFT发行平台与交易平台大多基于以太坊公链搭建,发行和运营模式多样化,营销及功能玩法丰富,交易转让相对自由,但炒作问题严重,监管环节薄弱。国内数字藏品平台采用联盟链和以太坊侧链。国内数字藏品平台类型丰富。在国内NFT平台建设初期,从头部大厂、上市公司、国资控股到科技企业,纷纷投入数字藏品平台的建设和推广中。

一、NFT的铸造和发行类型

　　NFT的铸造及发行类型主要分为PGC和UGC两种。PGC模式是由专业团队生产内容,其盈利模式主要分为销售分成及赚取差价,销售分成主要是平台与知名IP合作,销售额按照约定比例进行分成;平台以固定价格签下IP,随后在平台上进行售卖,从而赚取中间差价。UGC模式是指用户生产内容,其盈利模式主要以手续费为主,其次是 Gas 费差价,用户卖出 NFT 需要向平台交手续费,用户上链需通过平台向链商交 Gas 费,平台作为中间商可赚取 Gas 费的差价。(如表 8-1 所示)

表 8-1　NFT 铸造和发行的类型

类型	主要内容	盈利模式
PGC	由专业团队/人士生产内容 代表:阿里的蚂蚁链、腾讯的幻核	主要盈利模式分为销售分成和赚取差价两类。销售分成:平台与知名 IP 合作,销售额按约定比例分成。赚取差价:平台以固定价格签下 IP,随后在平台进行销售,赚取其中的差价
UGC	由用户创造内容 代表:OpenSea、Rarible	盈利模式以手续费为主,其次是 Gas 费的差价。收取手续费:用户卖出 NFT 需向平台交手续费,约为 5%—15%。Gas 费差价:用户上链需通过平台向链商交 Gas 费,平台可以作为中间商赚取 Gas 费差价

二、国外主流 NFT 发行平台

国外主流 NFT 大多基于公链发行,交易自由度非常高,二级市场的流动性非常显著。部分老牌 NFT 发行平台仍然以艺术家创作为主,门槛较高;而在部分门槛较低的 NFT 发行平台上如 OpenSea,普通用户也能够参与 NFT 的制作和发行。

(一)OpenSea

OpenSea 是全球最大的 NFT 交易平台,是去中心化交易所。平台拥有种类最为丰富的 NFT 商品,包括加密艺术品、游戏商品、虚拟土地、数字版权等。用户进入门槛低,能够在这里自由创建、交易 NFT。平台支持固定价格、降价、最高出价等出售机制。平台目前支持 241 种加密货币作为支付方式,OpenSea 会抽取交易额(包括首次或二级销售)的 2.5% 作为服务费用。创作者能够在 10% 以内自由设置版税,OpenSea 会将这些 NFT 版税收入每两周转至 NFT 创建者指定的收款地址。

（二）Rarible

Rarible 是建立在以太坊上的综合 NFT 发行与交易平台，创建和出售由区块链保护的数字藏品。该平台是一个供用户铸造、销售和创造收藏品的开源的、非托管的平台。Rarible 支持以太坊 ERC-721、ERC-155 标准的加密艺术品、游戏道具、域名服务等多种类型的 NFT 交易。平台与 OpenSea 集成，支持跨平台管理。[①]

从发行模式上看，任何用户都可以进入 Rarible，创作和展示自己的艺术品。平台支持一口价交易和拍卖交易。平台在 2020 年发行了治理代币 RARI，鼓励用户参与代币治理及作品审核。平台收入来自交易额 2.5% 的手续费。NFT 的创作者能够将版税设置到最大值交易额的 50%，目前，平台正在研究跨平台版税计划。

（三）Nifty Gateway

Nifty Gateway 是一个受监管的 NFT 货币市场，Nifty Gateway 与顶级艺术家和品牌合作，如世界知名艺术家迈克尔·卡根，打造限量版、高品质的 Nifties 系列。除了加密艺术品外，平台还包含加密货币游戏和应用类产品，如 Crypto Kitties、Gods Unchained 等项目。普通用户发表作品门槛较高，需要进行申请。艺术家入驻，实行邀请制。平台会对每笔二级市场的交易收取销售额的 5% 以及 0.3 美元的服务费，用于支付信用卡处理费并为平台运营提供资金。在 Nifty Gateway 上，艺术家可以自行设置二级市场中的版税，最大值达交易额的 50%。

---

① 《头等仓研报：NFT 平台 Rarible（RARI）》，2021 年 6 月 10 日，https://www.sohu.com/a/471516894_121118710，2023 年 3 月 20 日。

（四）Makers Place

Makers Place 是一个稀有艺术品铸造平台。该平台通过市场和合作伙伴网络，将艺术家与艺术爱好者、收藏家联系起来。平台涵盖各种数字创作，主推限量版的 NFT。平台准入门槛高，以知名艺术家为主，实行邀请制。Makers Place 收取销售额的 15% 作为服务费，另外通过信用卡购买时收取销售额 2.9% 的费用。当作品被多次转售时，原创者可以获得销售额 10% 的版税，Makers Place 会收取 2.5% 的版税，即出售方能够拿到销售额的 87.5%。平台代表作品为与佳士得合作拍卖数字艺术家迈克·温科尔曼的画作 *Everydays : The First* 5000 *Days*。

（五）Super Rare

Super Rare 成立于 2018 年，是最早的 NFT 艺术品铸造平台之一，被誉为拥有全球数字艺术家网络的互联网数字艺术市场，拥有近 700 位艺术家。平台以艺术品为主，包括静止图像、动图、视频等。Super Rare 对艺术家有着严格的审核标准。艺术家要想入驻 Super Rare，需向平台提出申请，只有通过审核的原创作者才能发售 NFT，且不能在互联网上的其他地方进行代币化。平台上所有交易都要使用以太币。Super Rare 声称是首个引入自动化艺术家版税的平台，平台会在艺术家首次销售时收取销售额 15% 的服务费，还会在所有购买交易中向买方收取 3% 的市场交易费用。当艺术品继续流转销售时，创作者会收到 10% 的版税收入。[①]

（六）Foundation

Foundation 是一个由社区建立的数字收藏品平台，通过简单的应用程

---

① 《国内外 NFT 发行平台对比》，2021 年 10 月 13 日，https://mp.weixin.qq.com/s/iwreMqU_7Odiv7jkWk-HMQ，2023 年 3 月 20 日。

序,用户能够在以太坊区块链上竞标数字艺术,完成购买、出售和浏览数字艺术。与其他平台相较,该平台是一个更专注于高质量创意和艺术的小众社区,艺术品种多为精心策展和生成专业化的艺术品 NFT。与其他"申请审核制"的平台不同,Foundation 是一个邀请制的 NFT 艺术平台,采用了社区主导的策展模式。除了特殊的邀请机制,Foundation 的销售机制同样特别,艺术家在将作品上传时需先设定底价,在首个出价后,这件作品会自动开启为期 24 小时的拍卖。此外,Foundation 上生成的 NFT 将会自动在 OpenSea 上发行,其会在作品成功售出后收取 15% 的服务费,剩余的 85% 则归创作者。而二次销售时 Foundation 则收取 10% 的服务费,而创作者可永久获得 10% 作为版税。

(七)Known Origin

Known Origin 是个老牌加密艺术平台,是一个由艺术家驱动的平台,旨在让数字创作者轻松验证、展示和销售他们制作的艺术品和收藏品。平台多以稀有的数字艺术品 NFT 为主。根据 Known Origin 的规定,创作者在申请成功后,可每 24 小时上传 1 件作品。平台支持要价和竞价购买。当作品被首次销售后,Known Origin 会收取 15% 的服务费,创作者获得 85% 的收入;而在二次销售中,平台将收取 2.5% 的服务费,创作者可获得 12.5% 的收入,卖家则获得 85% 的收入。此外,如果创作者和其他艺术家进行合作,其可在 NFT 铸造时预先设定每笔销售的百分比。

(八)VIV3

VIV3 是基于底层平台 Flow 公链上的首个综合 NFT 市场,其显著特征之一是可组合性。在 VIV3 上,每个创作者的所有作品都是由他们自己的区块链智能合约铸成的。Flow 生态系统中的任何应用都可以直接与各个艺术家的合约进行整合,而不必影响整个市场池。这使得无数新用户可以建立在单个资产或集合之上。创作者无须 Gas 费即可在 VIV3 上创造 NFT。VIV3 的

NFT铸造成本和利润来自其在首次和二次销售收取的12.5%的服务费。而创作者除了可收取87.5%的收益外，还可收取10%作为版税。

（九）Zora

Zora是一个基于社区的NFT平台。它允许用户购买、出售和交易限量版的商品。平台上包括音乐、视频、图片、动图、文本等数字艺术品。Zora是一个邀请制的加密艺术平台，同时支持艺术家申请加入Zora。平台不会就创建或收集NFT收取任何费用，用户需要支付铸造、销售或竞标的Gas费用。创作者可设置转售版权，每次销售时都会发送永久固定百分比的销售价值。[1]

（十）Async Art

2020年2月推出的Async Art是个建立在以太坊上的可编程加密艺术平台。平台包括艺术类和音乐类NFT。创作者在申请成为平台艺术家后，无须任何编程知识，只需在作品上传过程中，将作品切为图层即可。在作品出售中，创作者可设置"立即购买"或者"开放式拍卖"，拍卖结束时间由自己决定。Async Art在作品销售中的收益采取了"抽水"的模式，其在首次销售中将收取10%的服务费，剩余90%归艺术家所有，二次销售中则收取1%的服务费。创作者还可获得10%的版税。对于定制艺术品，Async Art将收取20%—30%的服务费，创作者则获得70%—80%的收入。[2]

---

① 《国内外NFT发行平台对比》，2021年10月13日，https://mp.weixin.qq.com/s/iwreMqU_7Odiv7jkWk-HMQ，2023年3月20日。

② 《国内外NFT发行平台对比》，2021年10月13日，https://mp.weixin.qq.com/s/iwreMqU_7Odiv7jkWk-HMQ，2023年3月20日。

三、国内主流数字藏品交易平台

国内数字藏品平台类型丰富。2022年在国内主流的数字藏品平台中,头部大厂的平台代表有腾讯的幻核、腾讯新闻、TME数字藏品,阿里巴巴的鲸探、阿里拍卖、天猫数字藏品、淘票票、支付宝,百度的百度超级链、小度,京东的灵稀,网易的网易星球;上市公司的平台代表有数字猫、优版权、元视觉、新华网、秦宇宙、洞壹元典、DAO藏等;国资控股的平台代表有唯一艺术、Hi元宇宙、NFT中国、虚猕数藏等;科技企业的平台代表有iBox、幻藏艺术平台、七级宇宙、HOTDOG、Art Meta元艺数、数藏中国等。整体来看,我国数字藏品市场正呈现互联网大厂先行、国资与企业机构跟进的特点。

(一)幻核

幻核于2021年8月2日正式上线,是腾讯旗下的NFT交易软件。幻核在没有开二级和转赠的前提下,与众多知名IP争先合作,包括人物对话节目《十三邀》、超人气国漫《非人哉》、艺术名人张大千和齐白石等;联名方则囊括了荣宝斋、沈阳故宫博物院等多家知名机构;诸多项目涉及3D建模、AR玩法、数字孪生等技术,有着精良的制作品质。幻核上线不久后将产品中的NFT字样变更为"数字藏品",限制平台上的交易流通,重点强调其收藏属性,并强调其数字藏品的业务逻辑与海外不受监管的NFT业务的内在逻辑和外延完全不同。值得关注的是,自2022年8月16日起,幻核将停止数字藏品发行,同时所有通过其平台购买过数字藏品的用户可自行选择继续持有或发起退款申请。平台中的数字资产并不会因为幻核平台的调整而有任何改变,因为所有的数字藏品数据均已上链,它的所有权将一直归属于用户,并不存在关闭、突然消失等问题。

（二）鲸探

鲸探是蚂蚁集团旗下的数字藏品平台，是基于蚂蚁链技术，集数字藏品购买、收藏、观赏以及分享于一体的综合应用平台。鲸探集成了蚂蚁链的科技能力，为消费者提供了沉浸式的服务体验。依托于阿里巴巴平台，鲸探上大都是优质 IP，藏品质量高，作品细节考究，有较高的艺术收藏价值。与幻核不同的是，鲸探开通了 180 天转赠功能，并规定受赠人如果想要再次转赠需要持有藏品满 2 年时间，为数字藏品的市场流通打开一个突破口，因此市场对鲸探藏品升值空间预期较高。平台发售的敦煌系列、杭州亚运会火炬、刘慈欣卡牌、越王剑等藏品十分火热。

（三）iBox

iBox 链盒是国内较早成立的数字藏品生态平台，致力于成为国内高品质的一站式数字藏品与数字 IP 资产管理机构。自成立以来，iBox 链盒利用区块链、物联网、人工智能等多项技术，创新多种发行方式，通过创作者自营及品牌合作等多种模式，为数字 IP 提供运营及资产管理服务。目前已与 500+头部 IP 建立了合作，涵盖艺术、潮牌、明星、动漫、影视、体育、非遗、文博等多个领域，完成传统 IP 从挖掘、二次创作、数字藏品发行到价值发现的全过程，从而形成一条稳定的传统 IP 数字藏品化的供应链体系。iBox 将元宇宙的平台搭建与数字藏品的应用生态相结合，赋予了藏品应用属性和社交属性，虚拟音乐会、电影院、品牌馆等使用场景将成为 iBox 元宇宙中的重要组成部分，并实现与线下实体联动赋能，通过完整的生态闭环推动数字文化的新发展。

（四）NFT 中国

NFT 中国（NFTCN）是一家 NFT 数字资产上链、推广、交易综合性平台。

其已搭建区块链+内容+社区的元宇宙空间,形成开放式 NFT 生态。注册用户可拥有自己的 VR 藏品室。NFT 中国是国内规模最大的数字藏品交易平台,自研的 NFT 铸造系统,秒级确认,使得新手用户也可一分钟内铸造 NFT 作品。NFT 中国采用的是以太坊侧链,对于拥有艺术家工作室的用户,平台没有发行数量的限制。对于个人申请的艺术家,最多只能上传 20 份作品。平台目前支持盲盒发行、拍卖、定价等多种发行模式。除了上架自有平台的市场,NFT 中国还会将作品同步到 OpenSea、Rarible 等海外几个最大的市场,以解决流动性问题。全程人民币交易,NFT 中国只需要支付审核认证的费用。交易手续费固定为 33 元。同时,针对用户操作体验做了极大的改进,无须 VPN 和复杂的钱包开通流程,一键注册上链,且全程人民币交易,极大地降低了新手入驻操作门槛。旗下的 NFTCN STUDIO 专注于艺术家合作、运营和孵化,从入驻、运营、售卖合作等全方面扶持优秀加密艺术家。

(五)加密空间

加密空间(Crypto Space)支持法币的支付交易,在合法合规的前提下,平台支持用户一键铸造 NFT 和后续交易,并可以设置相应的版税来支持永久分账。加密空间开创了国内合规的 NFT 铸造和交易应用市场的先河,同时针对 NFT 做了很多的技术改进和商业设计。加密空间把 NFT 定义为数字消费品,有别于目前以"艺术品"为主的 NFT 项目,它将 NFT 应用到多重领域,拓展 NFT 生态赋能实体经济。加密空间的创作者可以对 NFT 进行编程,促进了 NFT 的使用和流通。

(六)HOTDOG

HOTDOG 是一个汇聚潮流品牌、艺术家与潮流爱好者的数字藏品平台,作品表现形式不限于传统绘画、动画、空间交互形式的 AR 艺术作品及音频、视频等多媒体艺术创作表现形式,利用区块链技术为数字艺术作品提供版权保障，开通品牌合作、店铺合作、特别企划三种合作服务模式，将线上虚拟文化消费品赋能线下实体经济，推动潮流领域精神消费与物质消费的结合。HOTDOG平台已签约艺术家75000多名，涵盖英法美日韩等20余个国家，连接近1000所国内外高等院校，拥有众多线下艺术展馆资源，定期举办潮流、虚拟科技、新品发布等跨界线下派对。

（七）红洞数藏

红洞数藏作为国内首批专注于区块链数字藏品的平台，主要面向Z世代人群，以区块链技术作为创新手段对IP进行全方位的整合策划，从而为各类文化艺术、游戏电竞、数字潮玩、零售消费等行业提供内容数字资产的发行和交易及配套服务。红洞数藏平台已于2022年1月15日正式开启公测阶段，红洞科技已同《财经杂志》、中南卡通、中国航天博物馆、大唐西市博物馆、久事体育、敦煌画院、LGD电子竞技俱乐部、飞利浦等多个优质内容与品牌供应方直接或间接达成数字藏品领域合作，发行了数十个具有行业影响力的数字藏品项目。

（八）优版权

2021年4月，优版权率先开拓国内数字资产版权NFR交易板块。利用NFR保护创作者的数字版权，实现以艺术品为代表的数字虚拟商品的链上确权和流转交易。优版权以区块链、大数据、人工智能等技术为依托，构建基于版权产业链的全流程管理与价值维护服务生态，包括存证确权、版权登记、授权转让、存储管理、版权监测、侵权取证、诉讼维权等服务，最终希望达到技术赋能版权产业、规范版权行业市场、激励版权价值传递、解决版权保护难题、推动正版化建设、激活存量版权作品、推动版权行业发展的核心目的。

（九）ADA元宇宙

ADA元宇宙是集铸造、交易、流量、宣发于一体的国内领先的数字藏品综合服务平台，是以web3.0为基础的数字化潮流社区，所有的藏品及共识围绕小石头和联盟IP主角发展，涵盖数字文创、数字潮玩、数字空间及电商，是一个以区块链技术为基础、去中心化运作的虚拟宇宙。2022年9月，ADA元宇宙开发的"数字乐园"平台正式内测，这是国内首个数字藏品与元宇宙场景实现数字资料互通流转的虚拟世界。在双平台驱动下，将实现数字藏品和场景道具间的实时流转互通，同时基于拥有者在区块链上的数字资产不可篡改、不可分割的特性，让每一位用户能够感受在数字虚拟世界中探索、创造、收集、社交、娱乐以及置换的乐趣，实现规模经济和虚拟世界的价值融合，打造数据创造应用、应用连接现实、现实反哺平台的循环生态。

（十）元视觉

元视觉是视觉中国旗下视觉艺术数字藏品平台，该平台希望帮助艺术家把"数字作品"转化为"数字资产"，增强视觉艺术数字藏品的变现能力，打造全球领先的基于区块链的更为活跃、更具影响力的视觉艺术数字藏品的创作、分享与交易平台。在版权方面，买家购买数字藏品仅仅是拥有了作品的数字资产所有权，并没有获得作品的版权，版权仍然归艺术家所有。艺术家仍保留对艺术作品的商业授权、出版、展览等权利。值得注意的是，在元视觉创建数字藏品的艺术家创建数字藏品需要支付上链的技术成本。

与国外的交易发行平台相比，国内发行和交易平台较为保守。从发行模式上看，国外平台受跨链技术支持，可提供NFT资产生成、交易、维护、回收、数据处理、治理等多种基础服务，国内数字藏品平台大规模的跨链技术应用尚不成熟，仍需待基础设施、监管等方面的完善。从盈利模式上看，国外发行和交易平台的盈利来源多样化，其中包括首次和二次销售提成、平台服务费和 Gas 费等，国内由于未开放二级市场，平台盈利来源相对单一，双向交易平台如 NFT 中国采用固定燃料费和作品价格的形式避免炒作投机。从平台类型来看，国内受监管政策的影响，不为 NFT 交易提供集中交易（集中竞价、电子撮合、匿名交易、做市商等）、持续挂牌交易、标准化合约交易等服务，不允许变相违规设立交易场所，NFT 交易市场尚不合规。从交易过程来看，阿里系和腾讯系 NFT 所售卖的 NFT 作品均为复制品，可低成本地大量复制，无法体现 NFT 作品的稀缺性，交易过程是单向的，用户从平台购买了NFT 作品，虽然内容已经上链确权，但购买后无法交易流通，只拥有该数字作品在特定场所的使用权。

第六节 NFT 主要商业模式和交易风险

从本质上来看，NFT 是建立在区块链技术基础上独一无二、不可复制、不可分割、不可篡改、可追溯、可验证的加密数字权益凭证。NFT 可使每个作品具备唯一性的数字代码，相当于赋予身份标签，在互联网上具备了社群和社交的属性。NFT 的商业模式具体表现在基于平台、社群、品牌、投资合作等方面的价值创造、获取和传递。目前 NFT 的商业模式还有待成熟和发展，其中存在着现阶段难以避免的交易风险。本节通过对 NFT 主要商业模式的总结和交易风险的分析，为 NFT 行业和相关企业提供参考和支持，帮助其正视现阶段存在的交易风险，合理规避风险，合规运营，营造 NFT 行业的健康生态。

一、NFT 主要商业模式

互联网时代的商业模式具有极强的不可复制性，人与人之间的互动变得密切,知识溢出范围增大,知识生产难度下降,促使商业模式的创新不断,商业模式的更替速度随之加快。现将NFT的主要商业模式总结如下。

(一)内容IP二次开发模式

内容IP在科技的助力下赋予内容资源全新的价值,展现出全新的生命活力。在文化领域,技术驱动内容资源的价值再创造。NFT可赋予内容IP独一无二、不可复制、不可篡改的数字凭证,实现内容IP的二次开发,从根源上保障了内容IP的确权存证。数字藏品平台往往定期定量发行和出售二次开发的NFT系列产品,通过内容再造和品牌营销赢得众多爱好者的热情追捧和消费者的争相购头。在开放二级市场的平台上,NFT持有者可以自发进行二次创作,形成NFT的数字衍生品,获得一定的版税收益。平台通过销售比例分成、服务费、Gas费等获取收益。

(二)创作者激励模式

基于区块链NFT平台具有去中心化的典型特征,平台可激励创作者进行创作,协助用户创作NFT完成铸造过程,提供NFT的创作工具和发行渠道,通过此种方式可吸引更多优秀的创作者创作出优质作品,同时也有助于增加创作者的收入。平台对创作和铸造的NFT作品收取服务费用,也可通过NFT的发行和交易获取一定比例的收益。一般来讲,平台对合作创作者有一定的准入门槛,这也保障了NFT作品的质量。此种商业模式对于激发创作者热情、增强粉丝互动、提高用户黏性、提升平台质量有着十分重要的作用。

(三)发行渠道模式

发行渠道模式主要服务于艺术家或创作者NFT的发行,为NFT作品的销售宣传和推广提供一定的渠道,为相关企业和消费者个人提供一个对外展示和销售的窗口。一般来讲,颇受认可的官方发行渠道发售的作品更容易受到消费者的信任和青睐，平台有一定保障，不易出现作品交易风险，能够保障消费者的合法权益。发行渠道模式主要通过向艺术家或创作者收取发行服务费用和一定比例的销售收入来进行获利。

（四）身份社交模式

身份社交模式主要是利用NFT的特性——可用于身份标识和社交货币。由于NFT的不可复制、不可篡改和唯一特性，NFT可作为持有者的身份标识，同时在去中心化的存储机制下，NFT持有者之间利用此种特殊的"货币"进行真实可信的社交。如爱马仕、LV等奢侈品品牌纷纷推出品牌NFT，此种NFT无疑可以作为资产和身份的象征，通过区块链平台所提供的可查看和可查询的功能，用户可以查看其他人的持有NFT情况，并以此作为社交名片。身份社交模式侧重NFT的社交属性和稀有特性，增强同类用户之间的联系，提升用户忠诚度。

（五）营销互动模式

营销互动模式将NFT作为一种营销获客和用户互动的工具，通过在演出、会务和各种纪念活动中发行NFT，可吸引用户的关注，促进相关产品和服务的销售，同时增强活动前中后各个阶段的用户互动和体验。如在电影首映时采用NFT作为宣发的新形式，拥有入场券观影者可申请限量的电影IP的NFT；在活动中推出隐藏NFT或抽取NFT卡牌，积极与观众互动，营造良好的活动氛围；活动结束后推出纪念NFT，增强用户黏性。营销互动模式可以有效获得年轻一代用户的关注和订阅，提升相关活动产品或服务的附加价值，方便针对特定粉丝群体更好地进行营销。

（六）社群盈利模式

社群营销就是彼此之间有相同或相似的兴趣爱好或者一定的利益关

系,通过某种平台聚集在一起,通过产品销售或者服务,满足不同群体需求而产生的一种有着独特优势的营销方式。创作者可在平台创建和铸造 NFT,并以社区为中心进行交易,如区块链游戏可以通过社区出售游戏皮肤、道具和角色实现盈利,NFT 二次销售产生的收入可用于支持 NFT 的创作者,实现良性的循环和互动。

（七）投资合作模式

随着元宇宙和 NFT 的火热,资本市场对于元宇宙和 NFT 的关注只增不减。资本可通过投资科技公司创建虚拟形象和相关 NFT 产品、投资区块链平台建设、投资区块链解决方案提供商、投资企业使用 NFT 相关服务、构建 NFT 服务生态系统等方式布局元宇宙和 NFT。投资合作的商业模式可使企业整合资源在热门领域占有一席之地,也可利用企业自身资源进行二次创作,将传统内容转化为可存证的数字资产,开拓元宇宙市场,提高市场关注度和企业竞争力。

（八）交易市场模式

交易市场模式可为 NFT 持有者搭建一个 NFT 虚拟资产交易的市场环境,基于区块链技术建立起来的交易市场可拥有庞大的用户基础,可与各方 NFT 项目或品牌展开合作,通过各式各样的 NFT 作品的交易促进虚拟资产的流动,全程记录和跟踪 NFT 作品的交易信息,实现广泛的可信交易。NFT 及衍生品的交易有助实现元宇宙世界的经济循环,交易市场模式通过收取交易费用赚取利益。

从以上 8 种 NFT 商业模式可以看出,NFT 可以在多重领域通过多种形式进行市场布局和发展。国外 NFT 在相对自由的环境下继续开拓市场,国内如开放二级市场并进行合理合规的监管将迎来更为广阔的发展前景,或衍生出更为丰富的商业模式。

二、NFT交易风险

NFT交易市场存在如下风险点：NFT交易平台的合规风险、NFT交易侵犯著作权风险、NFT交易的网络安全和欺诈风险。

（一）NFT交易平台的合规风险

在缺乏法律条款和法律适用的情况之下，狂欢的NFT交易正在走向异化，虽然相关平台发布声明坚决反对一切形式的数字藏品的炒作，抵制权益类交易、标准化合约交易等违法违规行为，但网络上关于数字藏品的交易和讨论从未停止。现实中由于大众缺乏对元宇宙、币圈、数字藏品的正确和清晰的认识，对于NFT更多的是投机或炒作，难以关注其真实价值。一些主流的币圈交易所往往打着NFT的概念发行新币，其后形成快进快出的交易形式，实则本质是一种投机行为，面临着更大的交易风险。

目前有些国内NFT交易平台宣称"持牌经营""合规交易""人民币结算"等吸引投资者。而事实上，这种合规持牌的批准极难取得。据《国务院关于清理整顿各类交易场所切实防范金融风险的决定》和《国务院办公厅关于清理整顿各类交易场所的实施意见》的规定，平台如果想要在正式的交易所开放NFT交易，必须经省级人民政府批准设立，或者需要取得国务院或者国务院金融管理部门的批准。国内NFT资产的交易场所往往不具备获批条件，因而其合法流通会受到限制。

NFT的出现使交易在匿名化、频繁化等情况下产生更多的不确定性风险，包括相关刑事法律风险，如利用NFT作品天然的加密机制洗钱，利用NFT进行涉嫌非法集资，基于NFT作品二级交易的金融属性引发的涉嫌非法经营，假冒注册商标/专利/著作权，销售侵权复制品，侵犯公司个人信息，等等。目前国内对于NFT的法律性质、交易方式、监督主体、监督方式等尚未明确,NFT 存在炒作、洗钱和金融产品化等风险。有关 NFT、元宇宙概念的炒作已经蔓延至上市公司和二级市场,深交所创业板公司管理部向中文在线发出关注函,要求说明互动阅读业务与元宇宙概念、NFT 概念的关联性。此外,多家上市公司也接连收到交易所的关注函,要求说明公司及相关方是否存在蹭热点、操纵市场、违规买卖公司股票的情形。

区别于国外的 NFT 交易平台,现阶段国内尚不存在 NFT 二次交易、转让赠送等场景,NFT 也尚未出现金融化的趋势。2022 年 4 月 13 日,中国互联网金融协会、中国银行业协会、中国证券业协会三个行业自律组织联合发布的《关于防范 NFT 相关金融风险的倡议》明确指出:不得为 NFT 交易提供集中交易、持续挂牌交易、标准化合约交易等服务,不得变相违规设立交易场所。现阶段,国内对 NFT 二级交易平台尚未出台专项法律规定,监管机构也尚未对数字藏品的法律性质及交易模式做出明确规定,但防止炒作、禁止非法金融活动一直是监管的核心底线之一。如果平台允许用户从事 NFT 二级交易活动,在金融和数据合规监管规则之下,平台可能面临被主管机关认定为从事"交易所业务"而停止运营、承担相关违法后果的危机。

(二)NFT 交易侵犯著作权风险

NFT 交易市场存在着侵犯著作权的风险。根据《著作权法》,作品是指文学、艺术和科学领域内具有独创性并能以一定形式表现的智力成果。按照此标准,只要符合《著作权法》中作品特征的 NFT 数字藏品就属于《著作权法》意义上的作品,受《著作权法》的保护。

NFT 数字藏品的铸造,需要将数字作品上传至网络服务器,这是一种一次性不可持续的复制行为,其目的是向公众持续性地提供该数字作品。此外,同一数字作品存在铸造多个 NFT 数字藏品的可能。因此,将有形作品数字化、将数字作品上传至网络服务器及将数字作品复制成多份数字作品,受复制权影响。一般认为信息网络传播行为吸收了之前一次性的复制行为,进行铸造前,应取得著作权人的许可。如未取得原作作者的著作权许可,发行方擅自使用原作进行数字化、上传至网络铸造 NFT 数字藏品,并在交易平台进行出售,涉及侵犯原作作者的复制权和信息网络传播权。如发行方未经许可擅自将未发表的作品铸造成 NFT 数字藏品上架到交易平台,将数字作品置于公开的互联网环境中,涉及侵犯原作作者的发表权。

NFT 数字藏品销售后,购买方是否取得 NFT 数字藏品著作权的问题同样值得关注。《著作权法》第二十条规定,作品原件所有权的转移,不改变作品著作权的归属。在无特别约定的情况下,一般而言购买方仅取得 NFT 数字藏品的所有权,未取得著作权。在此情况下, NFT 数字藏品通过网络进行第二次交易,涉及物权人的所有权和著作权人的信息网络传播权的冲突问题。因此,NFT 的二次交易可能存在侵犯著作权的风险。

目前,NFT 数字藏品交易平台一般会通过平台政策明确著作权人、发行方、购买方的权利义务关系。国内交易平台不允许二次交易的,平台政策一般会明确购买方不能直接取得 NFT 数字藏品的著作权,不能将数字藏品进行任何商用,仅能用于自身的学习、研究、欣赏和收藏展示等目的。NFT 数字藏品的知识产权通常由发行方或原作作者拥有。交易平台允许二次交易的,按照平台政策,购买方一般能够在交易完成后,获得该 NFT 数字藏品的著作财产权,避免产生所有权与著作权之间的冲突。

（三）NFT 交易的网络安全和欺诈风险

随着元宇宙数字世界的发展和 NFT 的普及,网络安全和欺诈风险显著增加。

虽然 NFT 在版权领域的应用有着不可抵赖、不可轻易篡改的特质,但 OpenSea 等 NFT 交易平台的账户仍存在被盗号,进而转移账户资产的风险。若平台防盗技术、后台交易追溯能力不足,导致用户 NFT 资产被盗后无法追回,将影响 NFT 的实际落地价值。另外,关于网络安全中与 NFT 相关的风险和挑战，假NFT商店的问题也值得注意。假NFT商店有可能会出售不存在的NFT。此外，消费者必须甄别和注意模仿艺术家创作者或伪造NFT的情况，在社交媒体网络中出现的NFT宣传推广的骗局也要注意防范。

某些项目运用NFT诈骗手段引诱早期投资者，在项目有些成效之后，吸纳的资金增加，卷走所有项目资金，卖掉预先开采的代币，榨干投资者的所有资金。有的把NFT包装成金融产品，鼓励或诱导大家去投机炒作买卖，通过非持牌的交易所或网站进行类似股票的交易，代为融资投资，进行杠杆操作等，放大NFT的金融风险。另外，NFT价格存在炒作，易掩饰非法资金来源，NFT交易具有可转换性，变现迅速难以追查，通过NFT洗钱，其背后的赃款也更加隐蔽，牵涉的利益也更大。

在NFT交易市场中，私下交易往往难以禁止。私下交易一般存在于完全封闭型平台中的不可转移藏品，以及限制型平台中的仅支持转赠藏品。在这两类平台中严格打击私下转售数字藏品或炒作数字藏品的情况，如平台监控到存在的交易行为或被他人举报，私下交易行为被曝光，平台往往采取封号、取消交易、限制购买等强制手段。此外，因私下交易缺乏信用背书，用户之间的私下交易容易出现卖方实际无货可卖、买方的钱财随后消失，或者买方获得数字藏品后拒绝支付价款并消失，造成买方或卖方的经济损失或藏品损失。私下交易的损失往往是不可被追回和追溯的，私下交易的买卖双方一般不会正式签订受法律保护的合同或合约，即使有条款设置也往往简单模糊，条款效力难以保证。

在NFT的主要商业模式中，创作者可便捷快速地实现NFT的价值创造；平台和发行方可通过互联网、区块链和元宇宙进行营销互动和价值传递，加速NFT数字资产的流通；NFT持有者通过社群和交易市场交易获利，可以想象未来的NFT市场将是一片繁荣之象。当前NFT市场快速发展，NFT交易所存在的风险应该引起人们的正视。作为一种新兴技术，NFT应被引导向善发展，正视NFT交易风险有利于理性应对可能出现的骗局和圈套，引导和促进

NFT行业的持续健康发展。

第七节　NFT行业与实践案例研究

NFT从最初的区块链游戏项目、艺术品投资领域开始向外辐射到音乐、体育、出版等各种形态的数字产品行业中，也展现出未来对金融市场、社会理念、社会生态等其他领域的可能影响。本节针对NFT行业在区块链游戏、艺术、品牌IP、票务、数字版权领域的实践案例进行研究分析，通过实践案例总结经验，为其他领域的NFT应用提供参考。

一、区块链游戏领域

游戏是当前NFT最受欢迎的领域之一。对于玩家而言，游戏服务器的关停往往会带来不可逆的损失，一旦遭遇关停游戏中的道具、装备、角色和皮肤等将随之消失；又或者受游戏平台限制、管理账号出现封禁，账号中的所有游戏资产会被冻结，玩家在游戏中的精力、时间和金钱付诸东流。因此NFT的出现受到了游戏玩家的追捧，基于NFT的游戏项目允许玩家使用NFT，游戏中的道具、装备、角色和皮肤等虚拟物品可变为NFT存储在自己的钱包中成为玩家的数字资产，不会因平台关停或账号封禁而有所损失。同时，NFT使得游戏玩家们拥有某种独特或极为稀有的物品所有权，这与游戏中的某些任务和挑战设定不谋而合，从而增强了用户的游戏体验。在区块链游戏平台上，玩家可以通过游戏中的任务赚取更多的代币，游戏中的虚拟物品通过NFT实现价值变现，并成为虚拟世界和现实世界连接的通道。目前，元宇宙链游NFT在国外拥有大量活跃用户，用户量靠前的链游包括集车友交流与竞技娱乐于一体的Supercars、可收集多人卡牌的交易游戏*Splinterlands*、收

益农业游戏 *MOBOX: NFT Farmer*、可把真实地址映射成数字土地开展各种经营的 Upland、类似于俄罗斯方块的积木游戏 *Galaxy Blocks* 等。未来随着金融资本的持续关注、游戏用户的积极参与、监管体系的完善和交易机制的成熟,国内元宇宙链游 NFT 将快速崛起,抢占数字游戏市场成为主流,保障数字虚拟资产,成为元宇宙的核心。

二、艺术领域

数字艺术是当前 NFT 热门领域之一。在 NFT 技术被广泛应用之前,数字艺术家很难以自己的数字艺术作品销售为生,往往将艺术品委托给专业管理机构进行拍卖或销售。随着互联网技术和传播媒介的快速发展,难以避免出现数字艺术家的作品在网络中广泛传播甚至被盗用的现象,艺术家本人并不能从中获益甚至连追责都做不到,很多时候也不易察觉自己的作品是否被盗用。NFT 的出现有效地改变了这一局面。NFT 相当于给原创艺术品颁发了一个独一无二的凭证,这与艺术品本身的稀缺性相吻合,以此证明艺术品的原创性,无论在现实或网络中出现多少相关的图片,都只能被认定为拷贝的副本,真正从源头记录原创者和原创作品的相关信息。此外,基于区块链技术可跟踪和可追溯的特性,艺术家本人可以监控作品流转交易的全过程,并摆脱以往中介管理机构和平台的束缚,获取比传统艺术品交易更多的收益,真正保障创作人的合法权益和收益,激励艺术家的创作热情。

NFT 中国专注艺术品类 NFT,包含线下渠道以及线上渠道,汇集较多收藏家。NFT 中国通过其旗下自有星链艺术家计划和 NFTCN STUDIO 工作室积累大量艺术家资源。目前,NFT 中国已有数千名艺术家入驻,100 余位艺术家同平台展开了深度合作,使平台汇集了许多具备投资价值的优质作品。对于拥有艺术家工作室的用户,平台没有发行数量的限制。对于个人申请的艺术家,最多只能上传 20 份作品。除了上架自有平台的市场,NFT 中国还会将作品同步到 OpenSea、Rarible 等海外几个大市场，以解决流动性问题。因此，未来 NFT 艺术品将更加公开透明、成本更低、曝光度更高、流动性更强、金融玩法更多，凭借其唯一性和稀缺性会在一定程度上推动人们对艺术品的需求，扩大受众群体，艺术世界将更加欣欣向荣。

三、品牌 IP 领域

自 2021 年开始的 NFT 热潮，引得品牌纷纷试水。品牌营销成为国内 NFT 聚焦的主要应用场景。NFT 具有唯一性，就像奢侈品的序列号一样，是展示独特性身份的一种方式。NFT 品牌营销是基于某种共识的情怀，为用户塑造一种情感体验，提升用户的参与感。品牌借助 NFT 营销，不仅能吸引全新一代受众，还能助力打造年轻的品牌形象，吸引引领潮流的 Z 世代和年轻的千禧一代。品牌在发行 NFT 时，可从品牌资产、产品卖点、消费者需求等角度出发，赋予 NFT 不同的功能，提升品牌 NFT 价值，并通过公关宣传增强话题热度。品牌通过 NFT 可以建设"品牌社群"——一种建立在使用某一品牌的消费者间的一整套社会关系基础上的、专门化的、非地理意义上的社区。

NBA 发行的"TOP SHOT"系列 NFT 商品，以短视频的方式，记录了不同球星的高光时刻，其中詹姆斯的扣篮视频卖出了 25 万美元的高价，系列 NFT 商品为 NBA 贡献了 2.6 亿美元的营收；伊利在冬奥会期间推出"冠军闪耀 2022"系列 NFT，包含了 7 个特别款、1 个隐藏款。其中，特别款全球限量发行 2022 份，隐藏款是全球首款开放个人定制的 NFT，即用户可以用自己的名字定制 NFT，其中 001 号隐藏款持有者，由苏炳添本人签名收藏；奈雪的茶在品牌成立 6 周年之际，对外公布了品牌大使——来自元宇宙的 IP 人物 NAYUKI，并围绕这一 IP 形象创作了主题为"创造美好"的系列 NFT，内含 7 款作品，以盲盒的形式线上限量发行 300 份，将品牌 IP 进行 NFT 化，开售一秒即售罄。从本质上来讲，NFT 品牌营销或品牌资产的 NFT 化是从品牌内核出发,让用户理解品牌的文化内涵,形成共识和共情,未来NFT将为品牌、达人和明星挖掘更多的商业机遇。

四、票务领域

门票是用以证明参加任何活动(如赛事、演出等)的一种机制。门票的形式有很多,包括实体纸质、纸上电子可读代码、嵌入智能卡、腕带的芯片等。在一级市场,门票大多是直接从活动组织处或指定的授权代理商处以固定的价格购买。目前二级市场也存在门票交易,与一级市场不同的是,买卖双方直接交易,价格可以任意收取,卖方或二级销售平台可从中赚取一定比例的利润。目前的门票交易存在以下问题:活动组织者依赖中介机构,切断了与活动参与者的直接联系,从而面临财务风险;消费者在二级市场上购买门票时缺乏信任,面临着购买假票或无效票的风险。二维码或条形码编码并没有对信息进行加密,不足以使门票真正具有防篡改性,票务欺诈问题亟待解决;二级市场的转卖票价也趋于极端,甚至出现机器人自动抬高价格赚取利润的情况。由此可见,二级市场票务交易明显缺乏透明度和信任度,利益相关各方都在寻找有效的解决方案。

NFT的出现为解决传统票务问题提供了新思路和新途径。基于区块链技术的NFT可以保证唯一性和真实性。在当前应用中数字商品的代币化非常适合使用NFT技术,门票中代表和包含了一系列的权利,权利的代币化也可视作区块链系统和NFT的可行用例。2021年5月,全球最大的演出票务集团Live Nation正在探索使用NFT,Kings of Leon乐队已经开始尝试出售NFT门票,该门票可以为观众提供一次参观后台的特权,观众可以在Ticketmaster平台上铸造票证并创建NFT,然后按需交付。未来,Live Nation可能会为音乐会提供一种"NFT方案"。NFT门票除了具有传统门票功能外还兼具艺术收藏和纪念价值。未来可为艺术展、服装秀、快闪店、体育赛事等制作含有活动时间、地点、主题、明星艺术家等关键信息的NFT,以更具收藏价值的形式帮助参与者纪念有意义的事件。

五、数字版权领域

非同质化代币为保护数字版权提供了全新的应用实践,以往的数字内容领域缺乏统一规范的版权存证服务,且数字行业中存在大量版权交易信息不对称行为,使得版权收益难以有效地在原创作者和第三方机构中进行公平分配。非同质化代币在去中心化且开放的区块链中进行注册,并以不同于代币标准的ERC-721标准进行铸造,实现以往同质化代币无法做到的标记原生数字资产所有权的目标。在此基础上,非同质化代币可以为数字版权保护提供更好的解决方案,由不同的、唯一的非同质化代币来代表艺术品、音乐、专利等涉及版权领域问题的相关项目,并利用区块链分布式账本的不可篡改、去中心化、公开存储特征实现数字产品的不可变更标识和产权登记,可溯源性还使原创作者拥有在区块链中跟踪其所有权的能力,从而达到保护版权的目的。

2021年4月,优版权就率先开拓国内数字资产版权NFR交易版块。利用NFR保护创作者的数字版权,实现以艺术品为代表的数字虚拟商品的链上确权和流转交易。优版权以区块链、大数据、人工智能等技术为依托,构建基于版权产业链的全流程管理与价值维护服务生态,包括存证确权、版权登记、授权转让、存储管理、版权监测、侵权取证、诉讼维权等服务,最终希望达到技术赋能版权产业、规范版权行业市场、激励版权价值传递、解决版权保护难题、推动正版化建设、激活存量版权作品、推动版权行业发展的核心目的。

以上各行业、多领域中非同质化代币的出现,为数字资产配置和管理提供了解决方案,显示出非同质化代币在数字收藏品、音乐、游戏、影视、体育行业广泛应用的可能。公众进入市场的可能性不断增加,将进一步促进独特数字艺术品及其所有权的交易,继而实现数字货币、法定货币向数字资产的转化,加强现实世界有形资产向数字资产的流动,在未来的实体资产与不动产领域、身份证明与存证领域、票务领域、奢侈品领域等行业的应用中,展现出多样的可能。

第八节　元宇宙NFT发展政策建议

元宇宙被认为是下一代互联网,将深刻地影响未来产业发展和监管模式的变化。NFT发展将为元宇宙基础产业、数字内容产业、数字文化产业带来深层次的变革。元宇宙与NFT的健康良性长久发展既离不开数字技术的成熟,也离不开监管制度和政策的规范引导,为此本节提出以下元宇宙NFT发展政策建议。

一、坚守创意内容导向,优化共识监管框架

数字化资产凭证是元宇宙生态的关键要素,创意内容是NFT作为数字资产的核心价值,因此NFT的持续健康发展离不开数字内容创作者持续的创意创作,这样才能保障数量足、质量高的内容供给,不断丰富元宇宙的内容资源。在NFT的发展过程中,应坚持以创意为导向,鼓励数字创作者展示与销售原创NFT作品。同时积极引导消费者"保护原创""为创意付费",加深对NFT、数字资产和元宇宙概念的理解,从根源上切断以投机或升值为目的的消费。基于区块链的去中心化共识管理机制加强对原创者的鼓励与支持,使得原创者获取更多的利益,促进NFT发展成为一个以原创为导向的数字资产市场,避免炒作、投机等行为的发生。

对于NFT行业的监管，应结合社会经济发展的实际情况，坚持引导技术向善的发展理念，以便于技术更好地服务于社会经济发展。区块链建设建立在共识机制的基础上，数据的存储呈分布式，而传统的体现为中心化的机构监管的监管理念无法直接套用。这不利于NFT监管框架的构建，以及具体监管规则的制定。应以更好地实现技术价值为导向，通过构建科技驱动型监管，进行以区块链技术为依托的"以链治链"监管协同，进行全方位、全过程监管。在NFT交易中，让更多的创作者享受作品流通带来的价值增值利益，充分体现区块链共识机制在组织稀缺资源创造价值并在不同经济主体间进行分配的运行机理。遵循区块链协同治理的理念，要求监管者通过实时透明的共享账本在风险外溢之前识别并予以回应，采用直接将合规机制内嵌于区块链系统的方式，实现协同监管的应用，从监管层面对NFT的健康发展进行引导。

二、坚持守正创新发展，防范非法金融风险

NFT的发展应践行科技向善的理念，在众多场景中进行合理选择，规范区块链技术的应用，充分发挥NFT技术在资产数字化和数字资产化方面的正向作用。通过政策支持和引导，确保NFT相关产品的合理价值，防止价格虚高，规避NFT平台各项风险，引导消费者理性消费，避免盲目跟风而可能带来的经济风险和安全风险。坚决抵制NFT金融化、证券化倾向，防范非法金融活动风险。

我国NFT的根本性质为商品属性而非金融属性，在政策层面需限制NFT的过度炒作，NFT底层商品不应包含证券、保险、信贷、贵金属等金融资产，禁止变相发行交易金融产品。目前国内外NFT市场都已经出现了将一个NFT分割成若干个NFT后再次发行，以及将一个作品大批量发行多版NFT的行为，这两种形式都可能导致弱化NFT非同质化特征，甚至变相开展代币

发行融资的行为,应禁止通过分割所有权或者批量创设等方式削弱 NFT 非同质化特征,以防被不法分子利用进行 ICO 发行融资。国内 NFT 发行和交易应延续代币交易政策,进行合规运作。对发行、售卖、购买主体进行实名认证,妥善保存客户身份资料和发行交易记录,提高反洗钱意识,积极配合反洗钱工作。

对于二级市场,是开放还是禁止?这是尚存争议的问题。为禁止二级交易市场的炒作,禁止二级交易显然是颇为有效的方式,但同时也意味着 NFT 在我国将不具备交易流动性,长此以往可能会使 NFT 的发展价值大打折扣,NFT 技术的意义无从体现。NFT 作为元宇宙经济体系的一大核心,如不能流转会导致元宇宙也难以运转。2023 年 1 月 1 日,全国首个国家级合规数字资产二级交易平台——中国数字资产交易平台启动发布仪式在北京举行,平台交易种类包括数字藏品、数字版权等,预示着中国 NFT 未来正式放开二级交易成为可能。官方建立合规的二级交易平台对整个行业的向上发展具有积极意义。一方面,它表明国家对数字资产持开放包容的态度,鼓励和支持数字资产在我国合规、创新发展;另一方面,这也意味着我国数字资产行业将会向更规范、受监管的方向发展,平台自行开设二级市场的行为将会逐渐减少。在此大趋势下,建立一套既能保障市场活力又能规范市场发展、限缩金融风险的法律监管体系成为紧要任务,出台刺激行业发展、建立行业信心的政策成为当务之急。

三、明确平台责任义务,维护绿色内容生态

数字藏品对原始资产的侵权情形并不少见。不久前,著名 NFT 交易平台 OpeaSea 公开表示其平台上 80% 的 NFT 作品存在侵权或权利瑕疵的情况,更不用说其他国内外平台了。现有法律框架下,NFT 侵权中侵权责任归属问题尚不明确,因此各平台的处理、应对方式亦不统一,其中不乏有平台积极

履行知识产权保护义务，践行"通知—删除"机制，尽管基于区块链的技术特征难以做到通常网络提供者所能采取的删除、屏蔽等必要措施，但平台仍应在技术可行的范围内采取必要措施，尽可能减小侵权带来的损害，保护相关权利人。也有平台选择"躺平"，仅出具交易前的免责声明，主张其对平台上藏品的侵权行为不承担任何法律责任，购买者应自行甄别与判断。

NFT侵权问题是行业主要痛点之一，与之紧密相关的平台义务也值得格外注意。目前国内尚未出台关于数字藏品NFT或其平台的专属法律法规，但数字藏品NFT平台作为网络提供者仍受《民法典》《网络安全法》《电子商务法》及知识产权法方面相关法律法规的约束，应履行与其相对应的责任与义务。平台方作为受诸多法律法规规制的主体，应对内容侵权提前预防、主动出击，构建较为完善的事前审查机制，事中沟通处理机制、侵权投诉机制与事后风险管理机制是国内环境下平台长久发展的最佳选择。

版权侵权外，平台内容的其他的侵权（如人格权）情形——违法违规、违背政治常识、违反公序良俗、违背历史和传统文化的情形也将导致平台承担相应责任。实践中，常有NFT包含淫秽内容、违背政治常识的内容、扭曲历史的内容、抹黑在世或已故公众人物的内容，平台在前述情况下若未尽到事前审查义务或未及时处理，可能会被追究民事、行政甚至刑事责任。典型情况包括：以历史人物作为基础制作视觉艺术、影像艺术等NFT时，应尊重历史，维护中华民族传统文化；以已故人士为基础制作视觉艺术、影像艺术等NFT时，应征得其家属同意，并充分尊重家属意见。

国内关于数字版权、NFT底层基础设施的建设正在稳步进行，相信不久的未来会出台官方法律合规指引。在此之前，平台仍需坚守符合国内监管要求的运营方式，与监管方、消费者共同努力打造稳健、赋能实体经济发展、赋能文化艺术发展的NFT生态。

四、建立行业自律公约，打造共荣生态

NFT平台的增多，吸引了越来越多的粉丝关注和参与，其中不乏知名艺术家、体育明星、娱乐明星和网络名人等，平台中存在的各种问题更可能被曝光出来，因此规范化运营才是平台的发展之道，这就需要监管机构、数字藏品平台、区块链技术支持方、NFT交易服务方等多方的共同参与和维护，因此在宏观监管和法律约束未落地之前，需要对参与其中的各方依规建立行业自律公约，基于共同的价值共识和各自的合法利益遵循并维护行业自律公约，促进数字藏品行业的健康发展。NFT作为一个新兴行业，在数字经济、元宇宙和Web3.0的生态中承担着重要的角色，有着巨大的市场机遇，但同时也面临严格的监管。因此，对于拟进入NFT领域的企业来说，应当紧密关注监管动态，及时调整经营策略，积极探索在依法合规经营的前提下，充分发挥NFT在丰富数字经济模式、促进文创产业发展等方面潜在价值的实现。

在多方努力下，NFT行业应加速建设依托于区块链技术和元宇宙的生态系统。受国内政策和市场的限制，目前NFT的应用主要集中于版权保护和文化艺术领域，对于NFT核心的数字资产价值体现较少。随着元宇宙的兴起、尝试和探索，以及Web3.0时代的到来，NFT的核心价值将有望进一步释放，这有赖于区块链的底层技术支持和元宇宙的相关基础建设。现阶段的NFT生态尚不完善，造成这一现状的原因很大程度上在于NFT的异质化导致各类NFT的业务逻辑与交易逻辑存在较大差异。为此，需要在NFT基础设施、分类体系、应用场景以及价值识别等方面加强研究，以推动形成通用且稳定的NFT生态。

元宇宙是一个与现实世界平行、相互影响的数字虚拟世界。区块链是构建元宇宙虚拟世界的基础设施，通过智能合约打造全新经济系统，而以区块链技术为基础的NFT作为非同质化通证，能够映射虚拟物品，使数字资产和

数字所有权的可验证,从而推动元宇宙世界经济体系的建立和繁荣。NFT市场目前逐步扩张,但市场在快速膨胀后也趋于稳定。为了防止金融交易风险的出现和炒作行为的发生,NFT的概念泡沫迅速消失。NFT在各行各业针对具体的业务和需求可衍生出越来越多的衍生品,在数字文创方面展现出极大的优势,数字藏品作为数字文创产业中的衍生品之一有着重要的市场份额,在开启数字新文创方面发挥着重要作用。另外,NFT在版权保护方面主要通过确权存证、交易授权、维权举证等路径进行实施,在数字藏品、数字出版和数字人领域的版权保护应用场景中有着对应的保护机制与模式。

本章对比国内外NFT发行与交易平台,从交易过程、发行方式、监管模式上进行分析研究。通过NFT市场总结NFT主要交易模式和交易风险,为相关企业和项目的发展提供路径与支持。通过NFT实际案例的研究,认为NFT在未来还大有可为,将对数字经济的发展有所贡献。针对NFT市场的现状和相关研究提出了元宇宙NFT发展政策建议,旨在从政策层面积极引导NFT市场的正向和长效发展,进而推动元宇宙经济体系的建立运行与维护。

（张佳倩　河北传媒学院）

第九章　数字产权发展专题

随着虚拟现实、人工智能、区块链和数字孪生技术的发展,产生了元宇宙游戏、NFT、智能机器人、比特币等数字产品,形成了数字文化产业。数字经济发展以来,欧美和日韩等国家和地区都高度重视数字文化产业的发展,意识到数字文化产业发展对于国家和地区发展的重要意义,纷纷发布数字基本法和数字发展战略,签署了国际公约,将数字产权的发展和保护作为重要的发展方向。如欧盟发布了《欧洲数据战略》和《欧洲人工智能白皮书》,美国参议院发布了《2021美国创新与竞争法案》,韩国国务会议通过了《数据产业振兴和利用促进基本法》,等等,并不断地调整、修正和监管,以推动数字产权保护与数字产业的发展二者之间保持动态平衡。中国也在数字产权立法方面加快了步伐,做好数字产权发展的顶层设计,发布《知识产权强国建设纲要(2021—2035年)》《"十四五"国家知识产权保护和运用规划》《"十四五"数字经济发展规划》和《关于构建数据基础制度更好发挥数据要素作用的意见》(以下简称《数据二十条》)等。

与此同时,世界各国在数字产权的发展与保护方面也面临着许多共性和个性的难题。比如:数字产权制度的建立、数字产权权属的界定、数字产权的财产属性、数字产权的权利配置、数字资产权利滥用带来的交易风险、金融安全风险以及数据隐私安全风险等。各国加强了数字产权的基础性研究，全面充分思考法律意义上的数据产权，数据权属的制度创新已成为数据要素市场有效运行的基本前提。有的学者提出搁置对数据权属的争议，以流通共享为关键活跃数据要素市场，转向数据共益性的研究，通过多方的市场参与，形成价值生成的市场共识规则，平衡各主体对数据享有的权益，建立有序的数据流通共享机制。[①]我国在2022年12月发布的《数据二十条》中提出了"三权分置"的数据产权治理模式，探索数据产权结构性分置制度，建立数据资源持有权、数据加工使用权、数据产品经营权"三权分置"的数据产权制度框架。

第一节　数字文化产权的发展概况

从数字产权的内涵来看，区块链数字资产与传统网络数字资产存在着很大的不同，数字产权具有跨地域、权属模糊、权利范围广泛、产权价值时空易变和物权属性等诸多特征。基于数字产权保护对数字文化产业发展的重要作用，欧盟、美国、日本等数字权利体系高度完善的国家和组织纷纷颁布了相关的保护法律和措施，我国也出台了发展数字文化产业的相关政策和规划。

[①] 《探索合理有效的数据产权制度》，2021年3月30日，http://union.china.com.cn/cmdt/txt/2021-03/30/content_41514315.html，2023年3月30日。

一、数字产权的内涵

（一）数字产权的概念

数字产权是指数字经济知识产权。知识产权 IP 是 Intellectual Property 的缩写，是创造性智力成果的完成人或工商业标志的所有人依法享有的权利的总称，一般包括著作权（即版权）、专利权和商标权，其中著作权的具体形式包括影视剧、游戏、音乐、文学作品、戏曲、综艺、动漫、绘画作品、设计图和计算机软件等。

数字经济知识产权（Intellectual property for the digital economy），是指以数字形式存在的知识产权，其作品范围除了包括传统意义上的网络数字资产，如游戏道具、账号、域名等，还包括数字经济时代出现的区块链数字产品，如元宇宙游戏、NFT、虚拟货币以及游戏周边衍生产品等。

（二）区块链数字资产与传统网络数字资产

数字产权既包括传统的网络数字资产，也包括区块链数字资产。尽管这两类数字资产都具备虚拟财产的价值属性、可管理属性和可转移属性，但是区分不同性质的数字产权对于虚拟财产的价值计算、侵权行为认定和侵权责任的划分等具有重要的意义。

传统的网络数字资产是非基于区块链技术的数据资产，例如游戏道具、游戏账号、游戏装备、Q 币、游戏点卡、游戏网吧特权点数、网络充值卡、网络卡券等，该类虚拟财产没有经过赋予哈希值等区块链数字加密技术，仅具有一般电子数据的流通和分享的特性，比如复制、删除、上传和发送等天然的固有功能。这类游戏的虚拟资产只能在相应的游戏中使用，无法实现资产的流动，更无法实现与物理资产的互相流通。

区块链数字资产是基于区块链加密技术的特定元数据文件。NFT是区块链数字资产的典型代表,表现为区块链上一组加盖时间戳的元数据,其与存储在网络中某个位置的某个数字文件具有唯一的且永恒不变的指向性,该元数据显示为存储特定数字内容的具体网址链接或者一组哈希值,点击链接或者使用哈希值进行全网检索,就能够访问被存储的特定数字内容。这种数字加密技术保证了其独立性、稀缺性、不可篡改性和永续性,具有被物权保护的基础。如在区块链游戏中,通过区块链加密技术可将游戏资产NFT化,玩家可以拥有资产的所有权,并实现其流通、收益和价值分配。

区块链数字资产等具有排他支配可能性、符合物权特征的网络虚拟财产,应将其纳入物权的保护范围并明确规定其物权保护规则;而对于不具有可支配性或具有较弱可支配性的其他传统的网络数字资产,则基于其具体机制、模式和特征,予以合同债权、新型财产权益等形式的保护。[①]

(三)数字产权的特征

数字经济时代的知识产权不同于传统意义上的知识产权,由于知识产权的载体——数据的非物理性,数字产权具有跨地域、权属模糊、权利范围广泛、产权价值时空易变和物权属性等诸多特征。

数字产权具有跨地域的特征。传统意义上的知识产权具有地域性的特征。知识产权只在授予该权利的国家范围内有效,在其他国家并不受到保护,除非依照该国法律规定获得知识产权。[②]数字产品的交易往往依靠互联网络进行,而互联网的无国界属性使得数字产品的知识产权不再具有明显的地域属性,而呈现出跨地域生产、认定、使用、保护、转让和交易的特征。

数字经济时代的知识产权权属模糊。比如,通过AI机器人创作的作品

---

① 司晓:《区块链数字资产物权论》,《探索与争鸣》2021年第12期,第89页。

② 曾宪义:《全国法律硕士专业学位研究生入学联考考试指南(第六版)》,中国人民大学出版社2005年版,第386页。

的权利主体究竟是属于 AI 机器人本身,还是创造 AI 机器人的数字产品平台? AI 虚拟偶像公开演唱了其他人拥有版权的歌曲是否构成侵权? 构成训练 AI 的原始数据本身是否属于著作权法保护的作品? 构成原始数据的"作品"是属于公共领域的资源吗? 独立 AI 创作的音乐作品是否能申请原始版权?

数字产权权利范围更加广泛。版权的权利范围十分广泛,包含以各种形式复制的产品,作品的衍生品,作品的公共表演、展示以及传播。[①]数字产权的权利范围则更加广泛,除了数字化的藏品(NFT)以及虚拟化的艺术品,还包括 AI 机器人使用原始数据二次创作的作品等。

数字产权价值具有时空易变性。手机导航系统所应用的移动位置数据即时共享过程,不但让数据产权的交易、交割瞬间实现,而且在数据应用的过程中还在不断变换着共享数据要素的产权内涵。数据要素在被使用的过程中还会产生新的数据,而且新老数据会瞬间融为一体,让数据要素的传统产权边界随时发生变化。[②]

数字虚拟资产具有物权属性。我国《刑法》中的"财物"一般需具备稀缺性、交换价值和独占排他性三个最基本的特征。以 NFT 为例,在数字虚拟环境中,一部数字作品的每一个复制件均被赋予唯一的序列号,产生唯一性和稀缺性等效果,具备一定的投资和收藏价值属性。当一件数字作品复制件以 NFT 形式存在于交易平台上时,就形成了一个具体的"数字商品",NFT 也就具有了一定的物权属性。NFT 通过映射虚拟资产,使虚拟物品资产化,并且可以实现跨平台交易,具备了交换价值,则实现了元宇宙资产的物权属性。数字虚拟资产在区块链中的各个节点身份加密是匿名的,但任何节点都可

---

① Arnold P.Lutzker:《创意产业中的知识产权——数字时代的版权和商标(第二版)》,人民邮电出版社 2009 年版,第 86 页。

② 刘典:《数据产权应得到有效保护》,2022 年 6 月 1 日,https://m.gmw.cn/baijia/2022-06/01/35780563.html,2023 年 3 月 30 日。

以查看区块链时间戳中的交易和流转记录，不会发生一物二卖的情况，这就使NFT具备了刑法意义上的排他性和独占性。但NFT的交易实质上是数字商品物权转移，并不代表知识产权的转移，原作品著作权的核心权利如发表权和修改权等人身权利和使用权、许可使用权和获得报酬权等财产权并没有随数字藏品的物权转移而发生转移。

二、世界数字产权保护的发展历程

数字经济发展以来，欧盟、美国、韩国、日本和英国等都高度重视数字产权立法，意识到数字产权保护对数字产业发展的重要意义，纷纷发布数字基本法和数字发展战略，将对数字知识产权的保护提到日程上来，并不断地调整、修正和监管，保持数字产权保护与数字产业的发展二者之间的动态平衡。

（一）欧盟的立法过程

2016年欧盟通过了《通用数据保护条例》，此法规被称为"史上最严隐私保护法"，被认为是改变了全世界的数据保护政策。

2020年2月，欧盟委员会发布了《欧洲数据战略》和《欧洲人工智能白皮书》，目标是确保欧盟成为数据社会的榜样和人工智能方面的全球领导者。

2022年4月，欧盟通过了欧洲委员会根据《数据和人工智能战略》规划提出的《数字市场法》《数字服务法》和《人工智能法》的提案。这一系列法案对人工智能伦理、数字平台服务方透明公开、流量公平性、广告推送算法及企业主体责任等做出了严格规定。[1]

---

① 《元宇宙还没谱，欧盟选择发力：计划2023年立法监管元宇宙！》，2022年9月21日，https://new.qq.com/rain/a/20220921A0AN7900，2023年3月30日。

2022年5月,欧洲议会在一项决议中认为,元宇宙事实上落入数据保护框架和欧盟的竞争法律规则中;而《人工智能法》在修正案中将元宇宙环境纳入了使用环境中。

2022年9月,欧盟内部市场专员蒂埃里·布雷顿在一篇题为《人员、技术和基础设施——欧洲在元宇宙的繁荣计划》中提到了对欧洲公司的财政支持,并介绍了欧盟由40余家组织最新成立的"VR、AR工业联合体",该组织的成立旨在对元宇宙工业领域的关键技术竞争者进行集中,并建设元宇宙发展路径图。其所概述的计划是通过数字世界供应商支付的元宇宙税来支持欧洲网络的扩张。

（二）美国的立法过程

2021年10月,美国两党参议员提出《政府对人工智能数据的所有权和监督法案》,要求对联邦人工智能系统所涉及的数据特别是面部识别数据进行监管,并要求联邦政府建立人工智能工作组,以确保政府承包商能够负责任地使用人工智能技术所收集的生物识别数据。

2022年3月9日,美国总统拜登签署了一项名为"关于确保数字资产负责任发展（Ensuring Responsible Development of Digital Assets）"的行政命令,要求美国政府,包括财政部、国防部、商务部、劳工部、能源部、国土安全部等部门,在总统国家安全事务助理和总统经济政策助理的协调下通力合作,就数字资产的安全、转移和支付系统的构建、中央银行数字货币等方面存在的问题,以及未来发展的可能展开研究,并向总统报告。

在促进元宇宙技术发展方面,美国第117届国会制定了一系列促进政策,如:

《21世纪就业法案》（*21st Century Jobs Act*）提出建立独立的联邦技术研究所（Federal Institute of Technology）,并提供联邦资助以支持区块链、通信、VR、AR等特定技术领域的研究。

《2021美国创新与竞争法案》（*United States Innovation and Competition Act of 2021*）提出将先进通信技术与沉浸式科技作为关键技术领域，用来加强美国在全球经济的竞争优势和领导地位。该法案还要求对相关关键技术的研发、教育和培训、转移和商业化提供联邦资助。

2022年4月，美国政府联合61个国家和地区发布《未来互联网宣言》（*Declaration for the Future of the Internet*），旨在打造开放、免费、全球、可互操作、可靠且安全的互联网。宣言强调互联网是单个、去中心化的网络，不应该分割，促进全球通信和贸易，促进竞争、隐私、尊重人权，支持创新、信任和自由。未来或将开发一个类似的政策框架指导元宇宙的开发。①

2023年1月5日，美国总统拜登正式签署了《2022年保护美国知识产权法案》（*Protecting American Intellectual Property Act of 2022*，以下简称PAIP法）。PAIP法旨在防止外国实体与个人窃取美国商业秘密及知识产权，并要求对窃取美国商业秘密的主体进行严厉的经济制裁，标志着美国进一步加强了其对于知识产权的保护。

（三）韩国的立法过程

韩国以积极的态度大力推进数字社会建设，制定了国家数字战略，出台了《数据基本法》，改革了知识产权制度，并颁布了区块链法规、游戏产业法、特定金融信息法等一系列数字产业领域的部门法。

2018年，韩国政府意识到区块链和加密货币的巨大潜力，韩国立法机构公布了旨在制定加密货币、初始代币发行（ICO）和区块链法规的法律草案。此项法律草案禁止匿名交易、禁止未成年人和政府官员进行交易、禁止实质性地进行交易，并采取了积极的行动，如推进加密交易所合法化、解除了对ICO的全面禁令、将比特币合法化作为汇款方式，并提出建设第四次工业

---

① 《美国官方研究如何定义"元宇宙"？关键技术与产业布局现状概览》，2022年9月18日，https://www.163.com/dy/article/HHGPCT5K0514R8DE.html，2023年3月30日。

革命。[①]

2020年2月,韩国将2007年出台的《游戏产业振兴法》更名为《游戏商业法》,成为全球范围内仅有的在法律层面进行专门立法的游戏法。

2021年10月12日,韩国国务会议通过了《数据产业振兴和利用促进基本法》,于2022年4月全面实施,旨在为发展数据产业和振兴数据经济奠定基础。

2021年韩国出台《特定金融信息法》,对虚拟财产的法律属性予以明确。《特定金融信息法》第2条对"虚拟资产"的经济价值属性做了具体规定,可以通过电子方式交易或转移的电子凭证被认定为虚拟资产。

2021年2月23日,韩国知识产权局在第28届国家知识产权委员会上发布了基于人工智能和数据的知识产权创新战略蓝图,韩国在知识产权方面的革新战略,将提升其在人工智能、大数据等数字产业方面的竞争力。

2022年11月30日,韩国知识产权局发布《知识产权组合优化技术保护(IP-MIX)战略指南》,以支持企业、研究所、大学等加强技术保护。知识产权组合优化技术保护(IP-MIX)战略指的是,根据技术特性综合利用专利、商业秘密、外观设计、商标等各种知识产权,对技术进行全方面保护的战略。

(四)日本的立法过程

2005—2019年,日本先后与新加坡、菲律宾、泰国、瑞士、澳大利亚、蒙古国和欧盟签订了双边贸易协定,这些双边协定以及《跨太平洋伙伴关系协定》(TPP)、《全面与进步跨太平洋伙伴关系协定》(CPTPP)中都涉及了电子商务规则以及数字产品的非歧视待遇、关税、国内监管法规、电子签名等内容。

日本积极参与世界贸易组织(WTO)框架下的多边数字贸易治理,在多

[①]《韩国:数字货币合法化并公布法律草案》,2018年7月14日,https://zhuanlan.zhihu.com/p/39739394,2023年3月30日。

边或小多边层面构建数字经济治理联盟。2016—2019 年，日本向 WTO 多次提交了与数字贸易相关的提案。2019 年 1 月，日本与中、美等其他 75 个 WTO 成员共同签署《关于电子商务的联合声明》，宣布启动 WTO 电子商务谈判。与此同时，日本政府提出"数据在可信任条件下自由流动"（DFFT）原则，并与中、美等国家共同签署了《大阪数字经济宣言》。

2020 年 10 月，日本为适应互联网和数字技术的发展对著作权保护提出的新要求，对《著作权法》进行了修改，扩大了适用范围。

2021 年 3 月 28 日，日本内阁发布了《日本数字社会形成基本法案》，该法案确定了日本推进数字社会建设的基本理念，旨在通过制定基本原则和基本政策，明确国家政府、地方政府和企业责任，建立数字社会优先计划，深入推进数字社会建设，实现经济可持续健康发展和国民生活幸福目标。

2021 年 7 月，日本经济产业省发布了《关于虚拟空间行业未来可能性与课题的调查报告》，报告认为，政府应着重防范和解决"虚拟空间"的法律问题，并对跨国、跨平台业务法律适用条款加以完善；政府应与业内人士制定行业标准和指导方针，并向全球输出此类规范。

2021 年 12 月，日本成立元宇宙的业界团体——"一般社团法人日本元宇宙协会"。相关团体将与金融厅等行政机关相互配合，启动市场构建，力争使日本成为元宇宙发达国家。

2022 年 4 月，日本成立面向应用推进研究和规则完善的"元宇宙推进协议会"。日本解剖学家养老孟司出任代表理事，ANA 控股和三菱商事等 20 家以上企业参与该组织，力争未来在生活和商务中普及元宇宙的应用。[1]

2022 年 11 月 20 日，日本政府正式展开了对保护元宇宙中知识产权内容立法的讨论。日本现行法律对元宇宙中出现的商标权并没有做出明确的规定，为了健全的产业发展，可以预想日本会对元宇宙交易做出一定的规范。

---

[1]《各国元宇宙政策汇编》，2022 年 6 月 23 日，https://h5.drcnet.com.cn/docview.aspx?chnid=4145&docid=6132231&uid=32&version=worldeconomy，2023 年 3 月 30 日。

（五）英国的立法过程

2010年4月，英国议会通过《数字经济法》，主要内容包括英国通信管制机构OFCOM的新增职能——将管制范围由传统媒体扩大到互联网等新媒体、在线版权侵权与互联网域名注册相关的权利；关于数字版权保护的内容主要是《数字经济法》的网络版权侵权部分，规定了音乐、媒体、游戏等网络内容的版权保护。[①]

2019年，英国法律科技交付委员会下设的英国司法辖区工作组发布了《关于加密资产和智能合约的法律声明》，认为加密资产具有财务属性。

2022年6月13日，英国数字、文化、媒体与体育部发布新版《英国数字战略》，旨在将跨政府的科技和数字政策整合到一个统一的路线图中。

三、我国出台的促进数字产权保护与发展的相关政策

（一）数字产权保护和发展的顶层设计

党的十九大以来，习近平总书记多次强调要发展数字经济。2022年10月26日，习近平总书记在《在中国共产党第二十次全国代表大会上的报告》中指出要实施科教兴国战略，强化现代化建设人才支撑，要深化科技体制改革，深化科技评价改革，加大多元化科技投入，加强知识产权法治保障，形成支持全面创新的基础制度。

2021年9月，中共中央、国务院印发《知识产权强国建设纲要（2021—2035年）》，简称"知识产权强国纲要"，提出了打通知识产权创造、运用、保护、管理和服务全链条，更大力度加强知识产权保护国际合作，建设制度完

[①] 黄先蓉、冯博：《英国〈数字经济法〉及对我国数字版权立法的启示》，《中州大学学报》2013年第1期，第53页。

善、保护严格、运行高效、服务便捷、文化自觉、开放共赢的知识产权强国；指出要从社会主义现代化知识产权制度建设、支撑国际一流营商环境的知识产权体系建设、激励创新发展的知识产权市场运行机制建设、便民利民的知识产权公共服务体系建设、深度参与全球知识产权治理以及加强组织帮助等方面进行全方位、全领域治理。

2021年10月，国务院印发《"十四五"国家知识产权保护和运用规划》，提出建设知识产权强国的目标。规划指出要以全面加强知识产权保护为主线，以改革创新为根本动力，深化知识产权保护工作体制机制改革，全面提升知识产权创造、运用、保护、管理和服务水平，深入推进知识产权国际合作，促进建设现代化经济体系，激发全社会创新活力。提出完善知识产权法律政策体系，加强知识产权司法保护、行政保护、协同保护和源头保护的具体措施；要完善知识产权转移转化体制机制，提升知识产权转移转化效益和提高知识产权公共服务能力；要促进知识产权服务业健康发展；要主动参与知识产权全球治理，提升知识产权国际合作水平；要加强知识产权人才队伍建设，加强知识产权文化建设；要加强对知识产权工作的组织保障、投入力度、狠抓落实。同时，提出了规划的15个配套工程，其中数据知识产权保护工程的具体措施如下：

数据知识产权保护工程

构建数据知识产权保护规则。深入研究数据的产权属性，探索开展数据知识产权保护相关立法研究，推动完善涉及数据知识产权保护的法律法规。完善数据知识产权保护政策，探索建立分级分类的数据知识产权保护模式。推动建立数据知识产权保护行业规范，加强数据生产、流通、利用、共享过程中的知识产权保护，研究推动数据知识产权保护国际规则制定。

促进数据资源利用和安全保护。支持有条件的地区开展数据知识产权保护和运用试点。在保护个人信息安全和国家数据安全的基础上,促进数据要素合理流动、有效保护、充分利用。积极开展数据知识产权保护国际合作与交流。(中央宣传部、中央网信办、最高人民法院、外交部、工业和信息化部、公安部、司法部、商务部、市场监管总局、国家知识产权局等按职责分工负责)

2022年1月12日,国务院发布《"十四五"数字经济发展规划》,提出创新发展"云生活"服务,深化人工智能、虚拟现实、8K高清视频等技术的融合,拓展社交、购物、娱乐、展览等领域的应用,促进生活消费品质升级。

2022年12月2日,中共中央、国务院发布了《数据二十条》,提出要加快构建数据基础制度,激活数据要素潜能,做强做优做大数字经济,增强经济发展新动能,构筑国家竞争新优势。《数据二十条》从数据产权制度、数据流通和交易制度、数据要素收益分配制度和治理制度4个角度,提出了构建国家数据治理的4个制度体系。

(二)部门规章制度

2019年3月13日,国家统计局公布实施了《知识产权(专利)密集型产业统计分类(2019)》。

2021年12月,中央纪委国家监委网站发布《元宇宙如何改写人类社会生活》,理性看待元宇宙带来的新一轮技术革命和对社会的影响,不低估5—10年的机会,也不高估1—2年的演进变化。

2022年1月4日,中国人民银行印发《金融科技发展规划(2022—2025年)》,搭建多元融通的服务渠道。以线下为基础,依托5G高带宽、低延时特性将AR、MR等视觉技术与银行场景深度融合,推动实体网点向多模态、沉浸式、交互型智慧网点升级。

2022年5月13日，中国金融信息中心发布《金融元宇宙研究白皮书》，指出："保险＋元宇宙"将从保障、调费、模拟、仿真、体验等方面创新应用场景，围绕个性化沉浸式体验的核心思想，并将保险场景植入；"银行＋元宇宙"可以从网点服务远程化、网点形式虚拟化等方面进行创新。

2022年最高人民检察院发布了《最高人民检察院关于全面加强新时代知识产权检察工作的意见》和《检察机关知识产权综合性司法保护典型案例》。

（三）地方政府发布的数字产权规划与保护意见

截至2022年9月，我国7省17市地方政府发布了元宇宙建设规划。如浙江省印发了《关于浙江省未来产业先导区建设的指导意见》中将元宇宙列为未来产业先导区重点领域之一；浙江省发改委等五部门联合制定《浙江省元宇宙产业发展三年行动计划（2023—2025）》，提出创新协同攻关、产业链补链强链、消费场景提升、实体经济赋能、数字空间治理等五大行动，并提出元宇宙综合实验平台建设、元宇宙产业基地培育、元宇宙虚拟人示范、制造业赋能提升、元宇宙"浙江品牌推广"等五大工程。

2021年《深圳法院知识产权司法保护状况（2021）》和《关于加强数字经济知识产权司法保护实施意见》明确了深圳法院加强数字经济知识产权保护的工作要点，全面系统梳理了与数字经济相关的知识产权权利，提出加大对大数据、人工智能、区块链、云计算、5G移动通信技术、网络安全等新兴数字技术创新成果、数字文化成果、商业标志的知识产权司法保护力度。从行为的角度，规制数字经济经营主体行为，维护数字市场公平竞争，针对个人信息保护、数据获取和利用、仿冒混淆行为、虚假刷量等事件中较为集中的问题，提出数字经济知识产权司法保护措施。[1]

---

[1] 唐荣：《深圳加强数字经济知识产权司法保护》，《法治日报》，2022年4月25日，第3版。

　　2022年3月,北京市朝阳区人民法院发布《涉数字经济知识产权纠纷案件审判白皮书》(以下简称《白皮书》)。《白皮书》提及由于虚拟现实、人工智能和区块链等新兴技术的应用,涉数字经济著作权权属、侵权纠纷呈新型案件多、法律定性存在争议等特征;商标权权属、侵权纠纷案件所涉问题存在较大争议;涉数字经济领域注册商标使用商品及服务类别相同或近似的界定等。审结案件中著作权和商标权权属、侵权纠纷的占比为90.89%[①],大多数数字经济知识产权案件集中在这两个领域。《白皮书》指出数字经济背景下,知识产权纠纷案件的主要问题集中在数据权益保护、人工智能生成物等创新成果的保护,以及各类新型竞争行为的合法性边界问题。指出简单集合的数据无法适用著作权保护,认定数据构成商业秘密存在困难,人工智能生成物的著作权权属认定存在争议,人工智能生成物能否认定为作品存在争议等几个具体的问题,认定了屏蔽数据、非法获取数据、流量劫持、诱导提示等几类数字经济领域的新型不正当行为。

四、数字产权保护的现状

　　数字产权保护已成为数字文化产业的关键环节,是新兴的数字文化新业态发展中必须去面对和解决的问题。随着元宇宙、NFT产业链的飞速发展,资本市场对优质版权资源的抢夺愈演愈烈,数字产权交易具备高成长性和全产业链开发的潜力。而与此同时,对于数字产权的保护、虚拟财产权属的认定、商标权等知识产权在元宇宙世界的保护也日益受到广泛关注,相关案件开始频频出现,由此引发一系列经济学界和法学界的争议。

[①]《涉数字经济知识产权纠纷案件审判白皮书及典型案例(附全文)》,2022年3月31日,https://www.zhichanli.com/p/803389817,2023年3月30日。

（一）数字版权保护难

数字版权保护难成为影响元宇宙等数字文化产业发展的一大痛点，因为数字作品的可复制性和可篡改性使得数字作品很容易被无限复制，导致NFT等数字版权本身极易被复制、抄袭和剽窃，致使权利人的合法权益无法得到保障，影响创作者的积极性，从而导致整个产业的发展受限。而NFT以在区块链上"铸造"[①]的方式为数字作品赋予一个哈希值，使其永久保存在区块链上。基于区块链的不可篡改性，数字作品也就在真正意义上具备了唯一性，其归属也得到了确认。[②]

2022年发生的"胖虎打疫苗"插图NFT侵权案被视为国内NFT第一案。该案中，"胖虎"系列作品是漫画家马千里以"不二马"为笔名创造的"我不是胖虎"动漫形象美术作品。2021年3月，深圳奇策迭出文化创意有限公司（以下简称奇策公司）与作者马千里签署《著作权授权许可使用合同》，约定奇策公司经授权享有"胖虎"系列作品在全球范围内独占的著作财产权及维权权利。2022年，某用户在杭州原与宙科技公司经营的NFT平台铸造并发布了"胖虎打疫苗"NFT，售价899元。用户A未经权利人许可，将图片"胖虎打疫苗"上传到某NFT平台铸造为NFT并进行销售。在铸造作品过程中，杭州原与宙科技公司平台仅要求用户上传NFT作品图片，填写作品名称、作品简介、作品描述、作品标签及艺术家介绍等基本信息，未要求用户就作品提交任何权属证明。对这张图片享有著作权的奇策公司将杭州原与宙科技公司诉至法院，认为杭州原与宙科技公司平台未尽审查

---

① NFT的铸造是指平台用户将作品上传到平台的区块链上，生成与作品一一对应的序列号，作为作品上链的凭证。在铸造上链的过程中，区块链会记录作品上传者对应的加密钱包地址，指向发布者的唯一身份。NFT中部署智能合约自动执行交易规则，平台用户铸造NFT的过程即以技术的方式生成权利凭证和起草交易合同。

② 沈湫莎：《火热的NFT能否解决数字作品版权之痛》，《文汇报》2021年12月2日，第9版。

义务,侵害了奇策公司享有的著作权,给其造成了经济损失,应承担侵权责任。最终,杭州互联网法院一审判定杭州原与宙科技公司平台构成侵权。法院认为,NFT 交易实质上是数字商品物权的转移过程,而奇策公司所拥有的原作品的著作财产权并没有随之发生转移,因此杭州原与宙科技公司构成侵权。

(二)区块链等数字资产无法为现实作品确权

虽然 NFT 等应用区块链技术验证的数字资产可以成为数字作品在虚拟世界合法身份的证明,但其作用范围也仅限于数字世界的原生作品,并不能与现实世界的真实作品产生"一对一"的对应关系,因此区块链等数字资产无法为现实作品确权。

2022 年百度元宇宙歌会于 9 月 26 日 18:00 举办,歌会同期售卖多个系列的 NFT 产品,比如"扎寺守护"系列乾隆皇帝赠扎什伦布寺六世班禅的吉礼,该系列典藏数字藏品由趋吉避凶白伞盖佛母、清净自性广目天王、圆满智慧时轮金刚和断惑归真忿怒金刚组成,每款作品售价均为 25 元,全球限量各 1000 份。目前该系列藏品真品均保存于班禅转世系统的主寺扎什伦布寺,网上售卖的 NFT 与真品并无直接的对应关系,购买 NFT 无法获得该现实藏品的物权。

(三)数字虚拟财产的属性认定模糊不清

数字虚拟财产在不同阶段表现出不同的属性,整体而言具有物权、债权和知识产权属性。但由于 NFT 多与虚拟货币挂钩,而我国监管目前对虚拟货币持消极态度,与 NFT 相关的诸多法律问题亦尚未厘清,导致很多人对此仍处于谨慎和观望阶段。2021 年 10 月,国内三大 NFT 交易平台腾讯幻核、阿里拍卖和蚂蚁链粉丝粒将"NFT"字样修改为"数字藏品",根本上规避了虚拟货币和 NFT 直接转换的风险。当一件数字作品复制件存储于网络空间,通过一个NFT唯一指向而成为一件可流通的商品时,就产生了一项受法律保护的财产权益。在国内,NFT数字作品持有人的权利是受到一定限制的,其所获得的仅是一项财产权益,即对该NFT享有排他性占有、使用、处分、收益等部分物权,比如腾讯幻核和阿里粉丝粒不出售作品的所有权,大多数数字产品是以"收藏"之名进行交易的,并不能获得原作品的版权。而海外的NFT买家可以得到作品的所有权和知识产权。[①]

2022年4月1日,周杰伦在社交平台INS上发文称黄立成之前送给自己的无聊猿"猴子"NFT被钓鱼网站盗窃了。周杰伦被盗的无聊猿编号#3738,是一个拥有粉色毛发和蓝色牙齿的愤怒的猴子。这款NFT是由BAYC出品的数字头像,根据盗窃者后续在交易平台转手的成交额来看,该NFT的价值超过300万元人民币。无聊猿"Yuga Labs"在数字加密世界中受到如此追捧,有两个原因:

一是成立的"无聊猿游艇俱乐部"被宣称为NFT持有者的专属社交团体。新冠疫情以来,"社区"的概念风靡欧美。一个活跃的社区是每一个加密世界居民都梦寐以求的,而无聊猿游艇俱乐部几乎能满足人们对社区所有的幻想。

二是无聊猿的持有者可以获得二次创作的著作人身权和财产权。无聊猿的四位创作者愿意将版权全部交给社区成员,它的持有者可以创作各种周边,比如二次创作的艺术品、T恤、扑克牌等周边,并适用于商业用途,其销售收入完全归持有者所有,无须分配回项目方。可见在海外,数字作品的知识权和所有权可以进行交易。

（四）商标权在虚拟世界的合法路径待定

现实世界的商标权进入虚拟环境,尤其是出现了NFT这种新的数字艺

---

① 刘美琳、石佳:《中国NFT发展路径初探索:法币结算是核心要点,流转和版权保护法规待完善》,《21世纪经济报道》,2021年12月14日,第6版。

术创作载体后,是否适用商标法相关的法律法规来判定侵权与否难以确定。自 2022 年以来,主动进入数字世界的品牌越来越多,知名品牌如 Gucci、路易威登、蒂芙尼等都纷纷进入 Web3 世界,开售与品牌或商品相关的 NFT。

爱马仕起诉元宇宙数字艺术家侵权案被视为 NFT 商标侵权第一案。2021 年底,元宇宙数字艺术家罗斯柴尔德以爱马仕经典铂金包(Birkin)为灵感,创作了 100 个名为"MetaBirkin"的 NFT 并在公开的交易平台上发售。MetaBirkin 于 2021 年 12 月在可公开买卖 NFT 的交易平台上架了,单价一度超过 4 万美元。2022 年 1 月,罗斯柴尔德正式被爱马仕诉至美国纽约南区地区法院,诉由为侵犯版权、商标权和损害商誉。但罗斯柴尔德辩称其"并不是在制作或销售假的铂金包",而是对"想象中覆盖着皮草的铂金包进行了描绘性的艺术创作",并拒绝停售,罗斯柴尔德的律师对抗的法律依据是以捍卫"言论和思想自由"闻名的美国宪法第一修正案[①]。罗斯柴尔德被爱马仕起诉之后,其本身也陷入了"被侵权"的困扰,一些 NFT 交易平台上不断出现与 MetaBirkin 相似的 NFT 项目。2023 年 1 月 30 日,爱马仕起诉数字艺术家梅森·罗斯柴尔德的商标侵权案再次开庭,庭审结果尚未公布。

随着数字经济的发展,艺术作品创作呈现数字化之势,NFT 侵犯现实品牌权益的案例不断出现,同时也存在现实品牌侵权 NFT IP 的情况。数字艺术家进行虚拟创作的法律边界在哪里?究竟是对现实商标权的侵权还是属于创作思想的自由?现实品牌的商标或商品的外形变成 NFT 后,是诞生了新的数字艺术品还是原有品牌的数字化延伸?这些都成为亟待解决的数字产权之争。

[①] 美国新闻自由的法律根源为美国宪法第一修正案:"国会不得制定关于下列事项的法律:确立国教或禁止信教自由;剥夺言论自由或出版自由;或剥夺人民和平集会和向政府请愿申冤的权利。"前十条修正案于 1789 年 9 月 25 日提出,1791 年 12 月 15 日批准,被称为"权利法案"。其中有关新闻言论自由的这一条被列为第一修正案。

第二节 数字文化金融资产分析

一、数字文化金融

多年来,金融体系中的债权领域和投资领域对数字文化的关注度一直较高。金融作为资本的供给方,在支持和服务文化产业发展的过程中,密切关注数字文化产业的内容创新和技术创新,实现了"文化+金融+技术"的强效联合,发展出数字文化金融的新模式。

有关数字文化金融的概念尚未明确统一的说法,数字、文化和金融之间有着复杂的关系。一方面,数字文化金融可理解为"数字化的文化金融",是数字科技在文化金融领域的应用探索;另一方面,也可理解为"关于数字文化的金融服务",侧重于数字文化产业中金融服务领域的探讨[①]。在数字经济背景下,文化产业和文化经济正在进行大规模的数字化迁徙,将数字文化产业纳入金融服务新经济、建立服务数字文化的金融体系成为未来的发展之路。在全新的数字文化金融体系中,数字经济是身体,数字金融是血脉,数字资产是心脏。只有数字资产的流通才能盘活数字文化金融。

二、去中心化金融——DeFi

在区块链技术的助力下,数字文化金融可结合去中心化金融DeFi进行一系列的应用尝试和探索。DeFi一般是指基于智能合约平台构建的加密数

---

① 《专家视角 | 金巍:推动数字文化金融创新试点》,2021 年 10 月 14 日,https://cj.sina.com.cn/articles/view/5367424460/13fec65cc01900wxxk,2023 年 4 月 2 日。

字资产、金融类智能合约。DeFi是区块链技术在金融行业的典型应用,目前已经粗具规模。DeFi服务由运行在区块链上的智能合约自动执行,代码和交易数据可供调阅和审查,在一定程度上可以避免传统金融服务中人为失误导致的低效或风险。DeFi应用是一个开放的、可组合的五层架构,每个人都可在其基础上搭建、改动或将其他部分组合起来,形成复杂的金融产品或服务。目前,DeFi实现的主要金融应用包括开放借贷、去中心化交易所、去中心化自治组织、聚合收益理财、稳定币、NFT等。

DeFi的主要理念,如消除中间环节的黑箱,降低中介及对手风险,每个人完全掌握自己的身份、资产和数据,一切交易记录和财务数据上链可查,人人可监管,等等,符合未来数字文化金融的发展方向。随着各种金融科技应用的落地,数字文化产业的金融服务在此方面将有待改善,对于扩大数字文化产业的市场规模、重塑数字文化产业的利益分配、完善数字文化产业的金融体系具有积极的促进意义。

值得注意的是,中国对"去中心化"区块链在金融方面的应用一直是非常严格的,区块链加密币被禁止流通和使用,也不能通过合法渠道进行投资。甚至有央行官员明确提出虚拟资产的非金融属性,引导市场放弃"无政府、无中心"的幻想,合理使用虚拟资产成果。严格讲,DeFi要求必须具备的基础设施,目前在国内实际上是不合法的。现有法律法规和金融体系不支持完全自由开放的DeFi,因此DeFi在数字文化领域的尝试和探索需要进行合理合规的本土化改造。

三、数字文化金融资产

数字文化金融资产是数字文化和数字金融相结合的产物,可交易的数字文化金融资产将赋活数字文化金融交易,并作为一种相对自由开放的流通通证助力数字经济的发展和繁荣。在现阶段,加密货币可认为是数字文化金融领域的重要资产。加密货币（Cryptocurrencies）是基于密码学和 P2P 技术、由程序代码产生、在区块链上发行和流通的数字交换媒介。具有代表性的加密货币为比特币、以太币、莱特币等。加密货币通过公私钥密码原理确保交易方的安全性与隐蔽性，同时加密货币钱包的开设不基于开户人的真实身份，加密货币钱包地址本质上是一串无规律的字符，一个用户可以开设的加密货币钱包的数量不受限制。

加密货币呈现出以下特征。

（一）去中心化

市场上的加密货币不受任何中央机构管理，而是通过区块链系统分布在全球所有同行之间，消除了金融体系中交易的复杂性。加密货币实现点对点的交易，消除了银行等第三方的干扰。

（二）安全性

银行系统的验证过程因需要人为干预始终存在着安全风险。加密货币提供了多层加密算法，整个系统的安全性得到了有效保障，同时消除了人为错误的出现。

（三）经济性

传统的法定货币是中心化的，受银行或其他金融机构的管理，在进行交易的过程中收取高额的费用。相比之下，加密货币通过收取象征性交易费用就可成功实现点对点交易，体现出经济性的特点。

（四）匿名性

为了解决交易的信任和安全问题，金融机构的交易执行往往需要用户详细的银行信息、身份信息等。加密货币提供了一种匿名交易的功能，在保护用户的身份信息的前提下,实现可信的交易。匿名性使得加密货币被更多的人重视起来。

区块链中的数字加密货币可分为两类:一类是以比特币和以太币为代表的原生币,拥有自己的主链,使用链上的交易来维护账本数据;一类是代币,依附于现有的区块链,使用智能合约来进行账本的记录[1],如依附于以太坊上而发布的token。代币又可分为同质化代币(FT)和非同质化代币(NFT)两种。同质化代币互相可以替代、可接近无限拆分的token;而非同质化代币是唯一的、不可拆分的token,如加密猫、token化的数字门票等。

比特币是基于区块链的去中心化数字货币,所有交易都记录并显示在公共分布式数字总账中。它提供了相对较低的交易成本,从而在全球范围内能够提供点对点快速汇款服务。正如其创始人中本聪所说的,它是一种去中心化的货币,没有任何中央机构能够通过区块链技术追寻每一个比特币持有者的个人信息并记录其交易。从应用层面看,现阶段比特币作为一种支付工具主要用于消费者付款、购买以及持有等方面。比特币凭借自身支付成本低廉的优势,向大众提供了一种新的支付替代方案。美国在线零售商Overstock于2014年1月开始接受比特币付款,并且实现了可观的收入增长,平均订单量增长,客户群体扩大。随后,其他美国企业也增加了对比特币的支持。未来比特币的用途将变得更加广泛,不仅可以作为一种通用的付款方式进行消费或价值存储,还可以为区块链技术的落地提供技术启发。然而比特币本身同样存在着监管风险和安全风险,在今后较长阶段将受到一定程度的监管限制,在数字文化金融领域可能只作为数字金融资产的参考。

以太币在币圈被称为比特币2.0,其对于比特币网络的改进是最富有创新性的,广受业界关注。以太币作为以太坊网络内部使用的货币,一方面跟比特币的区块奖励一样,作为对以太坊网络运算的奖励,另一方面也作为以

---

[1]　周永林:《加密货币的本质与未来》,《中国金融》2018年第17期,第57—58页。

太坊内部项目企业融资的手段①。ICO代币融资是前期以太坊的主要用途。ICO代币众筹模式在以太坊上线之初就备受币圈投资者关注,其主要思想是将传统的众筹方式放置于以太坊的区块链之中,发行相应代币,投资人用以太币购买此种代币,进而触发智能合约,进而合约将代币发放至投资者账户,在保证投资者权益的同时,促进新项目的融资进程。代币融资的下一阶段,以太坊变得更加轻量级,交易更加快速安全,众多区块链程序项目开始正式将精力放在去中心化应用开发上。这些项目通过以太坊上的智能合约,尝试用各种解决方案搭建取代中心化的应用。从ICO融资到当前的去中心化应用,以太币作为以太坊内部流通货币一直为其应用价值的实现发挥着效力。基于以太坊的以太币将为数字文化产业去中心化应用项目的投融资和盈利模式提供有效参考。

NFT是一种基于区块链的具有不可分割、不可替代、不可互换、独一无二、可验证、可流通、可交易等特性的数字资产所有权。NFT是与同质化通证相对应的概念,也被称为非同质化代币、异质代币、不可替换通证、不可互换型代币等。NFT的本质是一种特殊的具有稀缺性的链上数字资产,通过智能合约来实现其所有权的转移,并通过区块链来记录所有权转移的整个过程。由于区块链具有公开透明、可追溯、防伪造和难以篡改等特性,任何节点都可以查看一个NFT的所有交易记录,这就保证了NFT交易过程的透明性、难以篡改性和防复制性。②Crypto Kitties的出现使NFT成为主流,Crypto Kitties是采用以太坊上非同质化通证标准ERC-721的第一个项目,该项目允许玩家在区块链上领养、喂养、交易虚拟猫,并跟踪区块中单个通证的所有权及其转移。NFT目前的应用领域主要集中在收藏品、游戏等,但由于NFT本身的特性,其在艺术品拍卖、版权保护、身份认证与授权等领域具有广阔的应用

---

① 熊爱宗:《以太坊,发展前景广阔》,《世界知识》2017年第13期,第13页。

② 秦蕊、李娟娟、王晓等:《NFT:基于区块链的非同质化通证及其应用》,《智能科学与技术学报》2021年第2期,第234—242页。

前景。基于 NFT 的特性和应用,数字文化产业也迎来了新一轮发展浪潮,业内人士和相关企业对数字文化产业中资产数字化和数字资产化展开了热烈讨论,有望通过数字文化和金融科技的融合实现产业创新和转型。

　　加密货币作为一种新的货币范式,能够对现有的金融架构的复杂过程和复杂关系进行精简,使其速度更快、成本更低。区块链系统的技术架构分散了现有的货币系统流程,使交易各方有可能独立于银行等中介机构进行价值和金钱交换。比特币、以太币以及非同质化代币等数字金融资产,对于数字义化金融的技术应用、系统架构和交易服务方式等具有重要意义。

第二节　数字文化交易平台

　　文化和科技融合是"文化强国"和"科技自立"战略的重要支撑,数字文化经济是文化科技融合发展的重要形态,也是现代文化产业体系的重要组成部分。随着文化与科技融合的理论、模式进一步落地为应用场景,新产品、新业态、新模式不断涌现,数字文化经济的生产、交换、分配、消费等经济活动频繁,各类数字文化交易平台不断出现,为数字文化经济的价值交换和价值流动提供了渠道。

一、文化产权交易所

　　文化产权交易所(简称文交所)是一种专门从事文化产权交易及相关投融资服务工作的综合服务平台,它伴随着国家对于文化产业的重视和支持而出现。文化产权交易所作为一种社会化、大众化、资本化和科学化的平台交易形式,为文化艺术资源的价值发现和实现提供了可能。文交所搭建了一个文化艺术与金融对接的交易平台,构建了丰富文化资源和雄厚市场资本中间的桥梁。在最火爆的时期，全国文交所有100多家，以下为国内合规的文化产权交易所代表的详情说明（如表9-1所示）。

表9-1　国内合规的文化产权交易所代表

文交所名称	级别	详细介绍
上海文交所	国家级文交所	由上海联合产权交易所、解放日报报业集团、上海精文投资公司联合投资创立，上海文交所积极贯彻国家"十四五"规划提出的"文化产业数字化战略"，是"完善国有文化资产管理体制机制"和"国家文化大数据体系建设"的重要抓手和核心承载机构
深圳文交所	国家级文交所	中华人民共和国财政部授权的中央文化企业国有产权指定进场交易平台；与国家战略性新兴产业专家咨询委员会秘书处联合发起成立数字创意创新发展中心，是一个面向全国及全球的文化产权交易平台、文化产业投融资平台、文化企业孵化平台与文化产权登记托管平台
北京文交中心	综合性文化产权交易平台	北京文投集团控股、中国文化产业发展集团等央企参股的国有交易机构，致力于打造文化产权交易平台、文化产业投融资平台、文化企业孵化平台、文化产权登记托管保护平台、文化产权信息发布平台五大平台
成都文交所	综合性文化产权交易平台	2021年中国数字图书馆有限责任公司与某地方国资传媒联合参与成都文交所重组，向成都文交所注入各级优势文化资源、金融资源，建设"一所多中心""一所三平台"的文化资源集聚和交易平台
海南国际文化艺术品交易中心	中国唯一拥有线上线下艺术品交易资质的股份制企业	控股股东为西安大唐西市文化产业投资集团，是建设线上国际艺术品交易平台及艺术品中央商务中心、鉴定中心、评估中心、溯源中心、金融中心、大数据中心、仲裁中心、物流仓储中心等八大功能中心
南京文交所	全国首家公开集中的钱币邮票线上交易平台	2021年初经安徽省人民政府批准，由安徽省文化投资运营有限责任公司控股运营，是省级综合性文化产权交易服务机构；安徽省文交所主营文化产权、文化版权、文化产品销售与服务及数据资产与金融服务四大业务
江苏文交所	省级文交所	在江苏省委宣传部领导下，由江苏凤凰出版、江苏爱涛文化、江苏广电总台(集团)、南京文投等四大省市国有文化企业共同出资；实现"文化+创意+科技+资本"的文化产业集约化服务体系
安徽文交所	省级文交所	2021年初经安徽省人民政府批准，由安徽省文化投资运营有限责任公司控股运营，是省级综合性文化产权交易服务机构；安徽省文交所主营文化产权、文化版权、文化产品销售与服务及数据资产与金融服务四大业务

文交所名称	级别	详细介绍
天津文交所	综合性文化产权交易平台	是经天津市人民政府批准设立的综合性文化产权交易服务机构,是以文化股权、债权、物权、版权等各类文化产权为交易对象的专业化市场平台
山东文交所	综合性文化产权交易平台	经中共山东省委省政府批准,由大众报业集团与山东产权交易中心共同出资设立的综合性文化产权交易服务机构

国家级文化产权交易平台,如上海文交所和深圳文交所,是在国家文化产业数字化战略背景和数字文化创意新兴产业发展的基础上建立起来的,面向全国乃至全球实现国家文化产权资源的管理。综合性文化产权交易平台一般包含以文化产权交易、文化产业投融资、文化企业孵化、文化产权登记托管保护、文化产权信息发布等各类文化产权和文化版权为对象的交易活动。

近来,随着元宇宙、数字文创、数字藏品的持续火热,文交所模式有了新的发展动向。唯一艺术与杭州文化产权交易所达成战略合作协议,"文化北京"系列数字藏品有望上线北京文交中心,这些信号的释放意味着文交所模式或与数字藏品产生火花。国内数字藏品行业的二级市场可能向着更加合规的文交所模式积极探索,为国内数字藏品二级市场的开放寻求一个突破口。未来,文交所的交易量数据、涨跌幅限制、真实成交信息披露以及相应的监管都会越来越完善,行业也会不断地探索发展的新方向。

二、数字版权交易平台

元宇宙将创造一个庞大的经济体系,其中绝大部分经济活动与数字资产有关,数字版权则是数字资产的一个典型代表。数字版权将成为未来元宇宙经济体系中一块非常重要的基石。数字出版产业是数字文化产业中重要的组成部分,数字版权交易市场庞大,市场活跃度日益显现。近些年,出版业主管部门、行业组织及数字版权交易市场成员提出必须创新与完善数字版权交易机制，逐步推进数字版权交易平台建设，统一交易模式与技术标准，降低交易成本，提高交易效率，防范交易风险，减少数字版权交易中的侵权纠纷，并实现交易各方主体权益的平衡。

数字版权交易平台内容从长视频拓展到短视频领域，华视网聚拥有的电影、电视剧、动漫的片库总时长约5万小时。自2019年起，华视网聚公开宣称为"全国最大的新媒体版权运营商"，采用独家商业模式，采购影视剧独家的信息网络传播权，在独家版权的使用期限内，再向下游平台多次授权分销。下游平台中，腾讯、爱奇艺、优酷等视频网站与华视网聚合作将近10年。2019年起，B站、字节跳动也开始从华视网聚采购影视版权。相比国外成熟的版权保护和内容付费环境，中国目前的影视版权分销市场规模仅为百亿级别。随着知识产权保护政策进一步加强，加之短视频时代的到来，市场规模会进一步扩大至千亿级别。

我国数字版权交易平台从传统的"电商交易模式"转变发展为"多维服务模式"。2022年12月30日，国家级数字文创版权交易平台正式上线，由北方国家版权交易中心与疯狂体育集团共建，是目前国内首个正式上线拥有版权交易资质和金融许可资质的国家级合规数字资产交易平台，其具有政策法规指引及国资背景。已上线的国家级数字文创版权交易平台将通过交易系统构建、版权知识产权资源集聚、评估体系构建、金融服务体系整合、知识产权交易产品策划及专利、商标的线上交易，实现包括文字、图片及数字版权收益权等多类别版权、知识产权交易产品挂牌交易，创新构建版权加金融的模式，①打通以金融创新推动版权成果转化的新渠道，放大交易效果，实现版权知识产权价值快速转化和数字化转型项目向版权金融交易的全面升级。

---

① 《国家级合规数字文创版权交易平台正式上线》，2022年12月31日，https://finance.china.com.cn/roll/20221231/5922854.shtml，2023年4月2日。

随着数字版权保护意识的觉醒和新技术的应用,数字版权交易活动愈发频繁,由此产生的问题也不断积累。数字版权作品呈现出内容轻量化、形式多样化、价值多元化的特点。现有的数字版权保护平台多为集成服务的模式,将版权上链确权、版权授权交易、版权侵权举证等服务综合于一体,形成全链条的数字化保护方式。国家级统一化数字版权交易平台的构建,从合规交易、法律保护、版权监管等方面为各大数字版权交易平台的建设提供标准化的范式,有利于快速实现数字文化产业产权价值的转化,全面提升数字版权交易服务。

三、数字藏品交易平台

数字藏品作为区块链技术在国内的重要应用,有着广阔的空间前景。当文博、非遗等传统艺术与数藏领域结合后,有望通过数藏平台,进一步赋能,以更新颖的方式触达更多的收藏者、欣赏者,帮助其在传播中挖掘文化艺术价值、历史价值、收藏价值,并以活态化、市场化的方式更好地保护传统文化。

目前,我国现有的数字藏品交易平台交易模式各不相同,在数字藏品市场上主体可分为以下三类模式:一是收藏模式,部分平台依托自身开发的联盟链区块链发布数字藏品,藏品本身严格禁止转赠、转售,仅用于收藏,严格杜绝二级市场交易,代表平台有元视觉等。二是转赠模式,用户间可以在一定周期内转赠数字藏品,这类平台的底层技术可以为联盟链,还有一些平台选择公链作为底层技术,这样与目前国际市场上NFT产品相接近,代表平台有鲸探、百度超级链、数藏中国。三是寄售模式,平台允许用户在购买后进行交易,此类藏品会随着交易次数增多水涨船高,存在炒作风险,代表平台有iBox、唯一艺术、优版权。

各大数字藏品交易平台积极打造数藏生态圈。作为国内数字藏品项目先行者,百度超级链除了建立自有数字藏品平台外,还通过区块链底层技术共建共享,发力百度多平台实现共建,确保数字藏品确权与交易,逐渐丰富数字藏品生态圈。目前,可通过百度App星际口袋、小度寻宇、百度地图、百度百科、百家号、希壤等不同平台进行展示与分发。一方面,帮助合作伙伴基于自身的业务场景及需求,通过百度各平台完成数字藏品的发行;另一方面,全方面满足用户对多样化藏品的需求。百度超级链通过积极运营,持续提高平台知名度,丰富平台数字藏品生态,目前是国内头部数字藏品平台之一。在众多的数字藏品发行平台中,B站自身独特的内容生态为数字藏品发展提供了广阔的空间。平台通过联动内容创作者与IP、运营玩法和应用场景多元推动数字藏品破圈。一方面,平台赋能UP主版权保护,进一步挖掘数字藏品社会文化价值,尝试为其内容影响力打开局面;另一方面,通过与部分商业品牌合作,为品牌方与创作者架起桥梁,拓展数字藏品的商业空间。

第四节　数字文化资产与NFT

一、数字文化资产的定义

数字资产一般专指虚拟货币(不含央行发行的数字货币)和NFT等数字技术原生类金融资产。从这个角度上看,数字资产与数据资产是不同范畴的概念。但有专家认为数字资产就是数据资产,是以电子数据形式存在的非货币性资产。目前已经有一些大型企业在数字化建设和管理时将以数据为核心的资产统称为数字资产。未来,将数据资产和数字资产统称为数字资产未

尝不可。^①

从这个角度上讲,数字文化资产既可以是文化数据资产,也可以是数字技术原生类金融资产,其中文化数据资产是以数字、数码形态储存的数据资源(如数据库),以及以知识产权产品形态呈现的数字化文化资产(如数字出版物)。在数字经济运行体系中,文化数据资源将成为经济活动中可确权、可评估、可交易的资产。数字技术原生的类金融资产,包括具有一定货币性质的虚拟货币(如比特币)和非货币性质的原生数字资产(如NFT、数字藏品)。虚拟货币会对国民经济体系尤其是主权货币体系造成冲击,在我国基本没有合法生存的可能。目前很多机构和文化产权交易所都在积极探索数字资产交易,它们主要基于文化生产要素,将文化领域的数字资产交易作为业务转型方向之一。

数字文化资产需要具备权属合规性、技术稳定性和社会生产相关性等条件。权属合规性是指在数字空间形成的这些数字资产具有明确的产权归属并得到法律认可和保护;技术稳定性是指这些数字资产的不可灭失,同时也包括保障资产体系运行的平台技术的稳定;社会生产相关性最重要,比如门票和入场券类数字藏品就具有文化生产相关性,有进入市场交易的可行性。

二、数字文化资产与区块链

区块链是用于数据存储和检索的分布式去中心化链式数据结构,其应用优势主要表现为两个方面:一是区块链本身的分布式架构可以作为大规模协作的底层数据基础;二是数据一旦上链就难以被单个参与者更改或删除,从而极大保障了数据的真实与安全。区块链运行的数据生态体现为一种

① 《专家视角｜金巍:推动数字文化金融创新试点》,2021年10月14日,https://cj.sina.com.cn/articles/view/5367424460/13fec65cc01900wxxk,2023年4月2日。

基于分布式协作所进行的数据验证与管理过程,如果该过程所登记的数据具备价值凭证的功能,区块链就会从一种普通的数据库类应用上升为产生经济现象的数字资产类应用。因此区块链的应用类型可分为数据库类应用和数字资产类应用。

作为一种数据库类应用,区块链是底层基础设施,可以有效保障智能社会的安全与隐私,吸引更多主体开放数据源,推动数据增长,打破数据孤岛,增加分析精度,为实时的数据在线智能生态的形成创造条件。

作为数字资产类应用,区块链记录的数据类型是具有真实价值的资产权属凭证,因此能够产生经济现象。常见的加密货币如比特币就属于数字资产类应用,数字资产类应用的表现形式或产品可能是加密货币、数字货币、通证或虚拟货币等,这些存储在区块链上的数字资产本质都是一种基于区块链技术的数字化权益凭证。

作为商业变革的主要力量,区块链技术有望在各个行业进行广泛的应用,尤其是在数字文化产业战略转型的过程中将发挥重要的技术力量。依托于区块链的去中心化存储机制,数字文化资产将颠覆传统资产的价值存储、流转和交易模式。区块链仅能保障上链后的数据可追溯且难以篡改,而无法解决上链前数据的真假问题,因此数字文化资产的权益合规性需要在上链前进行明确和保护。区块链技术因其不可篡改、不可复制的特点能够保证数字文化资产的稳定性,上链的文化数据资源可以被永久保存,在数字文化资产流转交易的过程中进行记录,为今后的数据溯源、维权举证等提供有效可靠的证明。因此区块链技术对于数字文化资产的数据存储、流转记录和交易维护都发挥着重要作用,有了区块链技术的支持,现阶段数字文化资产可有望衍生出更多形式的产品形态和价值模式。

三、数字文化资产与NFT

从广义上来讲,NFT是一种基于区块链的具有不可分割、不可替代、不可互换、不可抵赖、独一无二等特性的数字资产所有凭证,因此也被称为非同质化代币、不可替换通证、不可互换型代币等。NFT通过区块链标记了用户对于特定资产的所有权,使得NFT成为该特定资产公认的可交易性实体。在一定程度上,NFT将加速数字资产化的趋势。数字资产化通过链上通证化,使原生于互联网的数字物品得到确权和保护。相较于传统资产,区块链数字资产具有诸多新优势,包括透明与可信性、加密安全性、可编程性、降低交易的成本和时间、简化权利管理、允许部分所有权等,被视为数字经济未来发展的重要基础。

根据数字文化资产的上述定义,数字文化资产表现为文化数据资产和数字技术原生类金融资产两种形式。与比特币等数字加密货币相比,NFT的金融属性要弱得多。在国内金融货币体系之下,目前NFT作为一种数字技术原生类金融产品进行流通交易存在极大的合规风险和法律风险。从数字虚拟产品到金融产品,尚需要一个较长的演化过程。现阶段随着数字资产化的发展,数字文化资产更多表现为文化数据资产的数字化。NFT的核心应用是为文化数据资产提供数字所有权益证明和数字资产真实性和唯一性证明,使得文化数据资产"可交易"。NFT可以被视为将以前非流动性资产转化为可交易流动资产的工具。文化数据资产的NFT化对于文化数据资产的价值挖掘、价值创造和价值获取有着十分重要的意义。NFT将在一定程度上加速文化数据资产化的过程,通过各种产品形态的数字虚拟产品推动了元宇宙数字经济的发展,使得更多的文化数字产品可在数字虚拟世界甚至是现实世界进行交易,扩大了数字经济的范畴和边界,传播了优秀传统文化,实现了国家数字化战略转型发展。

第五节　数字文化产业的发展困境

当前我国的数字文化产业存在一定的发展困境,主要体现在三个方面:一是技术与产业的融合程度不高,激励政策落地性不强,技术与产业的融合发展还有巨大的潜力可挖;二是数字文化领域存在的"公地悲剧"困境致使数字资源不能得到有效利用;三是在数字文化贸易保护的国际规则中扩大了知识产权客体的范围,延长了知识产权保护期以及强化了数字环境执法等,对我国数字文化贸易的知识产权保护规则的制定发起了挑战。

一、技术与产业的融合程度不高,激励政策落地性不强

技术的先进性有待提高,技术与产业的融合程度不高。区块链加密、数字孪生和扩展现实是元宇宙的三大基础核心技术,当前国内元宇宙技术的先进性还有待提高。在扩展现实领域,还存在视角窄、跟踪弱、反馈迟、眩晕不适、画面撕裂、内容同质等现象,面临显示、交互、计算、网络、软件和应用环境等技术瓶颈;在数字孪生领域,实时获取物理实体多维度数据、验证数字模型与物理实体的一致性、实现海量大数据和异常小数据的采集传输处理、平台实时交互存在困难……所有这些,都制约着元宇宙发展。①另外,元宇宙技术与数字文化产业、金融产业、人工智能产业等融合程度还不高,尤其是数字文化产业,国内许多有价值的遗传资源和优质IP尚未得到NFT化,行业与技术的融合发展还有巨大的潜力可挖。

---

① 《元宇宙到底要干什么？哪些技术瓶颈制约着元宇宙发展？》,2022年10月22日, https://export.shobserver.com/baijiahao/html/541505.html,2023年4月4日。

激励政策顶层设计不全面,具体激励政策落地性不强。数字文化产业的发展需要政府出台强有力、易落地的激励措施,然而目前国内已经出台的《知识产权强国建设纲要(2021—2035年)》《"十四五"国家知识产权保护和运用规划》《"十四五"数字经济发展规划》《数据二十条》等政策,大都集中于顶层设计规划和意见层面,缺少与之配套的财政、金融、税收、货币以及政府职能方面的落地实施举措,使得元宇宙等数字文化产业的发展在政策层面缺少激励性和落地性。

二、数字文化产业领域的"公地悲剧"困境

随着大数据时代的快速发展,经济、社会和个人的各种信息正在以数据化的方式产生、收集、整理、加工、交易、流通和使用,尤其是各种用户基础信息,成为各网络平台进行用户画像描述的不可或缺的重要数据。数据因较高的使用价值、交换价值和稀缺性成为重要的"公地资源"。那么确定数据的渠道来源多样化,既有来自环境状态的数据,也有来自用户和平台的个人信息及社交数据,还有来自数字化制造而产生的数据,比如NFT、AI创作作品、比特币、虚拟代币等,这些数据在互联网里产生,分布在整个网络之中成为重要的资源,就会引发数据之争。互联网数据"公地资源"中存在着众多的权利所有者,每一个权利主体都从"私利"出发,抱着"我多捞一把"的心态,争夺公共资源,造成数据"公地资源"的过度开发,从而造成资源枯竭。在数字资产领域,出现大量的数据被非法收集、非法买卖、非法使用等行为,致使用户的个人信息被泄露、人身安全面临风险、国家安全受到威胁,产生一系列的"悲剧"。另外,"数字公地"中的众多产权所有者,每一个个体都不拥有完整的排他权,为了达到自身利益最大化的目的,他们会人为设置各种障碍阻止他人有效利用"公地资源",致使出现数字资源不能得到有效利用,甚至产生垄断和各种不正当竞争行为。

三、数字文化贸易中的知识产权保护困境

2022年6月，一名美国自由艺术家玛姬·斯蒂芬森以1亿美元起诉中国快时尚跨境零售电商Shein，指控该公司未经许可抄袭了她一部名为 One is good, more is better 的作品。玛姬·斯蒂芬森在所有授权的印刷品、复制品、衍生作品和相关包装上附加了多种形式的版权管理信息（CMI），包括她的姓名和签名、创作日期、品牌名称、徽标和社交媒体句柄。玛姬·斯蒂芬森起诉Shein从未试图联系其寻求授权许可，擅自制作了艺术复制品并以作商用，侵犯了她的创作权和经济利益。此外，Shein还故意删除了玛姬·斯蒂芬森的CMI，意图诱导、促成、促进或隐瞒侵权行为。Shein产品页面上使用的图像缺少玛姬·斯蒂芬森本人和许可复制品中的签名。玛姬·斯蒂芬森已对总部位于香港的以Shein名义进行交易的Zoetop Business Co和Shein Distribution Corp公司提起诉讼，其中包括4项索赔：版权侵权、替代和/或共同侵犯版权、删除版权管理信息和虚假版权管理信息。2022年3月，外媒 The Fashion Law 报道，知名潮牌Stussy曾向加州联邦法院提起针对Shein商标侵权及假冒的诉讼。Stussy宣称其知名商标及产品被Shein在没有获得授权的情况下"故意"侵权使用，目的是混淆"假冒产品"，侵害了Stussy的利益。[1]Shein成立于2008年，几年间就成为跨境电商时尚品牌主导平台，其原因之一就是数据分析技术的应用。利用大数据分析技术，Shein能够把服饰流行趋势迅速转变成价格亲民的产品，使其迅速成长。"Shein被起诉侵权案"说明我国企业海

---

[1] 《美国自由艺术家以1亿美元起诉中国快时尚零售商Shein，曾被指控商标侵权！》，2019年1月10日，https://mp.weixin.qq.com/s?__biz=MzU1NTIzMzAzMA== &mid= 2247486816&idx=2&sn=3fd3c2d8e57d1d3c666d504721bb1f2f&chksm=fbd63709cca1be1 fd6761fee144c3f9d4b4f319035bf51a9d18266695063054afc9ba0b8fde1&scene=27，2023年4月4日。

外知识产权的国际布局尚未得到重视,知识产权国际合作和技术标准体系尚未建立,侵权调查与维权机制尚待完善。

知识产权保护一直是美国、日本等主导的国际组织最关切的问题,也是美国对我国发起贸易战的主要借口。美国将知识产权保护水平低下和执法不力视为数字贸易的主要障碍之一。[1]与数字贸易有关的知识产权规则是数字贸易规则"美式模板"重要组成部分,美国在其主导或参与的区域贸易协定中均强调对数字知识产权规则的保护诉求。[2]而以 TRIPS、CPTTP 为代表的高标准的自贸协定不断强化知识产权保护水平,形成 TRIPS-Plus 条款等新规则,在数字贸易保护中扩大了知识产权客体的范围,如专利权的客体范围,保护遗传资源,保护未披露实验数据等;延长了知识产权的保护期;减少了对知识产权的权利限制,如驰名商标跨类保护不需注册,允许气味注册商标,弱化商标许可使用备案,减少专利宽限期限制等;强化了对数字环境的执法。[3]这些新规则的制定,无一不对我国数字文化贸易知识产权保护规则的制定发起挑战。

第六节 世界主要国家和组织的数字产权治理模式

数字产权的治理,首先要明确数据资产的刑法属性和知识产权属性,才能厘清数字产业参与者的权利义务关系,对于司法和执法过程中判断行为的合法性提供有效的法律依据,从而有利于数字文化产业的治理,促进产业

---

① 郑小梅:《我国数字贸易发展现状、问题及应对策略》,《海峡科学》2021 年第 9 期,第 101 页。

② 熊鸿儒、马源、陈红娜等:《数字贸易规则:关键议题、现实挑战与构建策略》,《改革》 2021 年第 1 期,第 65—73 页。

③ 张惠彬、王怀宾:《高标准自由贸易协定知识产权新规则与中国因应》,《国际关系研 究》2022 年第 2 期,第 90—96 页。

的发展。随着数字资产价值属性的凸显，越来越多国家开始明确数字资产在刑法上的财物属性，以应对元宇宙数字资产相关犯罪治理问题。各国对数字资产的研究主要集中在应用较为成熟的虚拟货币领域。

一、欧盟等世界主要国家和组织的数字产权治理模式

（一）欧盟：严格监管数据市场，高度重视数据治理，反对垄断

欧盟对待元宇宙产业的核心立场为保障数据安全，反对垄断，对于科技巨头的垄断态势保持高度的警惕性。同时，保障欧洲民众的福祉与"欧洲价值"，成为欧盟对元宇宙产业立法的立足点。

欧盟对于数字产权治理的另一个特点就是对数据治理的高度重视和对数据市场的严格监管。2021年7月16日，因亚马逊公司的欧洲核心部门对个人数据的处理不符合《欧盟通用数据保护条例》，卢森堡数据保护委员会（CNPD）在7月16日做出对亚马逊罚款7.46亿欧元（8.88亿美元）的巨额罚款决定。

在欧盟发布的《欧洲数据战略》和《欧洲人工智能白皮书》中，欧盟计划建立数据治理框架，确保对企业、政府和市场形成有效监管；成立统一的数据市场以实现数据在欧盟间的流动，推动产业、学术、政府之间信息的共享和高效利用。人工智能白皮书设计了"可信赖人工智能"整体框架，欧盟将促进私营和公共部门合作，动员整个价值链资源，制订适当的激励措施，应对不正当商业行为，保护个人数据和隐私。欧盟委员会主席冯德莱恩指出，欧盟正致力于塑造涵盖网络安全、创造零排放的环保型数据中心以及信息通信基础设施、数字化教育等多个方面的数字化未来。①

---

① 欧洲数据和人工智能战略：《塑造欧洲的数字未来》，2022年9月21日，http://www.ce-cc.org.cn/news/202106/557400.html，2023年4月4日。

在欧盟发布的《数字服务法》中,欧盟按照平台规模为数字中介服务平台提出不同等级的要求,其中服务人数超欧盟人口十分之一(即用户数超过4500万)的超大型平台需要接受多项额外的政策规制。在《数字市场法案》中,欧盟将保护小型企业和创业企业作为核心准则,提出了"守门员"概念,对超大型网络公司提出一系列详细的合规要求,包括未经许可禁止在平台外追踪用户数据、禁止用户向外站进行链接跳转等。

(二)美国:实施数据经纪商制度,引入元宇宙监管沙盒机制

美国为促进数据流通与利用,已经建立了较为成熟的数据经纪商制度。数据经纪商是美国数据交易服务的主要提供者,不仅可以从用户处收集数据,也可以通过政府来源、商业来源和其他公开可用来源等途径收集数据等并转让、共享给他人,目前数据经纪商收集和分析的数据几乎覆盖全美消费者。数据经纪商的发展促进了数据产业从生产导向型向市场导向型的转变,但由于数据来源的多样性及产业的复杂性,数据经纪商制度存在在用户不知情的情况下收集用户数据、数据质量可靠性差和推送互联网广告侵犯个人信息安全等潜在的风险。为此,美国联邦贸易委员会曾发布官方报告对数据经纪商提出法律规制建议,禁止以欺诈的方式获取用户数据,且要求数据经纪商在数据处理过程中最大限度地保障数据的准确性,还要求数据经纪商支持消费者行使个人信息查询权、更正权、删除权等具体权利。[1]

美国根据《数字千年版权法》(DMCA)提出虚拟世界可能不存在版权侵权索赔的问题,该法为服务提供商提供豁免权,以免受来自服务第三方的内容的版权侵权索赔。然而,DMCA没有就商标侵权索赔提供"避风港"。

美国政府对于区块链Web3等加密资产与网络创新的态度:加速监管创新,不错过任何一次革命性的创新。共和党众议员Patrick McHenry在2021年

① 《韩国率先发布全球首部〈数据基本法〉,大力发展数据产业》,2021年11月25日,https://www.secrss.com/articles/36503,2023年4月4日。

12月8日美国国会召开的"数字资产和金融的未来"听证会上提出问题：我们如何确保Web3革命发生在美国？

在联邦层面，针对区块链相关风险的监管，美国监管特征是若干机构之间协作监管；各机构间主要根据自身的职责进行监管工作安排和分配。美国区块链领域的主要监管机构包括美国证券交易委员会（Securities and Exchange Commission）、商品期货交易委员会（Commodity Futures Trading Commission）、美国国内税务局（Internal Revenue Service）和金融犯罪执法网络司（Financial Crimes Enforcement Network）等。其中，美国证券交易委员会负责美国证券监督和管理工作，是美国证券行业最高监管机构；商品期货交易委员会主要职责和作用是负责监管美国商品期货、期权、金融期货、期权市场。美国证券交易委员会和商品期货交易委员会联合起来的监管职能近似中国证监会，其对虚拟货币的态度代表美国的整体立场。这些监管机构是区块链领域主导性监管机构，开展协作工作联合监管区块链虚拟货币行业，形成监管沙盒机制。[1]

DAO（Decentralized Autonomous Organization，去中心自治组织），被认为是元宇宙项目的一种理想的治理架构。它不同于现实世界中公司制的"代议制"治理模式，而类似于"一币一票"。DAO是一项虚拟加密货币发行机制，在美国开展ICO（首次币发行）[2]项目，发行人要经过豪威测试（Howey Test）的考验。2017年7月25日，美国证券交易委员会根据1934年证券交易法第21条发布了著名的对DAO认定为证券的调查报告，认为DAO满足豪威测试的四项条件，DAO代币被归类为证券，其开发项目需要办理证券登记，受证监会监管。

---

[1] 邓建鹏：《美国区块链监管机制及启示》，《中国经济报告》2019年第1期，第127页。

[2] ICO是Initial Coin Offering缩写，即首次币发行，源自股票市场的首次公开发行（IPO）概念，是区块链项目首次发行代币，募集比特币、以太坊等通用数字货币的行为。资料来源：https://baike.baidu.com/item/ICO/21498451，2023年4月4日。

然而,DAO项目被合法化以后,依然带来了一系列监管和法律挑战。例如2021年4月21日,美国怀俄明州议会批准、州长签署了DAO法案,法案于2021年7月1日生效。法案明确三点:一是DAO是有限责任公司;二是DAO的智能合约高于公司章程;三是DAO成员的权利与其持有的加密资产数量占决策时DAO全部加密资产的比例正相关。也就是说,拥有智能合约是DAO的核心特征。2021年在怀俄明州注册了名为CityDAO的DAO组织,并以售卖公民身份NFT的方式筹集资金,2021年8月25日,筹集了约25万美元。9月28日CityDAO在怀俄明州购置了一块40英亩(约16万平方米)的土地,DAO成员有权决定如何使用这块土地。此项目对元宇宙监管发起了若干挑战:美国外的投资者是否有权参与?是否拥有相关土地的所有权?CityDAO的所有成员是否属于项目的管理者?购买CityDAO发行的NFT是否为证券?是否应在美国证监会登记发行?税务局如何从NFT的交易中收税?

(三)韩国:出台数据基本法,改革知识产权制度,保护数据资产

韩国政府以积极的态度,推动韩国数字产业的发展。制定了"数字强国"战略;出台了《数据基本法》,改革知识产权制度,将知识产权作为数字经济时代的核心资产加以保护;出台《特定金融信息法》,对虚拟财产的法律属性予以明确;出台《游戏商业法》作为专门的游戏立法;公布法律草案,推进加密交易所合法化、解除了对ICO的全面禁令、将比特币合法化作为汇款方式,并提出了建设第四次工业革命。

韩国制定的"以人工智能、数据为基础的知识产权创新、实现数字化强国"的战略蓝图,由韩国科技通信部、文体部等相关部门联合制定了四大战略和8项任务。四大战略如下:一是为应对数字化变革,革新《防止不正当竞争法》等六大知识产权法律制度;二是构建知识产权数据的基础设施,创建和应用数字平台;三是支持核心专利申请和知识产权投资交易以加强数字

产业竞争力；四是通过适应《全面与进步跨太平洋伙伴关系协定》（CPTPP）、《美墨加贸易协定》（USMCA）等新贸易规范以及加强知识产权纠纷应对中心的运营，来解决海外知识产权纠纷，倡导行动知识产权贸易秩序。①

在韩国的《游戏商业法》中，韩国结合国际关系变化和韩国数字文化产业发展趋势，做出了区别对待本国和外国游戏企业、对游戏产业进行税收减免、向韩国游戏产业促进机构提供资金援助等规定；同时为游戏正名，将游戏定义为一项文化娱乐活动；以游戏分级限制、新增"数字税"的方式，限制"出海"到韩国的外国游戏企业；严格限定反游戏沉溺的机制，以科学研究方法，帮助科学监管网络游戏等。②

韩国 2021 年出台的《数据基本法》在制订数据产业推进基本计划、建立国家数据政策委员会、数据资产保护、建立数据评估标准及认证机制、建立数据从业者报告机制、引入数据经纪商制度、加强创业扶持、中小企业专项扶持、专业人才培训方面等 10 个方面做了详细的规定。《数据基本法》特别设立"国家数据政策委员会"，作为总理管辖下的跨部委间数据决策机构，制订数据产业促进综合计划，每 3 年开展 1 次审查。《数据基本法》建立了数据交易/分析的报告系统，为数据交易、分析活动以及市场主体提供系统、全面的支持；引入数据经纪商作为数字经济的促进者；构建数据争端解决机制，设立了纠纷调解委员会、数据价值评估委员会和资产保护委员会，以实现数据资产化，推进数据要素的市场运行。③

---

① 《韩国知识产权局发布数字化知识产权创新战略》，2021 年 3 月 17 日，https://www.worldip.cn/index.php?a=show&c=index&catid=64&id=1655&m=content，2023 年 4 月 4 日。

② 孙磊：《全球仅有一个国家，单独为游戏立法，聊聊韩国的〈游戏商业法〉》，2018 年 7 月 14 日，https://new.qq.com/rain/a/20200918A0MKCA00，2023 年 4 月 4 日。

③ 《韩国率先发布全球首部〈数据基本法〉，大力发展数据产业》，2021 年 11 月 25 日，https://www.secrss.com/articles/36503，2023 年 4 月 4 日。

（四）日本：积极参与全球数字经济规则制定，构建数字经济治理联盟

20世纪80年代到21世纪初，日本经历了文化产业高度发达的时期，出现了一批蜚声国际的文化艺术创作和经纪公司，动漫游戏产业高度发达。但进入数字经济时代以后，日本相较于美国和韩国，数字经济产业明显呈现被动落后的状态。出现这种情况的原因有以下几点：一是著作权保护不力，近年来日本互联网上的盗版猖獗，导致著作权益受损问题频发，创作者积极性受到影响，导致产业发展萎靡不振；二是日本进入老龄化社会之后，老年人对元宇宙、NFT、虚拟货币、AI机器人等新生事物的接受能力有限，数字智能设备和平台使用的场景也非常有限。所以日本在数字经济产业发展方面明显落后，但日本政府仍然充分认识到参与全球数字经济治理和制定国际数字经济规则的战略性意义[1]，以积极的态度参与全球数字经济规则的制定并加强中日数字经济的合作。

日本在2020年新修改的《著作权法》中针对互联网上盗版著作物的打击主要采取了两项措施：一是把互联网上下载盗版非法行为的适用范围，由音乐、视频扩大至漫画、杂志等所有著作物；二是把运营提供盗版著作物下载链接的"Reach Site"网站和手机应用软件列为违法。[2]同时日本政府为了保护著作权人的权益，最大限度激发创造动力，以及推动知识广泛传播，日本政府考虑到过度管制可能导致网络利用萎缩的声音出现，法律同时允许在

---

① 江天骄：《日本参与全球数字经济治理与中日数字经济合作》，2020年6月15日，https://brgg.fudan.edu.cn/articleinfo_4665.html，2023年4月4日。

② 《日本新〈著作权法〉扩大适用范围 适应互联网和数字技术发展》，2020年6月15日，https://zhuanlan.zhihu.com/p/148474549#:~:text=日本新《著作权法，载、复制著作物》，2023年4月4日。

合理使用范围①内下载、复制著作物。

根据日本内阁2021年发布的《日本数字社会形成基本法案》的基本原则，日本将依据法律在内阁中设立数字厅，明确了数字社会优先计划的基本事项，包括政府优先实施基本政策，促进先进信息通信网络建设，在确保先进信息通信网络、技术、数据使用机会平等方面应当采取的措施，以及政府在教育和学习促进、优先发展人力资源、促进经济活动、提高经营者管理效率、改善生活便利性、信息共享系统、促进国民利用中央和地方政府持有数据、优先发展公共基本信息数据库、促进公共部门服务多样化和质量改善、确保网络安全等13个方面应当采取的措施。

（五）英国：确保数字大国地位，认可数字资产的财务属性

英国为了确保科技大国地位，在数字经济产业方面也采取了积极的措施，认可了数字资产的财务属性，加强了对数字产业的治理能力。英国政府2010年出台的《数字经济法》中对于在线侵权做出规定，赋予了英国通信管制机构（OFCOM）对互联网等新媒体进行监管的权利，明确其在数字版权保护方面的角色和作用，强化了版权监管的力量。OFCOM通过借助网络服务提供商向用户发出警告、实施断网制裁等手段组织非法文件共享行为，提供了一套相对可行的网络版权保护机制。

在英国，加密数字资产的财务属性在理论和刑法实践中得到确认。英国2019年发布的《关于加密资产和智能合约的法律声明》认为加密资产具有财务属性。

---

① 这四种合理使用的范围包括：一是即使下载了违法上传至互联网的著作物，但当事人事先不知道下载行为是重大过失的。二是对著作物进行再加工创作后的二次创作物。如果二次创作物著作人没有经原著作人同意上传到网上，即使事先知道著作物为盗版，下载行为本身不属违法。三是类似于下载数百页小说中的几页以及数十页漫画中几个片段等"轻微行为"不属违法；四是根据著作物的种类、经济价值以及下载的目的、必要性等综合考虑，被认定为不对著作权人利益造成不当损害的特别情况。

2022 年英国政府发布的《英国数字战略》在数字技术基础设施和数据建设、创意和知识产权保护、人才培养与引进、提供资金支持、改善英国经济与社会服务能力等 6 个方面聚焦,在未来几年推动经济增长和技术创新,巩固英国科技大国的地位。

二、数字产权治理的国际公约

2016 年 G20 工商峰会发布的《二十国集团数字经济发展与合作倡议》指出,适当、有效的知识产权保护和执法对数字经济的发展有重要意义。TRIPS 时期中国对于国际知识产权规则保持深度参与,全面履行知识产权国际规则,枳极参与互联网相关的知识产权国际条约。

(一)数字产权治理的主要国际公约

《TRIPS 协定》是《与贸易有关的知识产权协议》(*Agreement On Trade-Related Aspects Of Intellectual Property Rights*)的简称,是知识产权保护的国际标准,也是迄今为止在知识产权法律和制度方面影响最大的国际公约。1994 年 1 月 1 日,经过 WTO 框架的多轮谈判,最终美国等多国签署了协定。《TRIPS 协定》第一条第二款规定"知识财产"一词系指第二部分第一节至第七节所提到的所有类别的知识财产,其对知识产权的保护范围宽泛,覆盖了包括商业秘密在内的 7 个方面的知识产权。2001 年 12 月 11 日,中国正式加入 WTO 并开始履行《TRIPS 协定》,支持 WIPO 和 WTO "两个中心、双重框架"下的知识产权国际保护多边机制格局在我国确立。WIPO 之下管理着 26 个知识产权多边条约,侧重于知识产权国际立法协调;WTO 管理的《TRIPS 协定》聚焦于与贸易密切相关的知识产权。[①]

---

① 沈浩蓝:《从 TRIPS 到 RCEP:加入 WTO 以来中国参与和完善知识产权国际规则研究》,《广西社会科学》2022 年第 7 期,第 82 页。

由于《TRIPS协定》第一条第一款规定各成员国有权在他们自己的法律制度和实践中制定实施本协定规定的适当方法，所以发达国家往往根据国内产业的发展程度制定了较高的知识产权保护规则，即《TRIPS-plus》，而部分欠发达国家却仍未实现知识产权保护的最低标准，不履行条款义务，导致发达国家和欠发达国家之间贸易争端和知识产权保护摩擦不断，而争端的解决机制复杂又缺乏效率。《TRIPS协定》在文化发展过程中不能够适应知识产权新领域的新发展趋势，忽视了发展中国家对遗传资源和民间文艺等客体的保护，缺乏对发展中国家知识产权核心利益的重视，因此发展中国家和发达国家同样存在制定并实施《TRIPS-plus》条款的需求。

2017年11月11日，日本主导的11国（美国除外）签署了《全面且先进的跨太平洋伙伴关系协定》（简称《CPTPP协定》），代表了知识产权条款国际发展的最新趋势和动态。其前身是2015年10月美国和日本在内的12个国家签订的《跨太平洋战略经济伙伴关系协定》。《CPTPP协定》在《TRIPS协定》基础上确立更高的新知识产权标准，涵盖了商标权、著作权、专利权及知识产权执法等各个领域，呈现出范围广和品类全的特点。《CPTPP协定》规定了声音和气味标志可申请为注册商标，对驰名商标的保护升级；强化了对域名的保护力度，而弱化了对地理标志的保护；强化了对专利和药品的保护力度，扩大了传统复制权和公众传播权的保护范围。

《建立世界知识产权组织公约》于1967年7月14日在瑞典首都斯德哥尔摩签订，于1970年4月26日生效。联合国根据该公约成立了世界知识产权组织（World Intellectual Property Organization，WIPO）。中国于1980年6月3日加入了WIPO。

《世界知识产权组织版权公约》（*World Intellectual Property Organization Copyright Treaty*），简称《WIPO版权公约》，是1996年12月20日在由WIPO主持、有120多个国家代表参加的外交会议上缔结的，主要为解决国际互联网环境下应用数字技术而产生的版权保护新问题。中国于2007年6月加入。《WIPO 版权公约》第 2 条规定了版权保护延及表达，而不延及思想、过程、操作方法或数学概念本身；第 4 条对于计算机程序和数据汇编（数据库）的版权做了特殊规定，规定了各种计算机程序受到保护，"而无论其表达方式或表达形式如何"，这就意味着大多数元宇宙游戏及基于区块链技术而产生的货币或者艺术作品受到《WIPO 版权公约》的保护；第 5 条明确了对数据、数据汇编（数据库）的版权保护，"数据或其他资料的汇编，无论采用任何形式，只要由于其内容的选择或排列构成智力创作，其本身即受到保护"。

《RCEP 协定》，即《区域全面经济伙伴关系协定》(*Regional Comprehensive Economic Partnership*) 是 2012 年由东盟发起，由包括中国、日本、韩国、澳大利亚、新西兰和东盟 10 国共 15 方成员制定的协定。2022 年 1 月 1 日，《RCEP 协定》正式生效，首批生效的国家包括东盟 6 国和中国、日本、新西兰、澳大利亚等非东盟 4 国。《RCEP 协定》是以东盟为主导的区域经济一体化合作协定，《RCEP 协定》的缔结与生效，是我国实施自由贸易区提升战略以积极参与全球治理体系改革和建设的关键一步；作为一项"全面、现代、高质量、互惠的自贸协定"，《RCEP 协定》将知识产权议题作为其重点关注内容。知识产权制度已成为国际经贸规则的有机组成部分，知识产权国际规则的发展呈现"高标准自由贸易协定"的趋势。①

（二）保护知识产权的其他国际公约

《罗马公约》是指 1961 年 10 月 26 日在罗马通过的《保护表演者、唱片制作者和广播组织的国际公约》(*Rome Convention for the Protection of Performers, Producers of Phonograms and Broadcasting Organizations*，简称《罗马公约》)，于 1964 年生效。

《保护工业产权巴黎公约》(*Paris Convention for the Protection of Industrial*

---

① 沈浩蓝：《从 TRIPS 到 RCEP：加入 WTO 以来中国参与和完善知识产权国际规则研究》，《广西社会科学》2022 年第 7 期，第 85 页。

Property，简称《巴黎公约》），1883 年 3 月 20 日在巴黎签订，1884 年 7 月 7 日生效。《巴黎公约》的保护范围是工业产权，包括发明专利权、实用新型、工业品外观设计、商标权、服务标记、厂商名称、货物标记或原产地名称以及制止不正当竞争等。

《关于集成电路的知识产权条约》（简称《IPIC 条约》），指 1989 年 5 月 26 日在华盛顿通过的《关于集成电路的知识产权条约》。该条约保护的客体为"集成电路"和"布图设计（拓扑图）"。

《商标国际注册马德里协定》（*Madrid Agreement Concerning the International Registration of Marks*，简称《马德里协定》）签订于 1891 年，是用于规定、规范国际商标注册的国际条约。我国于 1989 年加入《马德里协定》。

《工业品外观设计国际注册海牙协定》（1999 年 7 月 2 日 WIPO 外交会议通过）对工业品外观设计的国际注册做出规定。2022 年 5 月 5 日，该协定在中国正式生效。

2012 年 8 月 24 日《视听表演北京条约》在北京签署，2020 年 4 月 28 日正式生效，是首个在中国缔结、以中国的城市命名的知识产权国际条约。《视听表演北京条约》是 WIPO 管理的一项国际版权条约，旨在保护表演者对其录制或未录制的表演所享有的精神权利和经济权利。

《商标注册用商品和服务国际分类尼斯协定》于 1957 年 6 月 15 日在法国尼斯签订，于 1961 年 4 月 8 日生效。我国于 1994 年 8 月 9 日加入该协定。

《工业品外观设计国际分类洛迦诺协定》简称《洛迦诺协定》（*Locarno Agreement*，LA），是巴黎联盟成员国间签订的专门协定之一，1968 年 10 月 4 日在洛迦诺签订，1971 年起生效。《洛迦诺协定》的参加国组成了"洛迦诺联盟"，在联盟的国家中，采用统一的工业品外观设计分类法。

《国际专利分类斯特拉斯堡协定》（IPCA），简称《斯特拉斯堡协定》（*Strasbourg Agreement*，SA），是巴黎公约成员国间缔结的有关建立专利国际分类的专门协定之一。1971 年 3 月 24 日在法国斯特拉斯堡签订。

欧盟曾考虑过为元宇宙专门立法,但最终还是采取在相关治理工具上进行治理的措施,而没有针对元宇宙产业进行专门立法。

三、我国对于数字产权保护的主要法律依据

(一)普通法关于知识产权和市场规则的相关规定

《民法典》规定,民事主体依法享有知识产权,出卖具有知识产权的标的物。债务人或者第三人有权处分可以转让的注册商标的专用权、专利权、著作权等知识产权中的财产权。《民法典》第1195条、第1197条,《信息网络传播权保护条例》第23条前半段的"避风港原则"、后半段的"红旗"原则,是对元宇宙运营商知识产权侵权的有效法律规定。

《刑法》中规定了侵犯知识产权的罪名,比如销售假冒注册商标的商品罪、假冒注册商标罪、假冒专利罪、侵犯著作权罪、销售侵权复制品罪。

《反垄断法》第六条和第七条规定具有市场支配地位的经营者,不得滥用市场支配地位,排除、限制竞争。

《反不正当竞争法》规定了经营者不得实施侵犯商业秘密的行为;经营者不得实施混淆行为,引人误认为是他人商品或者与他人存在特定联系。

《网络安全法》规定要采取数据分类、重要数据备份和加密等措施,保障网络免受干扰、破坏或者未经授权的访问,防止网络数据泄露或者被窃取、篡改,保障关键信息基础设施的运行安全。

《电子商务法》电子商务平台经营者应当建立知识产权保护规则,与知识产权权利人加强合作,依法保护知识产权等。

《数据安全法》针对数据收集、加工、流通等规定:"国家保护个人、组织与数据有关的权益,鼓励数据依法合理有效利用,保障数据依法有序自由流动,促进以数据为关键要素的数字经济发展。"并建立数据安全监督制度与

审查制度,做出了建立健全数据交易管理制度、规范交易行为、培育交易市场的原则性规定。

《个人信息保护法》要求提供基础性互联网平台服务、用户数量巨大、业务类型复杂的个人信息处理者,应成立主要由外部成员组成的独立机构,对个人信息处理活动进行监督,并要求其定期发布个人信息保护社会责任报告等。

《侵权责任法》规定网络用户/网络服务提供者利用网络侵害他人民事权益的,应当承担侵权责任等。

（二）我国知识产权保护的法律体系

《著作权法》(1990年9月7日颁布),于2020年11月11日进行第三次修正。《CPTPP协议》对我国知识产权保护法律体系带来了冲击,对我国的知识产权保护力度带来了挑战,比如对作品的信息网络传播权的保护,我国《著作权法》第三次修正,在广播权中增加了"以有线或者无线的方式公开播放或者转播作品"条款,扩大了广播权的范围,可以对非交互式网络传播的侵权问题直接进行规制,无须使用兜底条款进行保护。①

《商标法》(1983年3月1日实施)于2019年4月23日第四次修订,规定允许声音商标的申请及注册,这是对非传统商标的保护,代表着对新品类商标的承认和肯定,逐步与《CPTPP协议》中允许声音和气味商标的申请及注册条款接轨,我国在商标权新领域的保护力度不断加强,延伸到了非传统商标领域。

《专利法》(1984年3月12日颁布)于2020年10月17日第四次修正,将外观设计的保护期从10年延长至15年,《海牙协定》中规定对外观设计提供至少15年保护期限。我国于2022年5月加入海牙体系,专利保护体系逐步

---

① 张伟君：《论著作权法第三次修改后"转播权"内涵的变化》,《知识产权》2021年第3期,第27—33页。

与国际接轨。

我国通过数次修订《知识产权法》，履行了知识产权国际条约义务，在《知识产权法》中加入国际条约，积极参与与互联网相关的知识产权国际条约，对互联网知识产权国际规则进行本土化实施，确立了符合我国国情、较为完备的知识产权保护体系。

（三）特别法的相关法规

关于知识产权保护的司法解释有《最高人民法院关于审理设计计算机网络著作权纠纷案件适用法律若干问题的解释》《最高人民法院关于对诉前停止侵犯专利权行为适用法律问题的若干规定》和《最高人民法院关于审理专利纠纷案件适用法律问题的若干规定》。2018 年，最高人民法院首次以司法解释的形式，对可信时间戳、哈希值校验以及区块链等存证手段进行法律确认，确立了电子数据真实性的认定规则。

关于知识产权保护的行政法规有《专利法实施细则》《著作权法实施条例》《知识产权海关保护条例》《世界博览会标志保护条例》《著作权集体管理条例》《关键信息基础设施安全保护条例》《计算机软件保护条例》和《集体商标、证明商标、注册和管理办法》等。

（四）地方性法规

2021 年 6 月 29 日，深圳市第七届人大常委会第二次会议表决通过了《深圳经济特区数据条例》（以下简称《深圳数据条例》），这是我国第一部数据领域的综合性地方法规。

2021 年 11 月 25 日，上海市第十五届人大常委会第三十七次会议表决通过了《上海市数据条例》，成为《数据安全法》与《个人信息保护法》正式施行后的首个数据领域的综合性地方立法。

《深圳数据条例》及《上海市数据条例》两部地方性法规首次具体规定了

对于数据权益的保护；允许市场主体在数据交易平台之外依法自行进行数据交易，使数据这一市场要素实现了充分的自由流动；强化了对消费者权益的保护，进一步规范基于个人信息的自动化决策和个性化推荐的使用，禁止向未满14周岁的未成年人推荐个性化产品或服务；针对"刷脸进门"等利用生物特征信息进行身份识别的使用场景做出了详细的规定，对禁止将生物特征信息用作身份识别的唯一方式做出了概括性的要求；不仅要求公共数据依法及时、准确向社会公开，还要求政府各个部门之间实现数据的交流和共享，以提升行政效率并改善行政服务水平。

2022年3月31日，北京市第十五届人大常委会第三十八次会议表决通过了《北京市知识产权保护条例》，对数字产权的保护以及数字贸易做了专门的规定，第十九条规定知识产权保护管理部门及其他有关部门应当依法保护数据收集、存储、使用、加工、传输、提供、公开等活动中形成的知识产权，引导数据处理者建立健全全流程知识产权管理制度，强化知识产权保护意识。第二十条规定市知识产权部门制定数字贸易知识产权保护指引，指导市场主体了解目标市场产业政策、贸易措施、技术标准等，对标国际通行知识产权保护规则，做好数字产品制造、销售等全产业链知识产权侵权风险甄别和应对。

第七节　数字产权的治理建议

数字产权治理关乎我国数字经济高质量发展、知识产权强国建设和文化产业新业态发展，发挥着对内激励创新和规范市场，对外扩大开放的双重兼容作用。

新兴文化产业会出现各种新型的侵权行为、不正当竞争行为以及垄断行为，可能会形成监管部门监管难度较大、监管真空等问题。针对数字文化产权的治理,应先厘清数字文化产权的 3 个治理维度,即法律变革治理维度、技术监管治理维度和价值共享治理维度。在治理维度的视角下,从治理制度、治理机制、治理手段、治理格局 4 个方面全面搭建数据产权的治理模式。

一、数字文化产权的治理维度

(一)法律变革治理维度

元宇宙时代"猝不及防"的到来,给中国的数字产权治理法律体系带来了巨大的风险和挑战。数字产业领域的著作权、商标权和专利权的侵权纠纷、权属纠纷案件频发,知识产权侵权呈现出复杂化、新型化和高技术化的特点,从国内的"胖虎打疫苗案""周杰伦无聊猿被盗案"到国际的"爱马仕起诉元宇宙数字艺术家侵权案""美国自由艺术家起诉中国 Shein 商标侵权案",都预示着中国的数字产权法律体系已进入快速变革时代。我国法律变革治理的维度有两方面:一是国内数字知识产权法律体系的搭建;二是文化自由贸易背景下中国与国际数字产权保护接轨的呼应。

面对元宇宙时代的虚实双重空间规制难题,学界存在较大争议,目前主要存在两种观点:一种观点是人们需要一份数字空间的"公约",要建构专门的法制,如虚拟双重空间走廊式制度建构论;另外一种观点是专门立法否定论,认为元宇宙专门立法的制度建构性主张模糊了法律基本功能的范畴。印尼学者萨法里·卡西亚安托和德国学者穆斯塔法·基林茨在《元宇宙的法律难题》中提出是否需要一部"虚拟财产法"的问题:物权法和知识产权法是否可以在元宇宙中适用;或者说制定一部"虚拟财产法"的时机是否已经成熟;他们认为物权法基本无法适用于元宇宙,而知识产权法可能在本质上更适用于元宇宙,但是知识产权法在法律实施方面会显现出局限性,由于元宇宙的行为跨越了不同的司法管辖区并涉及不同的国家主体,法律管辖权、法律选择和执法权等问题就导致现有知识产权法在元宇宙中的适用具有不确定性。①

国内数字产权法律体系的搭建,要健全知识产权法律法规,开展知识产权基础性的法律研究。目前我国在基础性法律建设方面,没有颁布关于数字产权的专门立法,类似欧盟的《通用数据保护条例》和《数字服务法》,韩国出台的《数据基本法》和《特定金融信息法》,以及日本的《日本数字社会形成基本法案》,也没有针对数字产权保护对《著作权法》《商标法》《专利法》《反垄断法》《反不正当竞争法》《电子商务法》等进行大的变革和修订。与元宇宙相关的非遗知识保护条例、中医药传统知识保护、与国防建设相衔接的知识产权法律制度以及集成电路布图设计法等均未制定;仅有最高人民检察院、中国人民银行和银保监会等部门发布的风险提示和白皮书,以及地方政府出台的监管条例、白皮书和典型案例。另外,也未颁布关于元宇宙、虚拟货币、NFT 等数字资产的专门立法。我国目前针对数字知识产权的相关立法还存在较大的法律空白。

(二)技术监管治理维度

面对以区块链加密形成的虚拟货币、数字艺术藏品、元宇宙游戏、AI创作等新技术形成的数字产业领域的治理问题,业界许多专家和学者提出了以技术监管来治理,即以"技术"来治理"技术"。美国针对区块链 Web3等加密资产与网络创新的态度是开放和欢迎的,表示不错过任何一个发展的机会,而在数字产权治理上采用了技术监管的手段,在元宇宙货币的发行上采用"一币一票"的 DAO 发行机制,即虚拟加密货币发行机制,在美国开展 ICO 项目,发行人要经过豪威测试的考验才可以确认虚拟货币的合法

---

① 萨法里·卡西亚安托、穆斯塔法·基林茨:《元宇宙的法律难题》,《财经法学》2022 年第6 期,第 130 页。

地位。

针对数字版权的治理,持"技术治理论"者认为可以从技术治理的角度对数字产权进行治理。中国科学院社会与法研究中心主任杨延超认为我国版权法变革围绕三个重点进行:一是从"权利法定主义"到"控制论",能不能通过算法控制来解决权利归属问题;二是从"公力救济"到"算法救济",能不能通过智能合约进行算法救济;三是新利益平衡论。其中两个重点即是围绕算法控制和智能合约等技术手段来进行版权法变革,用于解决数字产权新领域的新问题。

(三)价值共享治理维度

"新利益平衡论"认为数字产权的治理归根结底是价值共享、利益分配机制的建立,比如身份继承、虚拟财产、Gas费、版税、数据确权等问题。数字产权的治理应围绕数字产权的价值设计出一套公平、合理的价值共享机制,通过数字产权价值在各权利主体之间的权益分配以及责任承担之间的平衡来进行治理。

NFT智能合约可能成为版权授权交易的新基础设施,颠覆或重塑既有的商业生态。例如,作者可以通过将版税协议、抵押协议、保险协议、拆分协议、组合协议等智能合约嵌套到NFT中,来实现全新的版权授权交易模式。在目前的实践中,基于以太坊EIP-2981标准的智能合约可以将NFT后续销售收入的一部分(10%)自动分配给创作者(即追续权),从而让创作者从二级市场中分享收益。[1]如数字藏品BYAC的四位创作者愿意将版权全部交给"无聊猿游艇俱乐部"社区的成员,其持有者社区成员可以创作各种"无聊猿"产品的周边并进行商用,其销售收入完全归持有者所有。

---

[1] 司晓:《区块链数字资产物权论》,《探索与争鸣》2021年第12期,第88页。

二、搭建数字文化产权的治理模式

（一）治理制度：搭建具有中国特色的"三权分置"数字产权结构性分置制度体系

习近平总书记指出："数据基础制度建设事关国家发展和安全大局，要维护国家数据安全，保护个人信息和商业秘密，促进数据高效流通使用、赋能实体经济，统筹推进数据产权、流通交易、收益分配、安全治理，加快构建数据基础制度体系。"[1]

2022年12月，中共中央、国务院印发《数据二十条》，全方位构建了数据要素市场的顶层设计，提出了"探索数据产权结构性分置制度"——"三权分置"，明确提出"建立数据资源持有权、数据加工使用权、数据产品经营权等分置的产权运行机制"，即从数据获取、采集的角度界定数据资源持有权，从数据加工的角度界定数据加工使用权，从数据产品生成的角度界定数据产品经营权，"三权分置"与数据产业链的运行逻辑一脉相承[2]。中国行政管理学会会长江小涓在《人民日报》撰文：中国特色的数据产权结构的"三权分置"产权制度，是构建数据基础制度体系的有力举措。"三权分置"制度，分别界定能够有效地处理数据产权和使用权的关系、场内交易和场外交易的关系以及数据共享和数据安全的关系。

具有中国特色的"三权分置"数字产权结构性分置制度不同于美国的"数据经纪商制度"。美国的"数据经纪商制度"将数据运行的主要权利和责任放在"数据经纪商"这一市场主体身上，因此产生了违法收集用户数据、数

---

① 《习近平主持召开中央全面深化改革委员会第二十六次会议》，2022年6月23日，http://www.banyuetan.org/jrt/detail/20220623/1000200033134991655947970335492123_1.html，2023年2月10日。

② 初萌：《数据产权"三权分置"是什么》，《学习时报》2023年1月31日，第A3版。

据质量可靠性差和推送互联网广告侵犯个人信息安全等潜在的风险等无法解决的治理难题。而"三权分置"制度则通过分别界定数据生成、流通、使用过程中各参与方享有的合法权利,形成在总体框架上采用结构性分置,在具体操作上采用分类分级确权授权使用的制度体系,明确了数据产业参与者各方主体(持有者权、加工使用者权、产品经营权)的权利与责任,最大限度上防止各类数据违法现象的发生,更好地促进数据产业持续、健康、稳定地发展。

(二)治理机制:搭建价值共识统一、政策互动、"共票"激励、多方参与协同治理的数字产权治理机制

我国数据产业治理实践中,存在着缺乏清晰统一的知识产权价值共识、政策实施中价值位序难题、知识产权政策设计违背价值初衷等问题。数字经济产业领域需要形成共识统一的价值体系,即以促进知识创新为核心、保护私人权益为基础、维护公共福祉为目的的协调统一的动态的价值体系;需要各类政策行动者各就其位,积极进行知识产权政策互动与反馈;需要建立多方主体共同参与的"共票"权益分享机制;需要建立完善的数字产权治理的数据基础制度体系。

中国人民大学交叉学科研究院院长、区块链研究院执行院长杨东教授提出了新的激励机制 NFC(Non fungible Coken)"共票"治理模式,将 NFT 与"共票"机制相结合,借助众筹制度实现区块链的共享新权益。"共票"机制具有基于共享的增长红利分享功能、流通消费的功能以及权益证明的功能,是凝聚系统共识的机制与手段。"共票"可以作为大众参与创造数据的对价,使大众能够根据共享分享数据带来的红利,从而积极主动参与共享数据[1]。这种"共票"治理机制,在一定程度上能够调动大众主动参与数据分享的积极性,从而促进数据的流通和交易。

---

[1] 杨东、乐乐:《元宇宙数字资产的刑法保护》,《国家检察官学院学报》2022 年第 6 期,第 26 页。

《数据二十条》中提出了建立数字产权治理的4个数据基础制度体系：一是建立保障权益、合规使用的数据产权制度，探索数据产权结构性分置制度，推进实施公共数据、企业数据、个人信息数据确权授权机制，建立健全数据要素各参与方合法权益保护制度；二是建立合规高效、场内外结合的数据要素流通和交易制度，完善数据全流程合规与监管规则体系，统筹构建规范高效的数据交易场所，培育数据要素流通和交易服务生态，构建数据安全合规有序跨境流通机制；三是建立体现效率、促进公平的数据要素收益分配制度，按照"谁投入、谁贡献、谁受益"原则，着重保护数据要素各参与方的投入产出收益；四是建立安全可控、弹性包容的数据要素治理制度，创新政府数据治理机制，压实企业的数据治理责任和充分发挥社会力量多方参与的协同治理作用。

(三)治理手段：建立科技驱动型司法体系

1.建立新型数字犯罪刑法规制的科技驱动型司法体系

在数字产权司法体系的建设上，中国人民大学发展规划处处长、区块链研究院执行院长杨东教授提出了构建科技驱动型司法体系，建立新型数字犯罪刑法规制的"司法链"（JudiChain）范式，他提出可通过以"区块链＋司法＝司法链"为依托的科技驱动型司法体系来解决这一问题。通过实时同名的区块链记账系统，司法机关可以及时识别可能出现的违法风险，并予以及时应对，甚至可以将合规机制直接嵌入智能合约中，通过代码对海量的数据进行分析计算，自动执行司法指令。[①]其基本原理就是通过区块链技术的智能合约机制，"以法入链"建立"法链"，从而实现"以链治链"的链上+链下的协同式治理，以有效应对新型数字犯罪。

2.建立知产案件的"三审合一"审理机制

---

① 杨东、乐乐：《元宇宙数字资产的刑法保护》，《国家检察官学院学报》2022年第6期，第26页。

现阶段我国在知识产权案件的审理过程中采用的是"二审合一"的模式，即行政案件和民事案件合并审理，未把刑事案件纳入管辖范围。但随着数字经济知识产权的发展，人们对知产刑事案件审判的专业化程度提出了更高的要求，"二审合一"的模式出现了司法管辖权冲突、民刑交叉案件审判程序脱节、审判标准不统一、司法公信力受损等弊端[①]。业界相关人士提出了民刑交叉的出路——"三审合一"的审判模式，即法院将涉及知识产权的民事、行政和刑事案件统一集中审理的审判机制，如案件涉及刑事或者行政诉讼的，则分别由刑事审判庭、行政审判庭的法官与知识产权庭法官共同组成合议庭审理。这种审理机制对于解决司法管辖权的冲突、规范知识产权案件的审理程序、提升案件的审理效率和司法公信力做出了有益的探索，也是未来知识产权案件审理模式的改革方向。目前我国多地法院陆续进行了"三审合一"审理机制的探索，如台湾地区于2012年5月12日修订的《智慧财产法院组织法》规定智慧财产法院可以同时审理民事、行政和刑事案件；2022年12月安徽省马鞍山市花山区法院采用"三审合一"机制审理了一起假冒注册商标案；2022年2月3日陕西省西安市雁塔区法院审理了一起假冒注册商标案。

（四）治理格局：转变理念，各司其职，规范市场，形成协同治理的数据要素治理格局

《数据二十条》中提出了构建政府、企业、社会多方协同的治理模式，创新政府治理方式，明确各方主体责任和义务，完善行业自律机制，规范市场发展秩序，形成有效市场和有为政府相结合的数据要素治理格局。

实现数字经济产业的持续发展与创新，就要求政府转变治理理念，从原来消极的"惩戒"理念转为积极的"激励"理念，通过采用多种激励措施，搭建结构合理的数字产权保障制度；强化分行业监管和跨行业协同监管，

---

① 路伟廷、孔繁文：《我国知识产权"三合一"审判模式的探究》，2020年1月16日，https://mp.weixin.qq.com/s/g3emYimFmFtjX8YPzV3ELA，2023年2月10日。

建立数据联管联治机制；完善数字成果转化机制；建立数据要素生产流通使用全过程的合规公证、安全审查、算法审查、监测预警等制度；建立公平高效的权益数据分配机制，从而促进数字产权的创作，增加整体社会的公共利益。总之，政府应该从一个"数据管理者"的角色转变为"数据服务者"的角色，充分发挥政府的协调、沟通与管理职能，整合各方资源、兼顾各方利益，引导调节收益分配，共享数据红利，搭建出各方参与、协同治理的数据要素治理格局。

强化数据平台的自治，压实企业的数据治理责任，要求数据市场运营企业负起在数据采集、加工、交易、利用等各环节的责任；保障用户数据安全，包括更新数据安全理念；配备具有相应资质的数据保护官，对日常数据活动的合法合规性进行监督；在数据安全和隐私保护的理念指导下进行数字产品开发[①]；企业要遵守我国《反垄断法》的规定，不得利用数据、算法和技术手段排除竞争等。

数据要素市场的其他参与者如个人用户、行业协会、"社区"、交易所等各种社会力量也要在政府的主导下积极参与数据市场的协同治理，参与数据要素市场建设，支持开展数据流通相关安全技术研发和服务，促进数据要素安全可信地流通。建立数据要素市场信用体系，完善数据交易失信行为认定、守信激励、失信惩戒、信用修复、异议处理等机制。畅通举报投诉和争议仲裁渠道，维护数据要素市场良好秩序。

第八节　数字文化产权的发展建议

面对数字文化产业在技术与产业的融合、数据确权、知识产权保护等方

---

① 韩敬：《数字产权的公法保护思路》，《数字产权》2022年第7期，第55页。

面的发展困境,本节提出推进数字文化产权发展的建议:一是发挥技术禀赋带来的积极作用,给予监管之下的政策性鼓励,推动激励性政策的落地实施;二是建立数据确权机制,合理判定数据权利的属性以及归属,以解决数字"公地悲剧";三是推进数字文化贸易中的知识产权国际布局,引导和服务中国企业开展知识产权国际合作和技术标准体系的共同开发。

一、发挥技术禀赋带来的积极作用,给予监管之下的政策性鼓励

我国学者和业界人士对元宇宙文化产业、NFT 等数字文化资产在国内发展的态度莫衷一是:究竟是应该先行立法实施强监管,在法律的框架之下开展相关运营,还是"唯技术论",提倡先发展区块链加密、数字孪生、AI、XR等技术,"让子弹先飞一会儿",等行业有了基本的运行规律,各种风险出现之后再实施监管予以疏解?我国虽然没有直接立法监管元宇宙产业本身,但是对待 NFT 等数字文化资产的态度较为谨慎,NFT 等数字资产的物权属性尚未明确,虚拟货币的合法性地位尚未得到承认。另外,由于虚拟代币、NFT等数字文化资产的交易存在炒作、洗钱、非法集资等金融犯罪活动,因此强硬的法律监管虽然是制约数字文化产业发展的瓶颈,却是必不可少的。

以 NFT 等数字技术赋能数字文化产业的高质量发展为例,数字文化产业的发展需要 NFT 等数字技术激活创新的活力,助推新型文化业态进步,业界需要积极融合优质 IP 文化与数字技术,营造优秀文化内涵社会的情境,为文化产业提供优质的文化内容和培育体系;NFT 数字艺术为文化遗产传承提供了更加丰富的创作与呈现形式,持续推动文化产业数字化发展;NFT 数字艺术的运作模式打通了艺术作品的开发边界;NFT 的广泛流通空间消解了经典文化的神秘属性。[①]总之,由于数字技术的"加持",传统文化产业的发

① 唐卫、李映星:《NFT 赋能数字文化产业发展》,《中国社会科学报》,2023 年 1 月 19 日,第 7 版。

展以及文化遗产的保护与传承拥有了创新的活力，文化产业数字化势在必行。

因此，数字资产政策的制定，应高度重视发挥元宇宙等数字技术的天然禀赋为产业发展带来的积极作用，同时审慎地面对元宇宙数字技术发展带来的知识产权风险、投资风险、金融风险、数据安全风险、隐私权风险、伦理风险和道德风险等一系列风险，加强法律监管，加强数字产权治理，给予强监管之下的政策性鼓励，出台一系列落地性较强的激励政策。首先，从政府层面做好政策的顶层设计，鼓励大力发展数字文化产业，鼓励文化产业融入数字技术。其次，对于数字文化产业的发展给予税收等财政政策方面的支持，对于有国际影响力的数字文化产品，给予减免税收、财政补贴等方面的支持；甚至有业界人士提出比较激进的货币政策，主张打通 NFT 与法币的结算体系，最终在国内实现数字资产的人民币结算。①最后，重视社会资本的作用，出台政策鼓励社会资本投资元宇宙文化产业等。例如美国公司 OpenAI 于 2022 年 12 月推出的智能机器人 ChatGPT 在人工智能行业引起了广泛关注，该款智能产品由微软投资 90 亿美元开发而成，社会资本在数字新技术行业的助推作用不容小觑。

二、建立数据确权机制，解决数字"公地悲剧"

解决数字领域"公地悲剧"的核心环节在于设计出一套数据确权机制来合理判定数据权利的属性以及归属。只有在合理的权属框架之下进行数据资源的合理配置，才能实现数据要素收益的合理分配，保障数据的质量和安全，防止权力滥用，促进数据的高效流通和使用，最终促进整个数字产业的发展。

---

① 刘美琳、石佳：《中国 NFT 发展路径初探索：法币结算是核心要点，流转和版权保护法规待完善》，《21 世纪经济报道》，2021 年 12 月 14 日，第 6 版。

那么数据到底是谁的?谁是真正的受益者?在众多的权利所有者当中,没有哪个渠道的数据来源可以由某一类群体所独享,更多表现为各类主体权益相互交织缠绕。①数据作为一种生产资料,不见得只应追求唯一所有权,而是要寻找一种机制保护好隐私,并让更多人受益。②2014诺贝尔经济学奖获得者让·梯若尔认为:我们如何在保护个人隐私的同时,不遏制科技的进步和创新的向前?③我们想倒掉洗澡水,但别把宝宝也泼出去了。虽然这个回答并没有给出确切的答案,但对于数据信息实施分级分类保护、数据安全等级化管理等问题的处理都有一定的启发意义。比如驾驶员分享其驾驶路段的行驶记录信息,这个信息对于他本人来说基本不存在隐私保护的意义,但是如果分享出去,就会让导航软件的精准度更高。

《数据二十条》提出的"探索数据产权结构性分置制度"——"三权分置"制度,是我国明确数据产权归属进行数据资源合理配置的关键性意见,也是推进我国数字产权治理的大胆尝试,是构建数据基础制度体系的有力举措。"三权分置"对于解决数字领域"公地悲剧"困境具有一定的指导作用。

三、推进数字文化贸易中的知识产权国际布局

在国际市场中,知识产权布局与技术标准制定不仅影响数字产业的国际竞争力,而且事关国家战略安全与民生福祉。中国企业对于知识产权的国际布局意识较淡漠,因此在涉及数字文化的贸易和商业实践环境中,往往处于被动的地位。2021年6月,国民IP李子柒的商标在美国被一家名叫

---

① 彭辉:《数据权属的逻辑结构与赋权边界——基于"公地悲剧"与"反公地悲剧"的视角》,《比较法研究》2022年第1期,第102页。

② 《阿里巴巴罗汉堂发布最关乎世界未来的十大问题及学者解答》,2019年6月26日,https://www.sohu.com/a/323186712_464025,2023年2月15日。

③ 《罗汉堂发布数字经济十问:数字技术能否让世界变平?》,2019年6月25日,https://tech.sina.com.cn/i/2019-06-25/doc-ihytcitk7469498.shtml,2023年2月15日。

BRAND LAB 的美国公司所抢注，究其原因：一是马德里商标国际注册意识不到位，没有适时布局商标国际注册，构建海外商标注册防护网；二是国际商标防护网搭建得不全面，子柒文化仅在美国申请了"LIZIQI"3 件商标，以至于被美国其他公司抢注了"liziqi"和"李子柒"等6 件商标，被广泛应用在5 类商品上。[1]因此，中国政府应全力支持企业进行知识产权的国际布局。

政府可引导和服务企业开展知识产权国际布局。通过共建"一带一路"、RCEP 协定等国际战略引导和服务中国企业开展知识产权国际合作和技术标准体系的共同开发，同时健全海外知识产权的侵权调查与维权机制。再者，政府应建立多元化的反制举措，抵制贸易壁垒、技术封锁以及"长臂管辖"等对数字产业创新的侵害，降低"逆全球化"等不利趋势对中国知识产权与技术标准融合发展战略的负面影响。[2]

（许永坤、张佳倩　河北传媒学院）

---

[1] 许永坤：《"李子柒"商标之争带给电商的启示》，《传媒与艺术研究》2021 年第 3 期，第166 页。

[2] 戚聿东、杜博、叶胜然：《知识产权与技术标准协同驱动数字产业创新：机理与路径》，《中国工业经济》2022 年第 8 期，第 20 页。

第十章 元宇宙文化产业发展评估

新技术、新商业模式、新业态的出现,虽然能激发创新的活力,推进产业的发展,但是也会对原有的行业运行机制发出挑战,产生风险。基于区块链加密技术、智能合约、人工智能等新技术产生的NFT、智能机器人、虚拟货币、元宇宙游戏等产品在市场的流通和交易,对于已有的投融资、知识产权体系、市场竞争态势以及社会伦理道德规范等产生了巨大的冲击,带来了诸多风险,元宇宙文化产业在中国的发展将面临较强的法律监管。

第一节 投资风险评估

元宇宙文化产业中存在着不同类别的文化资产权利客体,不同权属性质的数据和多个不同的数据权利主体。因此元宇宙文化产业的投资将面临一系列由权属界定不清、边界不明带来的投资风险。比如:数字资产的属性带来的虚拟货币交易不受法律保护的投资风险;数据权属界定不清导致的"数据之争"等商业摩擦风险;NTF交易存在的炒作、洗钱等非法金融活动风险;数字资产权利滥用带来的非法集资和诈骗等风险。

一、元宇宙文化产业数字资产的属性风险

当前在国内，NFT 等元宇宙新业态数字资产的物权属性尚不明确，比特币等数字资产的合法地位待定。是否要对数据权属进行确权，学界和业界存在较大争议。目前我国的立法源于大数据时代之前的立法，对于物权的框架理论一般建立在实物属性基础之上，但是数据本身拥有特殊的性质，它建立在全生命运作周期上（产生、采集、使用、交易、流通等），各个具体的场景呈现不同的类型（原始数据、衍生数据等）。因此国内尚未对数据的物权属性进行确权，也尚未有针对数字资产的专门立法，中国人民银行、中央网信办、最高人民法院、中国互联网金融协会、中国银行业协会、中国证券业协会等对于 NFT 等数字资产的金融风险发布了一系列的通知和提示，规定虚拟货币不应且不能作为货币在市场上流通使用；虚拟货币与法定货币之间、虚拟货币之间不得兑换；虚拟货币交易合同不受法律保护。

2013 年 12 月 5 日，中国人民银行、工业和信息化部、中国银行业监督管理委员会、中国证券监督管理委员会、中国保险监督管理委员会①联合印发的《关于防范比特币风险的通知》以及 2017 年 9 月发布并实施的《关于防范代币发行融资风险的公告》，均规定不得从事法定货币与代币、虚拟货币相互之间的兑换业务，不得买卖或作为中央对手方买卖代币或虚拟货币，不得为代币或虚拟货币提供定价、信息中介等服务，即虚拟货币交易合同不受法律保护，投资交易造成的后果和损失由相关方自行承担，以提示相关风险。

2021 年 9 月 24 日，中国人民银行、中央网信办、最高人民法院等发布了《关于进一步防范和处置虚拟货币交易炒作风险的通知》，进一步强调了虚拟货币的性质及交易的违法性，虚拟货币不应且不能作为货币在市场上流

① 注：中国银行业监督管理委员会、中国保险监督管理委员会于 2023 年 3 月被撤销，重组为国家金融监督管理总局。

通使用。

二、元宇宙文化产业数字资产的权属界定风险

元宇宙文化产业中存在着原始数据、NFT 数字产品、虚拟货币、元宇宙游戏、AI 作品等不同类别的文化资产权利客体;同时存在着用户、数据产生者、数据收集者、平台服务提供者、数据加工者、数据中间商、作品创作者、购买者、使用者等多个权利主体;根据数据的来源又可分为个人用户数据、平台数据和政府公共数据;物权和知识产权的各个权属又可被分为知产人身权和财产权等不同的属性。那么数字资产到底是谁的?谁是真正的受益者?各主体的权利和责任如何厘清?元宇宙世界的版权是否可以开放?商标权与专利权是否可以与现实世界互通?是否可以转让或者授权使用?元宇宙的数字资产面临着一系列由于权属界定不清、边界不明带来的发展风险。

我国现行法律框架对数据权利体系的构建仍不完善,数据权属的规定较为模糊,数据权利的内容属性尚未界定、数据主体的义务边界尚未厘清和数据权利的救济举措尚未形成共识,致使个体用户和网络公司在具体的数据采集、整理与利用中的利益难以达成共识。目前,学界对于界定数据权属,存在用户所有、平台所有、用户与平台共有、国家所有者 4 种权属分配模式。[①]元宇宙场景的应用中需要大量的数据,数据权属不清将导致诸多法律纠纷和商业摩擦,制约着数据产业的持续发展和元宇宙各应用场景的发展。如华为与腾讯的"微信数据"之争,就荣耀 Magic 手机的"智慧助手"根据微信聊天内容自动加载地址、天气、时间等用户信息的功能,微信认为华为的做法夺取了腾讯的数据,并侵犯了微信用户的隐私。但华为否认侵犯了用户隐私权(存在用户授权协议),用户信息属于用户,既不属于微信,也不属于

---

① 彭辉:《数据权属的逻辑结构与赋权边界——基于"公地悲剧"与"反公地悲剧"的视角》,《比较法研究》2022 年第 1 期,第 102 页。

华为。

国外一些公司的做法倾向于个体用户是其数据的所有权人，其他参与者只能使用用户信息数据，而不能留存用户数据。像 Meta 旗下产品 Instagram 使用的去中心化存储协议 Arweave 让个人上传的信息数据得到永久保存，即使未来 Instagram 解散，个人仍然能获取其自身的用户信息数据，这便是将个人信息数据的权利还归于个人本身。

三、元宇宙文化产业数字资产带来的金融安全风险

NFT 等数字文化资产的交易带来一系列的风险和挑战，NTF 交易存在炒作、洗钱、非法金融活动等风险隐患。2022 年 2 月初，美国财政部发布《通过艺术品交易开展洗钱和恐怖融资的研究》，指出 NFT 可用于自我洗钱。犯罪分子可以用非法资金购买 NFT 并与自己交易，以在区块链上创建销售记录；当 NFT 被出售后，犯罪分子将从后者与犯罪无关的干净资金中获利。[①]

2022 年 4 月 13 日，中国互联网金融协会、中国银行业协会、中国证券业协会联合发布了《关于防范 NFT 相关金融风险的倡议》，在整体上肯定了NFT 作为一项区块链技术的创新应用，在丰富数字经济模式、促进文创产业发展等方面显现出潜在价值，但同时也指出了 NTF 交易存在炒作、洗钱、非法金融活动等风险隐患，并对防范相关风险提出了一系列的倡议；明确了相关企业不应以比特币、以太币、泰达币等虚拟货币作为 NFT 发行交易的计价和结算工具。[②]

元宇宙中数字资产的运营还会为法币结算体系带来风险。大多数国家

---

① 侯潇怡：《多国监管提示 NFT 金融风险 纽交所计划进入 NFT 市场？》，《21 世纪经济报道》，2022 年 2 月 21 日，第 7 版。

② 斯响俊、杨杰：《NFT 在中国面临的法律监管》，2022 年 6 月 9 日，https://mp.weixin.qq.com/s/D76yfTWbKxlsT4LZdgXtcA，2003 年 2 月 15 日。

都将中央银行发行的本国货币作为法定货币,公民接受这种法币体系并履行金融义务。但元宇宙中的行为与加密货币、非同质化通证以及中央银行外的私人发行的代币紧密相关,因此元宇宙的兴起可能会对中央银行履行职责构成更大的威胁。[①]

基于数字资产的运营带来的一系列金融安全风险,国家对于区块链平台的成立制定了备案和评估制度。2019年1月10日,国家互联网信息办公室发布《区块链信息服务管理规定》,其中第二条、第九条、第十一条规定,NFT平台或被认定为区块链信息服务提供者。因此,若想在境内设立NFT平台,须根据相关法律法规报国家和省、自治区、直辖市互联网信息办公室进行安全评估,并通过国家互联网信息办公室区块链信息服务备案管理系统填报相关信息,履行备案手续。[②]

四、元宇宙文化产业数字资产权利滥用带来的交易风险

2021年5月,中国互联网金融协会、中国银行业协会、中国支付清算协会联合发布了《关于防范虚拟货币交易炒作风险的公告》,继续强调金融机构、支付机构等会员单位不得开展与虚拟货币相关的业务,同时提醒消费者要提高风险防范意识,谨防财产和权益损失。会员单位应切实加强虚拟货币交易资金监测,依托行业自律机制,强化风险信息共享,提高行业风险联防联控水平。

2022年2月18日,中国银保监会发布《关于防范以"元宇宙"名义进行非法集资的风险提示》,提示社会上存在着"编造虚假元宇宙投资项目""打着

[①] 萨法里·卡西亚安托、穆斯塔法·基林茨:《元宇宙的法律难题》,《财经法学》2022年第6期,第133页。

[②] 《区块链信息服务管理规定》,2019年1月10日,http://www.cac.gov.cn/2019-01/10/c_1123971164.htm,2023年2月15日。

元宇宙区块链游戏旗号诈骗""恶意炒作元宇宙房地产圈钱""变相从事元宇宙虚拟币非法牟利"等名目,通过公开虚假宣传高额收益,吸收资金,引诱进场囤积买卖、兑换虚拟币、操纵价格等手法,涉嫌非法集资、诈骗等违法犯罪活动。

目前在国外,已经进入万物皆可"NFT"的时代。NFT主要在以太坊上通过智能合约进行交易,境外较为活跃的NFT交易平台主要有Open Sea（全球最大的NFT交易平台）、Nifty Gateway、Makers Place、Rarible、Super Rare 和VIV3 等;借助NFT交易平台,创作者可以完成上链及交易。NFT交易在中国面临来自区块链相关法律、电信服务相关法律、加密货币相关法律、金融领域、知识产权法律等监管。[1]

不同于公链对用户任意支配资产的中立态度,国内NFT交易平台对交易原则也做了严格规定。阿里拍卖和蚂蚁链粉丝粒发布的数字收藏在交易后,仅可无偿转赠,数字版权可在转让过户90天后进行二次拍卖。幻核上的系列数字收藏甚至不开放转赠的权限。[2]

第二节　知识产权风险评估

元宇宙世界的产生,带来了知识产权保护的风险,如虚拟人的法律地位引发的平行世界的人身权和财产权等法定权利和责任义务如何划分的风险,AIGC的原始追诉权引发的著作权客体性质待定和侵权风险,现有的知识产权保护体系无法解决物理世界和虚拟世界人格权的双重规制所带来的

---

[1] 斯响俊、杨杰:《NFT在中国面临的法律监管》,2022 年 6 月 9 日, https://mp.weixin.qq.com/s/D76yfTWbKxlsT4LZdgXtcA,2023 年 2 月 15 日。

[2] 刘美琳、石佳:《中国 NFT 发展路径初探索:法币结算是核心要点,流转和版权保护法规待完善》,《21 世纪经济报道》,2021 年 12 月 14 日,第 6 版。

人格权属性问题,以及现实世界和虚拟世界的商标权和专利权是否可以受同等的知识产权保护等问题。

一、虚拟人的法律地位待定

数字产业形成了"虚拟人"产业和"虚拟物"产业,由此产生数字产权主体的法律地位问题,包括"AI虚拟人"和"真人虚拟人"是否具有自然人的法律地位等问题。

"AI虚拟人"是采用2D/3D技术、语音识别(ASR)、自然语言处理(NLP)、语音合成(TTS)、语音驱动面部动画(ADFA)等人工智能技术制作的具有数字化外形的虚拟人物。其具备四方面的能力,即形象能力、感知能力、表达能力和娱乐互动能力,通常需要借助显示设备才可以存在。"AI虚拟人"的背后不存在对应的真人。元宇宙的发展催生了一批"AI虚拟人",如腾讯AI助手虚拟歌姬艾灵、清华AI学生华智冰、湖南卫视首位数字主持人小漾、抖音虚拟美妆达人柳夜熙、新晋带货达人"AYAYI"等。2021年6月,新华社与国家航天局等单位联合打造专门面向航天主题和场景的数字记者——小铮。该数字记者采用全新的制作管线和实时渲染技术,使数字虚拟人物更加生动形象,并可担负太空报道、火星登陆等真人不能或很难完成的任务。[1]同样,2022年百度举办的元宇宙歌会,其主持人"度晓晓"也是一名"AI虚拟人"。

"真人虚拟人"也称虚拟世界第二分身,其背后则存在对应的真人。真人虚拟人主要面向的是未来的虚拟世界,以为每个人创造自己的虚拟化分身为最终目的,满足个人在虚拟世界的社交、娱乐、消费等需求,如根据易烊千玺原型打造的天猫虚拟代言人千喵、谷爱凌咪咕数智人形象 Meet GU 等。

---

① 中国互联网络信息中心:《第49次中国互联网络发展状况统计报告》,2022年2月25日,https://www.cnnic.cn/n4/2022/0401/c88-1131.html,2023年2月15日。

2020年《时代周刊》新刊封面首度出现了"真人虚拟人"——美国民权领袖马丁·路德·金的"数字孪生兄弟"，该作品是由好莱坞视效公司"数字王国"联合艺术家汉克·威利斯·托马斯通过虚拟人技术创作而成的。

随着"AI虚拟人"的人格属性越来越强，虚拟人是否需要拟制人格的讨论也提到日程上来。元宇宙公司罗布乐思的CEO大卫·巴斯祖奇指出，元宇宙具有关键的身份特征，而元宇宙具有的匿名化特性促使数字身份成为解决元宇宙法律纠纷的前提条件。[①]元宇宙世界用户的虚拟人身份，与我国现行的"网络实名制"要求存在冲突。现实世界与元宇宙世界两个社会场景中所有法定权利保护的核心问题，就是法律地位的确定问题。确定虚拟人法律地位的前提，是在现实世界和虚拟世界中，虚拟人的人身权和财产权等法定权利和责任义务要进行隔离。

二、AIGC的原始追诉权问题

AIGC即AI Generated Content，利用人工智能技术来生成内容。AIGC原始追诉权是指利用AI技术自动生成内容的版权溯源与归属问题。

第一个问题是版权溯源问题。以AI绘画的版权为例，AI绘画的工作原理是通过"生成类"神经网络算法的训练，主流的算法是从一个足够大的训练集中学习某种"模式"，然后生成同类"模式"的内容。这就会产生两个基本问题：一是AI画作是否是著作权意义上的作品。在庞大的素材库和知识库的支撑下，依托AI技术生成的"画作"是否构成著作权意义上的作品？二是AI画作是否存在侵权的风险。AI生成作品时会抓取公共平台里的资源作为AI学习素材，这就会导致源头图片被侵权的问题。

第二个问题是版权的归属问题。《著作权法》第九条规定著作权人包括：

---

① 何波：《元宇宙的法律难题与规制思路研究》，《大数据》2023年第1期，第6页。

作者;其他依照本法享有著作权的自然人、法人或者非法人组织。第十一条第一款规定:著作权属于作者,本法另有规定的除外;创作作品的公民是作者。AI机器人在未获得拟制人格法律地位的前提下,不符合著作权归属的相关规定,因此不能成为AI画作的权利人,那么AI画作的版权方就有三种可能:一是AI软件的制作者,二是用户,三是AI软件制作者与用户共同拥有。仍以AI画作为例,国内AI绘画平台多采用免费使用生成画作的商业模式,如百度旗下拥有文心大模型ERNIE-ViLG文生图、文心一格等。国内对于版权的归属一般遵循两个原则:一是"用户协议"。按照《著作权法》第十七条规定:受委托创作的作品,著作权的归属由委托人和受托人通过合同约定。合同未作明确约定或者没有订立合同的,著作权属于受托人。委托创作的第二用户在使用AI平台系统生成AI绘画时,如果事先签署的"用户协议"约定了版权归属方,那么就依协议约定。二是用户的参与程度。如果"用户协议"没有约定版权归属,就会出现两种情况:一种是用户参与创作的程度较低,图片生成基于软件制作者提供的数据和培养参数;另一种是用户参与创作的程度较高,借助AI软件融入了自己的智力成果从而生成作品。那么版权应当归属软件制作人还是用户还是二者共同拥有?由此产生法律纠纷,引发版权归属争议。

三、元宇宙人格属性问题

元宇宙世界中的虚拟数字人的人格权属性问题是元宇宙产业衍生的基础性问题。数字虚拟人按人格象征维度,分为"数字虚拟人"和"真人虚拟人"(第二世界虚拟分身)两大类。"没有人类的文明将毫无意义"(刘慈欣《流浪地球2》)。元宇宙中的"真人虚拟人"(第二世界虚拟分身)与现实世界的真人存在一一对应关系,被视为真人的虚拟分身,该虚拟分身可以在元宇宙世界里进行一切学习、工作、创作、理财和消费等活动。虚拟数字人除享有如生命权、身体权和健康权等与自然人生命体有关的人格性权益之外，其人格权类同于法人的人格权，是一种准人格权，该人格权的权利需要借助现实世界的人代为行使。[①]那么拥有准人格权虚拟分身背后的真人在代为行使虚拟分身的人格权时，是否要在现实世界承担其在元宇宙世界的法律责任，能否做到反复横跳和无缝融合？以肖像权为例，这就会衍生出两个问题：一是数字虚拟人是否有肖像权。《民法典》第一千零一十八条规定：自然人享有肖像权，有权依法制作、使用、公开或者许可他人使用自己的肖像。可见，肖像权是自然人拥有的一项人身权利，元宇宙中的数字虚拟人并非自然人，所以并不享有肖像权。二是数字虚拟人是否可以使用他人的肖像。"AI克隆人"和"AI换脸"等技术使用的大多数都是名人的肖像，如Bilibili网站上一名叫"Mega会玩"的UP主于2023年1月14日发布了一则题为"我复活了乔布斯"的视频，该UP主使用ChatGPT（预训练生成模型）生成工具和Tacotron 2声音生成数据模型，收集了乔布斯生前的大量资料，以及其容貌照片、说话声音和思考方式等人格特征，进行模型训练和测试，克隆了一个会说话、会思考、会对话的"真人乔布斯"。《民法典》第一千零一十九条规定：未经肖像权人同意，不得制作、使用、公开肖像权人的肖像，但是法律另有规定的除外。未经肖像权人同意，肖像作品权利人不得以发表、复制、发行、出租、展览等方式使用或者公开肖像权人的肖像。可见，物理世界和虚拟世界的双重规制的人格权无法实现有效隔离，现有的知识产权保护体系无法解决元宇宙产业的发展带来的人格权属性问题。

部分开源的AIGC项目对生成的图像监管程度较低，数据集系统利用私人用户照片进行AI训练，侵权人像图片进行训练的现象屡禁不止。一些用户利用AIGC生成虚假名人照片等违禁图片，甚至会制作出和暴力、性有关的画作。由于AI本身尚不具备价值判断能力，一些平台已经开始进行伦理

---

① 陈辉：《虚拟数字人的十大风险》，《理财》2022年第9期，第8页。

方面的限制和干预,但相关法律法规仍处于真空阶段。

四、虚拟商品的商标权和专利权问题

虚拟商品是否拥有商标权和专利权的问题也是构建元宇宙治理法律体系时面临的重大问题。首先,现实世界的商标权和专利权是否在元宇宙等虚拟世界受保护? 其次,元宇宙世界的虚拟商标权和专利权是否可以在现实世界申请保护?以商标权为例,在我国申请商标注册时,需要按照《类似商品和服务区分表》及"商标五方会谈"确定的商品及服务项目名称,来选择申请注册的商品及服务。新版的《类似商品和服务区分表(2022文本)》以及基于"商标五方会谈"可接受的商品和服务项目名称中,均未收录虚拟商品相关的商品/服务类别。[1]

虚拟世界同样要有规范商标权和专利权使用的相关法律法规。目前国际上没有指定统一的标准或者法律,将虚拟世界中发生的对商品和商标的复制行为视为侵犯知识产权行为。2022年7月,某海外艺术家大规模公开发行涉嫌侵犯无聊猿版权的NFT项目,且指控无聊猿项目方YUGA公司与"二战"中某反人道组织存在特定关联,无聊猿项目方YUGA公司对该艺术家提起联邦诉讼,未经授权使用无聊猿项目方YUGA公司的商标,涉嫌侵犯商标权。[2]

2022年7月14日生效的韩国知识产权局发布《虚拟商品商标审查指南》规定:虚拟商品可以在第9类下以简单的形式"虚拟×××(商品名称)"进行指定。欧盟知识产权局(EUIPO)发布了《关于虚拟商品和NFT分类方法的

---

[1] 龚秋剑:《迈入"元宇宙",知识产权保护新视角——"虚拟服装"相关商标注册申请问题》,《服装设计师》2023年第1期,第144页。

[2] 穆青风:《数字藏品兴起 企业须合规强行》,《21世纪经济报道》,2022年12月8日,第7版。

指南》，该方法被写入 2023 年版指南草案《EUIPO 系统用户的主要参考点》中，与虚拟商品相关的商品分类可被接纳为尼斯分类①的第九类商品：可下载的影像文件，可下载的音乐文件，虚拟现实游戏软件在商标的使用方面，增加"在通过电通信线提供的信息上电子化标示的行为"为商标使用行为，将网上流通数字商品的行为纳入商标使用行为范围中。

第三节　技术风险评估

一、技术本质及基本特征

技术是对现象的抽象或对现象有目的的编程。技术域是关于设备、方法、时间的族群。技术创新是域内涉及的旧任务的重新发布或新的计划、试制和集成过程。技术域内关键技术的根本性变化会导致域的变异，并引发经济的重新域定。技术的倒金字塔分层结构使得技术按指数级增长，机会利基出现将召唤新技术诞生，这种进化是自组织的，具有自创性。技术本身和元宇宙一样都是复杂巨系统，其发展历程均符合小世界网络特点，因此元宇宙与技术的关系应当是以涌现的方式自主选取对方的过程，也就是围绕人的需求构建场景集和技术集映射的过程。技术的供给可采集具体技术供给—封装后的产品供给形式，以云化的方式构建商业化的集中式供给方法。几代网络的发展证明都是以原型+补丁的形式逐步动态完善的过程。技术集和场景集的生态性特征（复杂网络的发展过程）使得在构建元宇宙时需要"以人

---

① 尼斯分类尼斯分类（NCL）由《尼斯协定》（1957 年）建立，是一种商标注册用商品和服务国际分类。新的版本每五年发布一次，自 2013 年起，每版每年都发布新文本。资料来源：www.wipo.int/classifications/nice/zh/index.html。

为中心"自下而上发展与融合,很难通过统一标准自上而下构建完整体系。

新一代信息技术的解构能力是消弭不同复杂巨系统的关键,也是不同复杂巨系统相互之间建立关联、实现融通的主要原因。整合是指使参差不齐的事物一致,有矛盾的消除矛盾,不协调的使之协调,带有外力、强制、压抑之感。事物一旦失去外力作用,将重新恢复到不协调状态。这说明整合仅仅是组合和调整,实现的是宏观上的一体化,在微观上或本质上依然存在矛盾。融合的前提条件是不同物质在微观上性质相同或相似,可实现物质间的均匀一体、协调一致,达到你中有我、我中有你的状态。融合是以数据化和要素化为前提,以数据化和要素化的解构为起点,以产业内部和产业与其他产业之间相关数据和要素的融合重构为基础进行的。新一代信息技术与产业的融合发展,促使产业在设计、生产、管理、服务等环节,由单点的数字化向全面的集成化演进,这加速了产业的创新方式、生产形态、组织形式和商业模式的深刻变革,催生出智能化生产、网络化协同、服务化延伸、个性化定制等诸多新模式、新业态、新产业。新一代信息技术的重构能力实现了融合,而这种融合力所带来的颠覆性创新包括颠覆性的技术创新和商业模式创新。互联网时代被称作"能够广泛影响人类的生活"的更多是商业模式创新。100年前,可以被称作发明家的时代,今天是技术过剩和技术廉价的时代。

二、元宇宙相关技术及成熟度分析

根据元宇宙场景使用顺序和相应特征进行加工,相关技术大致可分为5类,如图10-1所示。

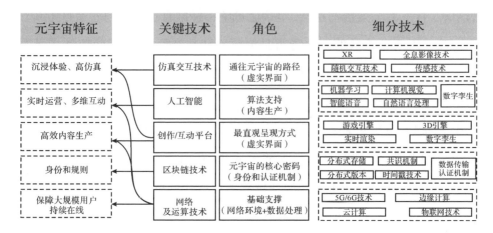

图10-1 元宇宙面向场景的技术细分

（1）先接入，强调沉浸体验，此处以XR和数字孪生为主要技术群。

（2）再互动，强调高仿真互动，此处包括3D引擎、实时渲染、数字孪生等技术。

（3）数字内容的开发使用，此处需要虚拟物品/空间的创作。

（4）明确规则和身份，支持虚拟世界不同用户、实体间相互识别和交互，此处以区块链技术为基础。

（5）实现大规模持续在线使用，确保虚拟世界像现实世界一样持续运转和实时反馈，此处需要大量、高速的计算和信息传输能力，以云计算、超算、无线通信（5G、6G等）为主。最后，人工智能算法将支撑绝大部分技术。

技术成熟过程是一根平缓向上的曲线，技术成熟度曲线是商业期望和炒作与技术自然成熟过程叠加，分为萌芽、期望膨胀、泡沫破裂低谷、稳步爬升恢复和生产成熟5个阶段，可支持产学研用、资本进驻、用户消费者转换等的时机把握。

当前互联网的发展正遭遇瓶颈——由于长期缺乏内容、互动、参与和互操作性方面的突破，互联网"在增长的过程中无法取得突破性的进展"。元宇宙及其基础技术将通过赋能跨行业的新用户体验、各种不同的用例以及提供新的投资机会，打破阻碍下一个创新时代到来的瓶颈。2022年中国新兴技术成熟度评测（如图10-2所示）引入了元宇宙以及关联性技术的评测，但这些技术基本都属于萌芽期，处于首轮融资结束，第一代产品开始问世、价格较高、功能需要优化,媒体开始大规模报道的阶段。因此,我们要警惕萌芽后过热期的到来,并相应做出应对。

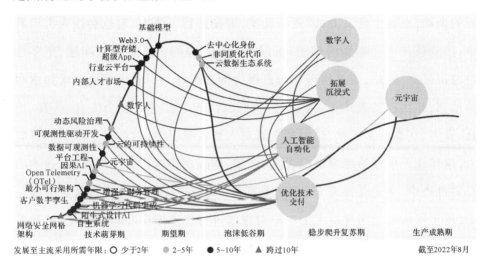

发展至主流采用所需年限:○ 少于2年　● 2-5年　● 5-10年　▲ 跨过10年　　　　　截至2022年8月

图10-2　2022年中国新兴技术成熟度

元宇宙的生态性告诉我们,它并不完全是由新生技术构成的,甚至目前并不是由新生技术构成的,而是由人工智能技术(技术成熟度如图10-3所示)、沉浸式技术、交互式技术的早期或已经进入生产成熟期的技术构成的。

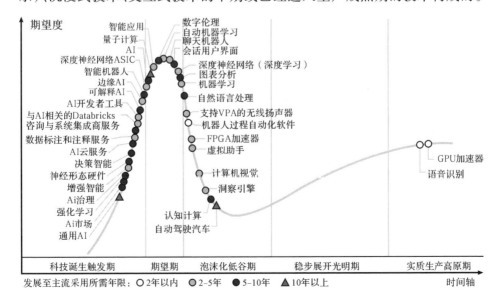

发展至主流采用所需年限:○ 2年以内　● 2-5年　● 5-10年　▲ 10年以上　　　　　时间轴

图10-3　人工智能技术成熟度

　　沉浸式包含虚拟现实,但不等于虚拟现实。沉浸式以人的感知为参考点,现实生活中沉浸不仅需要现实化,甚至不能现实化,它是人脑对未知偏好的调动,在这个意义上,即便不现实,即便进行了降维,它也会让人沉浸其中,游戏就是一个典型的例子。沉浸不仅是物理和信息层面的问题,更多的是意识层面。因此,通过物理和信息层次的逻辑性牵引意识层面的求知欲和满足感,是沉浸的基本点。所以说,我们所说的"真"会有一个失真、仿真、拟真、真实、玄真的多层状态,可能玄真对人更有吸引力,这凸显了意识的影响力。这样让人更容易理解虚拟现实、现实、增强现实这样三个层次。在技术的发展过程中,无论是感觉、听觉还是视觉,我们的技术都是沿着这条路线在走,从无限接近现实到以人为中心对现实进行焦点编辑和局部强化,以营造美学和逻辑学两方面的吸引力。所以,沉浸式技术的成熟度(如图10-4所示)分布是均匀的,以后还会有各种新兴技术出现。在构建元宇宙时,需要围绕人的沉浸这个主体,而不能跑偏,为了现实化而现实化。

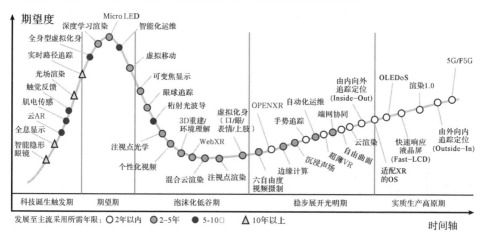

图10-4　沉浸式(虚拟现实)技术成熟度

　　人机交互的总体趋势是持续向着以用户为中心、交互方式更加直观的方向发展。可穿戴设备的屏幕尺寸不断减小,自然语音(识别、翻译、回应)、手势、运动、凝视控制等技术不断进步,使用心电图、声音、面部特征等独特的个人特征的安全认证,主流的生物特征识别如指纹扫描等,充分引导着人机交互技术的发展轨迹和范围。对于企业而言,人机交互的数据安全得到保障。人机交互通过多联设备识别唯一的特定用户,帮助企业安全地保护机密数据,使得安全交易和移动支付成为可能,同时也极大地提高了用户体验。对于用户而言,交互位置将发生根本性变革。云计算、移动设备、便携式可穿戴设备技术的进步将促使人与机器交互的位置可以远离机器设备,长期以来人与机器必须通过近距离交互的情况发生了根本转变。基于可穿戴设备的交互可以使交互位置接近身体;基于云计算的智能交互可以使人在愉悦的环境中表达自己的偏好和期望。

嵌入式眼跟踪平台、外骨骼、步态识别、体三维显示、空间计算、电震动、脑机接口、透明显示器、生物声传感、启用VPA的无线扬声器、情感检测识别、肌肉计算机接口、神经语言程序、混合现实等多模态接口以及机器学习和其他形式的人工智能技术的进步正在深刻地影响着人机交互,市场和商业模式创新同样影响着人机交互。相关交互式技术的成熟度如图10-5所示。

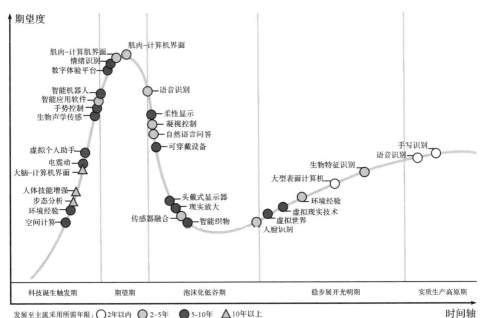

图10-5 交互式技术成熟度

三、元宇宙相关技术的商业化转化问题

一项技术突破从成型到市场化商品设计再到新商业模式建立，需要历经层出不穷的商业化探索和尝试，可能需要很长时间进行技术积淀，当前元宇宙的诸多技术应用仍缺乏商业化变现路径，无法形成市场化应用场景。那么，究竟应该怎样认识元宇宙相关技术的商业化转化问题呢？

（一）识别真实有效的规模化需求

对于识别需求，有几个关键词——真实、有效、规模化，缺一不可。元宇宙相关技术的商业转化问题也跟这几个词息息相关。

什么叫真实？比如空调厂商希望空调具备人脸识别功能，这就不是一个真实的需求。空调用遥控器就已足够，如果觉得遥控器可能存在寻找困难等问题，那可再加一个语音控制功能。

什么叫有效？就是有买单意愿。比如一个公厕想采用刷脸取厕纸。这个需求是真实的，但是无效的。比起厕纸，一套人脸识别取厕纸的系统的价格要高很多，这个投入产出比是极其不划算的，所以是无效需求。

什么叫规模化？就是一个场景，解决同样的问题之后可以复制。如果我解决了一个问题，最后只能卖给一个客户，那就不值得投入资源。这是一个天然的市场规模问题。

（二）结合产业，预判资源投入时间点

当我们判断出一个需求是真实、有效、可规模化的，下一步就是研发一个新技术，或者基于技术研发一个新产品，这里面的关键是如何确定投入资源的时间点。

投入太晚了,会面临红海市场。比如现在去做人脸识别门禁,你的竞争对手可能有上万家。投入太早,整个市场都没有起来,哪怕技术先进,产品过硬,还是没人用。在什么时间点投入资源是一个前瞻性的问题。当你识别了需求,组织了队伍,投入了研发,然后再把研发变成产品推向市场,形成一个反馈,在大部分产业,这样的周期至少是半年到一年,汽车产业是三年。

好的预判能力就是,怎样在一个合适的时间点针对需求进行资源投入,然后你的产品上市的时间点刚刚好,既没有竞争对手,又可以满足用户的需求,这样才能挣钱。这样的能力需要对整个技术的发展趋势有一个大的预判。对于一个需求的技术性解法,里面所包含的环节和内容,要有足够深刻的认知,只有这样才能预判得相对准确。

(三)打通技术解决问题的"最后一公里"

英文中有个词为"last mile problem",解决一个问题需要100步,但最后一步付出的努力可能和前面99步加起来是一样的。很多技术,最后很可能是卡在一些很细碎的问题上。

举个例子,手机解锁并不是人脸识别问题,而是人脸识别加活体识别的问题,就是说不仅面部特征是这个人,且这个人是有自我意识地在进行这个解锁行为。

所以,解决技术问题,可能要解决的并不是一开始以为的那个问题,最后考验的是技术的创造能力,而不是"一招鲜"。有的时候还要考验整合资源、产业链、上下游合作伙伴的能力,因为并不是所有技术问题都是一个部门就能搞定的。

(四)做到有效的技术闭环

有一种说法,未来企业的核心竞争力是对于数据的掌控能力。在保证合法合规的基础之上,要做到对数据价值的挖掘和应用。做任何一个产品,保证持续的数据闭环,让数据形成累积,从而带来更强的技术能力和产业控制能力,这是至关重要的。

最有挑战的是,在进入一个新行业时,没有相应的数据累积,没有数据累积就没有技术,最后变成一个"鸡和蛋"的问题。比如做一个流水线缺陷检测,理论上 AI 可以做,但实际却很难,因为 AI 需要大量的缺陷样本才能知道什么是好产品。现实是工厂没有那么多缺陷样本,最后就变成了死循环。

要解决这个问题,一是在没有技术的时候强行积累数据,打破死循环。很多互联网企业,就是用人工积累数据,数据累积足够多了,就能够慢慢智能化了。二是技术足够好,可能一开始不是那么好,但勉强可以用,这样就可以让整个业务闭环,先"跑"起来。

(五)转移产业核心价值要素,打造护城河

IT 公司过去最大的问题是误把"敲门砖"当成了"护城河"。元宇宙相关的技术公司一般具有很强的技术能力,将技术作为"敲门砖"是非常关键的,这个活就只有你能干,别人都干不了。但对一个固定的需求而言,它需要的技术水平是恒定的,达到这个水平就能够解决这个问题。随着时间的推移,会有越来越多的公司能解决这个问题。

技术一定会随着时间的推移而扩散,技术不是一个长期的壁垒,所以技术型企业往往早期容易破局,但长期的发展和生存很难。对于技术公司最大的挑战在于,今天解决了这个需求,拿出的方案是不是能够帮助公司获得某些行业性的持续壁垒,这就是核心价值要素。不同的行业千差万别,可能是数据,可能是资源,可能是关系,可能是口碑,甚至可能就是案例。

如何破解这个问题,一定要持续沉淀底层能力,包括人才积累、技术创造,同时在产业上结交更多的合作伙伴,持续打造自身在产业中的可持续壁垒,这是在商业模式底层上最本质的差别。

四、元宇宙相关数字资产和经济体系的建立问题

元宇宙作为一个新的生态，需要有相应的经济系统作为其动力及运作支撑。在这个生态中也需要有商品，有商品就会有价值，有价值就需要有衡量价值的尺度，有了价值就需要基于价值的交换；而元宇宙世界里的商品都是虚拟的，是数字商品，其商品的定义、价值衡量标准、价值交换方式都不同于现实世界。在元宇宙世界里，其经济体系的构建包含以下4个方面。

（一）数字创造问题

作为经济体系基础的商品，如何创造出数字化商品，是元宇宙要解决的第一点。没有创造，就不会存在可以用于体验及交易互换的商品。在元宇宙世界里，商品都是虚拟的、数字化的，是一些通过程序创造的代码数据。

数字商品创造的丰富度，是元宇宙是否发展可持续的重要衡量尺度。商品创造满足了质量和数量的双重标准。像如今的罗布乐思，通过游戏开发平台，可以让用户简单通过鼠标拖拽的方式实现创造，而不需要通过专业化的复杂代码化实现，这样就大大降低了用户创作门槛。如何支持简单便捷的数字创造，是元宇宙所构建经济系统的第一个核心问题。

（二）数字资产问题

通过数字创造，所产生的数字化内容，可以作为数字资产，通过数字资产的产权属性，为未来的数字交易提供基础支撑。从已有的元宇宙形态来看，我们可以简单地将元宇宙中的数字资产分为以下几个大类。

1.数字地产

最典型的是 Decentraland、Sandbox 等元宇宙平台中的虚拟地块，此前 Sandbox 上的一块土地，以430万美元的价格售出，刷新元宇宙房地产的成

交纪录。而知名歌手林俊杰也在推特上宣布在 Decentraland 购买了三块虚拟土地，据了解其总价值约 78.2 万元人民币。实际上这种地块跟现实中的房地产是一样的，都具有足够的稀缺性，都是人类社交活动的必须场所，因此是一种典型的数字资产。

2.数字形象

数字形象是人进入元宇宙的通行证，目前很多元宇宙平台还停留在简单的捏脸上。随着技术的不断成熟，越来越精致的数字形象必然成为主流，届时人们会不再受到自身物理形象的限制，让自己在元宇宙中以理想形态并且是不止一个"分身"开展活动。而且随着"数字人"的社交活动展开，必然形成数字 IP，甚至跟其他数字人形成数字伦理关系，从而使数字形象不再只是传统互联网中的一个头像符号，而是能够独立承载个人品牌价值、虚拟社会关系的载体，所以数字形象也是一类典型的数字资产。

3.数字作品

数字作品是指元宇宙中带有文化艺术属性的内容资产，例如当下非常火爆的数字藏品，其主要的价值在于审美和收藏，再比如一些具有审美意义的数字建筑、数字展览、数字演唱会活动等都因其审美功用而属于数字作品。

4.数字物品

相比于数字作品，数字物品更多具有工具属性，也可以称为数字道具，是用户在元宇宙这个游戏世界中生存和开展活动的虚拟媒介，例如构建在虚拟地块上的数字房产、数字办公室、数字服装、数字商品等。

5.数字人行为数据

数字人行为数据有点类似于现实世界中的个人信息，特别是行为轨迹信息。元宇宙中用户各项行为应该会被系统记录，进而通过算法自动与行为载体——数字人进行互动，例如投放广告、匹配好友等。

这些数据资源至关重要，如果说数字形象是元宇宙中用户的外在表现，那么行为数据才是元宇宙用户的内在本质,甚至可以说,元宇宙中没有人,只有行为数据组成的数据集合体。

（三）数字市场问题

有了数字资产,明晰了产权,就可以通过构建数字市场来作为数字资产的交易平台,满足各个不同用户的交易诉求。只有构建了相应的市场交易体系,才可以将元宇宙的数字资产进行盘活。

数字经济蓬勃发展,带来了几种类型的市场扩张:第一种是进行实物交换的电商市场,如阿里巴巴、京东这一类,它们是最为我们所熟知的。第二种市场,交换的是创造内容的工具,如手机上的应用商店。在这个市场中,没有数字内容的交换,只有具备特殊性的、能够创造数字内容的虚拟数字商品,也就是各种 App 的交换。而第三种市场中发生的交换,就纯粹是数字内容的交换。例如,给某段视频或图文材料进行"打赏",在游戏中"购入"一栋大楼、一个城镇、一辆汽车或一套"皮肤"等。

在元宇宙中,需要着重关注的是第三种,即交换纯粹的数字产品的数字市场。这一类数字市场的雏形已经形成。例如,玩家可以在一些网站售卖自己购买的"皮肤"和自己"养起来"的游戏账号等。但是,这种市场还不完全是我们所要讨论的数字市场,因为这样的交易并不是在元宇宙内部完成的。它们依赖外部的市场,与在游戏内部直接建立的市场进行的交易有一定区别。成熟的元宇宙数字市场,其中交易的产品,其创造过程和实际交易都应该是在元宇宙中完成的。

数字市场是整个数字经济的核心,也是元宇宙得以繁荣的基础设施。有了数字市场,元宇宙的玩家就有了盈利的可能,让玩家在体验之余还能获得经济上的收入,这将是元宇宙未来成长的奥秘。

（四）数字货币问题

有了数据市场，就需要有一种媒介来进行交换。如果没有媒介，可以选择以物易物，但这种方式，对于价值的衡量，没有一个固定的标准，无法确定其合理的比率。因此，需要有一个中间的介质作为衡量尺度，这种就是数字货币。而为了方便用户交易，基于区块链构建的数字货币，为元宇宙平台的交易提供了去中心化的便捷的交易介质。比如在游戏中，用户可能不具有传统现实社会中的银行账号等内容，通过数字货币，就可以非常便捷地进行交易。

数字货币在元宇宙中充当着一般等价物的角色，而平台也通常会通过算法等控制货币发行量，从而使之与元宇宙中的资产价值总体匹配，这也是持有的数字货币本身就代表着持有数字资产。

五、元宇宙数据保护和消费者隐私问题

一项技术的社会后果不能在技术生命的早期被预料到，以至于新技术导致的隐患暴露之时我们很难控制这种不利后果。《人民日报》曾指出"万物皆可元宇宙"，但该评论文章仍指出"虽然元宇宙似乎拥有广阔的空间和无限的可能，但目前还是一个尚未成型的新兴事物"。元宇宙通常被认为是向下一代互联网时代的演变，涉及元宇宙技术创新的诸多方面尚未形成规范的市场化监管法律法规，技术垄断和消费者隐私保护成为当前热议的话题，仍需要在鼓励元宇宙发展的同时做好对相关互联网平台和未来社会商业场景的秩序规范。

（一）数据收集量暴增对数据保护的挑战

元宇宙应用场景对跨境电商行业可能带来的积极改变，其中很重要的

一点就是沉浸式体验对于消费者的感官刺激。但是在这个过程中,消费者在现实中表现出的每一个动作、每一个表情甚至情绪活动都可能会被可穿戴设备完整收集,并在虚拟世界中进行呈现。其中可能包括:生物识别信息(例如面部特征、声纹、虹膜以及指纹等)、个人健康信息(例如心跳、血压以及其他生命体征等)、网络身份标识信息、个人通信信息、个人财产信息甚至浏览记录信息等。可以看出,元宇宙应用场景下对于用户个人信息的收集数量以及种类将会呈现爆炸式增长。在这个前提下,落实目前个人信息保护监管框架下的"告知—同意"原则的难度也必然随之增长;尤其是,为了确保用户获得连续性的体验,必然将持续、长期监控用户的行为模式,而用户在持续性的沉浸式交互以及全生活场景覆盖的应用体验的影响之下也必然会降低对于自身个人信息保护的敏感性,因此需要践行更高的合规要求。

如何确保每一项收集的个人信息均取得合法性基础?如何设计简单、易懂的告知方式以便完整履行法定告知义务?新技术可能每天都在不断更迭、数据收集目的可能也在不断发生变化,同意机制该如何设计(尤其是大量的敏感个人信息需要获得单独同意)?如何确保遵循个人信息/数据收集最小必要原则,每一项数据的收集均与处理目的直接相关?目前主管部门在判断所收集的个人信息类型是否符合最小必要原则时会区分基本业务功能与非基本业务功能,这还是典型的对于单个应用、单个平台的监管思路;而元宇宙应用场景下,一个平台可能实现购物、医疗、娱乐、社交等全场景覆盖,在这种情况下该如何区分基本与非基本业务功能?上述问题在Web2.0时代已经存在,到了元宇宙应用场景下必然会更加突出。

(二)人工智能中数据与处理的监管

未来,元宇宙会通过机器学习、人工智能技术大量收集个人信息后进行AI学习,为我们提供更具沉浸感的交互体验;但与此同时,由于这些技术都是行为学习技术,它们会收集大量的个人信息,威胁到用户隐私。在元宇宙应用场景下，与真实人类无异的数字虚拟人将与普通用户进行大量交互，甚至会出现由数字虚拟人作为带货主播与普通消费者进行面对面互动的场面。在这个过程中很有可能产生大量用户并没有意识到、由人工智能完成的个人信息收集处理活动。除此之外，包括人脸识别在内，绝大多数人工智能技术均离不开对于个人数据以及个人信息的采集，因为人工智能技术一般都是建立在数据分析以及算法之上的。从源头上控制了人工智能的应用场景，对个人数据的收集与处理进行相对严格的法律规制，这是目前中国对于人工智能的相关立法思路，在元宇宙相关应用场景下，这样的监管可能需要继续强化。

（三）个人信息处理者的界定及数据跨境流转问题

目前中国数据合规的监管思路是首先确认责任主体（个人信息处理者/数据处理者），要求其落实数据合规义务，并进而确保个人信息主体的相关权益不会被侵犯。这是 Web2.0 时代监管思路的延续，监管部门可将监管注意力集中在大型互联网平台的运营主体或是龙头企业上，要求这些主体对平台上发生的个人信息以及数据合规问题负责。理想状态下 Web3.0 时代的元宇宙具有去中心化的特征，区块链技术与智能合约将为元宇宙提供基础设施及技术保障，基于现有的网络生态构建的监管体系将不再适用，服务器以及数据都不再集中在一个中心化的平台运营者手中，难以界定个人信息/数据的处理者，元宇宙中存在的大量实体可能共同完成了数据处理，在这种情况下对某几个大型互联网平台运营主体进行集中监管就失去了意义。

随之而产生的还有数据跨境流转的问题。元宇宙理念的实现首先是基于多个平台内信息的互相交互、互相整合，打通此前不同互联网平台之间的信息壁垒。元宇宙平台不可能永远限制在一国之内发展，不同国家、不同平台之间的信息壁垒也不应当存在，无论平台服务器是否会分布在不同国家，用户都可以自由携带数据在不同平台之间迁移，真正实现"数据可携"。但这样的理念很显然与现有的跨境数据流动监管不符。以中国个人信息保护法的要求为例，除了需要履行告知义务并取得个人信息主体的单独同意之外，要向境外提供个人信息还需要通过网信部门组织的安全评估、通过个人信息保护认证或与接收方签署标准合同，并且部分个人信息类别有明确的本地存储、不得出境的要求。而在去中心化的元宇宙应用场景，考虑到个人信息处理者难以界定的问题，随之而来的就是由谁负责向主管部门申报安全评估？标准合同文本又应当由谁来签署？谁是元宇宙应用场景下的关键信息基础设施运营者？这还未考虑该监管模式实质上无形之中大幅降低数据跨境流转效率，与元宇宙无边界的理念相悖。

即便暂不考虑以上数据处理者如何界定的问题，元宇宙无国界、数据全球流动的理念还会导致监管的管辖权难以确定的问题。中国个人信息保护法适用于中国境内处理个人信息或是以向境内自然人提供产品服务/分析评估境内自然人为目的的处理活动。如何在元宇宙应用场景下界定"境内自然人"，是以用户在现实世界中的物理位置还是以用户虚拟身份（Avatar）所处服务器位置来判断？此外，考虑到各个国家数据监管法规规定不一致（可能立法思路存在注重个人权利和隐私保护或更注重国家安全的根本性矛盾），各个国家数据保护法律都规定了域外效力以及各个国家监管部门存在管辖推诿或是对同一法律规定解读不一致的问题。

第四节 伦理风险评估

任何具有时代意义的技术发展都意味着对传统道德伦理秩序的挑战，元宇宙技术作为一种不断突破现实世界与虚拟世界边界的技术，其在文化产业领域的快速推广与应用更意味着存在不可逆转的伦理风险。因此，提前预估、预判此类伦理风险，在问题产生之前筹备好相应的应对措施对元宇宙文化产业的长久健康发展而言,有着极为重要的意义。综合来看,元宇宙文化产业在其发展过程中存在四类伦理风险:存在认知风险、法律风险、责任划分风险、用户信息泄露风险。随着元宇宙文化产业领域内场景化的不断推进和虚拟化的不断深入,用户对现实世界与虚拟世界间边界的认知逐渐被模糊化,进而引发存在认知风险;元宇宙技术的深化无疑在不可避免地挑战着法律现状,与法律身份界定、数字人权让渡相关的法律问题也在日益凸显;随法律问题而来的元宇宙文化产业发展各个环节、阶段的责任划分问题无疑也需要积极的评估与应对;与此同时,随着文化产业资产数字化、用户信息化的发展,用户的隐私泄漏问题更需要进行及时有效的伦理风险评估。

一、存在认知风险

从存在论的视角出发,元宇宙在未来将被塑造成一种深入的社会生活方式以及社会控制形式,文化产业领域技术发展的正当性将使融入其中的用户出现存在认知障碍等问题。对于用户个体而言,元宇宙文化产业的发展对用户的心理与生理都将带来极大的影响。在心理层面,元宇宙文化产业的发展需要实现虚实共治,而场景化虚拟IP的介入可能会影响用户的身份认同和自我定义:用户应将其所创造的虚拟形象视为商品还是自我组成,这将影响用户在社会层面的主体身份认知以及潜意识和神经系统层面的自我认知,甚至会影响人的自我理解和对人的概念界定。与此同时,一旦用户适应了虚拟世界中更理想化、完美化的自我之后,是否还能完全接受现实中的自己,这将带来更深层次的自我异化风险。在生理层面,虚拟人的发展导致了赛博病的出现:长期适应虚拟人及虚拟世界的运转模式、操作模式后,用户身体所接收到的信号会出现与预期不匹配的情况,身体调节遇到冲突,进而出现眩晕、身体疲劳、心率加快等不适感。部分人甚至会明显出现平衡障碍、手眼不协调和短时间内辨声障碍等问题。与此同时,对于社会整体而言,元宇宙文化产业平台对人类思想、意图、记忆和情感的汇总及高度还原能力很可能将从根本上改变人类的主体性,其核心问题在于虚拟世界的出现会弥补存在方式上的单一性和限制性,进而模糊人的本质,甚至模糊现实与虚幻的边界,从而使现实社会转化为一个"虚实共存"的社会。当现实与虚拟的边界不断被模糊,势必会出现社会群体性的恐怖谷效应,当高仿虚拟人与人类自身非常相似,但不完全相似的时候,社会群体会对其产生反感厌恶的情绪。群体效应一旦在社会范围内出现,将对社会原有的秩序带来巨大的冲击。

二、法律风险

(一)法律身份界定难题

在现代社会中如何去定义文化产业中的虚拟IP或虚拟人形象?这一社会身份问题关乎"是否可以对虚拟IP讲道德与法律"等问题,因而具有基础性的意义。随着元宇宙文化产业的发展,在传统人与人、人与自然等社会关系的基础上无疑会增添新的社会关系,被赋予了主体性的虚拟角色之间可以通过诸如合作、交往、交易等行为而形成除血缘、地缘、业缘之外的第四种社会关系,即虚拟体之间的社会关系。与此同时,基于现实世界里的"自然世界+人类社会",元宇宙文化产业平台构建了"虚拟角色+虚拟场景"的全新社会秩序,虚拟角色体在交往和实践中重塑了全新的社会形态,而基于此产生的社会关系、经济活动、生产方式等将对原有的社会秩序带来巨大的冲击。以伦理视角来看,现有技术所创造的虚拟角色并不构成一个完全意义上的"人",进而在法律层面并不构成一个有行为能力以及判断能力的主体。但从元宇宙文化产业相关技术的整体发展趋势来看,拥有自主判断力、行动能力的虚拟人的出现只是时间问题,一旦威胁产生,该如何划分其相关责任?

现有的法律是否仍对其发展有一定的约束力？从更大的伦理范围来看，元宇宙文化产业虚拟角色的设计越来越倾向为用户提供必要的情绪补偿，用户对虚拟角色所建立的情感依赖也存在着极高的伦理风险：在日本等国家出现的一些真人与假想的虚拟角色结婚的现象。此类现象在伦理世界范畴内是否应该被允许？除此之外，还有很多待商榷的法律和伦理问题，比如文化产业中被"复活"的人物名誉权保护问题，已故人物形象数字化商业利用权问题，虚拟创作者或已故人物"复活"创作者的权利、义务和责任问题。

（二）数字人权让渡风险

作为元宇宙未来发展的愿景，文化产业将进一步给人工智能、交互技术、5G通信传输、区块链等一系列技术带来全新的能效提升，个体出于需求满足的便利性，将会或主动、或被动地向服务提供者让渡更多的数字权利。[①]由此，元宇宙文化产业全景化控制模式可能将会在一定程度上加剧用户"数字人权"的让渡与滥用。在元宇宙背景下，数字人权涵盖自主权、知情权、隐私权等。人权让渡现象在技术弱势群体当中尤其严重。现有技术在不断优化服务、增加性能的同时，也逐渐抬高了技术弱势群体的参与门槛。技术适应能力、使用能力较弱，经济能力受限的群体，比如老人与低收入人群仍占据社会的重要构成部分，对于这部分群体而言，元宇宙技术自身不可避免的高复杂性和与现实的强脱节性无疑加剧了他们与现代社会间的数字鸿沟。为了获取更加便捷的服务，用户往往会无条件同意各项《用户协议》《隐私政策》，在冗长的条款背后，往往隐含着用户对自身各项权益的放弃，在这样的情况下，元宇宙技术所带来的并非便捷的生活，而是对用户尤其是对弱势群体的强制性权利侵害。在文化产业领域，用户的各项基本权益应当是虚拟人技术发展的根本前提，是用户能够根据个人意愿在元宇宙世界自主选择、自

---

① 孙永泽：《存在、实践与平衡：对"元宇宙热"的哲学反观与科技伦理反思》，《科技传播》2022年第3期，第57—60页。

主决策的基础。在技术侵害用户自主权现象日益频发的情况下,技术的发展要实现从"以利为本"到"以人为本"的转向,要时刻以"服务用户、满足用户需求"为根本要求,始终在维护元宇宙文化产业用户基本权益的范围内发展。

三、责任划分风险

由于元宇宙文化产业相关技术在实际运行过程中极易出现各种不稳定的情况,可能出现技术运行结果背离主体用户的实际意图,或实际伤害用户的利益而产生后续一系列赔偿等问题。在这样的情况下,该如何正确划分责任以明确责任归属?实际上,元宇宙文化产业相关技术发展可能面临的责任归属风险远不止上述问题,因其背后参与主体以及技术主体的复杂性和不确定性,往往会引发一些责任划分困境。

(一)责任主体划分困难

元宇宙文化产业相关技术的责任主体并非仅由传统的技术支持方、运营方以及用户构成。在提供技术支持方面,取代传统的单一技术开发主体,元宇宙技术开发团队本身由很多部分构成,除了常见的 AI 技术提供方、后台用户管理技术提供方、风险管理技术提供方以外,还包含人机互动技术提供方、通信技术提供方以及场景建构技术提供方。团体中的每一部分都在整个文化产业虚拟平台技术实现的过程中起着举足轻重的作用,都承担着一定的风险与责任,但这类技术在实现的过程中并不是单线程的运作。换句话说,元宇宙技术呈现给用户每一项结果的背后都是多方技术提供者的运作成果,因此,很难明确判断因技术问题对用户造成的损失应属于哪一技术提供方的责任。

（二）阶段性责任划分困难

文化产业领域元宇宙平台的诞生是多阶段运作的产物,其中包含技术研发阶段、技术应用阶段、试行阶段、产品市场化阶段、技术漏洞维护阶段、用户运营阶段等,每个阶段中都存在如何合理划分责任的问题,阶段与阶段之间也需要明确的责任界定。其中,矛盾尤其突出的是程序运行阶段监管方的责任划分问题、文化产业网络播放平台的审查义务以及政府相关部门的监管责任问题等。因此,元宇宙文化产业发展势必要解决阶段性的矛盾划分问题。

（三）技术风险责任划分

作为行业新兴技术,元宇宙文化产业背后的支撑技术有着极强的不稳定性,存在很多可能出现的问题:因设备缺陷、软件漏洞以及程序故障等问题引发的事故,是否该由设备制造商承担相关法律责任?设备在投入使用的过程中因信息收集、分析失误等问题给用户造成的损失是否应由设备制造商承担,在该情况下是否因存在用户操作失误的可能性而使用户同样承担部分责任? 程序安全屏障方面存在漏洞导致元宇宙文化产业被第三方病毒程序入侵所造成的用户信息泄露、经济损失等问题该如何划分责任?

四、用户信息泄漏风险

元宇宙文化产业平台的建构离不开海量信息数据的收集,其中包括用户基础信息、行为偏好、社交情况、历史记录等,从而对用户形象及偏好进行刻画分析。这些被平台创设方收集并用来分析个体的数据,在威胁用户隐私安全的同时,亦成为资本集团之间进行数据竞争的关键筹码。与此同时,作为元宇宙文化产业底层技术堡垒的区块链技术与保护用户信息安全之间必然存在着一定的矛盾。一方面,作为用户正常登录、操作的基础,区块链技术将用户的各项必要信息储存在其各节点之上,并接受其他节点的验证与数据校验,这些数据涵盖用户的身份信息、资产信息甚至交易凭证等。另一方面,向其他节点公开的同时意味着将这些涉及用户隐私的信息暴露在整条元宇宙区块链之上,使其用户不得不面临隐私泄露的风险。除此之外,隐私权侵犯不仅涉及个人信息外泄等显性话题,还牵涉对个人隐私信息的隐秘收集问题等。资本方为提供更贴合用户需求的虚拟形象,大量搜集用户的行为习惯、健康数据等,而用户与资本间权力条件的差异,致使用户置身于技术与资本布下的"全景监狱"之中,而对其所施加的剥削浑然不觉。由此,如何使用户信息数据的收集与运用更加规范,以及如何维持公共领域与私人空间的稳定,将是元宇宙文化产业发展应探究的关键所在。

第五节　垄断及不正当竞争风险评估

元宇宙世界同现实世界一样,重要资源集中在头部公司形成垄断态势,会带来技术风险和法律风险,如掠夺性定价行为、"扼杀式"并购行为、"二选一"纵向限制行为,自我优待行为和互操作行为无法实现等风险;垄断巨头企业通过控制代码等技术手段,滥用数据市场的支配地位,签订元宇宙寡头的数据垄断协议等,实施各种不正当竞争行为。这些垄断行为都会对行业正常的竞争秩序造成一定程度的破坏。

一、市场垄断态势形成风险

如果在元宇宙中,大量的数据等重要资源集中在几家公司,必然会形成垄断态势,如元宇宙社交领域的 Meta,元宇宙智能穿戴接入领域的 Oculus,

元宇宙游戏领域的罗布乐思和元宇宙智能机器人领域的 OpenAI 很有可能成为本领域的垄断巨头。这些公司往往会通过收购规模较小的企业等商业手段，以及领先于同行业的技术优势而形成垄断态势。随着元宇宙逐渐从科幻进入现实，与其相关的各种垄断问题会越来越多，而针对这一领域的反垄断实践也会陆续出现。2022 年 12 月 9 日，美国联邦贸易委员会诉脸书案在加州北区联邦地区法院开庭审理，这起案件被称为"元宇宙反垄断第一案"。在法庭上，美国联邦贸易委员会对脸书试图通过 VR 应用开发商 Within 来谋求垄断元宇宙市场的行为进行了控诉，称这次收购"很可能在 VR 健身应用市场形成垄断"。Epic 游戏的创始人、虚幻引擎之父蒂姆·斯威尼曾说道："元宇宙将比其他任何东西都更普遍和强大。如果一个中央公司控制了这一点，他们将变得比任何政府都强大，成为地球上的神。"[①]

在元宇宙背景下，可能出现的垄断行为有以下几种：掠夺性定价行为，依靠产品低价来迅速赢得足够多的用户，掌握市场主动权；搭售行为，在元宇宙设备中预装一部分软件产品，会影响与被搭售游戏同款游戏的销量；"扼杀式"并购行为，数字巨头入局元宇宙后会通过收购业绩较好、成长较快的中小企业，迅速补齐自己的短板，增强竞争实力；"二选一"纵向限制行为，当某个企业在市场占据支配地位后，它就可以决定某个元宇宙内容产品能否登录本设备，并要求对登录平台"二选一"；自我优待行为，巨头企业会同时进入元宇宙产业链的不同层次，出于自身利益考虑，会在自营平台上提高对某些竞品的进入门槛，导致公平的竞争秩序受到干扰。互操作行为无法实现，元宇宙的每个企业都有自己的元宇宙体系和经济系统，这些体系能够实现跨产品互通互操作是元宇宙的初衷，但是出于竞争考虑，各元宇宙公司经

---

① 陈根：《区块链，元宇宙的重要支撑》，2021 年 11 月 8 日，https://m.thepaper.cn/rss_news-Detail_15276837，2023 年 2 月 22 日。

营者一般不会选择互操作,这会对竞争秩序造成破坏。[①]

像传统行业一样,垄断会带来技术风险和法律风险。针对元宇宙可能出现的垄断行为有两种解决途径:一种是通过技术手段自治,采用区块链技术和去中心化架构的元宇宙,例如DAO去中心化的治理方式。然而在许多国家目前的法律中,DAO不是一个法律主体,实际运用中会带来一系列法理上的难题。另一种是通过司法手段,即通过界定案件发生的市场,再评估涉案垄断行为的竞争后果,最后做出相关裁定。

二、"算法合谋"等不正当竞争行为风险

在元宇宙环境中,人们可以通过"算法合谋"和智能合约等技术,实施不正当竞争行为。以比特币为例,在采用"工作量共识机制"(PoW机制)的项目中,决定话语权的是算力,而在采用"权益证明机制"(PoS机制)的项目中,决定话语权的则是质押的资产。只要有人掌握了足够多的上述资源,他就可以发动"51%攻击",从而按照自己的意志随意创设、更改区块。美国国民经济研究局曾对比特币网络进行过一次研究,结果发现,被人们认为高度去中心化的比特币网络其实是一个非常中心化的网络:超过50%的网络算力被掌握在50个"矿工"手中。这意味着,只要这50个"矿工"进行合谋,就可以针对整个网络发动"51%攻击",对其他的用户产生绝对的权力——这种权力甚至是传统条件下的垄断者都难以企及的。[②]

此外,元宇宙中的不正当竞争行为还包括广告屏蔽、数据杀熟、流量劫持、网络链接、捆绑软件、骗取点击、恶意侵犯等新型不正当竞争行为。哈佛

---

① 陈永伟:《元宇宙中的反垄断问题》,2022年12月20日,https://t.cj.sina.com.cn/articles/view/1641561812/61d83ed40200158so?finpagefr=p_104,2023年2月22日。

② 陈永伟:《元宇宙中的反垄断问题》,2022年12月20日,https://t.cj.sina.com.cn/articles/view/1641561812/61d83ed40200158so?finpagefr=p_104,2023年2月22日。

大学教授劳伦斯·莱辛指出"代码就是法律"，简言之，虚拟空间不适用现实世界法律的，可以通过控制代码来限制或者支持在虚拟空间进行的各种活动。[①]元宇宙垄断巨头企业通过控制代码等技术手段，滥用数据市场的支配地位，签订元宇宙寡头的数据垄断协议等，实施各种不正当竞争行为。

第六节　其他风险评估

元宇宙文化产业的发展不但会在投资交易、知识产权保护、科技伦理、垄断和不正当竞争等方面带来风险，还会带来道德养成、沉迷和数据隐私安全风险。

一、元宇宙文化产业道德养成的风险评估

"一个人是否可以同时承担两个世界的责任？"这一问题成为元宇宙文化产业发展的灵魂追问，关乎元宇宙游戏对青少年道德养成的影响。崔海英在《元宇宙游戏对青少年道德养成影响的理性审思》一文中指出了元宇宙游戏对青少年道德养成的消极影响：元宇宙游戏的算法偏见与非理性情感"茧房"，削弱了青少年对个体价值的道德分辨能力；元宇宙游戏的去中心化与多元价值观，淡化了青少年社会责任担当意识；元宇宙游戏具有交互体验与感官沉浸刺激，诱发了青少年失德败德行为；元宇宙游戏的虚拟化身与技术僭越，增加了青少年的异化风险。[②]元宇宙游戏成为青年的"精神核弹"，在技

---

① 王慧：《元宇宙中盗取行为及其依法规制完善路径》，《企业与法治》2023年第1期，第143页。

② 崔海英、张敏：《元宇宙游戏对青少年道德养成影响的理性审思》，《思想理论教育》2023年第1期，第82—84页。

术的"人造快感"规训下,青少年的道德认知范畴被缩窄,忽略了道德义务和对主流价值的认同,虚拟化身的完美人设使其无法认清"我是谁",从而丧失了对真实世界的探索欲望,创造的兴趣不断下降。

二、元宇宙文化产业沉迷风险评估

《第49次中国互联网络发展状况统计报告》显示,未成年网民拥有属于自己的上网设备的比例已达82.9%,其中移动智能终端是主要上网设备。[①]由于新型智能终端在未成年群体中迅速普及,元宇宙游戏以其高沉浸、高体验、高交互、高刺激性迅速渗透到青少年群体中,如上海米哈游公司开发的《原神》《我的世界》等沙盒游戏。随之元宇宙游戏的沉迷成瘾问题也逐渐暴露出来。在以暴制暴、漠视生命、色情沉溺等"黑色"游戏场景中,超强的角色代入感与全息感官体验使不良反馈与负向激励持续刺激青少年的大脑神经,处于兴奋直至亢奋状态的大脑神经使物理性环境刺激、生物性快感刺激与心理性刺激高度重合,使游戏情境里的暴力、猥亵等肢体反应渗透入肌肉记忆,久而久之诱导青少年养成不良行为习惯。元宇宙游戏设置的打卡升级、"美丽化身"等规则,给处于心理不稳定、价值观模糊不清的青少年以强烈的"成就感"和"快乐感",回归现实后这些"成就感"消失,又给他们深刻的无力感和不自信,他们只好重返虚拟世界中寻找"成就感",这无异于"饮鸩止渴",往往使青少年沉迷其中,无法自拔。如游戏《怪物猎人:崛起》和《怪物猎人物语2:毁灭之翼》等上线以来,玩家们沉迷"捏脸",为了捏得一副俊俏美丽的脸庞,花费3—4个小时去研究捏脸数据,甚至不惜"重金"(大

---

① 中国互联网络信息中心:《第49次中国互联网络发展状况统计报告》,2022年2月25日,https://www.cnnic.cn/n4/2022/0401/c88-1131.html,2023年2月22日。

约10块钱购买游戏道具）去"整容"。①元宇宙世界的"普洛透斯效应"使得青少年群体沉迷于操纵化身，也不惜被化身操纵。

针对未成年人网络权益保护问题，国务院于2022年9月印发《中国儿童发展纲要（2021—2030年）》，要求加强未成年人网络保护，落实政府、企业、学校、家庭、社会的保护责任，为儿童提供安全、健康的网络环境，保障儿童在网络空间中的合法权益。针对未成年人网络沉迷和游戏过度消费问题，国家新闻出版署发布《关于进一步严格管理切实防止未成年人沉迷网络游戏的通知》，严格限制企业向未成年人提供网络游戏服务的时间，规定每周五、六、日晚间20：00—21：00未成年人可进行游戏，并且不得向未实名注册和登录的用户提供游戏服务。在相关政策的推动下，未成年用户的网络游戏使用时长和付费明显降低。

社会责任方面，网络游戏行业的社会影响越发受到业内外重视。相关立法及标准不断完善。2022年6月1日，新修订的《未成年人保护法》正式实施，新增了"网络保护"专章，明确规定网络产品和服务提供者不得向未成年人提供诱导其沉迷的产品和服务。腾讯等14家头部企业共同参与起草了《网络游戏行业企业社会责任管理体系》团体标准，米哈游公司成立家长关爱平台，对于冒用家长身份信息打游戏的情况，推出在线申诉功能，一个家庭拥有一次机会，可就最近180天内发生的付费行为全额退款，并永久封禁该账号。与此同时，防沉迷的相关技术手段也在持续升级，在对已实名未成年人"限玩、限充、宵禁"的基础上，扩大人脸识别技术应用范围，在用户登录和支付时均会进行人脸识别验证，从而有效应对"孩子冒用家长身份信息绕过监管"等问题。

但元宇宙游戏带来的风险与挑战并未随着新政策和法律的强制措施以及游戏平台的自治而消失，反而催生了变相的形式，各种应对层出不穷。比

---

① 爱科学的老顾：《游戏一分钟，捏脸俩小时。捏脸为何如此上头？》，2021年8月19日，https://m.thepaper.cn/baijiahao_14027721，2023年2月22日。

如国外的 Steam 平台①随意玩,无限制,如何在法律上堵漏洞?网络上出现了破解节日 1 小时游戏时间限制,诞生了一条黑色产业链,专门为未成年人提供"租号"服务和"人脸验证"服务,未成年人花 33 元就能"租号"疯玩游戏,QQ 账号绑定的游戏"人脸验证"1 次仅需 80 元。同时,值得注意的是防沉迷的对象不仅仅限于未成年人,许多老年人也往往陷入游戏无法自拔,逐渐成为另一个"沉迷"群体。这些沉迷风险为元宇宙文化产业的发展带来了巨大的挑战,应在政策引导、立法监管、平台自治、技术手段和家庭管理之间形成协同机制,共同解决问题,既能推进文化产业的发展,又能促进青少年健康成长。

三、元宇宙文化产业数据隐私风险评估

元宇宙构建的虚拟时空,需要佩戴专门的设备实时无缝跟踪用户的任何举动。这就需要对用户的身份属性、生理反应、行为路径、社会关系、人际交互、财产资源、所处场景甚至是情感状态和脑波模式等信息进行细颗粒度挖掘和实时同步②,通过对这些海量的现实世界的数据信息进行收集、传输、加工、储存,从而实现元宇宙的交互体验感。而这些数据信息符合《个人信息保护法》中规定的敏感信息的特征,敏感的个人信息是受法律保护的。《个人信息保护法》第二十八条规定:敏感个人信息是一旦泄露或者非法使用,容易导致自然人的人格尊严受到侵害或者人身、财产安全受到危害的个人信息,包括生物识别、宗教信仰、特定身份、医疗健康、金融账户、行踪轨迹等信息,以及不满十四周岁未成年人的个人信息。只有在具有特定的目的和充分

---

① Steam 平台又名蒸汽平台,是 Valve 公司开发设计的游戏和软件平台,是目前全球最大的综合性数字发行平台之一。玩家可以在该平台购买、下载、讨论、上传和分享游戏和软件。

② 《2020—2021 年元宇宙发展研究报告》,2021 年 9 月 18 日,https://zhuanlan.zhihu.com/p/411660893,2023 年 2 月 22 日。

的必要性,并采取严格保护措施的情形下,个人信息处理者方可处理敏感个人信息。

这就引发了元宇宙体验感的实现和保护个人隐私的法律规制之间的冲突,元宇宙等虚拟世界需要依赖生物识别系统捕捉个人的特征信息,但现行的法律体系中这些特征信息又属于受法律保护的个人敏感信息,元宇宙信息识别会产生侵犯个人隐私权的问题。隐私保护和数据安全成为数字产权保护的重点内容。

（田郭　北京大学;许永坤、李微　河北传媒学院）

第十一章　元宇宙文化产业发展建议

第一节　元宇宙文化产业发展的政策建议

元宇宙文化产业是文化产业发展的新兴领域,我国虽然已经出台相关政策,既有国家层面的也有地方层面的,但总体而言,很多政策还不健全、不规范,乃至不合理。政策的制定,存在盲目性、随意性等问题,政策落实过程中,也存在诸多障碍。有鉴于此,我们从以下几个方面展开探讨。

一、政策依据

元宇宙文化产业政策的制定,既要遵循文化产业政策制定的一般原理,又要特别重视元宇宙的特征。概括而言,有以下要点。

第一,要处理好元宇宙文化产业与文化事业的关系。元宇宙的发展是大势所趋,未来的世界,越来越可能成为元宇宙的世界。既如此,有些内容,可以纳入文化事业的范畴。例如政府可以在一定空间内设置"元宇宙角",乃至

"元宇宙广场"，并在现有文化事业的基础上植入元宇宙的元素。如此，则可以发挥元宇宙成果的公益性和惠民性，同时也具有更好的规范性、权威性和传承性。当然，市场化的文化产业是主要方向，至少在未来相当长的时期内，元宇宙文化产业是主要的，文化事业是重要的补充，相得益彰。元宇宙文化产业和文化事业还可以相互转化，对于文化产业带来的税收等经济效应，可以取其中的一部分，沉淀到文化事业中去，如此，反过来又可以更好地促进文化产业的发展。

第二，要处理好政府主体和市场主体之间的关系。政府与市场要保持良性互动的关系。原则问题，大方向的引导和监管，资源的宏观配置，由政府主体承担主要责任。非原则问题，具体的产品内容和流向，交由有效市场去解决和配置。政府把握意识形态的正确方向、伦理道德的基本底线，市场决定具体的业态和产品形式，政府做好规范和服务工作，在原则范围内给市场以更大的自由空间。

第三，要兼顾公平与效率。在改革开放初期，我国关于公平和效率关系的标准表达是"效率优先，兼顾公平"。在这种格局下，实际上强调的是效率，有时候根本无法兼顾公平。这在早期，从某种意义上说也是必经之路。随着改革开放成果的积累，人们对于社会分配的关注度也越来越高，于是，主流的提法变成了"兼顾公平与效率"，这一提法，在一定程度上就表达了公平相对优先的理念。国外有学者认为："如果平等和效率双方都有价值，而且其中一方对另一方没有绝对的优先权，那么在它们冲突的方面就应该达成妥协。这时，为了效率就要牺牲某些平等，并且为了平等就要牺牲某些效率。"[1]"罗尔斯有一个清晰干脆的回答：把优先权交给平等。米尔顿·弗里德曼也有一个清晰干脆并且是一贯的回答：把优先权交给效率。我的回答则很少是清晰干脆的。"[2]陈少峰教授则提倡"正义的公平"，强调公平的价值观要受正义

---

① 奥肯：《平等与效率——重大抉择》，王奔洲译，华夏出版社2010年版，第110页。
② 奥肯：《平等与效率——重大抉择》，王奔洲译，华夏出版社2010年版，第110页。

原则的约束。

国家层面的整体宏观经济发展中,公平和效率关系的阶段性特征的逻辑同样可以运用于元宇宙文化产业领域。从整体来看,元宇宙文化产业的发展,要服从"兼顾公平与效率"的格局,也就是说,元宇宙文化产业的发展成果,要融入合理的二次分配体系中去。从局部来看,元宇宙文化产业自身内部的发展,也要经历一个相对野蛮增长的阶段,鼓励竞争,不可吃"大锅饭"。

第四,现实性与前瞻性相结合。元宇宙文化产业政策的制定,首先要解决现实问题,满足眼下的需要。同时,元宇宙相关产业转型升级的速度非常快,瞬息万变,相关政策的制定也要有前瞻性,以防刚实行,就已落后,甚至还没出台就已经落伍了。

第五,要吸收法律、道德研究成果。法律、道德和政策的关系,难以截然分开。法律是底线的伦理,道德是不成文的法律。法律法规是政策的一部分,道德和政策也可以相互影响,相互转化。元宇宙文化产业作为新鲜事物,其政策的制定,还处于探索阶段,其中的法律和道德问题又相当突出,政策制定的过程中必须对此予以充分考虑。

第六,既要有国际视野,又要符合我国国情。元宇宙本身是具有鲜明的全球一体化特征的。国外元宇宙文化产业的政策已经相对成熟,很多内容值得我们借鉴。但由于国内外文化、价值观、生活习惯、消费习惯等方面的差异,元宇宙政策的制定不能简单照搬照抄国外的模式,一定要符合我国的国情,这与意识形态上马克思主义中国化的原理是一致的。

二、政策建议

基于对我国元宇宙文化产业政策的现状和存在问题的研究,我们尝试提出以下政策建议。

第一,构建优良的元宇宙文化产业生态系统。元宇宙文化产业生态系统包括产业链、营商环境、政策法规环境、投融资环境、社会信用体系、市场规则体系等。要基于元宇宙文化产业健康发展的要求，审视现有生态系统的不足之处，加以弥补，甚至重构。在一个优良的文化产业商业系统中，商家和用户都有足够的安全感，可以放心地经营和消费。

第二，加强知识产权保护。元宇宙文化产业中的知识产权问题，是政策制定的核心问题。在元宇宙体系中，知识产权的界定更加困难，各种侵权手段可能更加隐秘。要制定合理的规则，以尊重和保护原创者的劳动成果，并建立合理的知识产权让渡和交易机制。这是根源性的问题。不加大力度解决这个问题，随着相关产业的发展，局面将变得越来越混乱。

第三，保护用户隐私，防范道德风险。元宇宙时代的用户隐私泄露问题，是用户最担心的问题之一。随着技术手段的发展，用户的隐私空间将变得越来越小。甚至用户之外的群体，也将受到隐私泄露的威胁。为此，要建立和完善可追溯机制，对造谣者和泄露隐私者施加有力的惩戒。"数字凭证（Token）激励的方式可以让元宇宙中认知能力较强、对问题真正有研究的人得到实质性鼓励。对于造谣者、传谣者而言，因其把数字凭证投给错误言论，其支付的数字凭证就成为造谣传谣的代价，这些代价最终会转移至判断正确的人。虽然目前还未形成理想的方案，但 A+B（AI + Blockchain，即人工智能技术融合区块链技术）的设计能够利用通证在复杂系统中进行正向激励，根据区块链的存证特性，可以进行事后追溯，给予判断正确的人额外奖励，对恶意煽动的人进行惩戒，元宇宙恰好提供了可供验证的环境。"[1]

第四，完善监管规则。隐私保护、规范运行，包括后文所述的价值导向等，都有赖于监管体系的建立健全。国外在这些方面已经做得比较到位，其中，各个国家和地区的做法也有不同。"在平台监管责任上，美国确立的'避风港规则'给予数字平台极大的责任豁免，平台仅对侵权或有害内容承担断

---

[1] 蔡恒进、汪恺、蔡天琪：《元宇宙中的治理难题》，《新疆师范大学学报》（哲学社会科学版）2022 年第 9 期，第 106 页。

开连接、删除等事后责任,而不承担事前审查的义务。而欧盟出台的《数字服务法》和《数字市场法》显著加强了平台对其传播的内容、产品和广告承担的监管责任,强调大平台打击非法内容和有害内容的责任,并对平台提出了更多的义务要求,如要求平台需要确保非法内容举报机制、内部投诉机制和纠纷解决机制。欧盟尤其对超大型网络平台施加额外义务,包括需要对内容审核机制的系统性风险予以评估,履行信息、报告、审计、风险管理、获取数据和审查等在内的 17 项义务。"[①]

第五,树立正向的价值导向,宏观调控文化产品内容。"心猿意马""天马行空"是人类意识的本性。在元宇宙体系中,人们的思想更加自由,很多在现实世界中想都不敢想的事情,在元宇宙中就不但可以想,而且可以在某种意义上或一定程度上实现。在这样的纵横驰骋中,人性的善和恶也纷呈迭现。其中,人性恶的因素,也可以表现得淋漓尽致。如果任由人性中丑恶的因素体现在文化产品中,将对用户的"三观"产生负面的影响,尤其是会对青少年产生巨大的毒害。在完全的自由市场中,承载或体现人性恶的内容,可能更有市场。对此,就需要政府承担主体责任,树立正向的价值导向,宏观调控文化产品内容,社会其余力量也可以助力于此。

第六,大力支持元宇宙文化产业基础技术发展。元宇宙文化产品的灵魂是创意,载体是硬件软件设施。优良的创意加高端技术,才能打造出优秀的产品。我国在互联网技术、人工智能、信息技术等方面距离发达国家还有很大差距,很多硬件软件设施都依赖于从国外进口,这在很大程度上制约了元宇宙文化产业的发展,并影响国际竞争力。当然,这些基础技术的发展,不仅仅是元宇宙文化产业的需求,也是我国所有互联网相关产业的共同需求。

第七,鼓励元宇宙文化产业创新。元宇宙文化产业的创新,包括商业模式的创新、产业链的创新、产品的创新等。其中,产品的创新又是重中之重。

[①] 靳雨露:《域外数字文化产业发展新态势——以数字文化产业政策法律对比研究为切入点》,《中国广播电视学刊》2021 年第 11 期,第 60 页。

元宇宙文化产品的创新包括创意创新、技术创新、功能创新、外观形象创新等方面，创意创新起引领作用，技术创新起驱动作用，功能创新和外观形象创新则增加使用价值，带来赏心悦目的体验感，可以直接吸引更多的用户，提高市场占有率。

第八，从约束性走向激励性。约束性标明什么不可为，激励性倾向于什么可为。在元宇宙文化产业发展的早期，人们对这一新鲜事物有好奇感、陌生感，并有各种疑问和担心。早期的相关政策制定以约束性为主要特征。随着行业的发展和人们接受程度的提高，更多的政策倾向于激励。但激励性始终要保持在合理的范围内，适度的约束性须贯穿始终。

第九，完善元宇宙文化产业财税金融体系。元宇宙文化产业的财税体系，在产业发展的初期，应以激励和扶持为主导方向，并营造良好的投融资环境，打造良序的金融体系，为相关企业提供便捷的融资渠道，同时加强金融风险控制，以确保融资在合理额度的范围内，防止金融泡沫的产生，防止"空转"现象产生。

第十，积极参与全球元宇宙文化产业市场体系的制定，积极扶持具有国际竞争力的项目。遵循文化自信的原则，顺沿"文化走出去"的方向，元宇宙文化产业要尝试走出国门，走向世界，以提高中华文化的影响力。政策制定要向具有国际竞争力和国际影响力的项目倾斜，立足本国，放眼世界。

三、落实机制

制定不易，落实尤难，是所有制度、政策都面临的共同处境。很多政策的制定初衷是好的，在落实的过程中却出现偏差，导致事与愿违。为促进落实，政策制定的过程中就必须遵循民主集中制的原则。重视市场调研，广泛征求市场主体意见。如此制定出来的政策，容易得到市场主体的理解和支持。如果政府主体闭门造车，脱离实际而制定政策，强加给相关主体，必然会违背市场规律,并得不到相关主体的拥护和支持。政策的执行过程也非常重要,要遵循程序正义的原则,防止徇私舞弊。此外,还要有政策优化机制,兼顾政策的稳定性与适应性。还要加强对产品设计者、经营者以及用户的教育和引导,人的因素始终是政策落实的核心因素,思想观念正了,自然能契合政策要求。同时也不可寄希望于人性的善,要用独特设计的制度程序去防范和规避人性的恶。

第二节　元宇宙文化产业发展的伦理边界

元宇宙文化产业伦理,属于应用伦理学的范畴。随着人类生产和生活实践的深入和升级,相应的伦理问题也在升级。元宇宙文化产业领域,存在着激烈的伦理冲突,隐藏着重大的道德风险。对此,相关主体要认真对待,防患于未然。

一、伦理关系与道德范畴

元宇宙文化产业的伦理关系,涉及心—物、人—我、身—心、义—利、虚—实等领域。相应的道德范畴涉及良心、义务、权利、正义、幸福、理想、至善与不朽等。现实世界中也有所有这些伦理关系和伦理范畴,但在元宇宙文化产业世界中,这些关系和范畴之间的联系更加紧密,变动更加迅速,矛盾冲突更加尖锐。

首先看伦理关系。心—物,是指元宇宙文化产业中所有的"物",都是"心"的化现。不同的心化现不同的物,不同的物承载不同的心。现实世界中心对物的反作用,实现起来比较困难,节奏比较慢,效率比较低。在元宇宙世界中,心对物的控制力将达到不可思议的高度。尤其是脑机融合智能技术的发展,使得一念之间"移山倒海"也将变得可能。元宇宙文化产业中的人我关系会变得更加奇特,在虚拟空间里,人我关系是幻是真,已经难以区分。自我的身心关系,也有可能产生巨变,甚至有可能导致异化——到底哪一个是真正的"我",尤其是脑机融合后,原来的那个拥有自由意志的主体,在多大程度上依然存在?义利关系也将变得更加复杂,虚拟的义与不义,虚拟的利与害,到底对现实世界有多大的影响,又将如何影响现实世界中的义利关系?包括虚拟和现实本身,也具有伦理关系的属性。虚拟空间里的自我实现感、满足感、成就感,具有多大的现实意义?人类应该如何把握虚拟与现实之间的尺度?

再来看道德范畴。在元宇宙世界里,当然也需要良心、义务与责任。问题是,在元宇宙世界里的良心缺失,应该在何种程度上承担道德责任?权利和正义也是如此,它们有多大的重要性和现实意义?元宇宙世界里的幸福是不是真实的?如果是真实的,它的价值有多大。如果与现实世界中的幸福产生冲突,该如何取舍?元宇宙也给人们提供了更好地实现理想的平台,甚至关于整个人类乃至整个宇宙的大理想,都可以很好地在元宇宙中去实现,至少可以去筹划和推进。这方面的努力无疑会对现实生活产生影响,至少有一定的引领作用,但其价值和意义到底有多大,有多真实?在元宇宙中,人类甚至还能实现至善与不朽,但这种通过捷径得到的至善和不朽,是真实的吗?到底有多大的意义?

二、伦理原则与道德标准

以上一系列问题,促使我们去思考元宇宙文化产业的伦理原则与道德标准。我们尝试提出,元宇宙文化产业伦理以"义"与"善"为最高原则。所谓"义",就是正义,"善"就是善良和慈悲博爱。我们可以在元宇宙世界中描绘出人类世界的理想场景——类似于做乌托邦式的探索。在这个虚拟的社会里,我们探索社会制度的正义,探索人性的善良和美好。这样的探索,甚至可能不仅仅是空想。我们完全可以以科学社会主义的理论为指导,提前在元宇宙的世界里进入共产主义。在这样的过程中,还可以丰富和完善共产主义理论。这样的探索,毫无疑问会对现实社会和世界产生影响,尽管这种影响可能是缓慢的。但随着虚拟的理想社会越来越深入人心,迅速引领人类现实社会进步,也是极有可能的。

当然,元宇宙文化产业,更多的是与现实的文化生活相关的。这个领域的伦理原则,也同样是义与善。要积极创造具有代表正义、伸张正义、促进公平、提倡慈爱的功能属性的文化产品,这些要求还要贯穿全产业链。具体又会延伸出主要的道德标准。我们尝试用儒家的"五常"来概括。

第一,仁。提倡仁爱,反对暴力、凶杀等内容和导向。

第二,义。弘扬正气,传播正能量,反对腐败、贪婪等歪风邪气。

第三,礼。遵循礼法,遵守文明公约,反对色情、淫秽内容和导向。

第四,智。体现智慧、理智、理性、明智,反对愚昧、迷信、狂妄和冲动。

第五,信。倡导诚信,尊重知识产权,反对诈骗、泄露国家机密、泄露他人隐私等行为。

三、伦理风险及防范措施

元宇宙文化产业领域的主要道德风险包括人的异化,客体对主体的反噬乃至毁灭,隐私泄露等。为此,就要防止异化和反噬,构建知识产权保护体系,构建社会信用体系,加强全民"三观"教育。其中的重中之重,是防止异化和反噬。在元宇宙的世界里,人有可能异化。人们容易沉迷于虚拟世界,在虚拟世界里,人们得到的也不完全是快乐和满足。虚拟空间里也有各种绝望和痛苦,但虚拟世界以其独特的魔力,牢牢抓住了很多人的身心。尽管有些人明明知道这就是地狱,依然无可自拔。至于在虚拟世界里得到快乐和满足的人，如果现实世界不如意，就更容易沉迷于虚拟世界。久而久之，就可能产生异化，人们甚至会产生"庄周梦蝶"的幻觉，难以分清哪个是真实的自我。至于脑机融合，则更是直接加快了人的异化进程。如何防范异化？归根结底，首先是要分清虚拟和现实的关系。虚拟是为现实服务的，是现实生活的有益补充，旨在让现实的人生更加充实和丰富，而不能本末倒置。其次，还要谨慎对待脑机融合等技术，谨慎启动。即使启动，也要做好安全防护，要有自我保护和自我控制的程序。

另一个重要的问题是"反噬"。特斯拉创始人马克斯认为，人工智能对人类的危险程度超过了核武器。这绝不是危言耸听。核武器虽然杀伤力很强，但它们本身毕竟没有生命，没有思想，是纯粹的物，完全受人类的掌控。人工智能却是完全不一样的。它们虽然没有生命，却有着超强的拟人能力，尤其是随着技术的升级迭代，人工智能的自我学习、自我进化能力实在是太强大了。到将来的某一天，人工智能完全有可能发展到完全不受人类控制的状态，甚至其发明人和制造者，也无法将其控制。未来的世界，甚至有可能成为人工智能的天下。如何防范？根源还在人心。如果尖端技术的掌握者存心要毁灭这个世界，这种力量是难以阻挡的。另外就是整体的清醒，用制度和法律，把破坏世界的倾向扼杀于萌芽状态。

第三节　元宇宙文化产业的发展方向

尽管存在着伦理风险，这种风险还有可能非常巨大，甚至具有毁灭性，元宇宙文化产业的发展前景还是非常光明的。对此，我们尝试加以探讨。

一、发展方向的影响因素

元宇宙文化产业的发展,受政策、市场、主流价值观、技术革新的影响。其中,政策主要是政府制定的,主流价值观也要靠政府和社会加以引导。技术革新主要由科研院所和企业主导,市场则由各类参与主体自然形成。每一个环节的变化,都有可能引发整个产业的巨变。其中,政策和主流价值观具有顶层设计的作用,技术革新则能直接引爆整个产业。

二、发展方向与趋势分析

我们尝试归纳了元宇宙文化产业的 10 个发展方向。

第一,主体广泛化。未来,元宇宙文化产业的设计者主体、制造者主体、商家主体、用户主体,都将广泛化。元宇宙文化产品将深入千家万户。元宇宙文化产业的国家主体也将广泛化,并呈现出去中心化、多边主义的特征。

第二,价值多元化。何怀宏教授认为,现代社会是一个价值多元的社会,多元价值中的合理共识,就是底线伦理。[①]元宇宙文化产品承载着设计者的价值观,到了用户那里,对价值观的理解上还有可能出现偏差。只要人们遵循底线伦理,多元的价值观总体而言都值得尊重。当然,从政府和社会的角度,也不能放弃对价值观的合理引导——引导相关主体从遵守底线走向高尚。

第三,内容数字化。元宇宙文化产业的内容,将呈现出越来越明显的数字化趋势。产品、资产都将深度数字化,包括文化遗产、传统文化,都将以深度数字化的形式承载和保存。

---

① 何怀宏:《底线伦理的概念、含义与方法》,《道德与文明》2010 年第 1 期,第 19 页。

第四，平台整合化。元宇宙文化产业的主体虽然广泛，但离开了一定的平台，将无法发挥其效力。相同的内容，在不同平台上的展现力度是不一样的。好的平台将整合越来越多的主体、内容与资源，甚至一度能形成垄断的局面。

第五，资产金融化。元宇宙文化产业的资产，在数字化的同时，也将具有更强的金融属性。文化与金融的融合，将助力文化产业的发展。未来的文化金融将更加务实，更加注重现实基础，更加强调为实体服务。

第六，监管规范化。元宇宙文化产业的监管将越来越规范，这是产业发展的必然要求。规范不等于一味的严格，而是该严格的严格，在价值观、诚信体系方面严加监管，在非原则问题上则要有灵活性，营造宽松活泼、充满活力的市场环境。

第七，行业标准化。元宇宙文化产业将形成一系列的行业标准，这种标准的根源，是主流价值观与主流文化。同时，行业标准的形成，是政府与市场参与者合力的结果，不同的角色都在为行业的标准化贡献力量。

第八，视野国际化。元宇宙文化产业的国际化特征将越来越明显。国内外文化的交流将越来越频繁，并将产生深层碰撞。中华文化的世界影响力将增强，在不久的将来的某个时间节点，文化输出的体量将大于文化输入，从此形成文化的逆袭。

第九，线上与线下一体化。单纯电商的时代已经接近尾声，线上线下一体化将成为主流。提前布局线上线下一体化，将占据先机。元宇宙文化产业领域，也是如此。

第十，虚拟与现实融合化。元宇宙文化产业不但在虚拟空间中实现，也将有相应的现实空间和现实产品。尽管电子化、虚拟化的线上形式将在很长时间内成为主流，但线上对线下的影响，将逐步增强，最终虚拟世界会对现实世界产生重大影响。

三、价值洼地与投资机会

陈少峰教授认为,元宇宙文化产业有 10 种业态与商机。这 10 种业态与商机来自 4 个产业升级领域,分别是产业融合、体验创新、技术提升、专业化发展。具体业态与商机包括:元宇宙主题技术(含人工智能)体验馆;元宇宙文化产业园;数字文化产权及相关技术平台;虚拟人网红、软硬件及相关产业经营;短视频、短剧与系列微电影;沉浸式体验的主题灵境;元宇宙体验项目(部分)进家庭;娱购灵境;元宇宙文旅项目进乡村;元宇宙文化产业投资。[①]

此外,我们认为,元宇宙文化产业的价值洼地,还包括元宇宙技术在教育和医疗行业的运用。虚拟人教师和医师,将有望变得极其高明,甚至达到现实人无法企及的高度。正如人工智能可以轻易将人类棋王打败,一切技术操作,虚拟人都有望做得比人类更好。这些价值洼地中蕴藏着极好的投资机会。

(张云飞、李微　河北传媒学院)

[①] 《陈少峰谈元宇宙文化产业的十种业态与商机》,2023 年 1 月 6 日,ttps://mp.weixin.qq.com/s/HKZSC-_GW0qRRjz1LIbdsQ,2023 年 3 月 1 日。